惠来年鉴

HUILAI YEARBOOK

2018

中 共 惠 来 县 委
惠 来 县 人 民 政 府 主办

惠来年鉴编纂委员会 编

方志出版社

Publishing House of Local Records

图书在版编目（CIP）数据

惠来年鉴 ：2018 / 惠来年鉴编纂委员会编. -- 北京:
方志出版社，2018.9
ISBN 978-7-5144-3336-4

Ⅰ. ①惠… Ⅱ. ①惠… Ⅲ. ①惠来县—2018—年鉴
Ⅳ. ①Z526.54

中国版本图书馆CIP数据核字(2018)第227055号

惠来年鉴（2018）

编　　者：惠来年鉴编纂委员会
责任编辑：顾　洁

出 版 人：冀祥德
出 版 者：方志出版社
地址　北京市朝阳区潘家园东里9号（国家方志馆4层）
邮编　100021
网址　http://www.fzph.org
发　　行：方志出版社发行中心
电话（010）67110500
经　　销：各地新华书店
印　　刷：深圳市彩之欣印刷有限公司

开　　本：889×1194　1/16
印　　张：21.25印张
字　　数：570千字
版　　次：2018年9月第1版　2018年9月第1次印刷
印　　数：0001～1500册

ISBN 978-7-5144-3336-4　定价：190.00元

惠来年鉴编纂委员会

顾　　问：蔡淡群
主　　任：陈郑生
副 主 任：方　瑛
委　　员：黄伟亮　朱锦溪　陈　锋　吴少龙　林奋彬　邱增奎
　　　　　黄光朝　方汉群　黄烈生　林水木　陈填希　方创辉
　　　　　方少明　黄瑞雄　卢祖传　林国强　林轶伦　唐宝胜
　　　　　蔡振顺　方木德

惠来年鉴编辑部

主　　编：唐宝胜
副 主 编：叶宏桂
编　　辑：方永汉　方瑞珍　林洁漫　罗静萍　唐少华　马光佐
　　　　　黄永木

编辑说明

一、《惠来年鉴》（2018）以马克思列宁主义、毛泽东思想、邓小平理论、“三个代表”重要思想、科学发展观、习近平新时代中国特色社会主义思想为指导，坚持辩证唯物主义和历史唯物主义立场、观点和方法。

二、《惠来年鉴》（2018）是中共惠来县委、惠来县人民政府组织编纂的一部地方性综合年鉴，属年度资料性文献。其宗旨是系统地反映惠来县自然、政治、经济、文化、社会等方面情况，为各级领导决策提供依据，为投资办业者提供方便，为海内外各界人士了解和研究惠来提供可靠的综合信息和资料，同时也为续修《惠来县志》积累史料。

三、《惠来年鉴》（2018）采用按部类分编。为方便读者检索，结构采用编、章、节、目、段五个层次的结构形式。不同层次的标题，在字体、字号和版式设计上都有明显的区别。书中“目”一级标题最多，统一用黑体字加【】号表示，个别“目”内容较多，则分段表述。

四、《惠来年鉴》（2018）所刊内容为2017年1月1日至12月31日全县自然、政治、经济、文化、社会情况。全书设置特载、专文、大事记、概况、政治、政法、军事、经济产业、基础设施、财税金融、经济综合管理、教科文体、社会保障、人物、镇场简况、统计概况等16编，共61万字（按版数计），个别编目有作调整。同时还组编部分彩色图片，正文中选择相关图片插图，进行直观的宣传记载。

五、文内所用的数据为各单位提供，因统计口径不一，有的数据可能不一致，使用时以县统计局公布的数据为准。数据保留小数点后两位，涉及土地用地的则按有关部门提供全部保留。文中“比增”是指比上一年同期，金融系统是指比上一年年底。

六、《惠来年鉴》（2018）资料由各有关单位编写、领导审核后提供，经编辑部修编、校核、初审，再由编委会领导终审定稿，交出版社审稿出版。撰稿人名单在相关条目后标出。

七、《惠来年鉴》（2018）的编辑出版工作，得到全县各级领导机关、有关单位及个人的大力支持和协助，在此谨表谢意。由于资料浩繁，本书在编印中难免出现错漏之处，敬请批评指正。

八、文中提到的计量单位“亩”，非法定计量单位。1公顷等于15亩。

2018年7月

惠来

- 广东十大海上丝绸之路文化地理坐标(2016年)
- 中国能源工业大县(2006年)
- 全国最大的沿海风电场
- 全国最大的海滩高尔夫球场
- 中国荔枝之乡（2004年）
- 国家商品粮基地县（1996年）
- 全国水产品产量百强县（1993年）
- 全国海域管理示范县（2005年）
- 全国农民体育健身工程先进县（2013年）
- 国家高水平体育后备人才基地（2009年）
- 全国平安农机示范县（2010年）
- 惠来结束未通铁路历史（2013年）
- 华润三清山风电项目基本完工
- 中海油粤东LNG即将投产运营
- 临港工业产业集聚区成功申报为省级产业集聚区（2015年）
- 被列为广东省2016年十大民生工程之一的神泉省级示范性渔港开工建设
- 神泉港区已通过国家一类口岸验收，获准对外开放
- 抓住广东省促进粤东西北地区振兴发展契机，全力补齐基础设施短板，投入5.39亿元，铺开交通道路项目80宗
- 打造5个“一镇一品”示范镇，形成5个特色农业品牌
- 文明创建全面开展，城乡环境大大改观
- 成为广东省县级文明城市提名城市
- 加速形成世界上大型风能产业基地
- 构筑前詹神泉临港产业园，仙庵、靖海滨海休闲旅游产业园，神泉港口商贸经济区“三大产业集聚区”

盛世腰鼓　　（方义生　摄）

惠来

发展定位高远。惠来县城市总体规划，粤东新城规划面积51.3平方公里，全县城乡规划区面积已达509.32平方公里。

临港优势独特。全县海岸线长达109.5公里，现有神泉港、靖海港、资深港和澳角湾、赤沙澳湾、排角湾“三港三湾”。可建30万吨至45万吨级深水码头。

交通条件优越。地处珠三角和海西经济区结合点，建成通车和在建的高速公路3条；连接潮汕国际机场和神泉港的揭惠高速公路一期工程已通车。县域内建成通车和规划建设的高速铁路3条；建成通车和在建以及规划建设的国道3条。

自然资源丰富。水果品种有33类、120多种。2016年，荔枝种植面积达到1.02万公顷，产量3.3万吨，是广东省三大荔枝主产区之一，享有“中国荔枝之乡”美誉。水产资源丰富，是全国水产品产量百强县之一。旅游资源丰富，全县大小景点189处。

文化底蕴深厚。惠来沿海已入选“广东十大海上丝绸之路文化地理坐标”。县境内有36处文化古迹被列为省、市、县级重点文物保护单位，多项被列入省市非物质文化遗产名录。

发展势头强劲。以石化工业、电力能源、滨海旅游、深水港口枢纽等临港产业为主导的海港经济已初具雏形。

发展环境持续优化。基本完成近130公里省道大修改造目标，全县地方公路通车里程1361公里。惠来正在努力打造成为揭阳城市形态向海延伸的副中心，以及在汕潮揭城市群中与汕头、潮州、揭阳等市区具有同等地位的第四个城市中心。

12月13日，惠来县开展学习贯彻中共十九大精神宣讲活动（县委宣传部 供稿）

12月18日，惠来县举办中共十九大精神专题培训会

（县直工委 供稿）

1月9日，惠来县以中共十九大精神为主导，举办主题讲座

（县直工委 供稿）

创建"不忘初心、牢记使命，走正道、出实绩"的党建品牌，凝心聚力、勇于担当、共建惠来。

惠来县每周一举行升国旗、唱国歌仪式活动　　（县委宣传部 供稿）

升国旗仪式后，惠来县委书记蔡淡群为县直机关副科级以上干部上党课　　（县委宣传部 供稿

惠来县成为广东省县级文明城市提名城市

2017年，按照广东省卫生文明创建要求，惠来县全面开展“三级联创”（文明县城、文明镇、文明村居），转段开展“创文为我，我为创文”主题活动，对接启动“五城同创”[国家卫生城市、国家森林城市、国家生态文明建设示范市、全国综治（平安建设）优秀市、全国文明城市]工作，通过大整治、大督查、大问责等一系列措施，在全县范围内持续掀起卫生文明创建和农村人居环境整治工作高潮，惠来县城乡环境面貌焕然一新。

11月8日，省文明委召开广东省精神文明建设工作表彰电视电话会议，表彰2016-2017年度省文明城市、文明村镇、文明单位。揭阳市被授予“广东省文明城市”称号，惠来县荣获“广东省县级文明城市”提名，惠来县东陇镇寄陇村被评为“广东省文明村”。（县地志办）

县城群众健身活动 （方义生 摄）

县城南门大道整洁有序　　　　（方义生 摄）

连夜施工，建设县城南门大道
（方义生 扌

环卫工人在靖海镇石碑山海滩捡拾垃圾　　　　（方义生 摄）

县城慈云文化广场一角 （方义生 摄）

靖海镇狮石湖边的宝喜大道 （方义生 摄）

惠来县神泉渔港 （方义生 摄）

神泉镇澳角村一角 （方义生 摄）

靖海镇南门外 （方义生 摄）

东港镇东港公园 （陈其泰 摄）

春节惠来县城文艺游行热闹场面
（方炎辉 摄）

英歌舞 （方义生

端午节靖海镇厚山村举行龙舟赛
（方义生 摄）

县城群众体育 （方义生

加快构筑前詹神泉临港产业园，仙庵、靖海滨海休闲旅游产业园，神泉港口商贸经济区“三大产业集聚区”。

靖海镇坂美村海边 （方义生 摄）

惠来加速形成世界上大型风能产业基地

12月21日，揭阳市与中国广核集团有限公司、国家电投集团广东电力有限公司、明阳智慧能源集团股份公司签订揭阳海上风电开发暨研发、总装、运维基地等6个项目合作协议，未来8年将投入资金1035.8亿元。加上6月29日与国家电投签订的90万千瓦项目投资180亿元，揭阳惠来整个海上风电项目初步计划总投资1215.8亿元。惠来加速形成世界上大型的海上风能产业基地。

（县地志办）

海湾风电　　　　（方义生 摄）

靖海海湾风电产业　　　　（方义生 摄）

4月25日，首船LNG“阿尔卡拉缇娅”号顺利停靠粤东LNG项目码头　（中海油粤东LNG公司 供稿）

2月7日，国家验收组各成员单位和省口岸办、市人政府签署验收纪要，同意揭阳港神泉港区对外开通过国家验收　（县经信局 供稿）

2月7日，国家验收组一行在中海油粤东液化天然气有限责任公司中控室听取公司负责人作情况介绍　（县经信局 供稿）

厦深高铁葵潭站　　（葵潭高铁站 供稿）

厦深高铁葵潭站　　（陈其泰 摄）

揭惠高速　　（陈其泰 摄）

揭惠高速公路惠来县华湖出入口　　（陈其泰 摄）

惠来第一中学外观

2月14日，揭阳市青少年学生法治教育
启动仪式在惠来第一中学举行

4月11日－12日，“广东省中小学新一轮百千万人才培养工程培养对象走进惠来”系列教育活动在惠来慈云实验中学举行

惠来慈云实验中学外观

（县教育局 供

国家重点高水平体育后备人才基地（惠来县羽毛球业余体校）

群众体育先进单位

2月1日，国家象棋大师许银川在曙明小学为象棋爱好者讲课

（县体育局 供稿）

惠来包揽市运会羽毛球赛18块金牌

8月27—31日，揭阳市第七届运动会暨第四届学生运动会羽毛球赛在揭阳市空港区玉宫村天健羽毛球馆举行，惠来县派出国家重点高水平体育后备人才基地的23名运动员参加比赛，包揽该比赛项目的全部金牌18块。

揭阳市政府副市长姚丽璇（右二）、市体育局局长陈少锋（右一）等到市运会现场看望惠来县参加市运会运动员。

（县体育局 供稿）

惠来潮剧节目在京参赛夺全国金奖

7月29日，惠来县曙明学校潮剧节目《春香传》代表广东省参加第四届中国少儿国学大赛，获得全国决赛金奖、银奖，并受邀参加中央电视台“中国少儿国学主题晚会”。曙明学校被中国关工委、中国先队授予“优秀组织单位”称号，该节目辅导老师方壮华、方锡坚、方丽萍被授予“优秀指导老师”号。

（县曙明学校 供稿）

惠来县林扬航喜获钢琴国赛大奖

5月，全国职业院校技能大赛在天津举行，惠来县林扬航（就读于珠海艺术职业学院）参加高职组的钢琴比赛，在众多实力强劲的选手中赢得参加国赛的资格，作为广东代表队成员参加全国大赛，取得三等奖的优异成绩。

本届大赛由教育部联合天津市人民政府、国家发改委、工信部、人社部等37个部门（单位）共同举办，设85个竞赛项目。其中常规赛项81个，行业特色赛项4个。

（县地志办）

获奖证书

广东省代表队

在2017年全国职业院校技能大赛高职组钢琴演奏比赛中荣获个人三等奖。

学校名称：珠海艺术职业学院

选手姓名：林扬航

指导教师：沃-杜霍娃·伊琳娜

全国职业院校技能大赛组织委员会

二〇一七年五月

编号：201702269

（县委宣传部　供稿）

游客吃海石花 （方义生 摄）

海石花 （方义生 摄）

6月30日，靖海广场舞协会会员在靖海镇狮石湖畔跳广场舞 （方义生 摄）

东陇镇钓石村石桥 （张光伟 摄）

华英古寨位于华湖镇华陇村，南宋孝宗乾道二年（1166）翁姓人从揭阳迁至此创村。古寨为防倭寇而建，呈圆形，周长962米，总面积39861平方米，设东西南北四门。

华英古寨为惠来县文物保护单位（县地志办 供稿）

华英古寨 （张光伟 摄）

10月13日，靖海镇旧厝村举办妈祖出巡活动
（方义生 摄）

鸡树鸭树龙门架

1月9日，隆江镇孔美村农历正月十三日上新灯拜祖习俗（上新灯人家在祠堂拜祖场面）
（县地志办 供稿）

8月15日，全国百名摄影家集中神泉渔港拍摄开渔节盛况　（方义生 摄）

8月15日开渔节，惠来县神泉港渔船出港　（方义生 摄）

产渔上岸　（方义生 摄）

神泉渔市交易　（方义生 摄）

2017年春节（1月28-30日），惠来县举行形式多样，
容丰富的文艺活动。

腰鼓　（方义生 摄）

飘色　（方义生 摄）

九鳄舞　（方义生 摄）

英歌舞　（方义生 摄）

靖海灯塔 （方义生 摄）

海韵 （方义生 摄）

靖海镇客乌尾石笋区 （方义生 摄

目　录

Contents

特　载

专　文

大事记

概　况

政　治

法　治

军　事

经济产业

基础设施

财税　金融

经济综合管理

教科文体

社会保障

人　物

镇场简况

统计概况

政府工作报告

——2017年3月16日在惠来县第十五届
人民代表大会第二次会议上

惠来县人民政府县长　贝继勤

2016年工作回顾

特载 TE ZAI

过去一年，县政府在市委市政府和县委的正确领导下，在县人大和县政协的监督支持下，紧紧围绕“建设美丽富庶滨海新城”的目标，团结带领全县人民，主动适应经济发展新常态，扎实推进供给侧结构性改革，积极应对各种困难和挑战，着力稳增长、调结构、促改革、惠民生、防风险，全力推动经济社会持续健康发展。全县实现地区生产总值259.69亿元、固定资产投资208亿元，分别增长5.6%、12.5%。

这一年，我们坚持以大项目建设为引擎，认真落实创新驱动战略，产业内生动力日益增强。牢固树立“抓大项目促大发展”理念，全力推进临港支柱产业项目建设。惠来电厂4台机组上网电量105.89亿千瓦时，实现税收县库收入8304万元，5、6号机组已完成大部分项目核准支持性文件；中海油粤东LNG项目将于近期投产运营；华润三清山风电项目已基本完工；与马士基拖轮公司、粤电航运公司合资的拖轮项目正式签署合资合同和章程；中石油原油码头、东方夏威夷国际旅游度假等项目建设扎实推进。着力构筑产业发展平台，重点推进临港工业产业集聚区、神泉省级示范性渔港和水产品产业集聚地等产业平台的规划建设。临港工业产业集聚区已成功申报为省级产业集聚区，并已申报争取成为国家级开发区；神泉省级示范性渔港已开工建设。积极加强口岸建设，神泉港区已于今年2月7日通过国家一类口岸验收，获准对外开放。深入实施产业引进工程，中海油LNG冷能空分、科太新能源渔光互补和农光互补光伏电站等项目顺利落户建设；认真开展产业登高行动，组织一批有潜力的企业进行技术改造，实施技改项目7个，完成技改投资9.3亿元；新增市级研发平台1个，专利申请量达364件，其中发明专利7件。

这一年，我们抓住省促进粤东西北地区振兴发展契机，全力补齐基础设施短板，发展环境不断改善。投入5.39亿元，铺开交通道路项目81宗，其中完成县乡公路改造11条段61.4千米、农村道路硬底化57条段98.8千米，国道228线仙庵至华湖段及溪西至岐石段、省道337线溪西至葵潭段、南环二路二三标段建成通车，全县主干道路路况不断改善。投入6.09亿元，实施水利项目85宗，其中中东部供水工程完成主体工程及大部分管线建设，即将建成通水；邦山水闸重建、葫芦潭水库除险加固、县城内运河排涝治理、村村通自来水等项目顺利实施，防灾抗灾能力不断增强。扎实推进电网配网设施建设，其中110千伏岐石变电站建成投产，220千伏陂美变电站即将完工，城乡供电质量不断提高。投入1.14亿元，实施市政项目9宗，改造南环一路、葵和大道、揭神路，开工建设县城横四、纵三、纵五路及葵潭高铁站前广场；深入开展文明创建工作，城乡环境和交通秩序专项整治取得成效，"脏乱差"问题得到有效解决，市容市貌明显改观。

这一年，我们积极培育农村发展新动能，扎实推进现代农业建设，"三农"工作提质增效。以农业"一镇一品"工程建设为切入，扶持发展一批农民专业合作社、家庭农场、特色农业基地和产品，打造6个"一镇一品"示范镇，形成6个特色农业品牌，有效提高农业产业化水平。扎实推进高标准基本农田、省级现代农业"五位一体"示范基地等项目建设，切实改善农业生产条件。加强农村集体"三资"管理，集体资产资源交易在阳光下进行，实现保值增值。全面完成农村集体资产清理核实工作，进一步理顺产权关系。实施美丽乡村"三大工程"建设项目174宗，农村生产生活条件得到改善。大力推进新时期精准扶贫精准脱贫工作，基本完成扶贫对象精准识别核实、建档立卡、帮扶规划制定等工作，帮助4737户11881人口实现脱贫。

这一年，我们坚持绿色发展理念，狠抓生态文明建设，环境质量不断提升。落实各项减排措施，启动惠来电厂超低排放改造项目，实现主要污染物减排目标；加强污染源监督管理，严厉查处电子垃圾酸洗等破坏环境的违法违规行为；强化水污染防治，共清理饮用水源保护区范围内禽畜养殖场11家，拆除非法砂石采挖点及石料加工场、砖厂8家，保障水源地环境安全。落实国土资源管理共同责任制，立案查处违法用地案件140宗，违法违规用地用矿行为得到有效遏制。重视造林绿化，完成造林5.1万亩和35个村庄绿化美化示范村建设，龙江河江畔植树绿化成效明显，林业生态基础进一步夯实，目前全县林地绿化率达97.8%，森林覆盖率达53.3%。

这一年，我们认真践行共享发展理念，着力保障和改善民生，发展成果更加惠民。全县共投入民生事业资金25.09亿元，占财政总支出的52.94%。其中投入8.44亿元，认真办理省、市、县确定的民生实事。扎实推进教育工作，新（改、扩）建和维修中小学校舍及幼儿园123所；稳妥解决进城务工人员子女接受义务教育问题，提高山区和农村边远地区学校教师津贴补助，实现创建广东省教育强县目标。启动卫生创强工作，加快医疗基础设施建设及设备配套，隆江镇和葵潭镇中心卫生院新（改、扩）建工程已动工；县人民医院、隆江镇和葵潭镇中心卫生院实现"互联网+医疗"，县慈云中医院建设"中医适宜技术示范基地"。不断完善文体设施，启动图书馆总分馆制试点建设，为85个行政村配套电子阅览室，建设惠城镇山美村等3个文体广场示范点和周田镇径口村等22个体育场地设施示范点；县羽毛球体校被国家体育总局评为"国家重点高水平体育后备人才基地"，是全国19所单项重点"基地"之一。加强社会保障工作，扩大社保覆盖面，提高城乡居民养老、医疗保险补助标准和低保、五保、优抚、孤儿、残疾人等特殊群体的救济救助水平；为全县人民统一购买"政府民生综合责任险"，为城乡低保对象、农村五保户、孤儿等困难群体购买医疗保险，为65岁以上老人投意外伤害险，为百岁老人、本科以上贫困大学生、乡镇卫生院全日制本科学历以上医生发放津贴补助。稳定和扩大社会就业，城镇登记失业率控制在2.45%以内。落实农业保险助农减灾及良种补贴等惠农政策，有效抗击热带风暴“妮妲”和台风“海马”等自然灾害。

这一年，我们加大社会治理力度，深化平安惠来建设，社会大局持续稳定。不断完善治安防控体系，推进治安视频高清卡口和平安视频监控点建设，强力开展“六大专项”“飓风2016”“涉毒重点地区整治”等行动，依法严厉打击各类违法犯罪行为，群众安全感明显增强。扎实开展信访维稳工作，完善“一村（社区）一法律顾问”工作机制，依法有效化解矛盾纠纷，切实维护群众合法权益。加大食品药品日常监管力度，有效规范企业生产经营行为；加强食品质量检测，在县城葵东等3个市场设置食用农产品快检室，保障群众食物和用药安全。强化综合执法，开展成品油、特种设备等领域的专项整治，切实维护市场秩序和质量安全。严格落实安全生产责任制，深入开展“打非治违”和隐患排查治理专项行动，有效遏制重特大生产安全事故发生，全县安全生产形势持续稳定好转。

这一年，我们切实加强政府自身建设，坚持改作风转职能，行政效能进一步提升。定期向县人大报告工作、向县政协通报情况，自觉接受人大、政协监督，共办理市、县人大代表议案及建议27件、政协委员提案51件。加强法治政府建设，认真组织实施法制宣传育民工程，启动“七五”普法规划工作；完善县政府法律顾问工作制度、重大行政决策听取公众意见和听证制度，行政行为进一步规范。编制完成全县44个单位的权责清单，全面推行“五证合一，一照一码”登记制度改革；健全县、镇（场）、村（社区）三级政务服务体系建设，县政务服务中心、15个镇（场）公共服务中心和272个村（社区）公共服务站建成投入使用，政府公共服务能力得到提升。积极推进政府信息公开，不断提高政府工作的透明度。深入开展“两学一做”学习教育，全面落实党风廉政建设责任制，强化行政监察和审计监督，政府自身建设得到有效加强。

此外，人民武装、防空、外事侨务、对台事务、民族宗教、邮政电信、物价、气象、文史、地方志、档案、工会、共青团、妇女儿童等工作均取得了新进步。

同时我们也清醒地认识到，当前经济社会发展仍存在一些困难和问题，主要表现在：县域经济总量偏小，经济结构不够优化，产业转型升级任重道远；民生事业、基础设施投入欠账较多，公共服务水平有待提高；社会管理压力较大，环保治污、用地治违力度仍需加大，等等。对此，我们将高度重视，在加快发展中逐步解决。

2017年工作安排

2017年是实现“十三五”规划目标攻坚克难、承上启下的关键一年，也是推进供给侧结构性改革的深化之年。我们将全面贯彻中共十八大和十八届历次全会及习近平总书记系列重要讲话精神，认真贯彻落实省委、市委、县委的决策部署，坚持稳中求进的工作总基调，牢固树立和践行新发展理念，以推进供给侧结构性改革为主线，统筹稳增长、调结构、促转型、惠民生、防风险各项工作，积极推动经济平稳较快发展，切实维护社会和谐稳定，持续发力建设美丽富庶滨海新城。

今年经济社会发展主要预期目标是：生产总值增长7.0%以上；固定资产投资增长11.0%；社会消费品零售总额增长13.0%；外贸进出口总额增长6.0%；地方公共财政预算收入增长6.5%；城镇登记失业率控制在2.45%以内；节能减排约束性指标完成上级下达年度计划。重点要抓好以下工作：

（一）以创新驱动为抓手，着力在壮大县域经济上实现新突破

全力打造临港支柱产业。要把坚持产业兴港作为推动惠来跨越发展的突破口，全力以赴、脚踏实地抓好石油化工、电力能源、港口枢纽和滨海旅游等临港重大产业建设。重点要积极支持服务好中委广东石化炼化项目，协调推进30万吨级原油码头早日建成；加大工作力度，确保中海油粤东LNG项目投产运营、尽快形成产业链条，力促华润三清山风电项目按期投产，推动东方夏威夷国际旅游度假、金海湾植物园综合开发和前詹作业区通用码头等在建项目建设提速，力争惠来电厂5、6号机组、粤东LNG配套输气管线等一批后备项目尽快

启动建设。

努力提升开放合作水平。要内外联动加大产业开放合作力度，积极做大产业总量。重点要想方设法、全面推进临港工业产业集聚区、神泉港口商贸经济区和滨海旅游度假区“三大产业集聚区”的规划建设，争取临港工业产业集聚区成为国家级开发区、神泉港口商贸经济区内的神泉省级示范性渔港和水产品市场早日建成，切实提高产业集聚发展的承载能力；抓住当前省关于产业共建的政策优惠措施，依托园区积极开展招商引资，主动与珠三角及兄弟县（区）开展优势互补的区域产业合作，以产业共建形成县域经济增量。加强与马士基拖轮公司、粤电航运公司联系对接，力促三方合资拖轮公司成立运营。抓住神泉港区对外开放的契机，进一步优化口岸通关环境，扩大贸易进出口；加快做好靖海、前詹等港区获准对外开放各项前期工作，力争尽早实现沿海港区全方位开放，把惠来打造成为揭阳对外开放海上门户。

积极推动产业转型升级。要加快产业创新发展步伐，推动优势产业做大做强，切实做优产业存量。大力发展科技型企业，坚持培育和引进相结合，重点抓好高新技术企业的培育入库和认定，推动我县企业向内涵质量提升型转变。积极培育创新型企业，重点要支持纺织服装、农副产品加工、水产品养殖加工等产业与科研机构、高等院校开展产学研合作，鼓励支持企业建立工程中心等科技创新平台，提高企业的自主创新能力；实施“互联网+产业”行动，推动传统产业与电子商务深度融合，实现传统产业的改造升级。

凝心聚力发展民营经济。要对接落实省促进民营经济大发展扶持政策，深入开展“法律、科技、金融、人力资源、物流”五大暖企行动，为民营企业发展加油减压、清障护航；鼓励支持大众创业，引导集聚民间资本发展实体经济。加强民营经济服务平台和服务体系建设，推进“个转企、小升规、规转高”的民营企业培育计划；支持民营资本参与政府公共服务设施建设，引导民营企业利用产权市场兼并重组，推动全县民营经济再焕活力、做大做强做久。

（二）以协调发展为方向，着力在推进城乡一体化上开创新局面

提升城乡规划水平。要继续完善“沿海突破”战略，突出“一轴、一带、一区”（构建揭普〈潮〉惠发展轴、惠来沿海经济带、西部生态发展区）的产业发展规划，适时调整土地利用总体规划，做好空间布局衔接，为产城融合发展提供保障。抓紧修编县城总体规划，抓好城镇中心区、先行建设区等区域控制性详细规划和镇、村规划编制工作，不断完善交通、水利、环保、电力等专项规划和城镇化体系规划，为城乡建设提供规划支撑。

加强基础设施建设。要抢抓惠来被纳入国家贫困革命老区扶持范围、省将基础设施建设作为经济工作重要着力点的重要机遇，通过“PPP”等方式，扩大基础设施有效投资，大力改善城乡硬环境。重点要尽快完成关桥线、甲伯线、安前线等道路建设，加快推进中石油快速进园路、国道228线华湖至溪西路段、国道238线惠来段改建工程和葵潭高铁站前广场建设，积极做好葵潭大桥、安澜桥和县城外北环路、安福路、向东路、东华路等市政道路建设，配合推进广汕高速铁路、揭惠高速公路和甲港公路惠来段、揭惠高速新芦连接线等项目建设，全力打造安全畅通的交通环境。要力争中东部供水工程尽快建成通水，加快建设赤呤水闸枢纽、邦山水闸重建、葫芦潭水库除险加固和雷岭河、鳌江河堤防加固工程，抓好县城内运河排涝治理和东陇、西港海堤加固等项目建设；推进陂美变电站和县供电大楼、镇供电所技术业务用房建设，逐步完善供水供电保障体系。

强力推进文明创建工作。要全面深入推进县、镇、村文明创建“三级联创”，狠抓城乡环境、交通秩序“两大整治”，建立健全常态性的长效管理机制。探索创新市政管理经验，强化网格化管理和综合执法，鼓励支持村（社区）群众参与城市管理，大力整治违法违规建设，努力打造整洁有序的城市形象。加强社会主义核心价值观教育，广泛传播社会正能量，不断提高群众的法制意识、城市意识和文明意识，营造共创共建的良好氛围。

积极拓展城镇发展布局。要围绕“南推北拓、

东扩西连”的发展思路，突出生产、生活、生态“三生一体”，加快推进中心城区扩容提质，重点推进县城“五横六纵”市政路网、文昌山公园、雷岭河盐岭河景观工程、碧桂园住宅区及一批公共设施配套建设，努力拓展城区发展空间。要稳妥推进新型城镇化建设，科学均衡配置教育、医疗、环保等城乡公共资源，推动城镇公共服务向农村进一步延伸，以交通连接、产业对接、文化融合促进城乡一体化，不断提升人民群众的获得感。

扎实推进新农村建设。要继续实施美丽乡村“三大工程”，积极打造新农村建设示范点，不断提升农村宜居水平。重点要狠抓村庄规划、农村生活垃圾及污水处理等关键环节，大力开展农村人居环境综合整治，加快“村村通”自来水工程建设，推进互联网基础设施进村入户，夯实农村发展基础。要培育和规范发展村民理事会，深化村（居）务公开，促进农村和谐稳定。

（三）以农民增收为核心，着力在促进农业提质增效上迈上新台阶

大力发展现代农业。要把增加绿色优质农产品供给放在突出位置，狠抓农产品标准化生产、品牌创建、质量安全监管，增强农产品市场竞争力。在稳定粮食种植的基础上，充分发挥资源优势，调整优化农业产业结构，大力发展特色效益农业。扎实推进“五位一体”示范基地、粮食生产基地、高标准基本农田等现代农业项目建设，进一步改善农业生产条件。加快培育专业大户、家庭农场、农民合作社、农业企业等新型农业经营主体，发展多种形式的农业适度规模经营；深入实施“一镇一品”工程，大力发展农产品精深加工和农业生产服务业，推动农产品“走出去”，促进农业发展方式转型升级。

拓宽农民增收渠道。要继续落实农作物良种补贴、种粮农民直补和农资综合补贴等各项惠农政策，增加农民转移性收入。加强农民知识技能培训、农民就业服务工作力度，促进农村劳动力稳定就业。积极引导农村土地经营权有序流转，促进农民财产性增收。整合“一镇一品”、生态旅游、文化资源等多领域元素，瞄准群众消费新需求，大力发展观光农业、农家乐、休闲渔业等农业新业态，带动农民就业致富。

积极实施精准扶贫。要按照“六个精准”和“五个一批”的要求，落实脱贫攻坚责任制，全面深化精准扶贫工作。重点要依据国家和省的扶贫标准，针对不同类型的贫困对象，因户因人施策，分门别类落实帮扶措施；探索旅游扶贫、电商扶贫等新模式，因地制宜，选好项目、用好资金，确保产业扶贫取得实效；落实农村危房改造任务，解决贫困群众住有所居问题；积极引导发动商会等社会组织、企业和热心乡贤参与扶贫，努力构建大社会扶贫帮扶格局。

（四）以绿色发展为引领，着力在促进生态文明建设上取得新成效

加强污染减排工作。要强化生活垃圾管理与服务工作，重点要建立“户收集、村集中、镇转运、县处理”的农村生活垃圾收运处理机制，加强惠来“含尾坑”卫生垃圾处理场的运行管理和垃圾压缩站等环卫基础设施的建设，大力开展城乡环境卫生综合整治，探索环卫管理市场化外包运作模式，进一步提高城乡保洁水平。要以整县打包PPP的方式，推进县城二期及隆江、靖海、神泉等9个镇污水处理设施建设，增强城乡污水处理能力。

加大环境资源保护力度。要落实“气十条”“土十条”，加强大气监测和固体废物、重金属、土壤污染防治，治理淘汰黄标车，持续改善环境质量。深入实施“河长制”，抓好饮用水源保护区内违法违规行为的清理整顿，构建责任明确、协调有序、监管严格、保护有力的工作机制，确保龙江河等饮用水源安全。加强对重点渔场、渔业自然保护区、江河出海口等水生资源繁育区的保护，确保海洋生态环境安全。抓好农业生态环境保护，加强禽畜养殖等污染整治，大力推进农业面源污染治理。强化土地、矿产、海洋等资源综合管理，切实推进资源节约集约利用。深入开展环境资源专项排查整治，严厉打击违法占地、非法排污、盗采矿产资源等行为。

开展绿化惠来大行动。要深化“人树一体”理念，扎实推进森林碳汇、生态景观林带、森林进城

围城、乡村绿化美化四大工程建设，进一步巩固省林业生态县创建成果。继续开展龙江河江畔植绿活动，重点在两岸山地造林，保持水土、涵养水源。广泛动员全社会参与植树，为城市加绿、乡村添绿，共建美丽家园。

（五）以综合改革为动力，着力在激发经济发展活力上实现新跨越

推进供给侧结构性改革。要按照上级的部署要求，全面落实“三去一降一补”行动方案。重点要分类妥善处置“僵尸企业”，全面清理取缔地下电镀、漂染等环保违法企业，加快淘汰落后产能；组织商品房展示促销去库存，培育住房租赁产业，加强小产权房清理，促进房地产市场健康发展；严格执行“去杠杆”政策措施，防范化解金融风险；落实国家及省各项税费减免政策，推进电力、流通等领域改革，降低企业交易、财务、物流等成本；创新投融资机制，加快补齐交通基础设施、环保生态、教育文化、医疗卫生等短板。

推进行政体制机制改革。要深入推进“放管服”改革，健全政府部门权责清单制度，进一步精简行政许可事项。深化商事制度改革，探索实施企业“七证合一”登记制度，有序推行“证照分离”改革，健全事中事后监管体系。加强电子政务建设，积极整合政务大数据，全面推行“一门式”“一网式”政府服务模式，让群众和企业办事更加方便。

推进财税金融体制改革。要强化“放水养鱼”意识，落实财税扶持政策，支持实体经济发展，夯实壮大税源基础。优化财政支出结构，促产业、保民生，集中资源办实事，办能形成可持续竞争力的大事。深化金融交流合作，鼓励支持金融改革创新，千方百计解决中小微企业融资难问题。加强与国开行、农发行等金融机构的合作，争取政策性金融推进产业、城市、生态、民生事业发展，以“PPP”、产业基金、创投等多种形式，依法引导民间资本、社会资本参与项目建设。加强社会信用体系建设，优化金融生态环境。

推进农村社会各项改革。要积极稳妥推进农村土地经营权确权登记颁证工作，建立健全土地流转规范管理制度。深化农村集体产权制度改革，加强农村“三资”管理，盘活集体资产，提高集体资产收益率。推进农村普惠金融“村村通”，扩大政策性农业保险覆盖面，打通金融支持现代农业发展、促进社会主义新农村建设的对接通道。

（六）以民生共享为根本，着力在保障和改善民生上取得新进展

积极实施教育创先行动。要巩固提高“全国义务教育发展基本均衡县”和“广东省教育强县”创建成果，启动创建广东省推进教育现代化先进县工作。实施学前教育第三期行动计划，全面推进义务教育阶段薄弱学校改造和薄弱普通高中学校改造提升，加大城区中小学学位扩建和农村学校生活设施配套的建设力度，力促县特殊教育学校秋季招生开学，促进各类教育均衡发展。积极引导社会力量参与教育改革，丰富优质教育资源供给。加快教育设施现代化和信息化建设，落实“互联网+教育”战略，促进信息技术与教育教学深度融合。统筹推进强师工程，重点加强农村教师队伍和高层次教师人才队伍建设，着力提升教育教学质量。

大力发展文体事业。要不断完善公共文体设施配套，推进图书馆总分馆、综合性体育馆和综合性文化服务中心示范点、文体广场及体育场地设施示范点建设，充分发挥文体设施的功能作用。实施农村电影放映、送文化下乡等文化惠民工程，积极开展全民健身活动，丰富人民群众文体生活。加强文化遗产保护利用，继续抓好靖海古城墙、澳角炮台等文物保护单位的修缮，弘扬文化正能量。

全力推进卫生创强工作。要加快推进县第二及第三人民医院、慢病站、妇幼保健院和镇级卫生院建设，鼓励社会资本兴办高标准综合医疗机构，不断优化全县医疗条件，补齐医疗卫生领域短板。深化医疗卫生体制改革，实施“互联网+医疗”，探索建立县镇一体化县域医联体，推动医疗服务重心下移和诊疗资源下沉，提高基层临床服务能力。推行基层首诊、双向转诊，为群众提供便捷价廉的基本医疗服务。坚持预防为主，做好登革热、禽流感等重大疫病防控。适应“全面二孩”政策需求，优化计划生育服务和管理工作，提高出生人口素质。加

强医疗卫生人才队伍建设，创造条件引进高层次医技人才，培养和建设一支医术精湛、医德高尚的医疗队伍。

增强社会保障能力。要实施更加积极的就业创业政策，发挥公共就业服务平台作用，加强转移就业培训和技能晋升培训，引导劳动者自主就业；落实高校毕业生就业促进和创业引领计划，带动大学生和社会青年就业创业。强化社保扩面征缴，深入推进全民参保登记工作，推动灵活就业人员参加职工养老保险，不断扩大社保覆盖面。积极发展慈善事业、残疾人事业和老龄服务业，关爱困难群体和特殊群体的基本生活，兜住民生底线。

务实办好十件民生实事。一是规划建设中小学生上下学公共交通运行体系，保障中小学生上下学交通安全。二是完成仙庵、周田、前詹、岐石、鳌江等12个镇的村村通自来水工程建设，保障群众饮用水安全。三是推广农贸市场食用农产品快速检测工作，探索开展家禽“集中屠宰、冷链配送、生鲜上市”，保障人民群众“舌尖上的安全”。四是深入实施全民健身工程，在基层新建10个体育场地设施示范点，推进体育设施进社区、进农村、进企业。五是实施城区道路畅通工程，改造提升一批交通节点，配置一批指示牌、电子警察、视频监控设备等交通管控设施。六是实施“互联网+精准扶贫”工程，免费为2000名贫困人口开展电商培训，支持100户贫困家庭创立网店。七是完成新农村公路建设50千米以上。八是建成县城区东郊、惠西生活垃圾压缩站，治理松柏坑垃圾填埋场。九是完成569户农村低收入家庭危房改造。十是提高城乡低保、五保、孤儿等困难群体救济救助水平和残疾人“两项补助”。

（七）以平安建设为主导，着力在加强和创新社会治理上迈出新步伐

强化社会治安综合治理。要创新完善社会治安防控体系，保持严打高压态势，全力开展“飓风2017”专项行动，铁腕打击整治涉毒问题，依法严厉打击“两抢一盗”、电信诈骗等各类违法犯罪行为，切实维护社会治安稳定。尤其要继续深化“大宣传、大管控、大打击、大问责、大创建”五大攻坚措施，加快补齐社区戒毒社区康复工程、青少年毒品预防教育工程、病残吸毒人员收治场所、物流寄递实名制及网格化管理APP系统应用等工作短板，坚决打赢禁毒人民战争。要抓好基层信访维稳工作，健全矛盾纠纷排查化解工作机制，进一步完善城乡公共法律体系建设，解决好人民群众反映的热点、难点问题，保障人民群众的合法权益。

加强公共安全监管。要严格落实安全生产“一岗双责”责任制，加强消防、道路交通、建筑施工等重点行业领域的专项整治，深入开展安全隐患排查整改，坚决遏制重特大生产安全事故发生。积极构建现代化市场监管体系，完善12345投诉举报平台建设，加强食品药品安全和打假打私工作，不断规范市场经济秩序，让群众安全消费、放心消费。切实加强应急管理、灾害防御体系建设和应急演练，进一步提升防范和应急处置能力。

（八）以人民满意为标准，着力在行政效能建设上得到新提升

加强能力建设。要深入学习贯彻习近平总书记系列重要讲话精神，进一步增强政治意识、大局意识、核心意识、看齐意识，坚持以贯彻落实中央、省委、市委、县委精神为前提谋划推进工作。要强化担当实干精神，真正把精力用在干事业上，扑下身子务实干，全力以赴完成既定目标任务。强化创新能力，坚持用改革创新的思路和办法谋划发展、推动工作、解决问题。强化责任落实，建立政府部门行政问责、行政过错责任追究制度，加大检查督

乡村文明建设　（县地志办　供稿）

办力度，确保各项工作保持高效率快节奏运行。

加强法治建设。要健全科学民主依法决策机制，严格遵循重大行政决策法定程序，完善依法行政考评制度，深化政府信息公开，不断提升政府各项工作的法治化水平。加强法治宣传教育，继续实施“七五”普法，深化“一村（社区）一法律顾问”工作，努力增强全民法治观念。自觉接受人大、政协监督，办好人大议案和政协提案，广泛听取社会各界意见，进一步提高科学、民主、依法决策水平。

加强作风建设。要巩固拓展党的群众路线教育实践活动、“三严三实”专题教育和“两学一做”学习教育成果，完善作风建设长效机制，不断增强干部队伍的为民服务意识和拒腐防变能力。积极落实党风廉政建设责任制，严厉惩治和有效预防腐败，坚决纠正损害群众利益的不正之风。强化审计监督，坚持厉行节约，注重节俭办事，努力降低行政成本，以良好政风取信于民。

惠来县召开“五城同创”工作部署会议

12月22日，惠来县在仙庵镇召开“五城同创”工作现场会，县四套班子领导、各镇（场）党政主要领导、县直单位主要负责人等参加会议。会议总结前阶段全县创文工作，宣读县委县政府表彰决定，县委主要领导作讲话，全面动员部署全县开展“五城同创”工作。统一思想、凝聚人心、鼓舞干劲，动员全县广大干部群众以坚定信心、饱满热情、善战精神，全面开展“五城同创”工作，为揭阳市创建国家卫生城市、国家森林城市、国家生态文明建设示范市、全国综治（平安建设）优秀市、全国文明城市作出努力。

11月，惠来县获得省文明县城提名城市，这是全县创文工作历史性突破。惠来县从2012年正式启动创文工作算起，到获得省文明县城提名城市有五年多时间，全县干部群众创文工作积极性和主动性前所未有，效果明显。仙庵镇在创文工作一度落后情况下，镇党政班子提出“三敢三不”，也就是“敢担当、不换频道；敢投入，不遗余力；敢干事、不留退路”，实现后队变前队。会议召开之前，参会人员观看仙庵镇创文现场。“三清”，包括清理垃圾、清理路障、清理淤泥做得很到位，“三拆”也就是拆破旧老房危房、拆违章建筑物、拆存在安全隐患设施，这些工作压力非常大，镇村在经济薄弱情况下，面对现实，克服种种困难坚决推进。会议提出做好以下几方面：

一、凝聚思想共识，增强工作责任感

揭阳市委市政府在揭阳成功创建省文明城市基础上，决定乘势而上，启动推进“五城同创”。目标就是要使路通起来、地洁起来、水清起来、天蓝起来、灯亮起来、城绿起来、民安起来，增强城市总体功能，提升城市品位，提高城乡文明程度和人民群众综合素质。按照“整体同创、单项达标”思路，市委市政府提出到2020年，揭阳要获得国家卫生城市称号，力争进入国家森林城市、国家生态文明建设示范市、全国综治（平安建设）优秀市行列，成为全国文明城市提名城市。

市委市政府提出开展“五城同创”工作非常及时，也是非常必要。惠来县要从省内、国内许多城市创建经验看到，做好“五城同创”工作，城市可以重塑形象，群众可以得到实惠，企业可以获得商机，党政可以树立诚信。市委书记李水华提到他在省里接受文明城市表彰的时候，觉得非常光荣，但后来一想，除了汕尾市外，揭阳后面没有追兵了，其他地级市早在多年前就已经是省文明城市。惠来虽然获得省文明县城提名，这仅仅是迈出文明创建工作第一步，后面还有很多工作等着去做，特别是创卫工作。11月21日晚，县政府主要领导专门召开会议，布置八项专项行动，每一项都要抓好。全县各级各部门要把思想统一到市委市政府和县委县政府决策部署上来，统一到“五城同创”工作上来，达成共识，形成合力，担当责任，迎难而上，迅速在全县掀起各项创建工作高潮。

深刻认识“五城同创”是一项综合性系统工程。范围广，既涉及经济发展又涉及社会发展，既涉及政治文明又涉及精神文明、生态文明，既涉及政府能力又涉及市民素质；指标多，各项创建工作皆有自身一套指标评价体系，总体评测指标成百上千；要求严，各项创建工作目标争取的皆为国家荣誉，含金量高、标准极严；跨度长，“五城同创”是一个综合目标，每年都有一个阶段性目标。以上特点决定是一场持久战。要做好长期作战、长期整治、长期管理准备，一仗接着一仗打，一年接着一年干，常抓不懈；要拿出吃苦耐劳毅力和敢打必胜勇气，把创建工作作为锤炼自身意志、检验自身能力过程，直面问题、攻坚克难，确保工作不拖全县和全市后脚。

二、坚持干在实处，有序有力开展各项行动

坚持任务导向。各地各单位要围绕县总体工作方案，细化局部、阶段性目标；统筹安排好工作计划，做到年度有计划、月度有调度、每周有进展，长短结合，协调推进。特别是五个单项创建办公室主任和九大行动责任领导，均由县有关班子成员担任，要亲力亲为，落实牵头单位加强与市领导、与市牵头部门沟通，结合惠来县实际，对印发到手头五个单项实施方案，研究完善后报县领导小组同意实施。对创建的硬件任务有什么，软件任务有什么，要十分明确；各地各部门有什么任务、什么责任，要十分明确；今年做什么，明年做什么，做成什么样，也要十分明确。要把任务记在心里、抓在手里、落实到行动上。

坚持统筹推进。为推进“五城同创”工作，市委提出深入实施“九大行动”，即：市政规划建设提升行动、环境卫生提质行动、农村人居环境洁净行动、交通综合整治行动、水资源综合利用行动、环境保护行动、绿满家园全民行动、社会治安综合治理行动、社会文明提升行动。这九个行动各有侧重点，有些工作又相互有交叉，要强化统筹意识，正确处理好各项行动之间关系，把各项行动与各地各单位实际工作结合起来，统筹兼顾、一体推进，确保工作不断、秩序不乱。“天下大事必作于细、天下难事必作于易”。要从一点一滴小事做起、从最容易突破事情做起。为确保“五城同创”实现良好开局、形成良好氛围，市委提出春节前重点要抓好六项工作，也就是“两个规划”和“四个见效”，两个规划就是“五河（榕江南河、榕江北河、枫江、龙江、练江）毓秀”工程规划、“五路（高速公路、国道、省道、乡道、村道）绿化”工程规划；四个见效就是提升城市管理水平的“五个起来”（交通严起来、露土绿起来、绿化带拦起来、灯光亮起来、停车管起来）、镇街清理拆除乱搭乱建构筑物和沿路铺设人行道、村居抓好环境卫生和雨污分流、社会治安综合治理“众剑行动”。六项工作都有明确要求，特别是春节前要完成什么任务，都讲得很具体，相关文件下发到各地各相关单位，严格按照要求，统筹推进各项工作，春节前该完成任务要不折不扣完成到位。特别是镇区清理拆除乱搭乱建构筑物和沿路铺设人行道两项工作，年底市将要进行验收，未完成一定要抓紧推进，完成要开展“回头看”，把成果巩固好。

坚持重点突破。按照市委市政府提出“整体同创、单项达标”思路，弄通做实，从最突出问题抓起，从群众最不满意地方改起，集中精力、集中时间、集中力量进行攻坚突破。重中之重是要盯紧2018年初成功创建省卫生县城、解除制毒严重通报警示地区目标，做好各项攻坚冲刺工作。创卫工作要确保12月顺利通过省第三次暗访，2018年1月底前顺利通过省检查验收，从县班子成员到各地各相关单位特别是村一级，要全方位动起来，把县委县政府部署要求落实落细。禁毒“摘帽”工作要力争12月底前通过市评估验收，2018年1月份上报省禁毒委组织评估验收后申报国家禁毒局，2018年3月份实现“摘帽”，要按照这些时间节点把各项准备工作做好、把各项工作短板补齐，顺利实现目标。

坚持真抓实干。“五城同创”是市委集体决策部署，书记李水华亲抓督促和推动，从下个月6日起，市党政班子成员、人大及政协主要领导每周抽

签，同信访、创文督查工作一样，持续到基层明查暗访，市4个督查组将随时随地不打招呼开展督查，思想和行动一刻不能放松，不能有应付走过场思想，做好每一项工作，一个问题一个问题跟进解决，一个节点一个节点扎实推进。按照县出台的各个具体工作方案，落实“创建工作项目化、创建项目责任化、创建责任具体化”要求，将创建工作细化、量化为若干具体项目，列出项目任务责任分解表，明确责任单位、责任人，明确具体工作内容、完成时限、达标要求。做到谁的战线谁负责、谁的责任谁担当、谁的工作谁落实，做到每一项工作都有人负责、每一项任务都有人落实、每一个问题都有人解决。

三、落实长效机制，确保工作取得实际效果

落实长效领导机制。县委县政府成立“五城同创”领导小组，领导小组下设办公室、督查问责组和五个单项对接创建办公室。各地各有关单位尽快成立相应工作机构，根据县的统一部署，细化本地区本单位实施方案，细化责任分工，把文明创建每一项工作任务落实到具体部门、具体人员，组织开展好承担工作、完成好负责任务。各地各单位党政主要负责同志是创建工作第一责任人，要当好“五城同创”工作促进人和带头人。

落实长效协作机制。县“五城同创”领导小组成员担负起协调指挥和督促推进职责，对涉及创建工作问题，定期不定期组织有关单位、相关部门通过协调会议、专题会议或现场办公等形式，及时研究解决。县五个单项对接创建办公室要发挥承上启下作用，加强与市沟通协调，加强对各地各单位协调指导。各地各单位要严格按照总体方案和五个具体实施方案以及九大行动方案要求，围绕近期五项重点工作，包括做好龙江河整治改造提升“一河整治”工程规划，高速公路、国道、省道、县道、和村道路边整治和植绿“五路绿化”工程规划，县城区建成区内，集中精力落实好，使交通管理严起来、露土绿起来、重点部位拦起来、灯光亮起来、车辆乱停管起来五项精细化管理措施，至2017年底，镇（场）主要街道完成违建拆除，铺设人行道；村居生活垃圾实现日产日清，通过“红黑榜”公示卫生评比结果。全面推进“雨污分流”工程建设，深入开展“众剑行动”，牢固树立大局意识、协作意识，各司其职、各尽其责。

落实长效督查机制。县班子成员特别是“五城同创”领导小组成员带头负责，定期听取挂钩联系镇场和分管线条单位工作汇报，对各项工作进展情况做到心中有数。县对接市“五城同创”领导小组督查问责组要加大对“五城同创”工作督促检查，采取定期与不定期、明察和暗访、抽查和全面检查相结合等方式督查，及时通报反馈各地各单位创建工作进展情况。县委将严肃工作纪律，严格落实追责问责制度，对工作不力、进展缓慢，责令限期达标；对敷衍塞责、失职渎职导致无法如期完成既定任务，严肃追究有关负责人责任。

落实长效宣传机制。在创建过程中，要把宣传教育和思想发动融入到创建工作每一个阶段，每一项实际工作之中，融入到每一个群众中，使大家理解创建工作目的、意义和目标任务，明白自己义务和责任，认识参与创建工作所带来结果不仅仅是为全县人民，也是为自己谋福利，从而把群众积极性、主动性调动起来，激发群众聪明才智，凝聚群众力量，使全县人民群众都心系一个共同目标，肩负一份共同责任。全县各级干部特别是基层干部做好创建过程中宣传发动和解释引导工作，提高群众对创建工作知晓率、参与率；坚持从自身做起、从现在做起、从小事做起，在群众中树立良好榜样。

会议提出，“五城同创”是发展所需、民生所盼、问题所逼，各项工作只有起点没有终点，只有更好没有最好，全县上下行动起来，

抓重点，补短板，强弱项，以钉钉子精神和善作善成作风，推动各项创建工作取得新进展新突破。

（县“五城同创”办）

胡春华莅惠调研，希望招商局合力打造“粤东蛇口”

5月7—8日，中共中央政治局委员、广东省委书记胡春华在粤东考察调研，专门邀请招商局集团董事长李建红随同参加在揭阳惠来调研，见证招商局集团与汕头市战略合作框架协议签署。广东省委常委、常务副省长林少春参加调研和协议签署仪式，集团副总经理孙承铭与汕头市长刘小涛签署协议。汕头市委书记陈良贤、揭阳市委书记严植婵、汕头市长刘小涛、揭阳市长陈东等陪同调研。

5月7日，胡春华在惠来调研时说，粤东与广东整体发展相比较而言不够平衡，广东省委、省政府对加快粤东发展高度重视，正在谋划推进一系列重要部署，其中打造以惠来为中心的潮汕新的发展中心就是粤东发展重要战略之一。省委、省政府希望通过打造这一新的发展中心，带动周边500万人发展。打造这一中心，需要具有综合开发实力超大型企业来牵头、带动，招商局就是最合适、最有力开发者。

招商局成功开发蛇口工业区，又在“一带一路”沿线输出复制“前港—中区—后城”蛇口模式，希望这种模式不仅在国外、国内复制，更要在广东省内复制。揭阳惠来白纸一张，又有良好基础设施配套规划，完全有条件复制这一模式。他希望招商局能积极地参与到这一开发中来，整合各方面资源，与广东省一起打造“粤东蛇口”。

（县地志办）

资深港 （方义生　摄）

惠来县贯彻落实市委书记李水华在惠来调研指示精神

12月20日，中共揭阳市委书记李水华在惠来县调研时，就解决干部队伍精神状态问题作出重要指示，强调要牢记“没有谁比谁更聪明，只有人比人更较真、更勤奋”，要发挥惠来人“勤劳、义气、包容”品质，培育“较真”“勤奋”奋斗精神，以更开放、更较真、更勤奋精神干事创业，一年接着一年干，一件事情接着一件事情干，提升惠来知名度和美誉度。

22日，惠来县召开县委工作会议，认真贯彻揭阳市委书记、市人大常委会主任李水华20日到惠来县调研时讲话精神，提出要认真学习、深刻领会、准确把握、融会贯通，一项一项抓落实，进一步提振广大干部干事创业精气神。惠来县全县各级党组织开展“发扬开放、较真、勤奋的精神，争当惠来发展排头兵”大讨论活动。各党组织召开专题学习讨论会。各级党组织结合2017年年底召开生活会、总结会、座谈会等契机，召开“发挥开放、较真、勤奋的精神，争当惠来发展排头兵”为主题的专题学习讨论会，组织广大党员干部学习市委六届三次全会、县委十三届三次全会和李水华重要讲话精神，引导党员和干部进一步认清惠来发展形势，增强发展信心，提振干事创业精气神。讨论会上，党组织书记传达市委书记李水华指示要求，带头对照找差距查不足，带头提出整改措施。其他班子成员和干部要踊跃发言，谈体会、找差距、表决心，既展望美好发展前景，也结合本地本单位实际，提出更具体落实措施，为打造揭阳副中心和新的发展极群策群力。通过大讨论，进一步解放思想，牢固树立“时不待我、只争朝夕”观念，以更加饱满精神状态和更加勤奋有为作风投入到揭阳副中心建设中来。认真开展对照检查。各级领导干部认真对照思想是否更开放、态度是否更较真、工作是否更勤奋要求，结合本地本单位本岗位实际，深刻查找不足和差距，明确今后整改方向，在此基础上撰写600字左右个人心得体会，整改措施落实到今后工作。各级党组织书记高度关注干部工作精神状态改变，对个别工作热情不高，工作不认真、不勤奋、不作为、慢作为干部，耐心说服教育，在工作生活上给予帮助，使其端正认识，提高工作热情和工作责任感。抓整改巩固提高。提振干部精神状态不是一朝一夕能够解决事情，需要广大干部在平时抓在日常。各级领导干部在平时做到多组织开展正面宣传、多展望惠来美好发展前景、多说有利于惠来发展的话、多做有利于惠来发展的事，言传身教引导广大党员干部把思想和行动统一到上级重大决策部署上来，坚定信心，勤奋有为，努力工作，确保与上级步调一致、同频共振建设揭阳副中心和新的发展极。

（县地志办）

惠来县2016年国民经济和社会发展计划执行情况与2017年计划

一、2016年国民经济和社会发展计划执行情况

2016年，惠来县在县委、县政府正确领导下，在县人大及其常委会监督支持下，贯彻落实市委、市政府决策部署和县第十四届人大六次会议确定目标任务，围绕“建设美丽富庶滨海新城”核心目标，牢固树立“创新、协调、绿色、开放、共享”发展理念，适应经济发展新常态，推进供给侧结构性改革，加快实施创新驱动发展战略，发展临港现代产业，加强社会治理和生态保护，增进民生福祉，推进经济社会更好更快发展。2016年，全县完成地区生产总值259.69亿元，比上年同期增长（下同）5.6%。完成第一产业增加值57.61亿元，第二产业增加值142.12亿元，第三产业增加值59.97亿元，第一产业、第二产业、第三产业分别比增4.7%、4.9 %和8.2%。三次产业比重由2015年的21.5∶56.5∶22.0演变为22.2∶54.7∶23.1。

工业经济增速加快。推进临港产业重大项目建设。全县完成工业总产值708.98亿元，比增7.3%，其中规模以上工业产值650.02亿元，比增8.3%；规模以上工业增加值121.29亿元，比增4.6%。完成合同利用外资319万美元，比减95.0%；实际利用外资271万美元，比减84.0%。新增规模以上工业企业7家。完成购电量8.11亿千瓦时，比增11.1%；售电量7.5亿千瓦时，比增11.5%，其中工业用电量1.94亿千瓦时，比增8.08%。临港工业产业集聚区成功申报为省级产业集聚区，正在申报纳入《中国开发区审核公告目录》；与马士基拖轮公司、粤电航运公司合资的拖轮项目正式签署合资合同和章程，着手筹建合资公司。

农业经济持续增长。落实各项惠农强农政策，调整农业结构，转变农业发展方式，加快发展现代农业，促进粮食生产稳步发展，实施“一镇一品”工程，推动特色农业、效益农业、质量农业发展，促进农业增效、农民增收。全县完成农林牧渔业总产值75.30亿元，比增5.1%。粮食作物种植面积48.67万亩，总产量54.73万吨，其中水稻播种面积22.03万亩，产量8.27万吨。水果种植面积34.68万亩，总产量14.6万吨，其中荔枝种植面积15.3万亩，产量3.25万吨。水产品总产量8.37万吨，总产值9.65亿元，其中海洋捕捞产量5.29万吨，产值4.83亿元。畜牧业总产值9.8亿元，比增3.6%，其中肉类产量4.77万吨。林地绿化率97.8%，森林覆盖率53.3%，林木绿化率69.5%。落实农业三项补贴资金1863.4万元。继续抓好葵潭、仙庵、周田、神泉、前詹、鳌江6个镇的“一镇一品”示范镇工程建设，推动帝浓公司、安大公司、佳泰业公司、乐天公司、潮宜轩专业合作社等企业与“一镇一

品”进行产销对接。推进精准扶贫、精准脱贫工作，全县66个相对贫困村和173个分散贫困人口面上村全部落实驻村帮扶制度，初步制订贫困村、贫困户三年帮扶规划和年度帮扶计划。全县帮扶单位到位资金1380万元，实施帮扶项目200个；动员8家社会组织、10家企业和一批乡贤，对接项目16个，投入资金810万元。

商贸旅游业加快发展。实施“暖企行动”，组织企业参加“2016年广东揭阳产品全国行（上海站）”“2016粤港经济技术洽谈会”“深圳市第九届APEC中小企业交流暨展览会”“广州市国际中小企业博览会”等各类博览会，帮助企业开拓市场，培育消费新热点，加快发展电子商务等新型消费业态，培育和开拓农村消费市场，释放消费增长潜力，拉动经济增长。全县完成社会消费品零售总额114.91亿元，比增12.1%。完成外贸进出口总额17314万美元，比增3.0%；外贸出口总额12376万美元，比增22.0%。新增限额以上商贸企业5家，新增规模以上服务业企业2家。烟草企业完成销售总额12.54亿元，比增0.14%，创税利3.26亿元，比增6.7%。实现陆运客运周转量51069.16万人千米、水运货运周转量22176.81万吨千米、港口吞吐量12.25万吨，分别比增6.3%、6.1%、5.3%。实现旅游总收入10.97亿元，比增23.0%。

推进重点项目建设。抓住省促进粤东西北地区振兴发展契机，以重要基础设施建设、产业集聚区和中心城区扩容提质“三大建设”为抓手，全县完成固定资产投资208亿元，比增12.5％。全县重点项目60宗，年度计划投资41.55亿元，完成投资30.50亿元。市重点项目17宗，年度计划投资15.15亿元，完成投资18.75亿元，占年度计划123.8％。主要项目：揭阳港前詹作业区通用码头一期工程完成投资4.89亿元，中电投揭阳前詹电厂项目完成投资0.09亿元，东方夏威夷国际旅游度假项目完成投资4.80亿元，惠来电厂5、6号机组项目完成投资0.19亿元，惠来电厂1、2、3、4号机组超低排放改造工程完成投资0.53亿元，惠来县神泉示范性渔港工程完成投资0.79亿元，水产品产业集聚地工程完成投资0.50亿元，葵潭镇高铁新区站前广场等建设工程完成投资0.08亿元，揭阳大南海石化工业园区基础设施建设项目完成投资1.30亿元，省道337线惠来段路面改造工程完成投资0.56亿元，县道106线靖海至神泉段路面改造工程完成投资0.69亿元，县道105关桥线关门至头径路段改建工程完成

靖海电厂 （方义生 摄）

投资0.18亿元，县城外北环路建设工程完成投资0.09亿元，县城市政道路建设项目完成投资0.60亿元，惠来县邦山水闸重建工程完成投资1.20亿元，雷岭河治理工程完成投资0.21亿元，惠来县村村通自来水工程完成投资0.99亿元，惠来县电视台发射、播出机房工程完成投资0.40亿元，惠来县特殊教育学校项目完成投资0.16亿元，惠来县粮食储备库项目完成投资0.11亿元，惠来县“含尾坑”卫生垃圾处理场项目完成投资0.69亿元，金贤隆江新城开发项目完成投资1.00亿元，南区新城商住区项目完成投资8.25亿元，科太新能源惠来县岐石镇50兆瓦渔光互补光伏电站项目完成投资1.62亿元，保障性住房项目完成投资0.12亿元，甲港公路惠来段新建工程完成投资0.13亿元，榕石景区项目完成投资0.11亿元，前詹镇港寮湾港口建设工程完成投资0.17亿元，揭阳市220千伏陂美输变电工程、110千伏隆江输变电工程、110千伏岐石输变电工程完成投资0.22亿元。

财税金融平稳运行。深化财税改革，做好“营改增”工作，坚持依法理财，优化管理机制，抓好财税征管，严格落实中央“八项规定”，提高资金使用效益，集中财力保建设、保民生、保稳定、保运转，全县地方公共财政预算收入5.77亿元，比减9.99%。税收县库收入3.49亿元，比减7.87%，其中国税收入1.51亿元，比增6.11%；地税收入1.98亿元，比减16.28%。全辖本外币各项存款余额190.17亿元，比年初增长9.67%；各项贷款余额82.38亿元，比年初增长10.68%。

社会事业取得新进步。开展专利申请工作，专利申请量364件，其中发明专利7件。办学质量稳步提升，2016年4月惠来县被省人民政府授予“广东省教育强县”称号。全县高考再创历史新高，参加高考4850人，上本科线2372人，比2015年增加184人；上重点线428人，比2015年增加47人；本科上线率48.99%，居全市建制县（市、区）第一位；连续两年上重点线和本科线的增长率均居全市建制县（市、区）第一位。投入资金1.19亿元，新（改、扩）建和维修校舍123所，推进广东省教育现代化先进县创建工作。

葵阳影剧院改造项目建成并投入使用，承办多次大型歌舞文艺晚会等相关活动，活跃县城文化影视市场。推进图书馆总分馆制试点建设，在全县10个镇设立图书分馆，各镇设立2—3个基层服务示范点。推进基层综合性文体服务中心建设，建成3个文体广场示范点和6个村（社区）综合性文化服务中心示范点；精心组织县羽毛球队、击剑队参加省青少年击剑锦标赛和羽毛球锦标赛，均取得优异成绩；成功举办全民健身日暨广东省第十七届“体育节”惠来县启动仪式，开展篮球、羽毛球、足球等一系列群众性文体活动，丰富群众节日文化生活。

县妇幼保健院、县慢病站以及隆江、葵潭、靖海等6家镇级卫生院正在建设，115个村卫生站规范化建设全部完成。全县6家民营医院运营情况良好。开展疾病防控工作，加强人感染H7N9禽流感防控，全县乙肝、乙脑、流脑等各项一类疫苗接种率均达省要求，公共卫生服务水平逐步提高；开展计生服务，全面实施二孩政策，全县人口出生率13.42‰，自然增长率7.93‰，政策生育率96.01%，抓好全员人口素质。

全县新增就业人数4145人，城镇登记失业率控制在2.45%以内；企业基本养老保险参保人数98418人，城乡居民社会养老保险参保人数391820人；城乡基本医疗保险参保人数973000人；逐步提高困难群体救济救助水平，其中五保、城镇低保、农村低保人均每月分别提高60元、40元、30元，社会保障体系不断完善。

强化环境、国土资源监管。受理办结污染投诉案件69宗；严格环保准入，审批环评项目45宗，核发排污许可证32家；开展饮用水源保护区范围内违建项目清理清查，清理饮用水源保护区范围内禽畜养殖场11家，拆除采石、采砂场及石料加工场6家、砖厂2家，生态环境保持稳定。落实资源节约集约利用政策，全面清查整治违法违规用地用矿行为，查处违法用地案件140宗，面积346.6亩。

加强平安惠来建设。加强社会治安综合整治，开展“涉毒重点地区整治”“飓风2016”等专项整治行动，立刑事案件1156宗，破案741宗，抓获各类犯罪嫌疑人566名，逮捕409人，尤其加大涉毒犯罪活动惩治力度，破获毒品刑事案件216宗，抓获嫌疑人284名，严厉惩治各类违法犯罪。加强安全生产和食品药品安全监管，深化“打非治违”和专项整治工作，开展排查治理事故隐患的生产经营单位9496家，排查一般事故隐患2463项，落实整改2464项，人民群众生命财产安全。加强信访维稳工作，办结立案交办信访案件99宗，其中办结省、市交办案件83宗，排查化解矛盾纠纷，社会大局和谐稳定。

2016年，全县经济平稳运行基础不稳固，下行压力较大，存在一些亟需解决困难和问题：个别主要经济指标完成情况与年初计划存在不少差距；固定资产投资支撑力不强；基础设施建设投资比重较大，工业投资比重较小，投资对经济增长拉动力不足；工业经济增长压力较大；财税增收不容乐观，新兴产业尚未形成有效产能和规模效应，大的税收增量难以形成；重点项目建设、扶贫攻坚等刚性支出、重点支出不断加大，财政收支矛盾较为突出；供给侧结构性改革中补短板任务特别繁重。

二、2017年国民经济和社会发展计划

2017年是实施“十三五”规划重要一年，是供给侧结构性改革深化之年，惠来县经济社会发展主要预期目标：

——生产总值增长7.0%；

——人均生产总值增长6.3%；

——规模上工业增加值增长7.0%；

——社会消费品零售总额增长13.0%；

——固定资产投资总额增长11.0%；

——外贸进出口总额增长6.0%；

——地方公共财政预算收入增长6.5%；

——地方税收收入增长4.4%；

——实际利用外资增长51.6%。

为实现上述目标任务，必须着力抓好以下工作：

（一）实施产业创新驱动，推动实体经济发展

打造支柱产业。围绕做大做强石化工业、电力能源、滨海旅游和深水港口枢纽“四大临港产业”，做好重大产业项目要素保障和服务工作，支持服务好中石油炼油及中下游产业项目建设，确保中海油粤东LNG、华润三清山风电等项目顺利运营、发挥效益，力促中电投综合物流、金海湾植物园综合开发、东方夏威夷国际旅游度假、神泉省级示范性渔港、粤东水产品产业园——惠来南海（国际）渔仓、揭阳港前詹作业区通用码头一期工程等项目建设全面提速，推动惠来电厂5、6号机组和粤东LNG配套输气管线等项目及早启动建设。

提升产业质量。实施产业转型升级质量提升工程，引导企业推进质量创新，增强产品竞争力。实施产业登高工程，引导企业与科研机构、高等院校开展产学研合作，鼓励支持企业推进设备更新和升级换代，用“互联网+”和新技术、新业态改造提升传统产业。发展科技型企业，坚持培育和引进相结合，重点抓好高新技术企业培育入库和认定，推动惠来县企业向内涵质量提升型转变。

内外联动推进产业合作。加大对外开放合作，实施产业引进工程，做大产业总量。重点要加快推进临港工业产业集聚区、滨海休闲旅游区和神泉商贸经济区规划建设，围绕产业主题引导企业入驻，推动产业集聚发展。用好用活省关于产业共建政策措施，主动与“珠三角”等经济发达地区开展产业合作；加强与马士基拖轮公司、粤电航运公司联系对接，推动三方合资拖轮公司成立运营，以产业共建形成县域经济增量。抓住神泉港区对外开放契机，优化口岸通关环境，扩大贸易进出口，推动开放型经济加快发展。

发展民营经济。对接落实省促进民营经济大发展扶持政策，推动生产要素、政策资源、行政服务更多向民营企业集中，鼓励支持大众创业，引导集聚民间资本发展实体经济。加强民营经济服务平台和服务体系建设，推进“个转企、小升规、规转高”民营企业培育计划，支持民营资本参与政府公共服务设施建设，引导民营企业利用产权市场兼并重组，推动民营企业做优做强。

（二）加快城乡基础建设，改善发展硬环境

抓好规划编制。分期分批抓好城镇中心区、旧城区改造区、先行建设区等区域控制性详细规划和

镇村规划编制工作，尽快修编城区控制性详细规划，以科学前瞻规划引领城乡建设，为跨越发展、科学发展提供规划保障。

完善基础设施建设。全面完成县道105关桥线、106庵泉线二期、122甲伯线和乡道169安前线等项目建设；开工建设惠雷公路四香场至省道235线、揭惠高速芦新连接线和国道238线普宁至惠城段改建、老城区路网改造、县城南区部分路网市政道路等工程；加快推进中石油快速进园路花寨至溪西路段、国道324线葵潭大桥、国道238线安澜桥和葵潭高铁新区等工程建设；做好县城区外北环路、高速南路、庆平路、安福路、广鸣路桥等市政项目前期工作；配合推进揭惠高速公路和甲港公路建设。争取中东部供水工程尽快建成通水，加快邦山水闸、赤吟水闸、东陇海堤加固达标、西港海堤加固达标、鳌江河堤防加固、县城内运河防洪排捞治理等工程建设步伐，抓好村村通自来水工程建设，增强防灾减灾和饮水灌溉保障能力。全面完成220千伏陂美输变电站建设，加快推进科源新能源惠来县鳌江镇100兆瓦农光互补光伏电站项目建设和配网工程建设，保障城乡居民用电需求。

龙江大道桥建设　　（县地志办　供稿）

（三）推进农业供给侧改革，培育农业农村发展新动能

从农业生产端、供给侧发力，把增加绿色优质农产品供给放在突出位置，推进农业供给侧结构性改革，提升农业质量、效益和竞争力。培育各类新型经营主体，实施“一镇一品”工程，推进农业向第二、三产业融合，延长产业链条，提高产业附加值。重视农产品质量安全体系建设，抓农产品标准化生产、品牌创建、质量安全监管，让人民群众吃上绿色、安全、放心食品。完善农村电商服务体系，引进和培训电商专业人才，培育专业化农村电商企业，引导涉农企业开展农海产品网上销售。整合惠来一镇一品、滨海旅游、生态资源等多领域元素，加强项目设计，发展观光农业、农家乐、休闲渔业等农业新业态。推进惠来县粮食储备库、惠来县森林碳汇重点生态、周田镇农贸市场等项目建设。

（四）抓好财税金融工作，增强发展支撑力

促产培财，落实财税扶持政策，引进更多创税企业到惠来落户，建立县级重点税源型企业目录管理机制，培育壮大本地税基；强化税源监控手段，加大经济户口清理力度，坚持依法治税，严厉惩治偷税、逃税、漏税等违法行为，推进税负公平；调整优化支出结构，促产业，保民生，集中资源办实事，办能形成可持续竞争力大事，发挥财政资金效益。完善政府投融资平台建设，引导金融对接实体经济，解决中小微企业融资困难；深化与国开行、农发行合作，争取更多政策性金融资金支持地方发展；健全金融监管防控体系，防范化解系统性风险。

（五）加强社会治理，切实维护和谐稳定

加强资源管理。加强土地、矿产、海洋、林业等自然资源的保护和管理，促进资源高效利用、循环利用。加强环境保护。加大环保执法力度，惩治各种破坏环境的违法违规行为，保护惠来良好生态

环境。采用整县打包PPP方式污水处理设施建设，规范“含尾坑”卫生垃圾处理场运营，建设东郊、惠西垃圾压缩站及隆江镇、靖海镇污水处理厂，增强城乡治污保洁能力。加强公共安全监管。包括安全生产、消防安全、食品药品安全、打假打私等重点领域监管工作，确保城市公共安全。综合治理社会治安，铁腕整治涉毒问题，排查处置各种矛盾，确保社会和谐安定。加强文明创建工作。推进文明县城、文明镇、文明村居“三级联创”工作，重点整治不符合文明创建标准突出问题和薄弱环节。

（六）保障和改善民生，提高群众生活质量

实施教育创先工程。结合省推进经济欠发达地区义务教育均衡、优质、标准化世行贷款项目实施，完善各类学校基础设施配套，抓好惠来慈云实验中学学生宿舍楼、鳌江中学综合楼及全县18所学校延伸工程等项目建设，优质学位资源供给。补齐医疗卫生事业短板。推进卫生创强行动，落实国开行政策性金融，推进华湖、隆江、葵潭、靖海、神泉、仙庵、东港、鳌江等镇卫生院建设和县慢性病站综合楼住院楼建设及设施配套，鼓励社会资本兴办高标准综合医疗机构。加强底线民生保障。建设企业养老保险、城乡居民养老保险、城乡居民医疗保险等社会保障体系，提升底线民生保障水平，提高低保、五保供养、孤儿、残疾人等困难群体生活保障水平。推进惠来碧桂园、金贤隆江新城开发、保障性住房等项目建设以及文化广场、榕石景区等项目建设。

（县发改局）

惠来县深入学习贯彻中共十九大精神

中共十九大，是在中国全面建成小康社会决胜阶段、中国特色社会主义进入新时代关键时期召开的重要大会，是一次不忘初心、牢记使命、高举旗帜、团结奋进大会，对凝聚党的军心民心、推动党和国家事业发展具有十分重要意义。惠来县把学习宣传贯彻中共十九大精神作为当前和今后一个时期的首要政治任务，迅速掀起学习贯彻热潮，统一思想，凝聚力量，推动各项工作开展。

学习贯彻中共十九大精神　（县地志办　供稿）

10月16日，为迎接中共十九大胜利召开，由县委宣传部、县创文办主办以“喜迎十九大、共筑中国梦、共建文明城”为主题的送戏下乡文艺演出活动在靖海镇资深村举行。演出在潮州大锣鼓《春满渔港》中拉开帷幕，热闹欢庆的锣鼓声让现场顿时活跃起来，表达渔民抛网捕鱼，人欢鱼跃，满载而归景象。《浪淘沙》《千百年潮曲唱不尽》《看长江战歌掀起千层浪》等经典潮曲选段纷呈上演，博得全场观众阵阵掌声，为广大群众奉献精彩潮乐盛宴，营造良好精神文化氛围。

18日上午，中国共产党第十九次全国代表大会在北京人民大会堂开幕。上午9时，惠来县广大党员群众，通过电视、电台、网络等传播平台，收看收听十九大开幕会现场直播盛况，聆听习近平总书记在大会上所作报告，第一时间了解全党未来五年奋斗目标和规划发展蓝图。

27日上午，惠来县召开学习贯彻中共十九大精神大会，传达市委学习贯彻中共十九大精神大会精神，组织学习市委书记李水华讲话精神，提出要把学习宣传贯彻中共十九大精神作为惠来县当前和今后一个时期最重要政治任务，以习近平新时代中国特色社会主义思想为指导，层层落实、级级学习，迅速掀起学习贯彻热潮，勠力同心，攻坚克难，推动惠来振兴发展、跨越崛起，努力把惠来打造成为揭阳副中心和新的发展极。

28日上午9时，县委在县政府五楼会议厅组织收看收听广东省传达贯彻中共十九大精神大会。参会人员有县委常委，县人大常委会主任、副主任，县政府副县长，县政协主席、副主席，县人民法院院长、人民检察院检察长，在县内副处级以上老同志，县直及省、市驻惠副科级以上单位主要负责同志，各镇（场）党委（总支）书记、镇（场）长，县各民主党派、工商联主要负责人和无党派人士代表。

11月20日上午，县四套班子领导及相关单位主要负责人到大南山革命馆开展“不忘初心”主题党日活动。县直单位主要负责人分别带领单位党员干部到大南山革命馆或革命烈士纪念碑等革命基地开展党日主题教育活动。通过重温入党誓词，参观大南山革命历史纪念馆，聆听红色革命历史，回眸那段峥嵘岁月，把思想浸润在那经过血与火洗礼的革命精神中，深情缅怀革命先烈，传承自革命初心。

随后，惠来县召开县委常委会议，传达中共中央政治局委员、省委书记李希莅临揭阳调研重要讲话精神和市委书记李水华在市委六届第20次常委会议上讲话精神。要求全县各级党组织要把学习贯彻中共十九大精神及李希莅临揭阳调研讲话精神作为当前及今后一段时期重要政治任务来抓，在学懂、弄通、做实上下功夫；要坚持问题导向，努力补短板，强弱项；以十九大精神和李希莅临揭阳调研讲话精神为行动指南，扎实做好揭阳副中心建设，全方位推动全县工作上新台阶，在新时代奋力开创惠来振兴发展新局面。

12月4日，惠来举行学习贯彻中共十九大精神专题研讨班，市委宣讲团成员、市委政法委专职副书记、市综治办主任王少鸿作题为《迈进新时代·开启新征程——深入学习贯彻中共十九大精神》专题报告。报告围绕中共十九大会议盛况、十九大主题及重大意义、十九大报告精髓要义作全面、具体、深入解读。报告会内容丰富、条理清晰、案例详实，既有理论高度，又有思想深度，具有很强针对性和指导性，对全县领导干部深入学习贯彻领会十九大精神，做好新时代惠来振兴发展各项工作具有重要指导意义。

12月中旬，由县委宣传部会同县直有关单位组成学习贯彻中共十九大精神县委宣讲团，分赴各地开展宣讲工作。各宣讲团成员深入镇（场），紧紧围绕习近平新时代中国特色社会主义思想这个主线和灵魂，从中共十九大主题、主要成果，习近平新时代中国特色社会主义思想，过去五年历史性成就和历史性变革，中国特色社会主义进入新时代，中国社会主要矛盾变化等重大问题，结合惠来实际工作情况分别从各自不同角度用详实事例和数据，浅显易懂语言，对十九大报告作深入阐释和透彻解读。各镇（场）党员干部纷纷表示，在今后实际工作中，要把学习宣传贯彻中共十九大精神作为当前和今后时期主要政治任务，不忘初心，牢记使命，不懈奋斗。

12月7—27日，县委组织部在县委党校举办全县副科级以上干部学习贯彻中共十九大精神轮训班，培训内容为学习贯彻中共十九大精神、学习贯彻新党章、书记李希莅临揭阳调研重要讲话精神等。通过大学习、大培训，广大党员干部学懂弄通做实中共十九大精神，突出做到“六个聚焦”，牢固树立“四个意识”，坚定“四个自信”，坚持以习近平新时代中国特色社会主义思想统领惠来一切工作，使习近平新时代中国特色社会主义思想在惠来落地生根、开花结果。

（唐少华）

揭阳副中心（惠来）发展蓝图

5月7—8日，中共中央政治局委员、广东省委书记胡春华到粤东考察调研。5月7日在揭阳惠来调研时，胡春华提出，粤东与广东整体发展相比较而言不够平衡，广东省委、省政府对加快粤东发展高度重视，并正在谋划推进一系列重要部署，其中打造以惠来为中心的潮汕新的发展中心就是粤东发展重要战略之一。省委、省政府希望通过打造这一新的发展中心，带动周边500万人发展。打造这一中心，需要具有综合开发实力超大型企业来牵头、带动，招商局就是最合适、最有力开发者。招商局成功开发蛇口工业区，又在“一带一路”沿线输出复制“前港—中区—后城”蛇口模式，希望这种模式不仅在国外、国内复制，更要在广东省内复制。揭阳惠来白纸一张，又有良好基础设施配套规划，完全有条件复制这一模式。他希望招商局能积极地参与到这一开发中来，整合各方面资源，与广东省一起打造“粤东蛇口”。

5月8日，揭阳市委书记严植婵主持召开市委六届第11次常委会议，传达贯彻省委书记胡春华莅揭调研重要指示精神，强调要科学谋划，狠抓落实，把惠来打造成为揭阳副中心和新的发展极。严植婵指出，省委书记胡春华要求把惠来打造成为揭阳副中心和新的发展极，是对惠来县和大南海石化工业区未来发展的新定位，是指导揭阳落实习近平总书记重要批示精神、加快振兴发展重大部署，具有很强前瞻性、战略性、针对性和指导性，为推进揭阳沿海地区发展指明方向、明确要求。要认真贯彻落实胡春华莅揭调研重要指示精神，把惠来县和大南海石化工业区发展统筹起来，科学谋划，狠抓落实，推动港口、产业园区、中心城区有机融合，打造揭阳副中心和新的发展极，打开揭阳振兴发展新局面。严植婵强调，市委、市政府决定成立揭阳城市副中心建设领导小组，由市委主要负责同志任组长，市政府主要负责同志任副组长，市委、市政府有关负责同志为成员，领导小组下设办公室和城市规划、交通规划建设、产业规划引进、基础设施建设、生态环境建设、投融资平台建设、协调对接等7个专项工作小组。领导小组和各专项工作小组要抓紧制订方案，分解细化任务，尽快运作起来，推动各项工作迅速铺开。每个专项工作小组要邀请2～3名国内知名规划专家参与。要加强与香港招商局集团对接，迅速做好惠来县、大南海石化工业区和大南山侨区规划控制和土地控制。

8月17日，揭阳市委书记李水华在接受南方日报专访时作介绍。5月以来，揭阳市认真贯彻落实省委部署要求和省相关会议具体要求，扎实推进各项工作。在前阶段工作基础上，按照省要求与几家重大投资合作商建立良好合作关系。与香港招商局集团联合成立揭阳城市副中心建设领导小组，实行月度例会制度；与招商局蛇口公司共同成立联合工作组，执行双周例会制度。由香港招商局集团负责揭阳副中心—粤东新城发展规划编制工作，完成选址方案初步结论、产业发展方向、空间规划初步方案等；由中规院负责揭阳副中心（惠来）城市规划编制工作，形成规划纲要初步成果。初步确定揭阳副中心核心区（粤东新城）范围，计划复制“前港—中区—后城”的“蛇口模式”进行规划建设。梳理形成包括大南海公共码头及大南海石化工业区基础设施等项目2个项目包，计划采取代建模式进行合作建设。香港招商局集团正在积极探讨港口、海工等产业资源落户揭阳城市副中心可行性。7月上旬和中旬，中石油集团两次召开党组会议，决定在大南海建设世界级劣质重油炼化基地，在推进首期年炼油能力2000万吨中委炼油项目基础上，配套增加首期年240万吨芳烃项目和年120万吨乙烯项目，把大南海石化工业区打造成为中石油集团长江以南总部基地；相关手续抓紧报批中。与国家电投广东公司、明阳智慧能源集团联手，在惠来打造风能成套设备总装基地、风能运维基地以及海上漂浮发电研发试验基地，项目于6月29日签约落地。

11月15日下午，广东省长马兴瑞主持召开省政府党组会议，会议审议并原则通过《揭阳滨海新区发展总体规划（2017—2030年）》。会议提出，采用政企合作模式，发挥揭阳区位优势和地理条件，科学规划推进揭阳滨海新区发展建设，打造区域性重大发展平台，引导产业和城市高端功能集聚，助力建设具有国际影响力汕潮揭城市群，促进粤东地区振兴发展。长久以来，潮汕地区因为潮汕商帮而扬名海内外，不过潮汕本土经济发展却一直较为缓慢。推动汕潮揭城市群一体化、同城化发展，成为粤东发展必由之路。《揭阳市粤东滨海新区总体发展概念规划（2017—2030）》也经省政府专题会议审议并原则同意，明确揭阳副中心定位和开发管理模式。此次会议对揭阳在服务粤东地区产业布局上提出更明确要求。会议强调，要突出规划战略性、牵引性、指导性，按照港—产—城融合总体要求，合理布局城市发展区、临港石化产业区、海洋新兴产业区、生态保护区和未来发展区五大功能区，构建现代化产业体系，加强生态环境保护，提升公共服务和社会管理，促进区域合作发展，努力将揭阳滨海新区打造成为集产业链、创新链、资金链、人才链、服务链于一体粤东地区新的发展极和新的城市中心。

（林洁漫）

招商局集团副总经理孙承铭、力宝集团总裁李棕莅惠调研

11月23日，招商局集团副总经理、招商蛇口董事长孙承铭和华联企业有限公司执行主席、金利太平洋集团有限公司执行董事、力宝集团总裁、力宝有限公司、力宝华润及香港华人有限公司主席李棕率领招商局集团、力宝集团调研组到揭阳惠来县，就揭阳滨海新区核心区粤东新城开发建设情况开展调研活动。揭阳市委副书记、市长陈东参加活动。

孙承铭、李棕一行实地调研惠来县广汕高铁惠来站选址、神泉港、龙江河东岸半岛，深入了解揭阳滨海新区核心区粤东新城规划、交通区位条件、海洋资源等情况，双方就项目建设、发展推进路径等问题进行研究讨论。

市委常委、常务副市长陈定雄，市政协副主席、发改局局长黄伟忠，市政府党组成员、秘书长、办公室主任袁文键等参加调研。

（县地志办）

揭阳市委书记李水华莅惠调研社会治安综合治理“众剑行动”

12月26日，揭阳市委书记、市人大常委会主任李水华到惠来县调研社会治安综合治理“众剑行动”。李水华到溪西查缉卡口、岐石镇禁毒指挥部及社区戒毒（康复）服务中心、惠来县禁毒专业队驻地、岐石镇览表村、广东揭阳边防支队览表派出所等地，看望慰问奋战在禁毒工作一线公安干警、边防官兵、市县禁毒工作先进个人，参观禁毒成果展，深入了解禁毒工作开展情况。

李水华代表市委、市政府向值勤和训练民警、官兵致以慰问，叮嘱当地党政要做好各方面保障，解决一线同志后顾之忧。勉励民警、官兵们要在全市“众剑行动”特别是惠来县禁毒“摘帽”特殊战

斗中，发挥主力军、尖兵作用，严格自我要求，积极参与训练，奋勇冲锋在前，坚决惩治危害人民群众生命财产安全涉毒违法行为。

李水华强调，一线民警官兵要看好大门、设好卡点、灵活应变，惩治震慑犯罪分子；地方党政要查漏补缺、完善功能，推进全县乃至全市重点片区的戒毒（康复）服务中心标准化建设，做好服务对象跟踪管理；涉毒重点村要制定规范、简明、管用的村规民约，突出对毒品“零容忍”，以良好村风树立正气，教育村民不走“邪道”；边防派出所要坚决惩治、遏制涉毒、涉假、走私等犯罪行为，为保一方平安做出更大贡献。

随后，李水华主持召开禁毒工作汇报会，听取市惠来毒品重点整治“摘帽”办、惠来县委等有关工作情况汇报。

李水华指出：2017年惠来县深入开展“众剑行动”，坚决打好禁毒“翻身仗”，取得阶段性成果。禁毒工作进入关键时期、攻坚时期、冲刺时期，惠来县要将禁毒工作当作最大民生工程，众志成城、万众一心开展“众剑行动”，通过再鼓劲、再加油、再部署。发挥政法公安队伍主力军、尖兵作用，按照“公则安、打则稳、建则强”要求锻造队伍、提升技防、守护正义、扩大战果，打击、震慑、遏制涉毒及其他犯罪活动，推进社会治安综合治理。加强当地党政、国家工作人员执政为民主体责任，树立敬畏法律、敬畏天地自然、敬畏人民群众意识，在调动镇级工作积极性方面先行先试，做好岐石镇等惠来西部片区6个镇的工作人员、设施配套和考核奖励等工作，用加强党建推进镇级标准化建设，形成模板。

（县地志办）

惠来落实市委“百日百项大行动”，抓重要项目建设

惠来县把贯彻落实市委“百日百项大行动”工作部署，落实重要工作项目化、重点项目责任化要求，采取拉练式工作方法，推进县主体责任承担11宗项目建设及承接市涉及惠来26项重点工作，确保各个项目按计划顺利推进。

惠来县主体责任承担11宗项目中9宗（11项）属设施建设项目，年度计划投资5.58亿元，2017年6项开工，投入3.27亿元。其中中石油快速进园路花寨至溪西段、广东省神泉示范性渔港超计划推进，分别完成年度计划投资87.7%和97.5%；中石油快速进园路花寨至溪西段项目路线长9.112千米，路基宽50~65米，总投资6.22亿元，完成投资1.316亿元，累计完成投资3.3亿元，完成混凝土路面2千米，路基、路面、龙江河大桥建设等在推进中；广东省神泉示范性渔港建设投入7800万元，2017年年底水域部分在进行西堤、南防波堤引堤推填，及浇制扭王块、空心方块和沉箱等预制构件；惠来县海堤加固工程，投入3500万元在堤身填土、堤脚砌石等工作；县城区市政路网建设工程，提前完成纵三路、横四路建设，安福路、向东路按计划建设推进中。

此外，国电投90万千瓦海上风电和海上风电运维基地、设备制造基地项目，完成3个测风塔（神泉电场2个，靖海电场1个）施工招标等工作。安澜桥至神泉段改建工程、揭惠高速公路新芦连接线新建工程、粤东LNG项目管线配套工程进行施工招标。石碑山角领海基点主题公园，进行方案策划和项目土地规划调整，国家海洋局将该项目列入全国岛礁建设项目库。惠来海岸线12海里外洋专属经济区授权管理、揭阳市海岸带功能规划，揭阳市龙江流域水质保护管理办法实施按计划有序推进。

（林洁漫）

惠来县社会治安综合治理“众剑行动”

为打赢禁毒硬仗，确保惠来毒品重点整治如期“摘帽”，揭阳市委、市政府于8月4日在惠来县召开全市“全民禁毒工程”动员部署大会。市委书记李水华强调：要全面实施“全民禁毒工程”，在惠来县开展为期一年“众剑行动”，众志成城，坚决打赢禁毒攻坚战，推动全市毒情形势好转，确保惠来如期“摘帽”。惠来禁毒整治，针对涉毒人员、涉毒单位、涉毒家庭、涉毒行为“众剑行动”开始全面行动。

10月23—24日，市委副书记、政法委书记刘光明到惠来检查督导禁毒工作，肯定“众剑行动”开展以来，特别是市惠来毒品重点整治工作组进驻以来，惠来禁毒工作取得初步成效，指出禁毒攻坚战进入重点推进阶段，正值“转段升级”关键时期，要采取更加有力措施，推动“众剑行动”深入开展。副市长、公安局局长马儒生多次到惠来检查指导禁毒工作，亲临现场指挥扫毒行动，要求各成员单位要深入推进禁毒工作高效开展，打好涉毒重点整治攻坚战。市、县公安部门坚持惩治一切涉毒违法犯罪活动，通过多警种联动协作、多手段同步上案形式，全面构筑禁毒防火墙，至9月底，在惠来县19个重点村逐一开展地毯式清理清查累计68场次，一批涉毒逃犯及制贩毒人员相继落网。9月18日，在大南海石化工业区举行群体性事件现场处置演练活动，彰显公安机关实战能力和决心，震慑涉毒等违法犯罪活动。市、县司法局以“一个司法所、一个村、一个巷、一家酒店、一个戒毒人群”等“五个一”为切入点，发挥法治宣传、法律服务职能优势，创新开展禁毒法治宣传“七进”系列活动，营造全民禁毒浓厚氛围，推动“众剑行动”向纵深开展。市、县文广新局开展无毒娱乐场所创建，落实各娱乐场所将禁毒宣传警示牌、宣传海报张贴在宣传栏和场所内显著位置，电影院在电影放映期间加播禁毒公益视频广告，落实娱乐场所及其它文化经营场所签订《禁毒责任承诺书》。专门组织禁毒主题晚会，到各镇、村巡演。市、县教育局加强惠来县毒品预防教育示范学校建设、防辍保学工作，督促惠来青少年毒品预防宣传“6·27”工程相关工作全面铺开，重点组织、督促禁毒教育基地建设和禁毒宣传教育进校园。

11月8日，县直工委在县直单位深入开展禁毒主题宣传教育活动，推动县直机关单位干部职工积极参与到禁毒这场人民斗争。各单位组织单位干部职工深入学习禁毒工作要求部署精神，组织干部职工到惠来县禁毒教育基地青少年活动中心参观，增强干部职工禁毒意识，管好自己，管好身边人，当好禁毒宣传员，投身到惠来县摘掉“毒帽”冲刺活动。

11月28日，市惠来毒品重点整治工作组、市中级法院、惠来县政法机关联合在惠来县人民广场召开打击毒品犯罪宣判处理大会，公开宣判和处理一批制贩毒品犯罪分子、犯罪嫌疑人。惠来县公安局对8名涉毒犯罪嫌疑人宣布刑事拘留，惠来县人民检察院依法对8名涉毒犯罪嫌疑人宣布逮捕，惠来县人民法院对构成涉毒犯罪8名犯罪分子进行宣判，市中级人民法院对3名罪犯宣布死刑立即执行。2017年，根据全市社会治安综合治理“众剑行动”指挥部部署，惠来县委、县政府按照上级“六大标准，30项重点事项”要求，采取“大宣传、大管控、大打击、大问责、大创建”五大措施，深入推进“众剑行动”，重拳出击，重典整治，惩治涉毒犯罪，遏制毒品犯罪，社会大局和谐稳定。惠来县破获毒品刑事案件92宗，抓获涉毒犯罪嫌疑人133名；查处吸毒人员581名，收戒432名；破获制贩毒团伙7个；缴获冰毒86.25千克，液体冰毒80.96千克，麻黄素448.7千克。

12月3日，惠来县委、县政府在惠来县葵阳影剧院召开惠来县开展社会治安综合治理“众剑行动”推进大会，总结惠来县开展“众剑行动”工作，全面部署推进社会治安综合治理“众剑行动”。至11月30日，全县立刑事案件311宗，逮捕135名，查处行政案件256宗，其中行政拘留228人。涉毒方面，破获34宗（其中毒品千克以上4宗），打掉团伙2个、逮捕51名、收戒145名，缴获毒品115千克。涉假方面，立案45宗、抓获39名、逮捕25名，捣毁窝点7个。盗抢方面，破案77宗，破获团伙4个。

12月26日，市委书记、市人大常委会主任李水华到惠来县调研社会治安综合治理“众剑行动”，强调惠来县要把禁毒当作最大民生工程，再鼓劲、再加油、再部署，以“众剑行动”惠民创未来。

惠来县多次召开会议，研究部署禁毒工作，明确目标任务，继续推进“全民禁毒工程”，开展“众剑行动”，继续保持对涉毒违法犯罪的严打高压态势，全力以赴打赢这场解除涉毒“通报警示”地区冲刺行动攻坚仗。

（县地志办）

惠来县总动员开展“五城同创”工作

11月22日，揭阳市委、市政府召开“五城同创”动员大会，部署开展国家卫生城市、国家森林城市、国家生态文明建设示范市、全国综合（平安建设）优秀市、全国文明城市活动“五城同创”。市委书记李水华强调，启动推进“五城同创”，是新时代新要求、新发展新要求、新坐标新要求；要通过全面开展“五城同创”，满足人民群众对健康、卫生、生态和安全环境日益增长需要，提高揭阳人民幸福感；营造风清气正政治环境、依法诚信营商环境、心齐气顺干事环境、有力有为治理环境、山清水秀生态环境、和谐稳定社会环境、健康向上人文环境，增创揭阳发展新优势，创造揭阳发展新机遇；增强城市功能，提升城市品位，提高城市知名度和美誉度，为在新时代努力开创揭阳发展新局面提供更加坚实支撑。做好“五河毓秀”工程规划，完成榕江南河、榕江北河、枫江、龙江、练江整治改造提升方案前期工作。做好“五路绿化”工程规划，完成高速公路、国道、省道、县道、乡道路边整治和植被筹备工作。针对存在短板，采取交通严起来、露土绿起来、绿化带拦起来、灯光亮起来、停车管起来等措施，提升城市管理水平。按序时进度推进镇街路边拆除违建、铺设人行道和农村垃圾日清、雨污分流工作。深入开展“众剑行动”，为群众营造安全和谐稳定社会环境。为落实好“五城同创”各项工作，12月11日，惠来县成立县对接市“五城同创”领导小组，12月19日，印发《惠来县开展“五城同创”活动总体方案》。

13日，揭阳市“五城同创”督查问责组以随

开展创文志愿活动 （县委宣传部　供稿）

机抽查方式，对惠来县开展“五城同创”工作进行督查，要求该县要整合资源，强化措施，加快推进“五城同创”工作。督查问责组通过检查惠来县、鳌江镇二级党政开展“五城同创”情况和资料，认为主要成效包括：惠来县能认真落实市委、市政府相关会议精神，成立各类机构队伍，设立办公室，扎实开展“创文为我、我为创文”等各项主题活动，有工作进度；农村人居环境整治工作有方案，能正常开展，有进度表；深入开展“众剑行动”，禁毒宣传氛围较浓烈；县人民医院有实施亮灯工程；鳌江镇澳上文化公园环境卫生整洁；主干道葵甲公路两侧拆违力度大。发现主要问题有：“五河毓秀”“五路绿化”工程规划工作方案尚未出台；葵和大道文昌路口等重点部位未设置隔离栏；葵和大道两侧部分车辆停放无序；鳌江镇辖区内有少量“牛皮癣”未及时清理；葵甲公路保洁度不高，规划无序；澳上中心小学周边环境较脏乱等。督查问责组要求惠来县要针对存在问题，迅速组织力量落实整改，强化措施，加快推进“五城同创”工作。

12月22日，惠来县四套班子成员、各镇和县直单位主要负责同志等200人到仙庵镇新田村实地参观“创文”“创卫”和农村人居环境综合整治情况。随后，惠来县在仙庵镇京陇村召开全县“五城同创”工作现场会，贯彻落实市委、市政府“五城同创”决策部署，动员全县广大干部群众投身创建国家卫生城市、国家森林城市、国家生态文明建设示范市、全国综治（平安建设）优秀市、全国文明城市活动，为打造揭阳副中心和新的发展极提供有力环境保障。会议全面部署惠来县“五城同创”工作。结合实际，组织开展市政规划建设提升行动等“九大行动”。将重点做好龙江河惠来段整治改造、“五路绿化”“五个起来”、农村人居环境整治、“众剑行动”等工作。会议要求，全县各地各单位和广大党员干部要立足实际，从现状出发，以“五城同创”为契机，借力而动、顺势而为，推进各项创建工作。凝聚思想共识，增强工作责任感；坚持问题导向，补齐生态环境、营商环境等方面存在的短板。通过开展“五城同创”，满足人民群众对健康、卫生、生态和安全环境日益增长美好生活需要，促进经济发展，从根本上改善惠来文明程度、社会秩序、环境质量和人文素养。坚持干在实处，有序开展各项行动；坚持目标任务导向，科学安排好工作计划，做到年度有计划、月度有调度、每周有进展，长短结合，协调推进；坚持统筹推进，把市委部署“九大行动”与各地各单位实际工作结合起来，统筹兼顾、一体推进，确保工作不断、秩序不乱；坚持重点突破，盯紧2018年年初成功创建省卫生县城、解除制毒严重通报警示地区目标，做好各项攻坚冲刺工作；坚持真抓实干，落实“创建工作项目化、创建项目责任化、创建责任具体化”要求，创建工作细化、量化若干具体项目，列出项目任务责任分解表，一步一个脚印做好每一项工作，一个问题一个问题跟进解决，一个节点一个节点扎实推进。会议强调，落实长效机制，确保工作取得实际效果。重点落实长效领导机制、协作机制、督查机制、宣传机制，真正形成“党政主导、部门主抓、镇村主力、群众主体”工作格局。重点做好龙江河整治改造，提升“一河整治”工程规划，高速公路、国道、省道、县道、和村道路边整治和植绿“五路绿化”工程规划，县城区集中精力落实好交通严起来、露土绿起来、重点部位拦起来、灯光亮起来、停车管起来五项精细化管理措施，2017年底前镇（场）主要街道完成违建拆除，铺设人行道等。会议还总结2016年来全县“创文”工作情况，表彰40个“创文”工作先进单位和40位先进个人。

（林洁漫）

惠来县谋划“迎盛会·百日百项大行动”

5月31日下午，市委书记李水华主持召开市委常委扩大会议，谋划“迎盛会·百日百项大行动”，强调要把该项工作作为2017年揭阳市一项重要工作来展开推动，形成经济发展新亮点，储备未来发展新项目，以优异成绩迎接党的十九大胜利召开。市委常委会议研究决定，从7月1日开始，在全市开展“迎盛会·百日百项大行动”。要用一个月时间做好各项筹备工作，系统谋划、部署实施一批事关长远、事关大局重大项目。

6月6日，惠来县召开县委常委扩大会议，谋划对接好“迎盛会·百日百项大行动”各项铺排工作落实。专门成立领导小组和专项组与市对接，具体由县长贝继勤牵头抓落实，按照市委通知要求，牵头相关县领导和相关部门抓好项目筛选甄别、报送等相关工作。

6月7日，惠来县委、县政府联合发电《关于做好揭阳市“迎盛会·百日百项大行动”项目填报工作的通知》，要求做好项目填报工作。

项目筛选甄别。聚焦经济发展、基础设施、社会事业和基层治理等事关经济发展，具有系统性、支撑性、基础性、前瞻性以及影响可持续发展“瓶颈”、短板等重点项目和重要工作。经济项目重点围绕企业技术改造、增资扩产，新招引产业链长、投资较大项目，按照生产性、流通性各占一定比例筛选；基础设施项目重点按照县、镇（场）分级要求，避免重复，从路、水、电、互联网、物联网等事关市政民生方面投资规模大，解决“瓶颈”问题项目筛选；社会事业重点围绕重大短板、欠账较多城市创文、卫生创强、教育现代化，以及老百姓关心关注等方面项目和工作筛选；基层治理方面重点围绕社会稳定、基层工作考核评价，发挥镇（场）在社会治理中坚作用、镇（场）办公场所和值守条件等问题系统解决方案。

项目筛选方式。县直项目筛选方面，由县领导班子成员牵头分工线条单位研究筛选，选择最亟需、最典型项目；原则上县直有关单位分别筛选3个及3个以上项目。镇（场）项目筛选方面，从基层治理领域筛选，原则上每个镇（场）分别筛选1个及1个以上项目。县直和镇（场）筛选上报项目原则上必须是百日内确保开工项目。

项目填报要求。按照一个项目一张表格填报，填报内容包括项目名称、项目类别、项目概况、进度计划，以及项目责任单位、首席责任人、实际负责人、联络人等，确保每个项目落实一位分管领导、一个责任单位、一个责任人“三位一体”。

6月12日，惠来县委、县政府联合发文《中共惠来县委办公室 惠来县人民政府办公室关于成立“迎盛会·百日百项大行动”工作领导小组的通知》，成立“迎盛会·百日百项大行动”工作领导小组。领导小组下设办公室和项目审批组、效能督导组、城乡规划建设联合执法组、违法违规专业打击组4个工作组。领导小组主要职责是：研究甄别重大项目，提交县委常委会决策；统筹协调处理“迎盛会·百日百项大行动”中重大问题；指导、推动、督促重要工作、重点项目决策部署组织落实。

为贯彻落实省第十二次党代会精神和市委关于开展“迎盛会·百日百项大行动”工作部署，加快推进全县重要工作、重点项目，形成经济社会发展新亮点，以优异成绩迎接党的十九大胜利召开，6月23日，惠来县委发文《中共惠来县委印发<关于开展“迎盛会·百日百项大行动”实施方案>的通知》，制定实施“迎盛会·百日百项大行动”实施方案。

7月10日，惠来县“迎盛会·百日百项大行动”工作领导小组办公室根据市任务要求，梳理制订《惠来县“迎盛会·百日百项大行动”项目表》，经县委同意，印发到各镇（场）、县直及省、市驻惠局以上单位。要求各地及相关部门要高度重视，把之作为一项重要政治任务，采取切实有效措施，狠抓落实，确保按时按质完成任务。

10月9日，惠来县领导班子成员及有关部门和相关镇主要负责同志，先后到惠来县海堤除险加固工程、县城市政道路工程等“迎盛会·百日百项大行动”项目建设现场，实地检查督导，现场办公，以拉练式工作方法，加温加压推动项目顺利建设。

在项目建设现场，县主要领导详细了解项目建设进度、存在问题等有关情况，要求各责任领导和责任单位抓住有利天气，在确保施工安全和质量安全前提下，全力加快工程建设进度。

随后，县召集县分管领导、部分职能部门和相关镇负责同志召开项目建设分析推进会，听取项目建设单位汇报项目建设进度和存在主要问题，逐一落实县有关领导牵头相关职能部门、镇村及时解决，并明确项目建设各个时间节点，要求各地各部门紧密配合、一路绿灯，各责任单位要加强与上级相关部门沟通联系，争取各方支持、全速推进，绝不拖全市后腿。

惠来县把贯彻落实市委“百日百项大行动”工作部署作为重点工作切实抓好，落实重要工作项目化、重点项目责任化要求，采取拉练式工作方法，推进该县主体责任承担11宗项目建设及承接市涉及惠来26项重点工作，确保各个项目按计划顺利推进。

12月，惠来县城外北环路工程正式开工建设。惠来县城外北环路建设工程为市“百日百项大行动”重点建设项目之一，道路规划设计西起傍山路，东至惠雷公路，全长4.5千米，宽45米，将建成双向六车道水泥路面，并完善道路绿化、路灯、排水等配套设施，项目总投资2.549亿元。该工程的开工建设，将构筑便捷城市交通网络。

（唐少华）

惠来县着力发展民生事业

2017年，惠来县投入民生事业资金26.5亿元，占一般公共预算支出64.3%，办好一系列民生实事。社会救助、城乡低保、特困供养人员以及孤儿、残疾人等救济救助水平平均达到省级新标准；推进各类保险扩面提标，城乡居民养老保险和医疗保险覆盖率均98%以上，大病保险报销比例50%以上；稳定和扩大就业，城镇新增就业人数4285人，城镇登记失业率控制在2.39%以内；落实退役军人权益保障工作，逐步解决退役军人历年安置遗留问题，落实优抚对象各项政策；实施城乡公交运输服务，解决中小学生上下学交通安全问题。

推进精准扶贫工作，投入贫困户、贫困村帮扶资金4.5亿元，实施贫困户帮扶项目2万个、贫困村公共基础设施项目507个、村集体经济帮扶项目32个；转移贫困劳动力就业5645人，完成贫困户危房改造262户，贫困户社会保障兜底落实率和基本医疗政策落实率均100%，66个相对贫困村通过光伏发电、种养、农贸合资等“造血”项目落实，逐步提高集体收入。继2016年1.18万人脱贫后，2017年全县又有1.24万人脱贫。全县累计2.4万贫困人口基本实现脱贫。

推进华湖、隆江、葵潭、靖海、神泉、仙庵、东港、鳌江等镇卫生院建设和县慢性病站综合楼住院楼建设及设施配套，鼓励社会资本兴办高标准综合医疗机构。推进农村“雨污分流”建设、农村村道硬底化建设、农村文化广场及文化体育设施建设，推进“五城同创”工作在农村深入开展。抓好企业养老保险、城乡居民养老保险、城乡居民医疗保险等社会保障体系建设，提升底线民生保障水平，提高低保、五保供养、孤儿、残疾人等困难群体生活保障水平。

（县地志办）

中海油粤东LNG项目投产

中海油粤东LNG项目由气电集团全资建设，位于揭阳市惠来县前詹镇沟疏村。项目分为一期和二期，一期工程由接收站工程、码头工程及输气干线工程三部分组成，计划总投资100亿元，建设规模200万吨/年。接收站工程建设3座16万立方米储罐；码头工程建设靠泊8～26.7万立方米LNG船舶接卸码头1座、1000吨级重件码头（兼工作船码头）1座，以及防波堤、栈桥、取排水等配套设施；输气干线工程由“一干两支”组成，是广东省天然气主干管网重要组成部分，干线全长140千米，两支线全长40千米，管线途经揭阳、汕头和潮州三市，沿线设置输气站场8座，阀室4座。其中，接收站和码头项目于2013年5月正式开工建设，完成建设任务并正式投入试生产。粤东LNG接收站是中海油在广东省继深圳大鹏、珠海金湾之后投产第三座LNG接收站。一期接收站项目建成后，具备年处理200万吨液化天然气能力，每年可供应天然气28亿立方米。按照一期项目达产量替换各类燃料油品计算，每年可减少二氧化硫排放量0.24万吨以上、二氧化碳排放量160万吨以上。

中海油粤东LNG公司于2017年开工建设配套管线项目，该项目包括一干两支管道、8座输气站及相关配套设施，总投资20亿元，全长177千米，覆盖粤东大部分地区，计划于2019年完成铺设投入运营。

中海油粤东LNG项目从开工到成功接气，安全施工累计1500天。项目从核准到全面开工不到2个月。有别于以往中海油LNG项目储罐先后开工的模式，中海油粤东LNG项目开创先例，3个储罐同时进行施工，用187天时间完成全部桩基浇筑、27个月时间实现3个储罐交工、不到一个月时间完成3座16万立方米储罐气举升顶，项目从核准到投产速度之快在国内同行业属首例。

由船舶运送至接收站天然气呈液体状态，温度低至－162℃，经气化设施转化成气体状态后通过天然气管道输送至电厂、工商业用户和居民用户，也可通过LNG槽车直接外运至用户。粤东LNG项目一期工程项目达产后，将满足汕头、揭阳、潮州、梅州、汕尾等粤东五市用气需求，优化区域能源结构，完善粤东乃至珠三角、闽东南供气格局。在优化区域能源结构、改善区域环境、完善城市基础设施、提高居民生活品质、降低居民生活成本、促进粤东地区经济社会跨越发展等方面具有重要意义。

（粤东LNG公司）

省神泉示范性渔港工程建设

根据上级有关文件规定，全省13个现代渔港建设项目必须于2018年年底前完成建设。位于惠来县的广东省神泉示范性渔港工程建设项目，是全省13个现代渔港建设项目之一。

惠来县地处粤东沿海，海岸线长109.5千米，拥有神泉、靖海、资深3个天然渔港，海域面积7689平方千米。近岸海域岛屿27个，岩礁90处，多处天然良港可建深水码头，特色海产品种类繁多，开发利用海洋资源十分丰富。加快省神泉示范性渔港工程建设项目建设成为惠来县完善渔业产业链、大力发展蓝色经济重点工作。

省神泉示范性渔港工程建设项目预算总投资

2.72亿元，将建成全省三个示范性渔港之一，从而提高惠来海洋经济综合实力，辐射整个粤东地区，促进惠来滨海旅游、休闲渔业发展，形成渔港新区。发挥渔港防灾减灾作用，加快推进渔船改造升级，产渔逐步向中深海发展。

揭阳市高度重视省神泉示范性渔港建设，分别成立市、县两级现代渔港建设协调领导小组，由市（县）长担任组长，分管副市（县）长任副组长，市（县）相关部门负责人为成员，下设办公室，加强对省神泉示范性渔港建设的组织协调和具体实施。

项目自2015年12月启动以来，被列为惠来县最大民生工程。2016年10月30日，惠来神泉国家一级渔港项目通过省专家组验收；2016年12月12日，省神泉示范性渔港举行开工仪式。2017年2月7日，神泉港区正式通过国家验收，获准对外开放。2017年，该项目被列入市“百日百项大行动”重点项目，惠来县倒排工期、挂图作战、狠抓落实，抢工期、抢进度，保安全、保质量，确保项目建设顺利推进。至2017年年底，该项目完成南防波堤495米，西防波堤166米、南岸防波堤加固、港池疏浚等；整个项目水域部分完成45％左右，准备2018年开始陆地配套工程建设。按照省政府要求，惠来将确保该项目建设在2018年12月底前全部竣工。

（县地志办）

时速350千米的汕汕高铁将在惠来县设惠来站

时速350千米的汕汕高铁（汕尾至汕头高铁，正线全长162.75千米，是广州至汕尾铁路延伸线，也就是广州至汕头高铁）备受社会各界关注，12月10日，汕尾至汕头铁路最新环评报告在广铁集团官网进行为期10天公示。该项目设五个站，在惠来县设惠来站，位于中心城区汕头站车站总规模为11台23线。惠来站隶属广汕铁路延伸线汕汕铁路中间站点，规划2020年完成建设。

汕汕高铁是粤东地区城际轨道交通网重要组成部分，并构成粤东与珠三角间联系主要通道，可加强闽粤两省间及珠三角与海西、长三角地区间联系，对海上丝绸之路建设有着重要支撑作用；有利于完善粤东沿海地区经济布局，有利于粤东城镇群积极融入珠三角，加强粤东与珠三角经济联系。

汕汕高铁也是构建东南沿海高速铁路通道重要环节，可与杭温和杭台铁路、温福和福厦客专一起在珠三角、海西、长三角间构筑起新一条南北向大能力客运通道，填补沿海通道纵向1000千米范围内无高速铁路布局空白，均衡区域快速客运网，完善国家干线高速客运网络布局。

（县地志办）

揭惠高速公路一期工程通车

揭惠高速公路是纵贯揭阳和汕头两市南北向重要通道，是粤东地区第一条以“省市共建”双业主制模式实施的政府还贷高速公路项目。全长63.4千米，全线双向四车道，设计时速100千米。

项目主线北起于揭阳市榕城区仙桥街道（接省道S234），向南经过汕头市潮阳区金灶镇，揭阳市普宁南径镇、麒麟镇，汕头市潮阳区贵屿镇、铜盂镇，潮南区司马浦镇、两英镇、红场镇、雷岭镇，

揭惠高速公路惠来县华湖出口（陈其泰 摄）

揭阳市惠来县华湖镇、神泉镇，南终于惠来县前詹镇，与惠来沿海一级公路相接。其中一期工程两英至惠来段长33.5千米，开通两英、雷岭、华湖3个收费站，以往从汕头市潮南区两英镇到惠来县，需走省道S235，车程50分钟，2017年12月28日，一期通车后，惠来至两英缩短30分钟。另外，二期工程榕城至两英段29.9千米计划2018年建成通车，届时全程通车后揭阳市区至惠来县车程预计缩短至40分钟。

揭惠高速公路建成将成为连接揭阳市空港与惠来沿海产业带两大经济发展“引擎”生命线，对完善粤东地区高速公路网，推进粤东经济一体化，增强承接珠三角产业转移能力，拓展东西向交通大动脉辐射范围有着促进作用。

（县地志办）

大事记
DA SHI JI

◆ 1月

4日 县长贝继勤在县委四楼会议厅主持召开县政府第四次常务会议，讨论决定：原则同意“惠来一中连登楼”和华湖镇“华英古寨”等两处不可移动文物列为县级文物保护单位，按规定予以公布并报广东省人民政府备案。

同日 揭阳市创文督查第三小组到惠来县督查创文工作，县领导蔡桂君、蔡河水及县创文办、县相关部门、惠城镇有关领导陪同。

9日 在广州市举行“广东十大海上丝绸之路文化地理坐标”终评活动，惠来县获评“广东十大海上丝绸之路文化地理坐标”之一。

同日 广东省召开加快推进基础设施重点项目建设电视电话会议，县委常委、常务副县长方若辉等参加。

11日 惠来县组织在县政府五楼分会场收看收听全国、省、市安全生产电视电话会议。上级会议结束后，惠来县召开全县安全生产暨第一季度防范重特大安全事故工作会议，县委常委、常务副县长方若辉作讲话。

12日 揭阳市委常委、组织部部长陈俊林带领市总工会、市民政局有关领导，到惠来县开展节前“送温暖”慰问活动，惠来县主要领导陪同活动。

14日 惠来县文化广场举行许永城迎春作品展——“时间与记忆”开幕仪式，县委常委、宣传部部长蔡桂君等出席。

16日 广东省交通运输厅广州打捞局党组书记江德亮带队到精准扶贫挂钩村隆江镇邦庄村开展扶贫调研活动，走访慰问贫困村民。副县长吴俊平等陪同。

同日 揭阳市文明创建第三督查组到惠来县检查督导创文工作，县领导蔡桂君等陪同。

同日 惠来县十五届人大常委会在县政府五楼会议厅召开第二次会议，县政府、县人民法院、县人民检察院、县政府办、县公安局领导及县人大机关干部参加会议，县人大常委会主任黄镇城主持会议。会议审议通过《惠来县人民代表大会常务委员会工作制度》《惠来县人民常委会2017年工作要点》《关于组织部分市五届人大代表和县十五届人大代表集中视察的综合报告》《惠来县人民政府2016年公安工作情况报告》和本次会议审议意见稿。

17日 惠来县在县政府三楼会议室召开防控人感染H7N9禽流感疫情紧急会议。县政府副县长方瑛，县政协副主席、卫计局局长黄烈纯等参加会议，并分别作讲话。

17—18日 揭阳市海洋渔业局局长方宙带领市食品安全工作第五考核组，到惠来县开展考核食品安全工作，县领导贝继勤、方若辉、方瑛等陪同。

20日 揭阳市人大常委会副主任吴平河带领市文明创建督查组，到惠来县督查创文工作，县委领导等陪同。

同日 广东恒健投资控股有限公司党委副书记、总经理唐年带领公司"班子"成员到惠来县隆江镇西塘村开展精准扶贫慰问活动。县领导侯耿胜、吴俊平及隆江镇委主要领导等陪同活动。

23日 揭阳市政协主席陈澄民，市委常委、宣传部部长方赛妹，市创文督查组组长吴平河，到惠来县督查指导创文工作，县委领导陪同活动。

25日 惠来县公安局在揭阳市惠来拍卖行公物仓停车场（华湖镇境内）举行创文整治交通秩序、销毁违规摩托车现场会。对2016年11月开展"创建文明县城"活动以来，公安交警部门查扣的85辆无牌证、假牌证二轮、三轮摩托车予以公开销毁。

29日 广东省文化厅厅长方健宏到惠来县图书馆、县文化馆等地检查指导惠来县文化工作。县委常委、宣传部部长蔡桂君等陪同。

6日 揭阳市创文第二督查组到惠来县开展创文督查活动，县领导蔡桂君等陪同。

7日 国家口岸管理办公室副主任白石等组成验收组，在广东省口岸办主任吴军、揭阳市副市长曾瑞如等省、市有关领导陪同下，到惠来县开展揭阳港神泉港区对外开放检查验收工作。县领导及县有关部门负责人陪同活动。国家验收组在惠来宾馆四楼会议厅召开广东揭阳港神泉港区对外开放国家验收会议，白石主持。会上国家验收组宣读《国务院关于同意广东揭阳港神泉港区对外开放的批复》，市口岸局局长江华文汇报揭阳口岸规划建设情况，县长贝继勤汇报神泉港区口岸查验配套设施建设情况，中海油粤东液化气有限责任公司总经理仇山珊汇报项目及码头建设情况。驻粤口岸查验单位汕头边检总站、广东海事局、海关广东分署、汕头海关、广东检验检疫局等单位领导在会上发言，国家验收组成员蒋诗辉、龚斌、谭燕华、张玉堂、刘永波分别发表意见。经过国家验收组议定，国家口岸管理办公室调研员陈涛宣读会议纪要，同意神泉港区对外开放通过国家验收。吴军、白石、曾瑞如分别在会上讲话。

同日 揭阳市政府副市长曾瑞如带领市检查组，到惠来县检查指导环保和创建卫生强县工作。县领导贝继勤、蔡河水、方瑛及县有关单位负责人陪同。

◆ 2月

9日 广东省核工业地质局党组书记、局长顾青波等一行到惠来县东陇镇东陇村调研指导精准扶贫工作，县领导吴俊平及县政府办、东陇镇、县扶贫办领导等陪同。

13日 惠来县政协主席周惠琴带队，县政协副主席黄华亮、黄烈纯、蔡汉春、吴少玲、郑龙彬和县政协部分常委，县交通局、县城建局、县物业局、县环卫局、县交警大队有关领导组成的县政协视察组，开展"县城创文创卫工作"专题视察活动，惠城镇委、东陇镇委、华湖镇委负责人等参加活动。

14日 广东省、揭阳市政法委等部门领导在惠来县惠来宾馆召开法治进校园调研座谈会，县委常委、政法委书记吴少华，县教育局、县公安局、县检察院、县法院、县司法局有关领导，县二中、县侨中等学校校长、教师代表参加座谈会。会上，市委政法委专职副书记、市综治办主任王少鸿，市教育局副局长林柔链、市司法局副局长高晓娟分别作专题发言，县委常委、政法委书记吴少华介绍惠来县法治进校园工作情况，省委政法专职委员、省委依法治省办副主任邓运强作讲话。

17日 揭阳市重点项目督查组到惠来县督查重点项目建设工作，县委常委、常务副县长方若辉等陪同。

20日 惠来县在县政府五楼会议厅组织收看收听广东省安全生产工作电视电话会议，县领导贝继勤、方若辉及县政府办主任、县安委会成员单位领导、各镇（场）长、分管安全生产领导、安监所所长、有关企业负责人参加。省会议结束后，揭阳市继续召开会议，贯彻落实全省会议精神，部署全市近阶段安全生产重点工作。上级会议结束后，惠来县接着召开会议，县委副书记、县长贝继勤部署惠来县近阶段安全生产重点工作。

23日 广东省政府发展研究中心副主任陈圣河带领调研组，到惠来县开展现代渔港建设专题调研。揭阳市政府副秘书长洪创建、市海洋渔业局局长方宙、惠来县长贝继勤、副县长吴俊平及市、县有关部门领导等陪同。

28日 广东省委、省政府召开《中共中央国务院关于推进安全生产领域改革发展的意见》宣讲报告会视频会议，国务院安委会专家咨询委员会主任、国家安全监管总局原副局长王德学进行宣讲辅导，惠来县委常委、常务副县长方若辉等在县政府五楼分会场收看收听报告会。

◆ 3月

2日 广东省侨联党组成员、秘书长曹堪宏等一行，到扶贫挂钩点鳌江镇山栗村开展“巾帼助山栗，侨界献爱心”主题活动，省侨联、广州中医药大学、广州市广播艺术团的领导及市、县、大南山侨区等领导参加。

3日 中央电视台第七套《美丽中国乡村行》栏目摄制组走进惠来，进行“一带一路”采访报道。向全国观众介绍惠来特色美食和海滨风光，市、县宣传部门领导陪同活动。

5日 “广东十大海上丝绸之路文化地理坐标”颁奖晚会在深圳市举行，授予包括揭阳惠来沿海海丝遗迹在内的10个单位“广东十大海上丝绸之路文化地理坐标”称号，惠来县委常委、宣传部部长蔡桂君等出席颁奖晚会。

6日 惠来县在惠来宾馆二楼会议室召开惠来县城乡规划委员会第三届一次全会，会议宣读县规委会第三届成员名单并颁发委员聘任证书，审议通过《惠来县葵潭镇玄武街区龙华广场北地块三旧改造详细规划（草案）》《惠来县惠城镇东华路东侧“鸭堀埔”A地块建筑高度调整》两个规划项目，县政府副县长、县规委会副主任委员蔡河水、县城建局局长及县规委会全体委员等参加会议，蔡河水作讲话。

7—8日 广东省旅游局局长曾颖如率领调研组，到惠来县开展滨海旅游调研活动，揭阳市政府副市长吴毅青、市政府副秘书长陈晓青、县领导及市、县旅游部门负责人等陪同。

9日 惠来县在县城葵阳影剧院召开县、镇、村三级干部会议，专题部署全县文明创建、农村人居环境综合整治和环境保护三项工作，县几套班子领导、县人民法院院长、县人民检察院检察长、县直及省、市驻惠副科级以上单位主要负责同志、各镇（场）党委书记、镇（场）长、宣传委员、分管农村、村镇建设负责同志；各村、社区书记、主任、自然村负责人参加会议，县委副书记、县长贝继勤主持会议，部署推进全县文明创建“三级联创”工作。

10日 广东省环境保护厅党组书记姚奕生、副厅长李晖等领导一行，到惠来县靖海镇资深村开展扶贫调研与贫困户慰问工作。揭阳市政府副秘书长林兴国、市环保局领导与县领导及县政府办、县环保局、县农业局、县扶贫办负责人、靖海镇党政主要领导陪同。

14—16日 政协惠来县十届二次会议在县城葵阳影剧院召开，审议通过县政协主席周惠琴所作的政协惠来县十届常委会工作报告、政协惠来县十届二次会议提案审查情况报告和政协惠来县十届二次会议的决议。会议期间，委员们列席县十五届人大二次会议，听取并讨论县长贝继勤所作的惠来县人民政府工作报告，并就惠来县城市建设与市政管理、道路交通、环境卫生治理；环保工作和水利建设等方面提出建议和意见；表彰县政协十届一次会议以来优秀提案和提案承办先进单位。

15日 揭阳市政府副市长刘瑞雄带领市政府副秘书长洪创基、市经信局、科技局、商务局、金融工作局负责人到惠来县，开展经济运行以及产业共建、创新驱动发展等工作专题调研，副县长许松青、县政府办、县经信局等相关领导参加。

17日 成立中共惠来县委巡察工作领导小组，县委常委、纪委书记任组长，县委常委、组织部部长任副组长，领导小组下设办公室（简称县委巡察办）。

20日 揭阳市政府在惠来县接待所分别举行《揭阳市人民政府与中国交通建设股份有限公司战略合作协议书》《揭阳市人民政府、国家电投集团广东电力有限公司揭阳海上风电及相关项目合作框架协议》签约仪式，市、县领导及市、县有关部门主要负责人、大南海石化工业区党政主要领导、中国交建华南区域总部、国家电投广东公司的有关领导参加仪式。市政府副市长吴毅青主持仪式。市委常委、市委秘书长熊松、中国交建华南区域总部副总经理祁思奎、国家电投广东公司执行董事程伯儒先后在仪式上致辞。市委常委、常务副市长陈定雄代表揭阳人民政府分别与中国交建华南区域总部执行总经理于仁军、国家电投广东公司总经理严贵荣进行签约。

同日 广东省政府召开全省审计工作电视电话会议，惠来县领导贝继勤等及县相关部门负责人在县政府五楼分会场收看收听。

21日 惠来县在县政府五楼会议厅组织收看收听国务院、省政府召开的第五次廉政工作会议、市政府召开的第一次廉政工作电视电话会议。会后，惠来县召开专门会议，部署全县贯彻落实上级会议精神工作，县长贝继勤作讲话，副县长吴俊平主持会议，县直各单位主要领导、各镇场长等参加。

22日 惠来县在靖海镇召开全县基层治理示范点建设现场会，揭阳市委组织部农村组织科、县领导及县委基层治理领导小组成员、各镇（场）党委（总支）书记、分管党群工作副书记、组织委员、第一批32个基层治理示范点党组织书记等参加。

23日 广东省铁路建设投资集团总经理王刚带队到惠来县进行现场踏勘高铁惠来站选址，揭阳市政府副市长吴毅青、大南海石化工业区党委书记、管委会主任、市交通局局长陈俊谦、县领导贝继勤等以及市、县相关单位、大南海石化工业区、惠城镇、东陇镇领导陪同。

同日 国家禁毒委在国务院召开全国禁毒工作电视电话会议，部署2017年禁毒工作，惠来县领导及禁毒委各成员单位有关领导等在县电信局三楼分会场收看收听会议。

24日 惠来县组织在县政府五楼分会场收看收听国务院安委会召开的全国危险化学品安全综合治理电视电话专题会议，县委常委、常务副县长方若辉、县安委会及县有关单位领导等参加。

27日 惠来县在县政府五楼会议厅组织收看收听全国国土绿化和森林防火工作电视电话会议，县领导贝继勤、吴俊平，县政府办、县相关部门领导，各镇（场）长、分管领导、林业站长等参加。全国会议结束后，揭阳市继续召开会议，贯彻落实全国会议精神，就全市造林绿化和森林防火工作提出具体要求。上级会议结束后，惠来县接着召开会议，贝继勤就如何做好清明期间森林防火工作和推进龙江河两岸绿化工作作讲话。吴俊平主持会议。

同日 广东省召开村（社区）两委换届选举工作电视电话会议，县几套班子领导、各镇（场）书记、镇（场）长、分管领导、县直及省、市驻惠局以上单位主要领导等在县政府五楼分会场集中收看收听会议。

29日 广东技术师范学院党委书记陈韶、院长郭杰等校领导带领各二级党组织负责人到精准扶贫精准脱帮扶点——隆江镇海埕村开展精准扶贫工作调研暨二级党组织对接帮扶贫困户活动，副县长吴俊平、县政府办、县扶贫办、隆江镇有关领导等参加调研。

30日 广东省发改委主任何宁卡一行莅惠调研，市、县领导黄伟忠、方若辉、陈局以及相关部门领导、前詹镇、仙庵镇党政主要领导陪同活动。

同日 惠来县在县电信局三楼可视室组织收看收听全省小微企业创业创新基地城市示范工作电视电话会议，副县长许松青，县政府办、县经信办、财政局等有关单位领导参加。

同日 广东省政府召开全省深化供销合作社综合改革工作视频会议，副县长吴俊平、县政府办、县直以上有关单位、各（镇）场分管领导参加。

◆ 4月

5日 揭阳市委常委、宣传部部长方赛妹带队，到惠来县检查农村人居环境整治和创文创卫工作，县有关领导陪同。

6日 广东省人民检察院检察委员会副厅级专职委员张占忠在揭阳市委政法委副书记王少鸿等陪同下，到惠来县调研综治平安建设工作，县领导吴少华、方义镇及县人民检察院检察长等陪同。

7日 惠来县组织在县政府五楼会议厅收看收听第一次全国可移动文物普查总结电话电视会议，副县长许松青及县有关单位领导、各镇场文化站长等参加。

同日 揭阳市人大常委会法工委、代表联络工委组织调研组，就市人大代表在市六届人大一次会议期间提出的《关于要求将龙江河保护列入揭阳市地方立法范围的建议》进行调研，县领导黄镇城等以及县人大常委会各工委、县政府办、县环保局领导和提出建议案的市人大代表陪同。

12日 广东省人大常委会委员教科文卫委员会主任委员张宇航带领调研组，到惠来县开展档案馆库建设情况调研，揭阳市人大常委会副厅级领导巫奕琦，县领导黄镇城、郑明辉、蔡河水等陪同。

同日 惠来县在县分会场组织收看收听广东省深入推进新一轮绿化广东大行动工作电视电话会议，县领导贝继勤及有关部门的负责人等参加。

13日 广东省委省政府召开中央第四环境保护督察组督察情况反馈会，通报督察广东省各地近年来环保工作进展情况和存在问题，部署落实环境保护、污染治理整改各项工作，惠来县几套班子领导、县委办、县政府办、县直各单位负责人；各镇场主要领导、分管领导等参加收看收听。

14日 揭阳市委副书记、政法委书记刘光明等一行的检查组，到惠来县检查指导农村人居环境整治，县领导以及县委办、县委宣传部、县创文办、县农办等单位领导陪同。检查组先后到东陇镇寄陇村、县城海关桥头、葵南市场、葵馨小区、神泉镇华家海滨度假村，实地察看农村人居环境综合整治进展情况，听取惠来县整治工作汇报，提出指导性意见。

20日 广东省政府召开2017年全省水利与三防工作电视电话会议，惠来县领导林士涛、吴俊平及县直有关单位负责人、各镇（场）分管领导、水利会主任在县政府五楼分会场收看收听。全省会议结束后，市接着召开会议，对全市水利与三防工作进行部署。上级会议结束后，惠来县继续召开会议，副县长吴俊平就如何做好全县水利与三防工作作部署。

21日 汕头市濠江区区委书记吴文兵带队，到惠来县参观考察，参观考察团先后深入惠来县中海油粤东LNG项目、揭惠高速华湖互通立交建设现场、广汕高铁汕尾至汕头专线惠来县北区高铁站选址等地方参观考察，听取工程项目相关情况介绍。

25日 揭阳市召开学习贯彻习近平总书记重要批示精神专题研讨电视电话会议，惠来县组织在县政府五楼分会场收看收听，县四套班子、县人民法院院长、县人民检察院院长及各镇（场）书记、镇（场）长、县直和上级驻惠单位主要负责人等参加。

同日 惠来县中海油粤东液化天燃气有限责任公司，在公司沉箱预制码头举行接收站项目投产暨首船LNG（液化天然气）接卸仪式，广东省发改委能源局副局长祖冠军、揭阳市政府副市长曾瑞如、中海石油气电集团副总经理吴正兴、汕头海关副关长刘红、县政府副县长许松青、中海油粤东LNG总经理仇山珊，省、市、县有关部门、气电集团有关领导、嘉宾等参加仪式。仇山珊、许松青、曾瑞如、吴正兴、祖冠军分别作讲话。

26日 揭阳市人大常委会副主任唐莉带领调研组，到惠来县开展代表工作调研活动，县人大常委会主任黄镇城、副主任詹炳东等陪同。

27日 惠来县在葵阳影剧院举办学习贯彻习近平总书记重要批示精神专题研讨班，县委领导作专题辅导发言，县委副书记、县长贝继勤主持并作讲话，县委、县人大、县政府、县政协、县纪委领导同志、县人民法院院长、县人民检察院院长、县委各部委、县直及省市驻惠副科以上单位、各人民团体副科以上干部700人参加学习。

同日 广东省召开全省驻村扶贫工作电视电话会议，传达省委书记胡春华关于做好新时期精准扶贫工作批示精神，部署全省驻村扶贫工作。惠来县领导贝继勤、吴少华、蔡俊锋等及县机关职能部门领导，驻村第一书记、工作队长等在县政府五楼分会场参加。

同日 广东省政府召开全省第二季度防范重特大生产安全事故工作电视电话会议，惠来县在县政府五楼会议厅组织收看收听。县委常委、常务副县长方若辉，县安委会成员单位领导及县相关部门领导、各镇（场）分管领导及安监所所长参加。省会议后，市政府接着召开会议，部署全市下一阶段安全生产重点工作。省、市会议后，惠来县召开会议，部署安全生产工作。

◆ 5月

4日 广东省人民检察院副检察长李小东在揭阳市委政法委副书记王少鸿陪同下，到惠来县隆江镇调研综治平安建设工作，县委常委、政法委书记吴少华等参加调研活动并汇报相关工作。

同日 按照揭阳市局2017年“猎豹”行动方案要求，惠来县公安交警大队组织清理路面交通安全隐患，利用科技手段精准惩治交通违法行为。此次行动出动警力65人次，查处无戴头盔7宗，无证驾驶1宗、酒驾7宗、毒驾1宗，其他违法行为32宗。

5日 广东省老区建设促进会会长陈开枝带领调研组，到惠来县调研老区扶持政策落实情况。副县长吴俊平陪同调研，并汇报惠来县近年来革命老区开发建设工作情况。

7—9日 中共中央政治局委员、广东省委书记胡春华到惠来县调研。胡春华考察惠来县大南海东岸公共码头项目，听取城区规划建设情况汇报，要求揭阳和惠来科学规划，高水平推进中心城区扩容提质，推动港口、产业园区、中心城区有机融合，把惠来打造成为揭阳副中心和新的发展极。

10日 惠来县在县政府五楼会议厅组织收看收听广东省登革热防控工作电视电话会议。副县长方瑛，县爱卫会成员单位、各镇场分管领导等参加。

13日 惠来县在惠城镇石古村含尾坑举行惠来县常青环保有限公司揭牌暨含尾坑卫生垃圾处理场办公楼落成庆典仪式，副县长蔡河水参加并讲话。含尾坑卫生垃圾处理场的建设，投入1.8亿元，占地403亩，设计有效库窑450万立方米，日处理垃圾量380吨，服务全县15个镇场生活垃圾处理，特评经营期30年。

17日 惠来县委召开常委会议，传达贯彻本月7日中共中央政治局委员、广东省委书记胡春华莅惠调研期间重要指示精神。会议提出要全力贯彻胡春华强调的“要科学规划，高水平推进城区扩容提质，推动港口、产业园区、中心城区有机融合”，打造揭阳副中心和新的发展极。

22日 惠来县委、县政府决定成立惠来县协调对接揭阳城市副中心建设工作领导小组。

26日 惠来县在县政府三楼会议室召开2017年企业养老保险扩面征缴及财税工作会议。县委副书记、县长贝继勤，县委常委、常务副县长方若辉参加会议。贝继勤在会上通报2016年以来全县经济运行情况，就如何做好财税企业养老保险扩面征缴工作提出要求。

◆ 6月

1—4日 揭阳市委书记李水华等到大南海石化工业区、惠来县调研。李水华先后到葵潭镇、隆江镇，深入农村、社区、卫生院、学校，详细了解加强基层政府服务能力建设、新农村建设以及民生事业建设等情况；现场察看神泉示范性渔港、惠来临港工业产业园、国家电投惠来前詹港电工程现场、中海油粤东LNG项目、揭惠高速建设现场、潮汕高铁惠来北区高铁站选址等重点项目；实地检查惠来县城文明创建情况；深入海宏食品、金海湾、精益电力设备、源瀚制衣、美林制衣等企业，详细了解企业生产经营情况。李水华要求惠来县树立“抓与不抓、干与不干大不一样”的理念，提振精气神，抓作风、抓队伍、抓考核、抓问责，推动文明创建深入开展。要明确定位，科学规划，正确处理好“点”与“面”的关系，积极谋划打造揭阳副中心和新的发展极。市领导熊松、陈定雄参加活动。

6日 惠来县委在县政府五楼会议厅召开常委（扩大）会议，传达贯彻揭阳市委书记李水华调研指示精神，研究部署贯彻落实意见。参加会议人员：县委常委，县人大常委会主任、副主任，县政府副县长，县政协主席、副主席，县人民法院院长，人民检察院检察长，县纪委副书记，各镇（场）党委（总支）书记、镇长；县直及省、市驻惠副科级以上单位负责同志。

同日 广东省卫计委宣传处处长刘占峰带领调研组，到惠来县开展基本公共卫生服务项目建设暨家庭医生签约服务工作推进专项调研，揭阳市卫计局宣传处有关负责人和县卫计局负责人等陪同。

8日 揭阳市海洋渔业局联合惠来县海洋渔业局，在惠来县海滨度假村沙滩上开展主题为“扬波天海，走向深蓝”2017世界海洋日暨全国海洋宣传日揭阳主会场活动，同时在前詹赤沙澳海湾海域开展主题为“增殖水生生物，促进绿色发展”渔业增殖放流活动。市人大常委会副主任林旭群、市海洋渔业局局长方宙、县海洋渔业局与靖海镇主要领导及市县海洋渔业部门的干部职工、志愿者等参加活动。放流海洋物种1270.2万尾，其中黑鲷10.2万尾、黄鳍鲷10万尾、斑节对虾1250万尾。

9—15日 揭阳市群众艺术馆、惠来县文化馆联合在县文化馆展厅举办国家级非物质文化遗产“潮州木雕”（揭阳·惠来）艺术作品展览，由惠来县工艺美术协会协办。

17日 香港千禧狮子会、圆方狮子会、惠来县卫计局、县残联、县红十字会、东陇镇卫生院联合在东陇卫生院举行“狮友献爱心、惠来复明行”慈善义诊活动启动仪式。县政协主席周惠琴参加并讲话。

21日 揭阳市副市长姚丽旋、市教育局局长陈育文等到惠来县巡视中考工作，副县长许松青、县教育局负责人等陪同。

22日 广东省环保厅厅长鲁修禄带领调研组，到惠来县靖海镇资深村开展扶贫调研活动。县领导贝继勤、吴俊平，市有关单位领导、县政府办、农业局、环保局、扶贫办等单位领导陪同。

23日 揭阳市中级人民法院、惠来县政法机关联合在惠来县召开惩治毒品犯罪宣判处理大会，对一批制贩毒品犯罪分子、犯罪嫌疑人进行公开宣判和处理。其中5名涉毒重大犯罪分子被依法判处死刑，押赴刑场执行枪决。

28日 共青团揭阳市委书记孔博带领团市委班子成员、市青年企业家协会代表到精准扶贫挂钩点周田镇新乡村开展扶贫慰问活动。并到惠来县重点项目建设工地调研项目建设情况。

30日 惠来县在县政府五楼会议厅召开“广东扶贫济困日”活动动员会暨捐款活动，县领导，各镇场书记、镇场长、县直及驻惠单位主要负责同志参加。

◆ 7月

7日 惠来县在县委四楼会议室召开全县扶贫开发暨农村土地承包经营权确权登记颁证工作推进会。县委常委，县人大常委会主任；县政协主席、县政府副县长，县直有关单位主要负责人、各镇（场）书记、镇（场）长等参加。

13日 揭阳市人大常委会副主任唐莉带领市人大财工委委员到惠来县调研上半年经济运行情况，县人大常委会主任黄镇城、县委常委、常务副县长方若辉、县人大常委会副主任方武德等陪同。

14日 惠来县在县政府五楼会议厅组织收看收听全省公共安全形势分析暨全省应急管理工作电视电话会议，县长贝继勤、县政府办主任及县直有关单位领导、各镇（场）长等参加。省会议后，揭阳市召开会议。省、市会议后，惠来县召开会议，县长贝继勤在会上就公共安全工作作部署。

17日 揭阳市人大常委会副厅级领导巫奕琦带领调研组，到惠来县开展《文物保护法》实施情况调研，县人大常委会副主任林炎春、县政府副县长许松青等陪同。

20日 惠来县在县委党校办公楼举行惠来县巡察机构成立揭牌仪式，县委常委、组织部部长侯耿胜主持，揭阳市委巡察工作领导小组副组长陈岳泉、县委巡察工作领导小组成员、县委巡察机构全体人员等出席仪式。陈岳泉等为“中共惠来县委巡察工作领导小组办公室”“中共惠来县委巡察组”揭牌。

21日 广东省禁毒委副主任、禁毒办主任、公安厅副厅长郭少波一行，到惠来县开展禁毒督导调研活动，县领导贝继勤等陪同活动。调研期间，郭少波一行参加惠来县禁毒教育宣传基地启动仪式。

25日 在惠来县召开揭阳市渔业安全生产现场会，市海洋渔业局副局长王全会主持，市海洋渔业局局长方宙、副县长吴俊平、县政府办、县海洋渔业局领导等参加，吴俊平、方宙先后在会上作讲话。

27—28日 东莞市中堂镇镇委书记尹照容带队，到惠来县东港镇、鳌江镇开展“精准扶贫”活动，县委常委、东莞市驻惠来扶贫工作组组长蔡俊锋、副县长方瑛、县扶贫办、东港镇、鳌江镇、东莞市驻惠扶贫工作组等陪同。

28日 广东省纪委派驻省委统战部纪检组组长李家瑞，到省侨联定点帮扶村——鳌江镇山栗村开展调研，揭阳市委统战部副部长林少光、惠来县副县长吴俊平等陪同。

◆ 8月

1日 惠来县组织开展“创文为我，我为创文”第二个主题日活动，县直及省市驻惠局以上单位（不含学校医院）在统筹安排好值班领导的基础上，组织全体干部职工到县城区挂钩的社区主次干道开展创文主题活动。各镇（场）参照县做法，组织镇街道和村居二级全体干部职工同步开展活动。县四套班子领导分15个组，分赴镇场进行督导。

2日 广东省卫计委医政处副处长彭刚艺一行，在揭阳市卫计局副局长刘自忠等陪同下，到惠来县调研基层卫生院建设推进情况，副县长方瑛、县卫计局负责人等陪同。

4日 揭阳市委副书记、政法委书记刘光明到惠来县政法系统检查队伍建设情况。刘光明先后到县委政法委、县人民检察院、县公安局、县人民法院听取相关工作汇报，与各单位领导班子座谈，要求认真贯彻落实李水华在全市“全民禁毒工程”动员部署大会精神，公、检、法、司协调联动，加强队伍建设，提高队伍战斗力，坚决打赢禁毒攻坚战。

4—5日 揭阳市委副书记、市长陈东带队到惠来县、大南海石化工业区调研揭阳副中心建设情况，提出要以产业为支撑，全力以赴推进揭阳副中心建设。市政协副主席、发改局局长黄伟忠，市政府党组成员、秘书长、办公室主任袁文键等参加。

7日 惠来县环卫局局长黄洪钊被评为第三届揭阳市玉德人物。揭阳市玉德人物是市文明委授予揭阳市民在道德建设领域的崇高荣誉称号。

同日 揭阳市军分区政委曹士阳在惠来县领导贝继勤、林士涛等陪同下，到县大学生应征体检现场检查指导征兵工作。

12日 北京潮联会揭阳商务代表团到惠来县开展考察活动，揭阳市政府党组成员、秘书长袁文健、县领导贝继勤、许松青、吴俊平等陪同。

15日 在惠来县召开揭阳市各民主党派、无党派人士教育专题联合调研座谈会，市委常委、统战部部长庄建儿出席并讲话，民进揭阳市委会主委、市政协副主席陈奇春、调研课题组全体成员，

8月15日，开渔节，全国百名摄影家到惠来采风 （方义生 摄）

市、县统战部门领导、教育部门、城建规划部门领导参加。

16日 由县政府主办、县海洋与渔业局承办的惠来县2017年开渔仪式在神泉港举行，副县长吴俊平主持仪式，县领导贝继勤、蔡桂君、林炎春等参加，县长贝继勤作讲话。

同日 上海音乐学院教授王培瑜等一行四人到惠来县潮乐学会参观访问。

17日 惠来县在县技工学校举行揭阳润青慈善基金会成立暨揭牌仪式，省慈善总会副会长蔡木通、市民政局社会组织管理局局长陈志平、市妇联主席庄少琼、市人大老领导巫奕琦、15位省十二届人大代表、市县有关部门领导及全国各地的300名企业家、爱心人士等参加。

22日 揭阳市政协主席陈澄民带队到惠来县指导开展闲置土地清理处置工作，县领导贝继勤、蔡河水及县政府办、县国土资源局的主要负责人参加。

24日 广东省华南理工大学副校长邱学青带队，到隆江镇孔美村开展“精准扶贫”活动，惠来县副县长吴俊平陪同。

29日 惠来县在县政府五楼会议厅召开会议，动员部署十三届县委第一轮巡察工作，县几套班子领导等参加会议，县委副书记、县长贝继勤主持会议，县委常委、组织部部长侯耿胜传达六届揭阳市委第一轮巡察工作动员会精神。

30日 揭阳市人大常委会副主任柯群坚带队，到惠来县开展水污染整治工作情况调研活动，县人大常委会副主任黄少波、县政府副县长蔡河水等陪同。

31日 广东省卫计委副主任刘冠贤带领调研组一行8人，在揭阳市卫计局领导陪同下，到惠来县开展基层医疗卫生服务能力建设现场调研，县领导贝继勤、方瑛以及县政府办、卫计局主要负责人等陪同。

同日 惠来县福利院举行全国“巾帼文明岗”授牌仪式，县民政局局长、县妇联主席等参加授牌仪式。

◆ 9月

1日 广东锦峰地产投资有限公司、汕头中心医院“真情关爱心连心”惠来专项活动捐赠仪式在县卫计局举行，县政府副县长、县红十字会会长方瑛，广东锦峰地产投资有限公司总监何小瑜、副总监曾召坤，汕头市中心医院领导，县卫计局负责人、县侨联主席等出席仪式。广东锦峰地产投资有限公司向县红十字会捐赠现金支票壹佰伍拾万元，方瑛向爱心企业赠送“爱心传递·情连惠来”纪念牌匾。

同日 惠来县组织在县三防指挥部会议厅收看收听广东省防总抗击第16号台风“玛娃”工作视频会议，副县长吴俊平、县政府办领导及县三防成员单位有关领导参加收看收听。省会议结束后，市召开会议，对抗击防御16号台风“码娃”进行布置。省市会议后，惠来县召开会议，就抗击防御16号台风“玛娃”作布置。

同日晚，揭阳市政府召开做好今年第16号台风“玛娃”防御工作紧急视频会议，县领导贝继勤、林士涛、吴俊平及县有关单位领导在县三防指挥部收看收听会议。

2日 国家防总召开防御16号台风“玛娃”工作会议，惠来县在县三防指挥部收看收听视频会议，县政府副县长吴俊平、省防总工作组、县水务

9月3日，县人武部组织民兵应急分队到神泉港参加抗击“玛娃”台风工作 （县人武部 供稿）

局局长和县三防联席会议成员单位领导参加会议。上级会议后，惠来县召开会议落实国家防总会议精神，部署防御工作。

同日 国家防总督察专员张旭带领工作组，在广东省防总、省三防办领导、揭阳市三防办领导陪同下，到惠来县检查指导台风“玛娃”防御工作。县有关领导陪同活动。

同日 揭阳市委副书记、市长陈东带领市政府秘书长、办公室主任袁文键、市海洋渔业局局长方宙到惠来县检查指导台风“玛娃”防御工作，县委副书记、县长贝继勤、县政府办主任及县有关部门和靖海镇领导等陪同。陈东一行深入到靖海镇资深港、靖海港实地检查指导台风防御工作。

3日 国家防汛抗旱督察专员张旭率领国家防总工作组，到惠来县检查指导今年第16号台风“玛娃”防御工作，省水利厅副厅长张英奇、县长贝继勤、县政府副县长吴俊平等陪同。

同日 揭阳市委书记李水华在市有关领导的陪同下，到惠来县检查指导防御台风“玛娃”工作。李水华等一行到县“三防指挥部”组织召开会议，听取防御台风情况汇报，并提出“一休市五撤退”工作要求，县委、县政府领导参加会议。

同日 县委主要领导在县三防办通过县三防视频会议系统，向各镇（场）传达市委书记李水华到惠来县检查指导台风“玛娃”防御工作的讲话精神，县长贝继勤召集县有关部门负责人在县水务局七楼会议厅召开会议传达市委书记李水华的讲话精神。

5日 广东省发改委副主任吴道闻带领调研组，到惠来县调研揭阳副中心规划建设工作，市委副书记、市长陈东，副市长吴毅青，市政协副主席、市发展改革局局长黄卫东，县领导以及市招商局集团、县有关部门领导等陪同。

8日 在惠来县周田镇武宁村村委会举行欧亚华人高尔夫球协会帮扶武宁村村道建设资金捐赠仪式，广东画院副院长冯少协、欧亚华人高尔夫球协会主席陈冠洲、副主席李炳林、县政府副县长吴俊平以及县政府办、县农业局、县扶贫办、周田镇委、镇政府的领导，武宁村村干部、广东画院驻武宁村扶贫工作组人员等参加仪式，吴俊平作讲话。欧亚华人高尔夫球协会向武宁村捐赠扶贫资金150万元。

10日 广东省首个社区乡贤咨询委员会在惠城镇西三社区举行成立暨衔牌揭彩仪式，惠来县人大常委会主任黄镇城、省老区办副主任廖纪坤、县委组织部领导、惠城镇主要领导、西三社区乡贤等参加。

11日 广东省委、省政府召开2017年全省计划生育工作电视电话会议，惠来县领导贝继勤、方瑛及县人口和计划生育领导小组成员单位、县直有关单位领导、各镇（场）长在县政府五楼会议厅收看收听。

12日 惠来县在县政府五楼分会场组织收看收听广东省节能减排工作电视电话会议，县领导贝继勤、方若辉以及县政府办主任、县节能减排工作领导小组成员单位负责同志、各镇（场）长等参加。

12—13日 广东省金融办银行市场处调研员吴辉文带领省普惠金融“村村通”督查组，到惠来县开展督查调研活动，县委常委、常务副县长方若辉及市、县有关部门领导陪同活动。

13日 在惠来县政府三楼会议厅召开国电投海上风电运维制造基地用地对接协调会。国电投广东公司副总经理刘建国介绍海上风电项目建设进展情况，广东明阳公司有关专家介绍海上风电运维基地初步设计方案，县长贝继勤、副县长许松青就海上风电用地规划、建设规模等与投资商进行交流协

8月29日，县委县政府举行惠来县特殊教育学校揭彩仪式
（县教育局　供稿）

商，就项目基建等相关事项向专家提出建议。县直有关单位领导参加。

15日 惠来县特殊教育学校正式开学。县特殊教育学校启用，填补县特殊教育空白。学校开办1个培聪班和5个培智班，招收60名学生，招生对象为6~15周岁智力、听力、语言残疾的儿童少年。

19日 广东省环保督察组到惠来县有关项目及企业现场检查，开展环保督察工作，副县长蔡河水、县环保局局长等陪同。

19—20日 广东省人民检察院党组书记、检察长郑江等一行到惠来县督导、调研综治维稳工作及检察工作，揭阳市副市长、市公安局局长马儒生，市人民检察院检察长李学磊，县有关领导及县人民检察院检察长，市、县政法委领导等陪同，全国人大代表黄丽蓉、省人大代表廖伍、黄少贤、黄世命等参加调研座谈会。

23日 惠来县在县政府五楼会议厅组织收看收听广东省第四季防范重特大生产安全事故工作电视电话会议。全省会议后，揭阳市召开会议，贯彻落实省会议精神，部署全市第四季度防范重特大生产安全事故工作。上级会议结束后，惠来县接着召开会议，县委常委、常务副县长方若辉部署全县第四季度防范重大生产安全事故工作。

26日 揭阳市委、市政府举办全市四级干部水环境与农村环境综合整治专题培训班，邀请广东省环科院副院长张永波、省环保厅生态处副处长江萍作专题辅导报告，惠来县副县长吴俊平、蔡河水及县有关部门领导、各镇场党政负责人、分管环保、城乡规划建设、农业工作的负责同志、环保工作部门负责人、部分村（社区）书记、主任在县政府五楼会议厅分会场参加培训。

27日 惠来县举行周田镇卫生院升级建设项目开工仪式，揭阳市委副书记、市长陈东，副市长曾瑞如，县委、县政府有关领导，市县有关单位领导，周田镇党政主要领导等参加活动。副县长方瑛主持开工仪式。

同日 揭阳市政协副主席蔡榜藩带领调研组，到惠来县调研县域经济发展情况，县委常委、常务副县长方若辉、县政协副主席吴少玲等陪同。

28日 中共揭阳市委组织部文件通知，市委决定：邱鹏任中共惠来县委委员、常委、副书记；许茂伟任中共惠来县委委员、常委、县纪律检查委员会书记。县委决定：邱鹏任县人民政府党组书记，罗少鸿任县人民政府党组成员、县公安局党组书记。

30日 惠来坤宁医院举行开业庆典活动，副县长方瑛参加活动并作讲话。

◆ 10月

9日 惠来县第十五届人民代表大会常务委员会第八次会议决定：任命邱鹏为惠来县人民政府副县长；任命罗少鸿为惠来县人民政府副县长、公安局局长。

10日 广东省铁路建设投资集团董事长朱耀忠带队，到精准扶贫对口帮扶挂钩点隆江镇凤光村开展帮扶工作，县及隆江镇有关领导等陪同。

同日 广东省文联、南方日报社、广东省民协和广州画院主办、惠来县委宣传部承办的“一带一路、岭南海丝青苗画家写生创作活动惠来站”在惠来县海滨度假村举行启动仪式，县有关领导、广州画院院长方土及省有关领导、青年画家等出席仪式。县委常委蔡桂君在仪式上致辞。

同日 广东省住建厅副厅长郭壮狮带领调研组到惠来县调研，进一步推进揭阳副中心规划建设。调研组在县委、县政府有关领导及县有关部门领导陪同下，实地踏勘东陇镇和神泉镇揭阳副中心的起步区和神泉示范性渔港建设项目现场，听取相关工作汇报，深入了解揭阳副中心规划建设情况。调研组在县委四楼会议室召开揭阳副中心规划建设汇报座谈会，市发改局、市住建局、市城乡规划局、惠来县和大南海石化工业园领导、县有关部门负责人参加。

12日 县委决定：邱鹏协助县委书记负责县委全面工作，负责县政府全面工作；许茂伟负责纪律检查工作。

18日 中国共产党第十九次全国代表大会上午9时在北京人民大会堂开幕，习近平代表第十八届中央委员会向大会作题为《决胜全面建成小康社会，夺取新时代中国特色社会主义伟大胜利》的报告。惠来县各级党政领导干部、各地各单位党员群众通过广播电视、互联网等媒介，收看收听中国共产党第十九次全国代表大会开幕盛况。

同日 惠来县委、县政府在县政府五楼会议厅召开省定贫困村创建社会主义新农村示范村工作会议。会议贯彻落实全省贫困村创建社会主义新农村示范村工作现场会精神，对惠来县66个省定贫困村创建社会主义新农村示范村工作进行动员部署，推动全县贫困村由后队变前队、落后变先进。县有关领导及县直有关单位的负责人，各镇（场）党委（总支）书记、镇（场）长、分管领导、66个省定贫困村的党总支（党支部）书记、驻村工作组成员等参加会议。会议就66个省定贫困村创建社会主义新农村工作作工作部署，县委县政府领导与惠城、隆江、葵潭负责人等签订推进省定贫困村创建社会主义新农村示范村工作责任书。

20日 揭阳市人大常委会代理主任杜小洋带领市人大常委会秘书长刘枝钿及市有关部门领导到惠来县检查指导工作，县委、县人大、县政府领导陪同。

21—23日 泰国惠来同乡会永远名誉理事长方炜、理事长郑惠中带领泰国惠来同乡会参观交流访问团到惠来县参观访问，受到县四套班子领导以及县委办、县政府办、县委统战部、县外事侨务局、县侨联等单位领导的热烈欢迎。

23—24日 揭阳市委副书记、政法委书记刘光明带领调研组到惠来县调研检查禁毒专项整治工作，市驻惠来各工作组长王少鸿、林春霖、陈少平、陈培标和县有关领导陪同活动。

24日 前詹镇联合县特警大队和前詹沟疏边防派出所在沟疏村开展禁毒整治统一清查行动，县领导蔡桂君、林士涛到现场督导、指挥。

25日 揭阳市人大常委会副主任林旭群带领市人大执法检查组对惠来县实施《中华人民共和国渔业法》情况开展执法检查，县领导邱鹏、黄镇城、林炎春、蔡河水等陪同。

26日 揭阳市各民主党派、无党派人士教育专题联合调研组在市政协副主席、民进揭阳市委主委陈奇春带领下，到惠来县开展揭阳副中心教育专题调研，县政府副县长许松青及县政府办、县委统战部、县教育局领导等陪同。

27日 惠来县在县委四楼会议厅召开学习贯彻党的十九大精神大会，传达学习贯彻党的十九大精神，部署如何抓好学习宣传贯彻，县几套班子领导参加会议。

28日 广东省委召开广东省传达贯彻党的十九大精神大会电视电话会议。惠来县在县政府五楼分会场组织收看收听，县几套班子领导等参加。

◆ 11月

1日 揭阳市政府副秘书长、市海防打私办主任陈家斌带队、市公安局、市边防支队、揭阳海关缉私分局、市海防打私办有关领导组成市调研督导组到惠来县调研督导反走私工作，县有关领导、县海防打私办、汕头海关惠来办事处、县公安局等单位有关领导陪同。

2日 广东省残联副理事长柯沫夫带领督查组，到惠来县督查2017年省十件民生实事社区康复中心项目，县委常委、常务副县长方若辉、县政府办、市、县残联领导陪同督查工作。

同日 揭阳市人大副厅级领导干部巫奕琦带领调研组，到惠来县调研创建平安宗教活动场所工作，县人大常委会主任黄镇城、副主任郑明辉以及县人大教科文卫侨务工委、县政府办、县宗教局的领导等陪同。

6日 揭阳市副市长曾瑞如带领市督查组到惠来县督查海洋工作，县委副书记、代县长邱鹏，副县长吴俊平，县政府办、县海洋与渔业局领导等陪同。

13日 广东省消防总队政委、党委书记黄远杰带领扶贫工作组，在揭阳市消防支队、惠来县消防大队主要领导陪同下，到仙庵镇京陇村调研精准扶贫脱贫工作，副县长吴俊平以及县政府办、县扶贫办有关领导参加调研。

16日 揭阳市委、市政府在惠来县隆江镇召开“全民禁毒工程”示范点建设现场推进会，广东省司法厅副厅长陈荣辉，市政府副市长、市公安局局长马儒生，市司法局、市公安局及市禁毒委成员单位有关领导，全市各县（市）区分管领导，司法机关领导，惠来县有关领导及县委办、县司法局的有关领导、各镇（场）分管政法工作的副书记等参加会议。县委领导在会上作发言，指出惠来县决心实现禁毒“摘帽”目标和“六大标准、30项重点事项”的要求。市司法局党组书记林浩生、省司法厅副厅长张荣辉、市政府副市长、市公安局局长马儒生分别作讲话，肯定惠来县的工作，并提出新的要求和意见。

21日 惠来县在县政府三楼会议室召开专门工作会议，为迎接国家海洋督察工作进行再部署、再动员、再落实，副县长吴俊平到会并作讲话，县海洋督察工作协调联络组成员单位领导参加会议。

23日 招商局集团副总经理、招商蛇口董事长孙承铭和华联企业有限公司执行主席、金利太平洋集团有限公司执行董事、力宝集团总裁、力宝有限公司、力宝华润及香港华人有限公司主席李棕率领招商局集团、力宝集团调研组莅惠，就揭阳滨海新区核心区粤东新城开发建设情况开展调研活动。孙承铭、李棕等一行实地调研惠来县广汕高铁惠来站选址、神泉港、龙江河东岸半岛，深入了解揭阳滨海新区核心区粤东新城规划、交通区位条件、海洋资源等情况，双方就项目建设、发展推进路径等问题进行研究讨论。孙承铭、李棕认为粤东新城区位优势明显，海洋旅游资源丰富，表示将牢牢抓住契机，共同推进揭阳滨海新区核心区粤东新城开发建设。市委副书记、市长陈东，市委常委、常务副市长陈定雄，市政协副主席、发改局局长黄伟忠，市政府党组成员、秘书长、办公室主任袁文键等参加调研。

同日 揭阳市文广新局主办，市群众艺术馆、市图书馆、市博物馆承办，县文广新局、县文化馆协办的2017年揭阳市文化站长、文体协管员（惠来片区）培训班在惠来县葵阳影剧院举办，培训班邀请广东省流行音乐协会副主席、一级词作家杨湘粤、省立中山图书馆委员会办公室主任伍清霞进行授课；惠来县、大南山侨区、大南海工业区的文化站长、文体协管员参加培训，市群众艺术馆馆长李锡洁主持培训班。

同日 揭阳市委常委、常务副市长陈定雄到惠来县仙庵镇桥观村调研督导新时期精准扶贫脱贫工作，副县长吴俊平及县政府办、仙庵镇、县扶贫办领导等陪同调研。

27—28日 在揭阳市禁毒办、市网信办指导下，惠来县委宣传部和惠来县禁毒办联合举办“众剑行动·禁毒路上看惠来变化”采风活动，邀请新华网、中新社广东分社、《南方日报》、南方网、羊城晚报等中央、省、市主流媒体组成联合采风团，到惠来县有关场所、镇实地采访，了解惠来县在禁毒方面所做大量工作、发生的可喜变化以及取得的成效。县委常委、政法委书记吴少华，市委宣传部副部长陈少平、县委宣传部领导等陪同。

28日 揭阳市中级人民法院、惠来县政法机关联合在惠来县人民广场召开惩治毒品犯罪宣判处理大会，对一批制贩毒品犯罪分子、犯罪嫌疑人进行公开宣判和处理。其中3名涉毒重大犯罪分子被依法判处死刑，押赴刑场执行枪决。县委副书记、代县长邱鹏、市政法委副书记王少鸿；市中级人民法院副院长李文光；市公安局副局长陈培标；县委常委、政法委书记吴少华以及各镇场、县直有关单位干部职工代表，政法干警、各社区（村）干部代表、学生代表和群众1000人参加大会。吴少华主持大会，邱鹏作讲话。

◆ 12月

1日 国家能源局南方监管局局长陈建长带队到对口帮扶惠城镇五福田村开展精准扶贫调研，广东电网有限责任公司副总经理陈山、揭阳市供电局局长陈奕鸿、惠来县有关领导及县委办、县农业局、县供电局、惠城镇领导等参加。

同日 惠来县在全县组织开展“创文为我，我为创文”第六个主题日活动，县直及省市驻惠局以上单位（不含学校医院）在统筹安排好值班领导的基础上，组织干部职工到县城区各村（社区）和“三横六纵”主干道开展卫生清理活动。各镇（场）参照县做法，组织镇（场）、村（社区）二级全体干部职工同步开展活动。县四套班子副处级以上领导干部到县城区结对挂钩的24个社区（村）和“三横六纵”主干道督导工作。

4日 惠来县在县政府五楼会议厅举办中共十九大精神报告会，县委领导主持报告会，揭阳市宣讲团成员、市委政法委专职副书记、市综治办主任王少鸿作题为《迈进新时代、开启新征程——深入学习贯彻中共十九大精神》专题辅导报告，县几套班子领导、县人民法院院长、人民检察院检察长、县纪委副书记、县直及省市驻惠副科级以上单位党组织主要负责同志、各镇（场）党委（总支）书记、副书记，各镇人大主席参加报告会。

5日 广东省侨联副主席戴文威带领调研组到扶贫挂钩点鳌江镇山栗村调研指导扶贫工作，走访慰问村贫困户，赠送药品，鳌江镇委书记、县扶贫办主任等陪同。

同日 召开广东省粮食生产功能区和重要农产品生产保护区划定工作电视电话会议，惠来县副县长吴俊平及县相关单位负责人等在县分会场收看收听会议。

6日 广东省委组织部和省科协组织广东青年科学家到惠来县考察交流，开展科技咨询、成果转化等科技服务活动，县委组织部、县科协领导陪同。

7日 国家海洋督察组(第五组)外业核查组在广东省惠来县进行外业核查时，发现前詹镇前詹村港仔两处鲍鱼场非法占用海滩。惠来县委、县政府及时召开各沿海镇党委书记、县直有关部门负责人会议，通报国家海洋督察组到惠来进行外业核查发现的问题，落实整改措施。会后，由代县长邱鹏带队，分管副县长吴俊平任总指挥的工作组，组织县公安局、海洋渔业局、国土局、城建局等执法人员和供电局、前詹镇政府、村干部等组成联合执法队伍开展执法，对前詹镇前詹村港仔占用海滩的两处鲍鱼场进行强制拆除。执法行动出动钩机2部、铲车1部，执法人员130人。

7—27日 惠来县委组织部在县委党校举办全县科级干部学习贯彻中共十九大精神轮训班，各镇(场)、县直各单位副科级以上干部参加。

7—8日 广东省政府参事蔡高声等一行，在揭阳市政府党组成员杨香品陪同下，到惠来县开展县域经济发展情况调研，县委常委、常务副县长方若辉等陪同活动。

7日 由东莞市中堂镇镇委书记叶沃昌带领扶贫工作组到惠来县东港镇、鳌江镇开展对口帮扶工作调研，东莞市驻县工作组组长、县委常委蔡俊锋、副县长方瑛、东港镇、鳌江镇、县扶贫办主要负责人等陪同。

8—9日 揭阳市委副书记、政法委书记刘光明到惠来县检查督导精准扶贫脱贫、镇街领导周末接访、社会治安综合治理“众剑行动”、禁毒工作等情况。刘光明先后来到惠城镇、东陇镇、鳌江镇实地检查，听取镇主要领导周末接访活动情况汇报，仔细查看相关工作台帐，全面了解“众剑行动”和禁毒工作推进情况。

13日 广东省核工业地质局局长顾青波等一行到定点帮扶村惠来县东陇镇东陇村开展对口帮扶调研工作，县政协主席周惠琴、县扶贫办、东陇镇、村干部陪同。

同日 广东省盐业集团董事长吕永钟带领帮扶单位工作组，到惠来县仙庵镇华园村调研指导精准扶贫工作。县政府副县长蔡河水，仙庵镇、县农业局、县盐务局、县扶贫办有关领导陪同活动。

同日 揭阳市政府副市长曾瑞如带领市政府副秘书长林兴国及市有关部门领导到惠来县调研指导水务、海洋管理工作。县委副书记、代县长邱鹏，县政府办、县水务局、县环保局、县海洋与渔业局、隆江镇、神泉镇、前詹镇的领导等陪同调研。

14日 揭阳市委常委、秘书长熊松带队，到惠来县调研督导学习贯彻中共十九大精神情况。在县委四楼会议室召开汇报会，县委领导主持会议，并汇报近阶段来学习宣传贯彻中共十九大精神有关情况。县委、县人大、县政府、县政协主要领导、县有关部门主要负责人等参加会议。熊松作讲话，肯定惠来县学习贯彻中共十九大精神开局良好，并就下阶段学习宣传贯彻中共十九大精神提出要求。

同日 广东省地名普查验收工作组对惠来县第二次全国地名普查试点地区地名补查工作成果进行验收，揭阳市民政局副局长吴奕宏、县民政局长及市、县民政局有关领导陪同。

18日 广东省侨联副主席李丰带领省侨联扶贫调研组，到惠来县鳌江镇山栗村调研指导扶贫工作，县政府副县长吴俊平，县扶贫办主任、鳌江镇委书记以及山栗村“两委”干部等陪同。

20日 东莞市麻涌镇党政领导到惠来县葵潭镇开展精准扶贫交流活动，商讨加快推进精准扶贫工作措施，并向葵潭镇政府捐赠慰问金5万元，向长埔村、溪口村等七个帮扶村各捐赠扶贫慰问金2万元。麻涌镇自来水公司代表还与吉镇村等签订投资合同书。

21日 惠来县委在县政府五楼会议厅召开十三届惠来县委第二轮巡察工作动员部署会，会议贯彻落实广东省委、揭阳市委和县委关于巡察工作决策部署，回顾总结首轮巡察工作，对县委第二轮巡察工作进行动员部署。县委常委、组织部部长侯耿胜主持会议，县委常委、纪委书记、县委巡察工作领导小组组长许茂伟在会上回顾总结县委首轮巡察工作，对县委第二轮巡察工作进行动员部署。县委巡察工作领导小组成员，各镇（场）党委（总支）书记，被巡察镇（场）纪委书记、组织委员，县直及省、市驻惠局以上单位主要负责同志，县委巡察机构全体干部及选调参加本轮巡察的人员等参加会议。

21日 县委、县政府在县政府三楼会议室召开研究部署创卫工作会议，县领导邱鹏、方若辉、吴俊平、许松青、罗少鸿、方瑛及县直有关单位、惠城镇、华湖镇、东陇镇的主要领导参加会议。副县长方瑛通报近期惠来县各地、各单位开展创卫工作情况及市检查组对惠来县创卫工作反馈的意见，部署惠来县创卫工作，邱鹏对做好创卫工作进行强调。

22日 惠来县委、县政府组织在仙庵镇京陇村召开惠来县“五城同创”工作会议。会议总结阶段来全县“创文”工作，部署下阶段工作，宣读表彰决定，对县城镇建设管理局等40个创文先进单位和郑韶敏等40位创文工作先进个人进行表彰。

28日 中海油粤东液化天然气有限责任公司在该公司接收站举行粤东LNG项目配套管网工程建设启动仪式，广东省发改委能源局副局长祖冠军，揭阳市委常委、常务副市长陈定雄，惠来县委常委、常务副县长方若辉，副县长许松青及神泉镇、华湖镇、前詹镇党政主要领导、县直有关单位领导等参加。仪式上，中海油LNG领导介绍工程建设情况，中海石油气电集团有限责任公司领导分别致辞，陈定雄代表市委、市政府致贺词，祖冠军代表省发改委能源局致贺词。

29日 惠来县在县政府五楼会议厅组织收看收听广东省安全生产工作电视电话会议，县领导方若辉、县直有关单位领导、各镇场负责人参加收看收听会议。全省会议后，揭阳市召开会议，贯彻落实省会议精神，对岁末年初安全生产工作进行部署。上级会议结束后，惠来县接着召开全县安全生产暨2018年第一季度防范重特大安全生产事故工作会议，方若辉回顾总结2017年惠来县安全生产工作情况，对岁末年初安全工作进行部署。

30日 凌晨，揭阳市、惠来县两级公安机关联合开展“众剑行动”围猎1号清查行动。此次行动出动警力600人，车辆150辆，成立12个清查组，13个警戒组和抓捕组、机动组、审讯组、后勤保障组等多个行动小组，副市长、公安局局长马儒生任总指挥，县委主要领导、市公安副局长黄少斌、陈培标、陈卢荣任副总指挥。以隆江镇孔美村为重点，以点带面，在全县各镇场开展清理清查和惩治行动。清理重点部位74个，抓获吸毒人员20名，“三非”人员1名，各类犯罪嫌疑人14人（其中在逃人员2名，涉贩毒人员3名，涉盗窃2人，刑拘7人），行政拘留6人，破获盗窃团伙1个，缴获毒资12万多元，银行卡105张，查获冰毒、麻古约1公斤，查获酒驾3宗、货车超限17宗，机动车辆乱停乱放200多宗，没戴头盔驾驶摩托车150宗。

概况
GAI KUANG

◆ 基本概况

【地理概况】 惠来县位于广东省东南沿海，揭阳市西南部。地理坐标北纬22°53′30″～23°11′10″、东经115°54′55″～116°34′10″之间。东连汕头市潮南区，西接陆丰市，北邻普宁市，南濒南海。以县治惠城镇为中心，东距汕头市78千米，西至广州402千米，从神泉港水路至香港137海里。陆地面积1253平方千米（包括大南山华侨农场和大南海石化工业区）；海域面积7689平方千米，岛屿9个；海岸线109.5千米。

惠来县地处大南山南麓，枕山面海。东西直线距离67千米，以县治惠城为界，东部南北直线距离在11～17千米之间，西部南北直线距离在18～33千米之间。北部为山区，东南部和西南部为丘陵地带，中南部多为平原台地，中部至东部沿海多为沙滩地，西南部沿海多为海、河塭地。海岸线岬角发育，曲折多湾。地势北高南低。西部高于东部。北南倾斜度较大，境内最高峰犁头山东海拔822.7米，最低地带神泉镇，平均高程不足3米。全境基本属滨海丘陵类型，总面积约为187.95万亩。

大南山脉盘绕绵延在普宁、惠来、潮南3县（市、区）之间，从西至东横贯惠来县境整个北部。县内最高山峰犁头山东，海拔822.7米，位于青坑林场北部。高程在500米以上的山地面积约为1.04万亩，占全县面积0.55％。除北部山区的中低丘陵以外，县境东西均为丘陵地带。东部为南山岭丘陵带，属大南山南伸余脉，绵延于华湖镇、前詹镇、周田镇，由关门山经塔兜山向南直趋海滨；西部为三清岭丘陵带，包括东港镇、鳌江镇、大南山华侨管理区、葵潭农场、东埔农场大部分区域。由凤地山、五龙顶、三清山组成一条西东走向的矮山岭，而后南折双梅山，绵延至海滨。丘陵总面积约为100.51万亩，占全县总面积53.49%。平原、阶地主要分布于县境中南部。以总铺洋为主的龙江中下游沉积地带，为县内最大平原。其次为东陇洋和华陇洋，两洋相连，处雷岭河和盐岭河下游。西部平原地有鳌江下游的

龙江河　　（县委宣传部　供稿）

鸟坑洋、龙舟洋以及葵潭盆地。东部较大成片平原地为京陇洋，处关门山以东学地溪等小溪河下游。平原、阶地总面积约为46.05万亩，占全县总面积24.5%。沙滩地分布于仙庵、靖海、周田、前詹、神泉、溪西等镇沿海地带，面积约为11.46万亩，占全县总面积6.1%。海、河塭地主要分布于鳌江、岐石两镇海边，面积约为10.34万亩，占全县总面积5.5%。

（县地志办）

【广东名村】 包括仙庵镇点埔村、神泉镇芦园村、惠城镇山美村、岐石镇岐石村、东港镇东港村、葵潭镇玄武村。

（县农业局）

【地方八景】 是中国特色的优良传统文化，最早见于北宋，以江南风光命名的“潇湘八景”。好事多传，延续于宋、元、明、清至民国时期，全国各地都有自己的地方八景与八景的诗词书画。

惠来县建制于明嘉靖三年冬，清康熙年间邑贤张灏（1647—1692）授化州学正，撰有《葵阳八景》诗，谓“髻山瀑黛、瀛楼海市、双荐屏峦、百花领袖、龙江襟带、虎头嵯峨、普陀山房、铭湖石洞”为惠来县地方八景，雅称“葵阳八景”。其特色：体现县域背山面海、山川河流地理地势；反映县域历史地貌自然景观；揭示地灵人杰生态环境与人文景象。《葵阳八景》具有地方性、标志性、景观性，体现时代性、历史性和凝聚力。由此，《葵阳八景》便成为惠来地方的一张“名片”与“品牌”，从而增强百姓对乡土之地理地貌与山川风水的认同，成为惠来县时代性、历史性、具有影响力

县城老城区　　（方义生　摄）

的精神文明象征。

《葵阳八景》的命名与流传，已近四百年，它传播广泛，随着地方繁荣，人才辈出，神泉、靖海、葵潭等镇区，针对此地域山水风物景象，亦命名有：神泉八景、靖海八景与葵潭八景等。《葵阳八景》是覆盖全县包括县城天文地理自然面貌之概括；神泉居县城之南，《神泉八景》反映滨海风光历史景观；靖海地处县城之东，《靖海八景》体现靖海千户所山泉人文风貌；葵潭位于县城之西，《葵潭八景》反映内地山川风貌。全县地方八景，反映全县东西南北中等方位山川风水地理概貌。

（方林松）

【主要历史人物】 苏福（1371—1384） 明代征士，著名神童。洪武十七年（1384）春，府、县以神童举荐苏福赴京陛见。朱元璋召试后很高兴，但以苏福年稚，不便留京深造，遣人护归，途经浙江濮州驿时染病去世。洪武帝闻福死，颁旨赐葬。知县奉命为他营造衣冠塚于神泉赤山村马东山。清顺治十四年（1657），举祀乡贤。苏福著作，现存《秋风辞》《纨扇行》《三十夜月诗》《送林鼎元诗》，以《三十夜月诗》为代表作。

林逊（1364—1404） 字文敏，号志宏，明代潮阳县西头都狮石里（今惠来县周田镇狮石村）人，入明潮州府进士第一人。明洪武十七年（1384）诏复科举，林逊即举于乡，第二年（1385）捷中进士（明代潮籍进士自逊始），年仅24岁，后官至福清知县。

谢正蒙（1563—1631） 字子圣，号中吉，明代惠来都华谢村（现惠来县华湖镇华谢村）人。万历十六年（1588）戊子，与邑人林世赏、汪巨瀚、方一位同科中举。万历三十三年（1605）授任为湖广安乡县知县，釐奸剔弊，政举卓异，朝廷称赞他“清廉天下冠”，万历四十年（1612）以考绩“行取卓异”，授任监察御史巡按云南道。万历四十二年（1614）奉旨巡按直隶，督理两淮盐政，兼管南京、山东、江北总运漕粮。万历四十六年（1618）朝廷任命他为河南布政司左参议兼按察佥事，分巡大梁道。著作有《柏台疏草》4卷及诗文集，但大部分失传。存有奏疏19篇，录于《潮州耆旧集》。

方汝楫（1899—1929） 又名方章若，惠城镇西联村人，1924年与方凤巢、吴华胥等进步青年创办惠来青年社，1927年任中共揭阳县委书记，兼任东江特委委员和秘书长，同年12月6日，中共广东省委任命他为东江特委特派员兼任中共潮安县委书记，1929年4月当选为东江特委副书记，6月1日被捕，就义于潮阳县城，时年30岁。

翁照垣（1892—1972） 名锦，字辉腾，葵潭镇人。1926年赴日本陆军士官学校骑兵科学习；1929年又转赴法国慕汉尼航空学校学习航空专业。1932年1月28日，日军进犯闸北，淞沪血战爆发，史称“一·二八”事件，翁照坦率领全旅官兵，组织大刀队、敢死队，同上海义勇军、铁血团，先后在闸北、吴淞一带，与日军血战33天，使敌人三次增兵，四易主帅，侵略野心终不得逞。1972年翁照垣在香港逝世，享年81岁，中共广东省委特为他送了花圈。

【置县简况】 惠来是揭阳市境内第二个古县。东晋成帝咸和六年（331），将揭阳县一分为四，改置为海阳、潮阳、海宁、绥安4县。今惠来县地属潮阳县管辖。尔后，历经隋、唐、两宋、元朝，周边邻地行政区划不断调整变换，今惠来县地作为潮阳县西南部地区，基本没有变更过。明嘉靖三年（1524），朝廷始置惠来县。

【土地资源】 惠来县北倚大南山，南临南海，北部群山绵延，中部丘陵起伏，南部沿海平原开阔。属沿海丘陵地带，有山地、丘陵、平原、海滩等地形地貌。2017年，全县土地资源总面积187.6507万亩（1251.0045平方千米）。全县土地分三大类：农用地（包括耕地、园地、林地、牧草地和其他农用地），面积150.7783万亩（1005.1885平方千米），占全县土地总面积80.35%；建设用地，面积20.5618万亩（137.0787平方千米），占全县土地总面积10.96%，其中居民点及独立工矿用地面积11.0921万亩（73.9472平方千米），交通公路用地面积1.5891万亩（10.59平方千米）；未利用地，面积16.3106万亩（108.7373平方千米），占全县土地总面积8.69%。2017年年底，耕地保有量312995.7

亩，基本农田面积237585.6亩，均超额完成《揭阳市土地利用总体规划（2006—2020年）》确定的耕地保有量和基本农田保护面积责任目标。

【江河流域】 惠来县境内河流多，流域面积100平方千米以上有5条，分别是龙江、螺溪、雷岭河、鳌江、狮石湖；100平方千米以下河流有铭湖溪、溪东溪、大潭水、赤澳水、东铺水，河流短促，独流入海。流域总面积1253平方千米。

【水利水电设施】 蓄水工程 全县蓄水工程202宗，其中大型水库1座、中型水库7座、小（一）型水库32座、小（二）型水库81座、山塘81座；总集水面积422.63平方千米，总蓄水量3.7974亿立米，正常蓄水量2.984亿立米。

江海堤围工程 全县江海堤围43条，总长度258千米，捍卫耕地面积22.17万亩、捍卫人口39.59万人；其中集水面积100平方千米以上河系5条，分别是龙江河、雷岭河、鳌江河、西石湖、铭湖溪；捍卫耕地面积万亩以上堤围9条，总长度148.79千米；沿海防潮堤围6条，分别是东陇海堤、凤山港海堤、见龙海堤、西石湖海堤、西港海堤、鳌江防潮堤。

水闸（陂）工程 全县水闸（陂）工程129宗，其中大型水闸1宗、中型水闸9宗，其他穿堤、拦河、引水、蓄水、排水等涵闸119宗。

小水电工程 全县小水电工程38宗，装机容量59台17685千瓦，设计年发电量2670万千瓦时。

【气候特点】 惠来县属亚热带季风区，夏季长，秋季短，日照时数长，季节性不明显。2017年，惠来县主要天气特点：开汛偏晚，汛期结束晚，降水明显偏少；台风生成早，影响严重；气温略偏高。4月12日开汛，较常年偏晚6天，汛期推迟至10月18日结束，较常年平均偏晚6天。全年雨量1650.4毫米，比历年平均偏少7%。年平均气温22.6℃，比历年偏高0.4℃；年极端最低气温8.4℃，极端最高气温36.2℃。年暴雨日数14天（其中，6月16日至17日出现日最大降水量251毫米）。

【矿产资源】 惠来县矿产资源种类较少，2017年年底，全县辖区范围内，矿产18种，其中金属矿有金、银、铜、锡、铝、锌、钨、钴、铬镍、钛铁矿、锆英石；非金属矿有黄铁矿、毒砂矿、高岭土、花岗岩、饰面花岗岩；能源矿有煤、泥炭。惠城镇后洋村钟丘洋有含铜多的金属矿，探明铜矿资源量11.3万吨，伴生铅锌矿和银矿，可以综合回收利用，是优势矿产之一。神泉图田村一带锆英石、钛铁矿有一定规模储量。全县范围内建筑用花岗岩储量比较大。

【生物资源】 据历史记载有兽类、禽类、蛇类外，主要生产淡水鱼、海产品。海洋鱼类有3个纲、30个科、50多个品种，惠来县海域底栖生物种类，呈现明显亚热带沿岸种群区系特征，以适应高盐性种及广盐性广布种为主。种类组成以软体动物和甲壳类为主。全县海域出现53科、81种，其中有：环节动物、螠虫动物、软体动物、节肢动物、棘皮动物、鱼类等。鱼类已知有680多种，其中经济价值较高有100多种。主要有石斑鱼、鳗鱼、带鱼、鮸鱼、鲈鱼、乌鲳、马鲛鱼、乌贼、鱿鱼、金枪鱼、鲨鱼、银鱼、海鳗等。贝壳类有经济价值较高的鲍鱼、海胆、响螺、西施舌、牡蛎、蚶、日月蚝、红螺、花蛤、泥螺等。海藻类以紫菜、赤菜、海带产量居多，为县名优特产。2017年，全县森林覆盖率53.3%，水果种植面积34.70万亩，总产量16.86万吨，水果品种有33类、120种，盛产荔枝、龙眼、菠萝、油甘、杨桃、柑橘、芒果、青梅等。

（县地志办）

【省级非物质文化遗产】 惠来九鳄舞 2007年，被列入广东省第二批省级非物质文化遗产名录。九鳄舞道具鳄灯，用竹篾扎成鳄头鱼身龙尾形，长136厘米，腹部木柄长60厘米，外蒙丝纸或绸布，灯内有烛火（今以干电池灯泡代替），挥舞不熄。九盏鳄灯由九名壮汉操纵表演，舞者头扎英雄巾，身穿绿色武士服，脚穿草鞋，十分威武整齐。在鼓、钹、锣伴奏下，风格刚健、活泼，色彩绚丽，场面壮观。全舞由游行亮相、打四角、对破、拍手圈、穿花、四翻、跳径、跳龙门、结尾收行列等九套舞蹈动作组成，由操纵尾鳄演员指挥动作和队形变换，每段舞构成一景，各有特色，表演众鳄嬉戏、骄恣、作恶、被驱、忏悔、从善成正果等情节，表达人民劝恶从善愿望。表演时以潮州音乐伴奏，并配唢呐、扬琴、笛子、提胡、二弦等演奏。

鹤舞 2007年，被列入广东省第二批省级非物质文化遗产名录。葵潭“鹤舞”是当地流传久远民间舞蹈。鹤乃民间喜庆献礼之物，有鹤立鸡群、鹤发童颜、松鹤延寿乃瑞鹤兆丰年之说。每逢春节、元宵及喜庆之日，常活动于社区广场、街头等场地。风格挺秀、色彩绚丽、刚健活泼，夜间演出尤为壮观，为群众所喜爱。

狮舞（高桡虎狮） 2009年，被列入广东省第三批省级非物质文化遗产名录。高桡虎狮舞，有着300年历史的传统舞蹈，该舞以猫科动物狮虎兽原型而得名。由于当地习惯把狮虎兽读虎狮，且踩着高桡而起舞，因而称为“高桡虎狮”。

飘色（靖海景屏） 2009年，被列入广东省第三批省级非物质文化遗产名录。飘色相传有200多年历史。以天罡为首的甲年游美景，每小年举办一届，意为纪念惠来甲申年置县之甲为仁之说。汉扬雄《太玄断》：“庚新金：甲断仁也。”范望注：“庚义也，甲仁也。”叶子奇注：“庚属金为义，甲属木为仁。”甲取和谐仁德之意，祈望靖海以仁德天下，民人享仁德之恩。统治者仁、受治者也仁，两者和谐共处。在筹办惠来置县300周年庆祝活动中，靖海艺人学习外籍师傅技巧，制作景屏参与庆

祝活动。后每逢游神赛会，或节庆、庙会等均保留此项目参游，延续到新中国成立。

抛锣 2012年，被列入广东省第四批省级非物质文化遗产名录。“抛锣”是惠来县华湖镇堡内村“小梨园”独创一项民间艺术，源于清光绪初年，距今130多年历史。“抛锣”是民间自发性团队活动，不需要特定活动环境，大至广场，小至街头、马路均可表演。运用潮州大锣鼓队敲锣手所执伴奏铜锣，二板鼓乐《将军令》《万年欢》《画眉跳架》《粉红莲》等鼓点伴奏，通过击鼓师傅敲击节奏，指挥抛锣手将铜锣垂直、整齐抛上各自所站位置上空，然后稳妥将落下铜锣接住。抛锣手抛锣、接锣动作一致。锣上升态势垂直不摆，上升高度约12米。抛锣没有界定上抛次数，只要约定鼓点不停歇，大家便不断循环表演。抛锣队身兼大锣鼓队演奏，具有严谨技术性、协调性。抛锣手必须具有强健体魄、过人臂力、娴熟技术、超人胆识和对鼓乐韵律深刻理解。表演时万人空巷，观赏者叹为观止。

英歌（神泉英歌） 2012年，被列入广东省第四批省级非物质文化遗产名录。英歌是潮汕地区一项独特民间舞蹈，与整个潮汕地区一样，在惠来县已有400多年历史。神泉英歌队系潮汕英歌在惠来传承中的一支演艺队伍，有传承谱系可查的有120多年。“神泉英歌”根据小说中梁山泊一百零八位好汉生活原型，以脸谱化和夸张动作创编，以水浒梁山泊英雄三十六天罡、七十二地煞星共一百零八好汉为表演团体。全体艺员身着武士服，画着梁山各好汉脸谱，腰挂各好汉姓名腰牌，由战鼓双剑作总指挥，狮娘为导引；以手执双鞭、斧头、银蛇几位好汉为开路先锋。神泉英歌表演技巧以敲活槌五指旋转为绝艺，技艺独特，表演《挑盐做买卖》《撒手网捕鱼》《周不错算八字》等具有沿海地域特色小潮剧节目。

竹溪楼日历 2013年，被列入广东省第五批省级非物质文化遗产名录。竹溪楼日历馆1911年创办于惠来县隆江镇新街，历经四代传承，距今达百年历史。其编撰日历、农历通书顺应当地民风民俗，不仅方便群众生产生活；还为研究考证当地民俗、民事活动提供重要资料。竹溪楼日馆编印日历，除具有一般日历功能之外，还附有历代传承的择日秘诀、知识、经验，推算编印的吉凶择日注释，且具有简明扼要、通俗易懂特点。

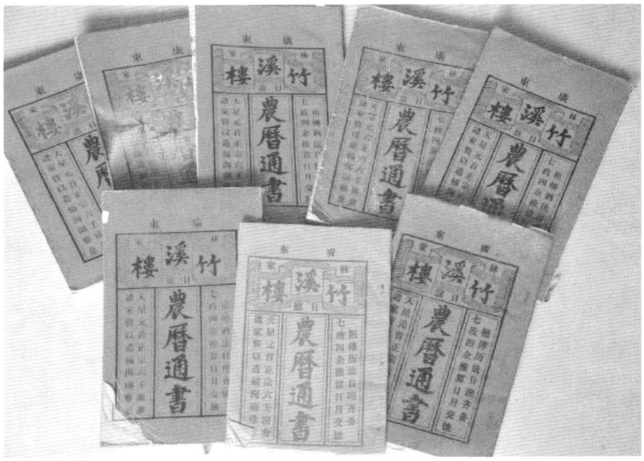

中医正骨疗法（康宁堂骨伤疗法） 2013年，被列入广东省第五批省级非物质文化遗产名录。康宁堂骨伤疗法系家族传承，至今有百年之余。按患者骨折关节错位部位，大夫凭师传医术、民间验方和临床经验，不需现代手术就能把骨折部位驳接，让错位部位矫正，敷上自制中草药、药膏

或涂抹加醋药末，最后用夹板固定，靠患者气血通畅自然康复。在康复期还需用中草药煎成汤药和酒送服，以加速消炎、加快受伤部位愈合到完全康复，让受伤部位康健如初。该医术特点是无创口、治疗周期短、患者医疗负担轻，治愈率97%。

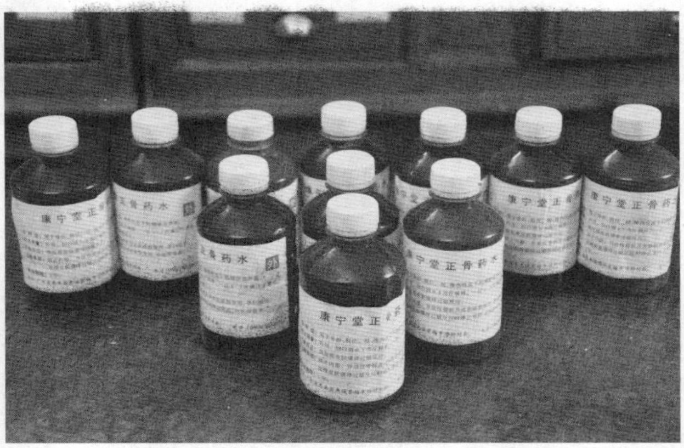

中医正骨疗法（蔡氏中医正骨） 2015年，被列入广东省第六批省级非物质文化遗产名录。蔡氏中医正骨是岐石镇坑仔村蔡炎灯家族祖传一项纯中医治疗骨伤民间技法和秘方，历经五代及家族三代传承，距今一百多年历史。在治疗中医生根据患者骨骼脱位、骨折部位，不采用外科手术，凭经验将其复位、驳接；然后敷上自制纯中草药研末调制而成药膏或涂上药醋，并用独自研创竹片夹板固定好受伤部位；在疗程内服用中草药煎成汤药或自制药酒以加快受伤部位愈合和复原，从而达到理想治疗效果，使患者受伤部位康复如初。

糕点制作技艺（隆江绿豆饼制作技艺） 2015年，被列入广东省第六批省级非物质文化遗产名录。隆江绿豆饼制作技艺始创于清康熙末年，距今二百八十多年。是一项闻名海内外潮汕传统饼食生产技艺。其生产绿豆饼精巧美观、通体金黄、油光闪亮，口感皮酥馅润、清香爽滑。绿豆饼原材料为：绿豆、面粉、白糖、油，其中绿豆份量占总份量百分之八十。绿豆性凉、味甘，具有消暑除烦、止渴健胃等功效，能预防中暑、清热解毒，因而，绿豆成了颇受老百姓喜欢的消暑食品。将绿豆加工为饼食既迎合潮汕人饮食口味，也是消暑、清热、解毒的地方美食。

【市级非物质文化遗产】 *潮剧* 惠来“潮剧”于2007年被揭阳市人民政府公布为第一批市级非物质文化遗产名录。惠来潮剧是揭阳潮剧重要组成部分，音乐唱腔是曲牌联缀为主联曲体和板腔体综合体制，至今保留一唱众和，二、三人以上同唱一曲和合唱曲尾帮腔形式。唱腔以轻婉抒情见长，多曼声折转，清丽悠扬。行当由南戏的生、旦、丑、净、外、贴、末发展到现在为十类丑、七类旦、五类生、三类净。（注：潮汕地区“潮剧”于2008年被国务院公布为第二批国家级非物质文化遗产名录）

潮州音乐 惠来潮州音乐于2007年被揭阳市人民政府公布为第一批市级非物质文化遗产名录。（注：潮汕地区“潮州音乐”于2009年1月被省人民政府公布为第三批省级非物质文化遗产名录）

惠来渔歌 惠来渔歌于2007年被揭阳市人民政府公布为第一批市级非物质文化遗产名录。惠来渔歌是惠来县沿海的神泉、前詹、靖海等地渔民自编自唱一项传统曲艺。诞生至今近480年，属自发性民间歌谣，以劳动、生活为素材创作，以地道惠来语音、用潮州音乐古韵律吟唱而表露渔民心声。内容有体现旧社会渔民受欺压、产品被渔霸垄断和

劳动的艰辛，以及天有不测风云所形成的灾难；也有歌颂新社会科技发达带来了丰收的景象、讴歌改革开放丰硕成果和男女情爱表达。

贝雕工艺　惠来贝雕工艺于2007年被揭阳市人民政府公布为第一批市级非物质文化遗产名录。南海之滨惠来县海滩上贝壳众多。上世纪五十年代中期，惠来县成立贝雕厂，构建地方特色工艺基地，吴书智为工艺厂总设计员。至上世纪六十年代后期更加兴起创作热情。贝雕作品主要图案有“仙女下凡”“八仙贺寿”“松鹤延年”及花卉、动物等。其形象栩栩如生，工艺独特，颇有艺术价值和鉴赏价值，在潮汕地区享有一定声誉，并曾参加中国出口商品交易会。还常年参加“广交会”，远销国内外各地，并在地区级参展中获奖，曾被中央教育部收藏。

石雕　于2007年被揭阳市人民政府公布为第一批市级非物质文化遗产名录。惠来石雕历史悠久，1830年前后，石雕业已甚兴旺。石雕一般以人物、飞禽走兽、博古、花果等为题材，造型优美、雕工精致、品种多样。其时艺人以黄执、谢喜最负盛名，所雕人物、山水、飞禽走兽、花卉以雕工精细、造型优美线条圆浑古朴，拙中寓巧，誉满潮汕。石狮雕刻最负盛名，品种繁多，诸如坐狮、卧守门狮、母子狮、戏球狮、流涎狮、匾额狮、墓前狮、楼梯狮等，有的高达2米多，有的仅数寸，惟妙惟肖，栩栩如生。其艺术价值与实用价值兼备，备受海内外欢迎，远销美、法、日、泰、科威特等30多个国家与地区，成为海内外公园、别墅、大型建筑物之装饰。

纸影戏　惠来纸影戏于2009年3月被揭阳市人民政府公布为第二批市级非物质文化遗产名录。“纸影戏”俗称“皮影戏”“铁枝木偶戏”，是我国传统戏曲具有代表性古老剧种之一，传入粤东距今已有七百左右年历史，是潮汕地区戏剧艺术奇葩。铁枝木偶戏戏台小巧，台前宽4米左右，深度前后4米左右，台面约1.1米。用圆身木偶画成各种人物脸谱和牛皮、各款服饰等制成栩栩如生戏剧人物，即木偶人。用铁枝将人物头部、躯干、脚、手分别撑连，一点一枝铁枝。表演者在大约一平方米大的小戏台后面掌握铁枝变动，用小铁线操纵表演，使木偶人做出各种精彩戏剧动作，台后配以曲弦乐和唱词，以演绎剧情。

菜脯制作技艺　于2009年3月被揭阳市人民政府公布为第二批市级非物质文化遗产名录。菜脯，即萝卜干，是晒干的萝卜。与咸菜、鱼露并称“潮汕三宝”。因萝卜在潮汕俗称“菜头”，故称“菜脯”。萝卜干制作一般是在冬至前后进行，要经过“晒、腌、藏”三道工序。

舞鱼　于2011年被揭阳市人民政府公布为第三批市级非物质文化遗产名录。惠来澳角舞鱼属潮汕大锣鼓队子项目。舞鱼源于辛亥革命成功后的1926年，当时人们摆脱满清帝制束缚，为庆贺民主自由新生活步入第16个年头和风调雨顺渔业生产态势，神泉镇澳角村渔民们，创作出在潮洲大锣鼓队游行队伍中增添“舞鱼”项目。“舞鱼”由32位男青年各挚道具鱼，行进时排成长龙阵，挚鱼人员随鼓点左右舞动道具鱼；重点表演时利用宽阔场地，众鱼围成圆圈。

彬彬保健药酒秘制配方　于2011年6月被揭阳市人民政府公布为第三批市级非物质文化遗产名录。彬彬保健药酒秘制配方是用独特技法、秘方和长年地窖贮藏，泡制成不烈不燥、口感柔顺保健药酒，享有一定声誉、口碑甚佳。药酒所选原酒是用土产上等大米和泉水独家酿造米酒，由经配制中草药等历经二十多年泡制和储藏。

靖海豆辑制作技艺　于2011年6月被揭阳市人民政府公布为第三批市级非物质文化遗产名录。靖海豆辑制作技艺是惠来县靖海镇一项传统糕点，其生产加工技艺独特，该工艺源于清光绪中期，历经五代传承，距今一百多年历史。靖海豆辑，采用传统技法加工生产。

（县文化馆）

【旅游景点】　***海滨度假村***　是国家AAA级旅游景区，位于神泉镇华家村海滨，于2008年创建，陆地面积680亩，沙滩面积320亩，海岸线3000米，配套海滨浴场、住宿、餐饮、娱乐等设施。度假村有妈祖石雕像（高9.9米）、观海长廊（长1千米）、溪东古炮台、“石蛙石龟对唱”等景点。

世铿院　是中国侨联爱国主义教育基地、国家

AAA级旅游景区，位于葵潭镇玄武社区，由香港慈云阁董事局永远主席林世铿投资，于2004年建成，面积100亩。院中祠宇“三进相依”，九座“四点金”合一。院中画栋雕梁，金镶玉琢。祠中联匾皆为名家墨宝，长廊壁刻百幅名家书画，碑林荟萃海内外名家真迹，还有石雕“八骏图”。世铿院融汇中国祠堂、庭院、园林等传统建筑艺术，是“潮汕民宅建筑”代表作。

客鸟尾石笋区 “客鸟”是地方话，意为“喜鹊”。客鸟尾石笋区是典型海蚀地貌，位于靖海镇海滨。海岸丘岗因地壳运动，加上漫长岁月风吹浪击，铸就一片千姿百态石笋。石笋区方圆0.8千米，远看如一盘盘巨型“山盆景”，近看如一个个石笋“破土而出”，至今保留着原生态本色。

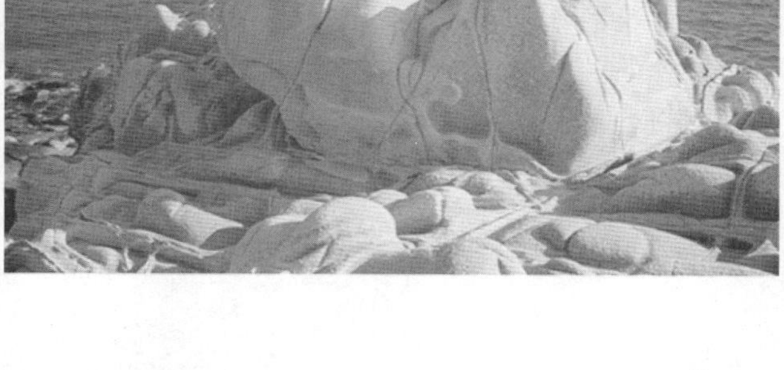

靖海古城墙 是广东省文物保护单位，位于靖海镇内。明嘉靖二十八年（1549）奉旨建城，历经13年建成。康熙三十八年（1699）重修，雍正五年（1727）再修。古城墙为罕见“石头城墙”，两边条石垒筑，中间夯实灰土，墙上布满垛口，垛口皆有望孔。城墙顶为宽4米跑马道，长600米城墙及东、西、北三门历经460年，仍然保留原来风貌，是粤东地区保存较完好古城墙遗址。

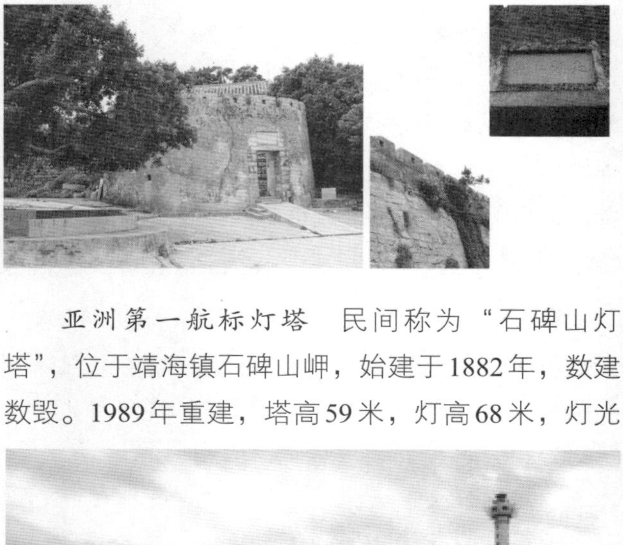

亚洲第一航标灯塔 民间称为“石碑山灯塔”，位于靖海镇石碑山岬，始建于1882年，数建数毁。1989年重建，塔高59米，灯高68米，灯光

射程24.5海里，是中国16个导航灯塔之一，高度最高，号称“亚洲第一航标灯塔”。

海市蜃楼　民间称为“金狮围城”，多次出现于神泉镇神泉港海面，这里是中国三个海市蜃楼频现海滨城镇之一。

海市蜃楼变幻奇妙，世上罕见，多见于春夏之交，没有固定周期，或一年一次，或数年一次，出现时或一瞬即逝，或几个小时。最近一次出现是2005年3月9日，持续几个小时。

海角甘泉　位于神泉镇，是宋元时海滩一处淡水泉崛，水质甘醇，取之不竭，村民共饮此水，故村民将村名“神前”改为“神泉”。明代当地神童苏福为此泉撰写独脚联曰：“抉取携而不竭任卤浸咸蒸独标平淡”。传说如有珠联璧合之句，甘泉即变咸水。

清乾隆年间泉崛东侧建亭，将独脚联题刻于亭内石柱，亭内立碑并题刻《神泉亭塔碑记》，亭南建“玉华塔”，泉崛井壁上题刻“养正毿”。1979年神泉亭毁于台风，1980年修复。

澳角炮台　是广东省文物保护单位，民间称“炮台”为“营盘”，位于神泉镇澳角村，建于康熙年间，为抵抗外来侵略而建。炮台由贝灰、粗砂、糯米粉、糖建成“贝灰夯土墙”，呈方形，长22.5米、墙高5.8米、墙厚2米。南墙有一炮洞，为抗日战争时期日军炮弹击穿。

金海湾植物园　位于仙庵镇，1987年创办，计划建成集天然植物观赏、海滨休闲度假、高尔夫球运动、潮汕民俗文化“四位一体”大型旅游区。1996年，园内建成中国唯一“沙滩高尔夫球场”——海湾高尔夫球场，球道依山水之势而建，3千米海岸线、苍翠原生态松林和天然湖泊，尽显自然之美。

葵阳公园（文昌阁）　位于惠城镇南门大街，园内有文昌阁（奎光阁），明万历三十三年（1605）知县游之光倡建，康熙二十六年（1687）重建，乾隆二年（1737）再建。高23米，属于古代砖石结构，每层皆有石柱支架，澡井之上有八卦图，是一座三层八角形、密檐式楼阁结构、阁顶为葫芦塔状明清年代历史建筑。文昌阁为惠来县文物保护单位。1988年，惠来县旅游局在文昌阁周围

兴建葵阳公园，占地面积30亩。

黄光山佛光寺 原名玄德古寺，位于溪西镇鲁阳村和曲溪村的群山，始建于南宋德祐元年（1275），明、清两代多次修缮，为怀念北极玄天上帝之德而建。占地面积1000多亩，明清风格，石木结构，墙砌青砖，屋顶青瓦，飞檐承力结构乃清式斗拱，油漆多为苏式彩画。山顶一座高28米的佛光大佛像，被誉为“粤东第一佛”。黄光山佛光寺被广东省民族宗教局评为“文明宗教活动场所”。

龙藏洞赤松观黄大仙庙 位于惠城镇西北8千米处，是古昔仙庙道教胜地，供奉太上老君、黄大仙和乙镜真人（宋禅祖师）。清乾隆年间，靖海宋超月乙镜真人推卜：“藏世道宣仙地，389年后，自有吾后传明月善人，在此为师创观建宫，存真容于龙藏洞”。1994年，当地道友筹资修复古庙，赤松观后殿兴建乙镜真人宫，定为“天、地、人”三才乾坤宫阁（3层），上层冲天宫供奉北帝玄武，中层八卦迷宫供奉乙镜真人金身，底层地宫供奉宋超月乙镜真人真颜。乙镜真人宫有24屋顶、36飞檐、72角、99洞孔、8柱、6门。龙藏洞赤松观黄大仙庙，享誉海内外，每年香港有几百位黄大仙信徒到此朝拜。

六大古岩寺 唐宋时，惠来民众利用自然石洞为寺，祀神祀佛，称为（岩寺）。明清时，惠来民众在洞外加建佛寺，相传至今。

铭湖岩 位于前詹镇铭湖村岩尖岭，南临铭湖，故名。始建于南宋，铭湖岩洞奇、石怪、水清。岩门顶石上有明朝洪武进士林逊题诗石刻：“岩穴神仙宅，山门向顶开，白云闲不锁，留与鹤归来”。有石牛、石马、大肚佛、仙脚印、出米臼、扫叶井等传说。

普慧岩 位于靖海镇葛山村葛峰山，又称“葛峰岩”。分前后两进，前进“普慧岩”，始建于明，岩前有8棵明代古榆树；后进由巨石为顶，石洞可容60人。传说虱母仙何野云指点建岩，供奉圣母娘娘，俗称“圣母岩”。有石眠床、石脚桶、龙船石等传说。

清水岩 位于周田镇崎岎村，以岩泉清湛而得名。始建于宋，清同治年间重建。岩寺居关门山正中，背靠悬崖峭壁，下临千仞陡坡。此岩以奇林、怪石、甘泉闻名。

百花岩 又称“百花尖”，惠来古八景之首，县级文物保护单位。位于周田镇施家峯村百花山，唐高僧大颠在此修行。始建于宋，清乾隆年间在洞外建寺，占地面积960平方米，称为“百花岩寺”。1952年，宽鉴法师更其名为“庄严禅寺”。山上原有奇花异草，一株双色。有试剑石、动摇石、杨文广与百花公主等传说。

普陀岩 位于惠城城北10千米处，群山环抱，巨石状似虎头，俗称“虎头岩”。始建于南宋，乃旅游胜地，此岩以岩洞、石刻、甘泉闻名。岩下有泉。岩洞有飞来钟、石香炉、出米石、丝线吊金钟等美好传说。

仙井岩 位于东陇镇北山村北，为县级文物保护单位。始建于明初，该岩将佛寺建在有泉涌岩脉之上，甘泉满而不溢，汲而不竭，故名为“仙井”。明万历惠来县“一科四举”谢正蒙、方一位、林世赏、汪巨翰中举前曾在此读书，老师是遭朝廷流放刑部观政邹元标。有蚶蚌寨等遗迹。

东港文化公园 位于惠来县东港镇东港村，沈海高速旁边，距沈海高速东港出口约200米，集纪念、游览、娱乐于一体的人文景观公园。公园大门仿中国古城楼样式建造，远望如长龙盘踞，近看如猛虎蹲卧，气势雄伟。园区主体建筑有“侨梧纪念塔”，塔高38.8米，用庐山石头雕刻梁山泊108将垒砌而成，有“粤东第一塔”之称。“林氏纪念馆”主要为纪念东港历史人物清朝兵部侍郎林侨梧，馆前有“九曲廊桥”，两边曲桥如长龙卧波。“恭仪楼”是一幢北派宫廷式风格建筑物，有长廊、牌坊、九曲桥，亭台楼阁环绕，庄严大气，尽收眼底。附近水域“老洋上”水库支流“虎爬壁”溪在公园中蜿蜒穿过，小桥流水，是休闲垂钓好地方。公园东侧有“植物公园”，移植有各种古树木以及各式各样花木，西侧有“百果园”种植各种时令水果，形成一个融人文、水文、绿化生态公园，整体布局十分巧妙。公园里面还建有篮球场、网球场，健身器材等体育设施，可供游客休闲赏玩之余锻炼身体。

大庚园 是中国美术家协会写生基地，位于葵潭镇，由惠来县华中燃料有限公司董事长周贵容投资，2008年建成，面积1.68万平方米。园中景观主题是“锦绣园林、天然景观”，汇聚江南古典园林设计精华，采用苏州传统木结构形式，基调是“白色粉墙”，搭配“黑灰瓦顶”，古朴典雅，赏心悦目。

锦华公园 位于葵潭镇长春社区，占地面积6.5万平方米。计划建设古典标志性建筑、音乐喷泉、别墅区、篮球场、网球场、游泳池等。

盐岭革命老区 盐岭村位于惠来、普宁、潮阳三县交界，民谚称“鸡鸣三县”。历史上是盐贩经过歇脚地方，曾设盐圩，故称盐岭。是革命老区村。村里有革命标语、石刻及革命活动旧址。村经济相对落后，空气环境优良，是旅游好去处。“呼吸原生态，畅游盐岭山”。

山美古寨 位于惠城镇山美村，是惠来保存完好古民居，面积0.5平方千米。始建于明朝，寨中有布局特独“十二街”，东门名为“吞长江”，西门名为“衔远山”，南门名为“湧巨川”。山美古寨也是大南山革命据根地之一，彭湃、古大存等革命领导人曾在这里开展革命活动。

红色革命旅游资源 惠来县境内有丰富红色革命旅游资源，尤其以著名革命人士旧居和革命根据地最引人注目，如彭湃、古大存、贺龙、林善从以及大南山革命石刻标语等，为人们寻访历史足迹，培养爱国主义精神提供条件。

大南山革命纪念馆 位于惠城镇林樟村“惠来大南山革命纪念公园”，为缅怀伟大革命先烈，弘扬爱国主义精神，惠来县人民政府于2009年批准

中国工农红军第四师攻城指挥部旧址（石碑现竖立于东龙镇苗海小学校园）

彭湃卧室（位于华湖镇美园村）

大南山革命石刻标语（分布在惠城镇盐岭村附近的盐岭径的山石上）

贺龙亭（位于溪西镇西湖村旁）

革命烈士纪念碑（位于葵潭镇圆墩村后山坡上）

立项建馆。纪念馆主楼面积1640平方米，周围走廊碑林镌刻各级领导、老战士题词。

中国工农红军第四师攻城指挥部旧址 位于东陇镇苗海村，1928年3月，惠来农军和赤卫队配合工农革命军第四师、第二师两次攻克惠来县城，攻城指挥部设在苗海村。徐向前元帅为旧址命名并题词。此旧址为惠来县文物保护单位。

彭拜卧室 位于华湖镇美园村，1927—1928年，红军攻打惠来县城前后，彭湃及其爱人许玉磬在此居住。为揭阳市文物保护单位。

大南山革命石刻标语群 处于潮阳、普宁、惠来之间的大南山上，共有57条石刻标语，是第一、二次国内革命战争时期在大南山革命根据地留下珍贵文物，也是广东省重点革命文物。

贺龙亭 位于溪西镇西湖村，1986年8月，当地民众为纪念贺龙曾在此进行革命活动而修建，亭子坐北向南，四柱重檐，琉璃瓦顶。

（县旅游局）

【特色产品】 周田杭美蒜头 大蒜为葱属蔬菜，包括青蒜和蒜头，气味清香，具有抗菌保健功效，常用作佐料。周田杭美蒜头，俗称“蓝尾蒜头”，以品质优良、味道独特、耐贮性好，自古代就开始栽培，有上百年种植历史，闻名海内外，曾出口泰国、新加波、马来西亚等世界各地。因其得天独厚土沙壤质以及温润水土气候，使得蒜头具有独特浓郁香味和辣味。周田杭美蒜头种植面积1000多亩，产量7000多吨，产值6000多万元。

隆江芥蓝 隆江芥蓝又称隆江芥兰，是隆江镇特色蔬菜品种，栽培历史悠久，自100年前已有种植，远近闻名。全镇种植面积有2000亩，总产0.46万吨。因其独特土壤、水质和气候环境，使得隆江芥蓝茎粗壮直立、细胞组织紧密、含水分少、表皮又有一层蜡质，让人嚼起来爽而不硬、脆而不韧。

仙庵芥菜 是仙庵镇主要冬种优质蔬菜，特色产品。仙庵芥菜栽培有上百年历史，因其独特土壤、水质和气候环境，所产芥菜营养丰富，汁多质脆、品质优良，除做鲜菜食用外，还适宜加工成菜干、咸菜，深受广大消费者青睐。

鳌江黑皮冬瓜 鳌江镇具有历史悠久种植黑皮冬瓜传统习惯，生产经验丰富，至今有上百年栽培历史。《本草纲目》认为用冬瓜瓢“洗面澡身”，可以“祛黑斑，令人悦泽白皙”；冬瓜仁能“令人悦泽好颜色”。近十多年来，鳌江镇立足当地资源优势，坚持以市场为导向，以增加农民收入为目标，调整优化农业产业结构，发展黑皮冬瓜生产。鳌江黑皮冬瓜，因其独特土壤、水质和气候环境，内含丰富蛋白质和大量维生素与矿物质，对护肤美白有不可忽视作用，获无公害农产品认证，主要销往上海、天津、北京、杭州等地。

隆江绿豆饼 又名神仙眷侣饼，至今上百年历史。其用料精细，制作讲究，以其酥皮清晰多层、入口即融、馅心冰甜而闻名。选用上等绿豆、精面粉和优质蔗糖、食油为主要原料，经精细工艺制作而成。成品呈浅黄色，无壳、无粒、无杂质，松软可口，饼皮由多重薄皮叠成，色、香、味俱佳。食时起酥、绵软、润滑，甜而不腻，凉爽适口。饼内含大量蛋白质、脂肪等营养成份，深受人们喜爱，尤其适合老年人及儿童食用。产品不但畅销于国内各大中城市，在中国香港、澳门等地区及东南亚国家也普遍受到欢迎。

隆江猪脚 相传已有一千多年历史，是惠来县著名特色传统美食。相传，韩愈因为上书《论佛骨表》谏迎佛骨，而被远贬至距京城八千里以外潮州。韩愈在潮州兴办教育，重修水利，还为百姓除掉为患鳄鱼。为表示答谢，一名富商请来几位广东大厨宴请韩愈，隆江猪脚创始人便是其中大厨之一。韩愈对于隆江猪脚弹嫩糯香、肥而不腻赞不绝口，亲自为它题名——隆江猪脚。其主料猪脚经加入多种佐料卤制，连续熬炖而成，肉如膏脂，入口顺滑，色香味俱全。其鲜美味道和弹嫩糯香口感加以隆江镇特色米饭组合成隆江猪脚饭，肥而不腻，入口香爽，深受广大人民喜爱，享誉国内外。

靖海豆粸 是惠来县靖海镇出产著名特产，以花生仁、白糖、猪油为主要原料精制而成一种饼食类，已有上百年历史。其配料和制作十分考究，要经过捶打、搓压、切制等多道工序而成。由于做工考究，靖海豆粸具有胶软而不粘牙、清甜而不浓腻、香味久留特点。豆粸香甜适口，独具风味，配上潮汕功夫茶，更是余味无穷，是人们探亲访友时送礼佳品。

神泉鱼丸 惠来县神泉镇海产品捕获甚丰，鱼产品加工也很有特色，其中以神泉鱼丸最为出名，有上百年制作加工历史，民间夸神泉鱼丸弹性之大，掉下地可弹回桌上。神泉鱼丸，又称“神泉鱼圆”，是用海鱼除头去骨，鱼肉拍打搅烂，加上佐料制成丸状，入微沸水中煮熟而成。口味清爽不油腻，有鱼味而不见鱼。做汤菜，只见碗中如繁星点点，鲜美浓香；做盘菜，鱼丸堆在中间如珍珠颗颗，使人不禁食指大动。潮汕话中，“鱼”与“余”同音，“丸”同“圆”谐音，象征年年有余，合家团圆，鱼丸故成为人们逢年过节、喜庆宴上必备席上之珍。惠来神泉鱼丸由于爽脆、鲜甜味香，更是备受潮民欢迎，食市上每每供不应求。

（林平京）

【行政区域及人口】 至12月31日，全县有13个镇、2个农林场，239个行政村，33个社区居委会。全县年末户籍人口144.69万人，常住人口112.35万人。旅居国外侨胞和港澳台同胞20多万人。情况如下：

1.惠城镇

社区14个：祚通、华群、塘边、南美、墩高、东安、东郊、元春、洋美、英内、西一、西二、西三、梅北。

村委会19个：白沙湖、西溪、小溪、将军湖、盐岭、四香、新乡仔、牛角兰、石古、石兰口、山美、后洋、河田、上林、五福田、叮美、新风、林樟、泗竹埔。

2.隆江镇

社区3个：关镇、新容、江城。

村委会32个：隆江、竹湖、竹老、蛟边、象湖、北洋、邦山、赤山、史岭、峰霞、西塘、宫山、鹅豆、山家、海埕、见龙、吉清、帮庄、孔美、月潭、北溪、岗前、后吉、桥埔、凤红、凤光、前埔、东门、陈陇、井美、头寮、尾寮。

3.葵潭镇

社区3个：长春、吉成、玄武。

村委会23个：葵亭、长埔、青陂、三池、石陂、土墙墩、土角寮、吉镇、千秋镇、南照埔、头屯、溪口、新联、陂美、兵营、石田、门口葛、新光、顶寨、北山埔、螃蟹、青坑、圆墩。

4.靖海镇

社区2个：城东、城西。

村委会21个：后王、旧厝、后湖、义湖、驿后、葛山、西外、北星、东光、西丰、南外、厚山、前吴、沫港、资深、坂美、大潭、西峰、后池、月山、南山。

5.神泉镇

社区2个：北门、南华。

村委会17个：神鱼、神农、澳角、华家、石盘、芦园、溪东、桃美、横山、前湖、蔗埔、赤山、角林、鳌头、文昌、金东、华埔。

6.仙庵镇

社区1个：仙中。

村委会20个：仙庵、顶溪、东铺、四美、西庄、塘华、浮埔、浮山、京陇、点埔、田墘、里行、华园、锡溪、宁寨、桥观、四石、望前、华清、口埔。

7.周田镇

社区1个：周山。

村委会17个：东前湖、考山、径口、厝坑、兴岗、崎岭、黄岗、新乡、武宁、仙家、华厝、象岗、青洲、狮石、杭美、头径、仙埔。

8.前詹镇

社区1个：新詹。

村委会20个：前詹、仕兜、岛南、港寮、桥头、后寮、铭东、铭西、仙美、塔兜、西埔、古杭、濂溪、新乡、秀水里、詹厝田、石峻、新陂、沟疏、赤澳。

9.华湖镇

社区1个：华堡。

村委会17个：丁田、溪洋、新地、官路、白塔、华宅、美园、华谢、茶埔、华陇、堡内、东福、坪田、犁集、先春、祭坑、池畔。

10.东陇镇

社区1个：葵中。

村委会12个：东陇、寄陇、四凤、苗海、北山、华吴、赤洲、华房、古巷、达三圩、钓石、石洲。

11.岐石镇

社区1个：岐山。

村委会7个：乌石、华清、前汛、林美、岐石、坑仔、览表。

12.鳌江镇

社区1个：新街。

村委会16个：东岱、新李、新林、龙舟、山粟、石丁、虎堀、三清、楼内、吴畔、溪头、中澳、澳上、澳下、乌坑、高陵。

13.东港镇

社区1个：东青。

村委会15个：新村、长围、大旗、百堺、渡头、白坑、月湖、新寮、高美、长青、东港、宫兜、圆山、石坑、西岭。

14.葵潭场

社区1个：场部。

村委会2个：南湖、湖美。

15.青坑场

村委会1个：桃树岗

（县地志办）

◆ 国民经济和社会发展概况

2017年，全县完成地区生产总值274.08亿元，比增5.5%。完成第一产业增加值59.10亿元，第二产业增加值129.82亿元，第三产业增加值58.71亿元，第一产业、第二产业、第三产业分别比增5.0%、5.5%和10.5%。三次产业比重由2016年的22.2∶54.7∶23.1演变为23.9∶52.4∶23.7。

【工业】　推进临港产业重大项目建设，加大招商引资力度，实施产业引进和登高工程，引资办工业，加大对企业扶持、服务力度，做大做强民营经济，推进产业转型升级和实体经济发展，稳定发展工业经济。全县完成工业总产值757.52亿元，比增7.1%，其中规模以上工业产值693.30亿元，比增7.1%；规模以上工业增加值108.36亿元，比增2.7%。完成实际利用外资95万美元，合同利用外资136万美元。新增规模以上工业企业5家。完成购电量8.89亿千瓦时，比增9.64%；售电量8.22亿千瓦时，比增9.69%，其中工业用电量1.48亿千瓦时，比增7.11%。推进临港工业产业集聚区建设，已纳入规划面积为13.17平方千米，一期规划面积约174.04公顷，其中：已供土地面积约80公顷，尚可供应土地面积约94公顷。惠来县引导工业企业向临港工业产业集聚区集聚，进驻有中海油粤东LNG有限公司和国家电投有限公司。

【农业】　落实各项惠农强农政策，调整农业结构，转变农业发展方式，加快发展现代农业，稳步发展粮食生产，实施“一镇一品”工程，推动特色农业、效益农业、质量农业发展，促进农业增效、农民增收。全县完成农林牧渔业总产值81.09亿元，比增3.2%。全县粮食作物播种面积48.50万亩，总产量55.16万吨，其中水稻播种面积22.04万亩，总产量8.36万吨。水果到达面积34.70万亩，总产量16.86万吨，其中荔枝到达面积14.96万亩，总产量3.72万吨。完成碳汇工程造林2.3万亩，林地绿化率97.8%，森林覆盖率53.3%。畜牧业总产值9亿元。生猪存栏16.2万头，出栏24.2万头；肉类总产量4.5万吨。渔业总产量6.39万吨，总产值20.44亿元，其中海洋捕捞产量4.56万吨，比减9.1%，产值3.88亿元，比减7.3%；海水养殖产量1.87万吨，比增9.03%，产值4.11亿元，比增2.9%；淡水捕捞产量0.05万吨，比增1.1%，产值0.05亿元，比增1.7%；淡水养殖产量1.33万吨，比增1.8%，产值1.42亿元，比增1.5%。抓好精准扶贫精准脱贫工作，全县累计投入贫困户、贫困村帮扶资金1.4亿元，其中实施贫困户帮扶项目1.8万个，投入资金0.54亿元；实施贫困村公共基础设施项目507个，实施村集体经济帮扶项目32个。全县参与精准扶贫社会组织17家，开展扶贫项目75个，社会扶贫投入2800多万元。累计转移贫困劳动力就业5645人。

【商贸旅游业】　提升产业服务水平，积极参加省、市组织在香港举行的粤港经济技术贸易合作交流会、厦门举行的国际投资贸易洽谈会等招商会、展销会，组织帝浓酒业有限公司等多家民营中小企业参加中博会、中德（欧）中小企业交流会。通过参加各种展销会、洽谈会，帮助企业开拓国内外市场，拓宽企业销售渠道，拉动经济增长。全县完成社会消费品零售总额126.60亿元，比增10.8%。外贸进出口总额13.56亿元（人民币），比增18.1%；外贸出口总额9.87亿元，比增8.5%。新增限额以上商贸企业4家，新增规模以上服务业企业1家。完成公路货运量742.01万吨，比增3.5%；公路货运周转量231864.26万吨千米，比增8.6%。公路客运量363.09万人，比增6.2%；公路客运周转量55577.14万人千米，比增8.8%。水路货运量24.7万吨，比增4.3%；水路货运周转量22343.91万吨千米，比增0.8%。旅游总收入13.1亿元，比增19.0%。新增外贸经营者登记备案5家。积极协调、协助企业申报各项扶持奖励资金，落实发放7家外贸企业2015年度创新发展资金53.82万元，落实发放7家外贸企业2016年度的创新发展资金61.75万元。加强农村电子商务和电子商务平台建设，电子商务交易额2.27亿元。揭阳港神泉港区一类口岸对外开发正式通过国家验收。

【重点项目建设】 抓住省促进粤东西北地区振兴发展的契机，以重要基础设施建设、产业集聚区和中心城区扩容提质“三大建设”为抓手，优化投资结构，加大补短板力度，以投资拉动为引擎，积极加强协调服务，确保重点项目、重大项目按时开工，基础设施明显改善。全县完成固定资产投资228.80亿元，比增10.0%。市重点项目21宗，年度计划投资17.29亿元，完成投资15.91亿元，占年度计划92%。县重点项目62宗，年度计划投资38.88亿元，完成投资21.31亿元。主要项目：揭阳港中电投前詹作业区通用码头一期工程完成投资1.42亿元，东方夏威夷国际旅游度假项目完成投资3.30亿元，惠来县神泉示范性渔港工程完成投资0.80亿元，粤东水产品产业园—惠来南海（国际）渔仓工程完成投资0.52亿元，惠来县中石油快速进园路项目完成投资0.61亿元，国道238线普宁交界至惠来惠城段改建工程完成投资0.62亿元，惠来县县城外北环路建设工程完成投资0.22亿元，惠来碧桂园项目完成投资5.09亿元，惠来保障性住房项目完成投资0.23亿元，惠来慈云实验中学学生宿舍楼建设项目完成投资0.18亿元，惠来县镇级卫生院建设项目完成投资0.41亿元，惠来县村村通自来水工程完成投资0.93亿元，惠来县西港海堤加固达标工程完成投资0.35亿元，惠来县东陇海堤加固达标工程完成投资0.26亿元，惠来县县城内运河防洪排涝治理工程完成投资0.23亿元。

【财税金融业】 落实财政政策，深化财税改革，做好“营改增”工作，坚持依法理财，优化管理机制，抓好财税征管，严格落实中央“八项规定”，严格控制一般性支出，提高资金使用效益，集中财力保建设、保民生、保稳定、保运转，增强政府对重点项目建设和民生支出的资金保障能力，财政保持平稳健康运行。金融部门认真执行稳健货币政策，加强金融风险防范处置，加强金融监管，调整和优化信贷结构，加快推进金融产品和服务方式创新，提升金融服务水平，支持地方经济发展。全县地方一般公共财政预算收入5.13亿元，比减11.06%。税收县库收入2.99亿元，比减9.35%，其中国税收入1.52亿元，比减11.94%；地税收入1.46亿元，比减7.71%。全辖本外币各项存款余额201.34亿元，比增5.9%，其中：储蓄存款131.81亿元，比增6.84%；全辖本外币各项贷款余额84.64亿元，比增2.8%，其中：累计投放中小微企业贷款8.44亿元。

【社会事业】 *科教兴县战略* 开展专利申请工作，专利申请量452件，其中发明专利8件。办学质量稳步提升，惠来县及早启动创建广东省推进教育现代化先进县工作，加大教育投入，新（改、扩）建和维修校舍297所，建筑面积136990平方米，累计投入硬件建设2.1亿元（含基建项目1.66亿元、设备设施4400万元）。其中：全县规划于2017年实施全面改薄的项目学校33所，校园校舍建设项目全部完工，设施设备购置项目全部完成采购配套工作。列入2017年市重点建设项目的慈云实验中学学生宿舍楼及食堂建设项目，工程基建完成全部工作量，正在进行收尾工作。惠来县首家特殊教育学校于2017年秋季正式开学。高考成绩再创历史新高，参加普通高考5190人，上本科线2573人，比增201人，本科上线率49.58%，本科上线率居全市各县（市、区）第一位，其中：上一本线467人，比增39人，一本上线率9%，一本上线率列全市各县（市、区）第二名。

文化、体育、广播电视事业 完善文体公共服务体系，投入2500万元建成镇、村文体广场各1个；建成16个村（社区）综合性文化服务中心，共投入185万元。投入100万元为镇级图书分馆和基层服务网点配套设施。惠来一中连登楼、华英古寨、隆江镇孔美村溪祖祠（含辅臣公祠）列为县级文物保护单位，纳入文物保护规划。该县羽毛球训练馆，建筑面积1900平方米，已投入使用。2017年，县政府再次被国家体育总局评为“2013—2016年度全国群众体育先进单位”。县羽毛球业余体校被国家体育总局升格命名为“国家重点高水平体育后备人才基地”。

卫生与计划生育工作 推进医药卫生体制改革，改善医疗卫生条件，增强县域医疗服务的整体能力。2017年，全县计划新（改）建13家镇卫生院（分院）、县卫生应急指挥中心和48家村卫生站，投入资金6000万元。隆江镇中心卫生院升级建设为县第二人民医院、周田镇卫生院升级建设为县第三人民医院、葵潭镇中心卫生院、东港镇卫生院、县卫生应急指挥中心等建设项目已动工；靖海、华湖、东陇、岐石、前詹等镇卫生院在推进中。48家村卫生站41家即将完工，7家在推进中。投入资金2400万元更新医疗设备。一类疫苗和一类疫苗加强免疫接种率均达到省要求标准。抓人口计生工作，推进计生优质服务。开展免费孕前优生健康检查，加强流动人口服务管理工作。

社会保障工作 举办惠来县2017年“南粤春暖”暨“精准扶贫”用工招聘会和高校毕业生就业招聘会20场次，进场招聘有县内外企业580家次，提供待聘岗位5100个，达成就业意向3800人，其中贫困家庭劳动力260人。全县城镇新增就业人数4285人，城镇登记失业率控制在2.39％以内。全民技能提升储备培训人数18500人。征收企业养老保险费15196万元，参保人数累计112085人；城乡居民养老保险累计参保人数403256人，累计缴费人数18400人；城乡居民医疗保险参保人数931943人，工伤、失业、生育保险参保人数累计25105人、36000人、40120人。

环境、国土资源监管 开展环境综合整治，落实污染减排措施，严格环保准入，开展饮用水源保护区范围内违建项目清理清查，取缔印花、水溶等“小散乱污”加工场所10家，关停、搬迁饮用水源保护区范围内禽畜养殖场（户）31家，清理取缔非法采石3宗、抽砂洗砂12宗，生态环境保持稳定。落实资源节约集约利用政策，全面清查整治违法违规用地用矿行为，查处“两违”用地案件71宗。

平安惠来建设 加强社会治安综合整治，严厉惩治各类违法犯罪，全县立刑事案件1057宗，破案555宗，加大涉毒犯罪活动打击力度，破获毒品刑事案件102宗，抓获涉毒犯罪嫌疑人146名，破获制贩毒团伙7个，捣毁制毒窝点1个。加强安全生产和食品药品安全监管，深化“打非治违”和专项整治工作，全县没有发生较大以上生产安全事故，人民群众生命财产安全。加强信访维稳工作，排查化解矛盾纠纷，社会大局和谐稳定。

全县经济社会发展虽然总体形势较好，但经济平稳运行基础还不稳固，下行压力仍然较大，与市委、市政府要求仍有差距，还存在着一些亟需解决困难和问题：个别主要经济指标完成情况与年初计划存在不少差距；固定资产投资支撑力不强；基础设施建设投资比重较大，工业投资比重较小，投资对经济增长拉动力不足；工业经济增长压力较大；财税增收不容乐观，新兴产业尚未形成有效产能和规模效应，大的税收增量难以形成；供给侧结构性改革中补短板任务特别繁重。

（县地志办、县发改局）

◆ 中国共产党惠来县委员会

县委重要会议

【中共惠来县第十三届委员会第二次全体会议】

2月15日，中共惠来县第十三届委员会第二次全体会议在惠城召开。会议深入学习贯彻落实中共十八届六中全会精神，习近平总书记系列重要讲话精神，中央、省委和市委经济工作会议精神，总结2016年工作，研究部署2017年全县重点工作，动员全县干部群众凝心聚力，推动把惠来打造成为我国东南沿海重化能源基地、揭阳对外开放海上门户、美丽富庶滨海新城。

会议提出2017年工作思路。加快临港产业项目建设。坚持产业兴港，打造好石油化工、电力能源、港口枢纽、滨海旅游等临港重大产业。抓住神泉港一类口岸获准对外开放契机，靠前跟踪服务，确保中海油粤东LNG项目尽快顺利投产；加快已落户的中电投前詹港电和冷能空分等项目动工建设，推动合资拖轮公司尽快投入运营，使临港产业项目真正成为县域经济发展的强大引擎。推动全面从严治党建设，为经济社会持续健康发展提供坚强保障。

加快产业集聚区建设。推进三大产业集聚区的基础设施和配套建设，加快关联产业项目引进和建设，将产业集聚区打造成为调整优化产业结构的重要平台、港口发展的经济腹地。坚持高起点、高标准，规划建设好48平方千米临港工业产业集聚区，力争成为国家级开发区；加快水产品市场建设，将神泉港口商贸经济区打造成为区域水产品流通中心，利用好惠来沿海入选“广东十大海上丝绸之路文化地理坐标”契机，以滨海旅游度假区为重要平台，深入挖掘和整合海上丝绸之路遗迹资源，打造惠来滨海休闲、文化旅游品牌。

加快港口码头建设。围绕构筑深水港口枢纽目标，积极引进“外脑”，整合各方资源，加快神泉省级示范性渔港、中石油原油码头等港口码头建设，提高港区综合管理服务功能。要抓住近期国家发改委进一步下放政府投资交通项目审批权，将原

列入国家批准的相关规划中非跨省的新建普通铁路项目、原列入国家批准的相关规划中新建高速公路项目等政府投资项目审批权限下放的机会，加强对接沟通，支持配合好广州至汕头沿海高铁的规划建设，加快疏港铁路、疏港高速公路的规划建设步伐，确保揭惠高速公路年底如期通车，尽早打通疏港交通枢纽通道。继续完善口岸查验软硬件设施建设，相关部门和镇要积极主动与查验机构和企业做好对接，密切配合，提供优良服务、创造更好条件，提高通关服务水平和管理效率。

加快发展实体经济。贯彻落实上级有关供给侧结构性改革的决策部署，加快国有粮食等企业改革步伐，稳妥推进国有“僵尸企业”处置工作，推动县域国有经济整合优化，发挥好国民经济主导作用。贯彻落实市委大力发展实体经济的决策部署，完善扶持优惠办法，推动生产要素和政策资源等向民营经济倾斜；完善投融资体系，引导民间资本参与市政公共设施和港口码头等重要基础设施建设；鼓励和支持传统优势民营企业通过自主创新，掌握产业核心技术，提高市场竞争力；引进在外大型民营企业回乡发展，扶持中小微企业上规模，壮大民营经济总量。

提升农业经济效益。推进农业供给侧结构性改革，加快农村土地承包经营权确权登记颁证工作，确保按上级要求顺利完成任务；抓好高标准农田和农田水利建设，改善农业生产条件；培育新型农业经营主体，利用港口正式对外开放契机，发展农产品精深加工业和农业生产服务业，推动农产品走向县外、走出国门；推广农业科技，帮扶葵潭菠萝、鳌江冬瓜、神泉胡萝卜、周田大蒜等“一镇一品”生产加工企业转型升级，打造特色农业品牌，增强农产品市场竞争力，增加农民收入。

会议提出打赢三场硬战。打赢基础设施建设大会战。抓好惠来被纳入国家贫困革命老区扶持范围、省将基础设施建设作为经济工作重要着力点的机遇，争取上级倾斜、引进社会资本，组织基础设施建设大会战，补齐基础设施短板。主要包括：推进县城南区、北区外北环路等重要路网市政建设，进一步拉开城市发展框架；加快葵潭高铁站前广场建设，力争5月底竣工投入使用；加快中石油快速进园路南环二路段和花寨至溪西路段、国道228线华湖至溪西路段、国道238线惠来段、揭惠高速芦新连接线等一批道路重点项目建设，完善畅通的交通网络；加快赤岭水闸枢纽、邦山水闸重建、“村村通”自来水等一批水利工程建设，保障生产生活用水需求；加快已纳入省新一轮污水处理基础设施建设的10个环保项目前期工作，加大农村环保设施建设力度，提高城乡保洁水平。全县全年列入市的重点项目有20个。

打赢解除“制毒犯罪严重通报警示地区”攻坚冲刺战。始终保持严打高压态势，继续深化“大宣传、大管控、大打击、大问责、大创建”五大攻坚措施，特别是“三无”创建工作一定要到位，坚决防止反弹。全方位补齐工作短板，特别是补齐“8·31”社区戒毒社区康复工程、“6·27”青少年毒品预防教育工程、病残吸毒人员收治场所建设、物流寄递实名制及网格化管理APP系统应用等工作短板，坚决打赢这场事关惠来经济发展、社会和谐稳定、群众安居乐业的人民战争。

打赢创文创卫持久战。保持“党政主导、镇村主责、部门主力、上下联动、全党动员、全民参与”的工作格局，打好创文创卫持久战。县班子成员带头落实好网格化管理要求，靠前督促指导；各地和县直相关部门履职尽责、协同作战，形成持久攻坚合力；党政部门和企事业单位带头落实门前三包责任，各村（社区）全面落实定人、定岗、定责、包路段保洁责任，持续巩固扩大城乡环境卫生整治成果。抓好交通秩序的整治，严格要求骑摩托车者戴头盔，严查闯红灯行为，加大对县城区内三轮车的交通管制等，坚持常抓不懈，形成长效管理，规范县城的交通秩序。

做好四篇文章。做好精准扶贫文章。全县扶贫对象占揭阳市近三分之一，任务很重。严格落实好主要领导抓扶贫责任制，层层压实责任、级级传导压力。因户制宜、因人施策，做到一户一策、一人一法。推进社会组织、金融机构、互联网+精准扶贫工作，充分调动贫困户主观能动性，积极动员乡贤、企业和社会组织的支持，构建全社会共同参与精准扶贫精准脱贫工作格局。加强督查和考核，确保按时高效完成脱贫攻坚任务。

做好社会事业文章。教育事业方面，继续加大投入，加快推进教育现代化先进县创建工作，全面提高教育质量，巩固和提升教育强县成果。卫生计生事业方面，加快推进卫生强县工作，抓紧新建华湖、神泉、鳌江3个镇级卫生院和县慢性病防治站、妇幼保健院，改建隆江、葵潭、靖海3个镇级卫生院，谋划新建县中医院，推进村级卫生站公建民营规范化建设；抓好医疗人才队伍的引进、培养和使用，加强乡村医生队伍建设，全面提升整体医疗技术力量；深化公立医院综合改革，鼓励和引导社会资本兴办民营医院，切实缓解群众看病难、看病贵的问题；落实好全面二孩生育政策，提高人口计生服务和管理水平。文化事业方面，完善公共文化服务网络，统筹推进文化资源共建共享，提升公共文化产品供给和服务能力。社会保障方面，坚持保基本、兜底线、促公平、可持续原则，不断扩大社会保障覆盖面，健全医疗保障机制，保障困难群众基本生活和老年人老有所养、老有所医；完善就业服务体系，多渠道多形式引导各类劳动者就业；加大劳动监察力度，排查处理好企业欠薪问题，维护劳动者合法权益。

做好维护稳定文章。严格落实各级领导干部信访维稳工作责任制，加强对基层信访维稳形势的分析研判，及时排查化解矛盾纠纷。规范行政执法，严格公正司法，大力宣传普法，形成崇尚法治的社会氛围，推进基层法治建设，充分发挥“一村（社区）一法律顾问”的作用，从源头减少信访增量，扭转越级上访被动局面。加强安全生产，全面排除安全隐患，遏制各类生产安全事故和公共安全事故发生，始终保持社会面和谐稳定；全面加强食品药品安全监管，守护人民群众“舌尖上”的安全。

做好生态保护文章。坚持“绿水青山就是金山银山”，落实绿色发展理念，铁腕整治影响和破坏资源环境的违法行为；实行最严格的环保准入政策，引进和发展绿色循环低碳产业，守住惠来的良好生态环境。

（县委办公室）

【县委常委会】 1月4日，惠来县召开县委常委（扩大）会议，讨论决定“创文”工作、做好创建文明镇、文明村（居）迎检有关工作、县城区“门前三包”责任制管理办法、县城区临时市场、临时停车场设置、县城区环卫设施设备建设配套，惠雷公路四香场段及惠雷跨线大桥工程付款方式，政府向社会力量购买服务指导目录、政府向社会力量购买服务暂行办法，污水处理基础设施建设，成立国道238线改造工程项目公司，省道337线华湖至溪西段路面改造工程及338线溪西至岐石段路面改造工程使用新增债券资金，学习贯彻《关于建立市、县党委视察制度的指导意见（试行）》精神，县委政法委机关主要职责、内设机构人员编制等事项。

1月19日，惠来县召开县委常委（扩大）会议，讨论决定加强和改进新形势下党校工作实施意见，神泉示范性渔港建设工程水工部分主要材料价格补差问题，葵潭高铁新区站前广场等公共设施配套工程付款方式及调整政策性价差，租用惠城葵南综合市场，食品仓储中心和机械化肉联厂缺口资金等事项。

3月14日，惠来县召开县委常委（扩大）会议，讨论决定县委巡察有关工作、基层党建、神泉示范性渔港配套工程PPP项目合同问题、招收交通协管员、县城向东路续建工程付款方式及调整政策性人工材料价差问题、发展城乡公交保障学生上下学交通安全工作方案、土地利用规划调整完善方案等事项。

4月17日，惠来县召开县委常委（扩大）会议，讨论决定《中国共产党惠来县委员会工作规则（草案）》，认真学习宣传贯彻习近平总书记重要批示精神，加强领导干部外出报备工作，《惠来县村（社区）党组织换届选举工作实施方案》《惠来县第七届村民委员会换届选举实施方案》，近期全县信访维稳工作，解除惠来县禁毒通报警示地区有关工作，惠来县资源管理，环境保护工作，2017年度惠来县经济社会发展各项指标及重点项目工作等事项。

5月17日，惠来县召开县委常委（扩大）会议，讨论决定传达贯彻落实省委书记胡春华莅揭调研的重要指示精神，传达贯彻全省巡视巡察工作（汕头）座谈会精神，村（两委）换届及维稳工作，法治政府建设工作方案，环境保护，国道238

线改建工程涉及船桥水库水域，HL201616号地块国有建设用地使用权挂牌出让方案，调整机关事业单位人员基本工资和增加离休人员离休费等事项。

6月6日，惠来县召开县委常委（扩大）会议，贯彻落实市委书记李水华莅惠调研指示精神。会议要求，县领导班子成员和各地各单位要提振精气神，真抓实干，推进各项工作。县委办要加强督办，县委常委会决定的事项，要发督办函到分管领导、承办部门，限期抓落实。抓好重点工作；谋划对接好“迎盛会·百日百项大行动”各项工作；谋划对接好城市副中心和新的发展极各项工作；全面提振干事创业的精气神。

7月7日，惠来县召开县委常委（扩大）会议，讨论决定学习贯彻习近平总书记关于加强汛期灾害防范和安全生产工作重要批示精神，传达贯彻胡春华在《中共中央办公厅　国务院办公厅关于甘肃祁连山国家级自然保护区生态环境问题督查处理及其教训的通报》上的批示精神，解除禁毒通报警示地区有关工作，传达学习市委组织部《关于干部选拔任用中落实“三不用三重视”要求的意见》文件精神，加强惠来县反走私工作责任追究，葵潭高铁新区站前广场，站前西路及高铁北路建设工程增加投资，县道106线顶溪至月山段路面改造工程，设立中共惠来县委巡察工作机构等事项。

8月3日，惠来县召开县委常委（扩大）会议，讨论决定部署推进“迎盛会.百日百项大行动”有关工作，全面推行河长制，借款投入花寨至溪西市政道路工程，隆江派出所办公楼报废，向市公安局推荐方明和记二等功，禁毒解除通报警示有关工作，创文迎检有关工作等事项。

8月16日，惠来县召开县委常委（扩大）会议，讨论决定传达贯彻全市禁毒委成员单位禁毒工作会议精神，英内社区提留用地，鹏基房地产有限公司锦泰园三旧改造方案，怡俊贸易有限公司翡翠园三旧改造方案，世铿高级中学综合宿舍楼等三宗工程受捐款解决方案，专职护林员队伍和森林消防专业队建设方案，规范地方政府举债融资行为整改方案，华西大道工程资金，花寨至溪西市政道路工程，惠来县2016年度考核等事项。

9月15日，惠来县召开县委常委会议，讨论决定禁毒重点整治工作，传达市农村环境卫生综合整治会议精神，研究部署惠来县“创文”迎检工作，惠来县66个省定贫困村创建社会主义新农村示范村工作方案，加强饮用水源水质保护、加强环境保护和生态资源管理，“迎盛会·百日百项大行动”项目推进的有关工作，国道238线普宁交界至惠来惠城段改建工程项目优化方案，庵泉、安前、甲伯、东前等路PPP打包工程，安澜桥至神泉镇区段道路改建工程，畜禽养殖禁养区划定方案，葵阳影剧院维修改造工程，边检站业务生活用房项目增补工程，惠来县病残吸毒人员收治中心机构设置和人员编制，惠来县盐业监管体制改革方案，深化标准化工作改革推进广东先进标准体系建设实施方案，针织机械厂三旧改造单元控规，林俊瑞商住楼三旧改造项目单元控规，新建档案馆用地，重大行政决策后评估工作报告等事项。

10月12日，惠来县召开县委常委会议，会议听取县委办副主任陈锋就10月9日县委书记专题会议精神的汇报，讨论决定县委书记专题会议研究事项和近期有关重点工作。包括：严格财政资金使用，把有限的财政资金使用效益发挥到最大化，用于改善民生、发展社会事业、建设公共服务设施上；关心全县干部职工生活，逐步缩小与周边县区的待遇差距；规范财政预算追加权限审批；支持、配合揭阳副中心建设；推进“迎盛会·百日百项大行动”工作；加强信访维稳工作；抓好禁毒“摘帽”攻坚冲刺工作；抓好精准扶贫工作；推进农村土地确权工作；加强创文及人居环境整治工作；有关经济指标任务等工作。

10月16日，惠来县召开县委常委会议，讨论决定传达市委六届第18次常委会议精神，揭阳副中心规划建设问题，“迎盛会·百日百项大行动”工作和信访维稳工作，挂钩省定贫困村新农村建设咨询委员会工作制度等事项。

11月29日，惠来县召开县委常委会会议，学习传达贯彻省委、市委有关会议精神，讨论决定传达贯彻省委十二届二次全会和全市领导干部大会精神，学习贯彻李希在省委常委会（扩大）会议、全省市厅级主要领导干部学习贯彻中共十九大精神专题研讨班、集体瞻仰中共三大会址纪念馆后召开的省委常委会议上的讲话精神，学习省委关于认真学习宣传贯彻《习近平谈治国理政》第二卷通知精神，传达全市国有企业党的建设工作会议和全市城市基层党建工作座谈会精神，县委第一轮巡察工作，《关于镇贯彻“走正道、出实绩”要求实现科学发展考评工作的实施意见〈送审稿〉》《关于深化人才发展体制机制改革促进人才优先发展若干意见〈送审稿〉》《惠来县优秀专家和专业技术拔尖人才建议人选》《县文化馆总分馆制建设实施方案〈送审稿〉》《惠来县乡镇机关事业单位工作人员乡镇工作补贴实施办法》《县生活污水处理设施整体打包PPP项目实施方案》《2017年度惠来县采矿权招标拍卖挂牌出让计划》，县警务力量集中管理经费问题，全县农村基层组织工作经费市级配套资金列入县财政年度预算，2017年度县党政领导班子和领导干部绩效考核，中委合资炼油项目需要惠来县协调解决的问题等事项。

（县委办公室）

【县委常委（扩大）会】 1月10日，惠来县在惠城召开创文工作专题会议，针对全县创文工作进度非常落后，尤其是近期市多次明察暗访中反馈的问题仍然较多，整改效果也不好。要求全县必须解剖麻雀，敢于直面问题，进行再动员再部署再落实，下狠心、动真格，全党动员、全民动手，加紧加温加压强势推进，坚决完成创文工作目标。

全市创文工作会议后，惠来县是全市第一个召开三级干部会议的县，全县272个村（社区）书记、主任及村民小组长都来参加。会后，创文工作通过全面动员发动，村“两委”干部有起码认识，行动积极，群众支持拥护，取得阶段性效果，但工作没持续，过后反弹。

从市多次督查暗访反馈情况来看，县城区创文工作严重落后于全市，主要问题：市容环境整治不到位；交通秩序整治不到位；农贸市场管理不到位；村（社区）创文工作推进缓慢；住宅小区管理缺失。上述问题的存在，反映出相关部门的工作力度、深度、广度不够，一些领导干部思想还不够重视、责任还不够落实、工作还不够扎实、措施还不够到位；市政执法力度还不够大，没有动真格；群众积极性还没有充分调动起来，全县上下还没有真正形成合力。

会议指出，要改变一个地方环境、一群人生活习性是一项非常艰巨任务，一定要一以贯之、常抓不懈。要围绕全县城乡环境和交通秩序有实实在在的改观这个目标，按时完成各项整改工作，马上警醒，承认落后、不甘落后，奋起直追、攻坚克难，全力推进城乡环境和交通秩序大整治。

会议提出，全力以赴，宣传发动，保障投入。担当责任，属地管理，协同作战，形成合力，推进创文工作。严明纪律，严肃问责，党员干部及广大人民群众全方位投入创文工作。

6月6日，惠来县召开县委常委（扩大）会议，主要任务是传达贯彻市委书记李水华6月2日至4日在惠来调研期间指示精神，研究部署全县贯彻落实意见。

会议要求各地各单位深刻领会市委书记李水华对惠来发展的高度重视。深刻领会市委书记李水华对惠来发展的目标定位。调研期间，市委书记李水华提出，要明确定位，科学规划，正确处理好“点”与“面”的关系，把惠来打造成为揭阳副中心和新的发展极。“点”就是副中心，侧重城市建设；“面”就是发展极，侧重产业布局，要以点带面，以“面”来助推“点”的辐射作用；调研内容主要包括产业发展、实体经济、基础设施、文明创建、民生事业和新农村建设6个方面。深刻领会市委书记李水华对惠来各项工作具体要求。

会议提出把惠来打造成为揭阳副中心和新发展极，是惠来加快振兴发展千载难逢的重大机遇，全县各级干部坚持一切听从市委市政府指挥，敢于担当，主动作为，认真履行主体责任，以功成不必在我的境界，以自我加压、负重奋进的责任感，以时不我待、只争朝夕紧迫感，创造历史、开辟未来，扎扎实实做好各项工作，确保揭阳城市副中心规划建设开好局、起好步。

会议就贯彻市委书记李水华指示精神，部署全县各项工作。落实市委书记李水华在惠来调研期间点题出题10多项工作。把这10多项工作部署作为县委常委会议决定，每一项工作向相关牵头领导以及牵头部门通知，限时完成，全程督办。谋划对接好“迎盛会·百日百项大行动”各项铺排工作的落实。谋划对接好城市副中心和新的发展极各项工作。

全面提振干事创业的精气神。在惠来调研期间，市委书记李水华特别要求惠来领导干部树立“抓与不抓、干与不干大不一样”的理念，提振精气神，抓作风、抓队伍、抓考核、抓问责，推动工作深入开展。要有强烈使命担当；有良好作风效能；提高谋事干事能力和水平。

（县委办公室）

【县委工作会议】 12月22日，惠来县在县政府五楼召开县委工作会议。会议部署岁末年初有关工作，尤其是经济社会发展主要目标、创卫和禁毒“摘帽”验收、精准脱贫任务等等；贯彻落实揭阳市委书记李水华12月20日在惠来县调研指示精神。

市委书记李水华带队在惠来县调研有关情况。12月20日上午市委书记李水华专程带领市长叶牛平，市委常委、秘书长熊松，副市长刘端雄，市政协副主席、市发改局局长黄伟忠和市直有关单位领导到惠来县开展调研，现场察看中石油原油码头库区、揭阳港国电投前詹作业区通用码头和揭惠高速公路新芦连接线3个项目。在中委广东石化重油加工工程原油码头及库区，书记李水华强调，落实属地责任，营造无障碍施工环境。在揭阳港国电投前詹作业区通用码头，他要求惠来县要理清园区边界，发挥通用码头作用推动更多项目落户。在揭惠高速新芦连接线出口，他要求建设方完善规划，倒排时间，多点施工，加快建设。当天下午书记李水华在县委四楼会议室主持召开座谈会，听取惠来县工作汇报，就惠来如何抓住机遇加快发展提出三点要求：

以十九大精神为引领，把惠来打造成为揭阳的副中心和发展极。他提出实施“101”工程的发展思路。“1”就是沿海新兴产业带，“0”就是老城区和粤东新城，另一个“1”就是北部绿色生态区，通过做好沿海新兴产业带、“老城区+粤东新城”、北部绿色生态区这三篇文章，把惠来打造成为揭阳副中心和新的发展极。

海边久居成海市，地角将来胜地中。省政府已经通过滨海新区的总体规划，51.3平方千米将交由招商局集团规划建设。

李水华对2018年重点工作提四方面内容：摘帽打恶；造田打违；整风打腐；挖潜打骗。会议传达市长叶牛平在座谈会上讲话的讲话精神。

会议提出贯彻落实书记李水华讲话精神意见。关于2019和2024年两个时间节点发展目标。这项工作方若辉牵头发改等相关部门，按照十九大的要求和省委省政府、市委市政府工作部署，结合揭阳滨海新区总体规划和惠来县十三五规划，分别对2019年和2024年这两个时间节点的发展目标进行研究，在下个星期五也就是12月29日前形成一个初步意见，再提交县委、县政府研究。

关于“101”工程规划。这项工作由蔡河水牵头城建等相关部门，对标已获省政府批复的揭阳滨海新区发展总体规划，结合已经启动修编工作的惠来县城市（2009—2030年）总体规划，对沿海新兴产业带、“老城区+粤东新城”、北部绿色生态区这三个区域的发展思路形成一个初步方案，12月29日前完成，然后提交县委、县政府研究。

关于106县道和国道228线（原省道337线）升级打造成景观道路。这项工作由陈江森牵头交通、公路等相关部门，在调查摸清情况的基础上，积极争取上级交通公路部门支持帮助，抓好道路升级改造设计和建设。

关于“四项打”工作。“摘帽打恶”。由吴少华牵头政法公安等部门，全面推动社会治安综合治理“众剑行动”向纵深开展，彻底整治涉毒突出问题，严格按照解除“制毒严重通报警示地区”六大标准、30项重点事项要求，全力补齐各项工作短板，确保3月底前解除“制毒犯罪严重通报警示地区”。“造田打违”。由蔡河水牵头国土、城建等相关部门，稳步推进3000亩水田垦造工作，保障副中心建设用地占补需求。“整风打腐”。由许茂伟牵头纪委等相关部门，严格贯彻落实中央八项规定精神，彻底纠正“四风”问题，从严打击各类腐败行为。“挖潜打骗”。由方若辉牵头财税等部门，进一步抓好经济户口清查工作，全面彻底摸清惠来县经济底数状况，清查处理各类偷税、漏税行为；惩治经济领域各种欺骗行为，特别是骗税行为，营造公平、有序、法治经济环境。

关于队伍建设。严格按照上级统一部署，在全县认真开展“不忘初心、牢记使命”主题教育等活动，用习近平新时代中国特色社会主义思想武装干部的头脑；坚持“走正道、出实绩”的工作导向和“三不用三重视”选人用人导向，为惠来县各项事业发展提供强有力的政治保障和组织保障。

（县委办公室）

县委办公室

【概况】 2017年，中共惠来县委办公室干部职工46人，其中干部21人；办公室内设机构（含挂靠、直属）8个：秘书组、信息组、督查组、政策研究室、机要局、保密局、信访局、接待办。

【文秘工作】 *办文办会* 深入贯彻落实中央八项规定精神，严格公文程序，改进文风及提高文稿质量，先后制定出台《中共惠来县委办公室关于进一步做好县委文件审核工作的意见》《中共惠来县委关于加强党内法规制度建设的实施意见》及《中共惠来县委办公室关于进一步加强县委文件稿起草工作的通知》等文件，全面加强党内法规制度建设，推进党的工作和党的建设制度化、规范化、程序化。办好县委重要工作会议及重大活动，做好上级部门调研安排；加强文件及函件、信件、电传签收、登记、拟办、传阅、催办、回收等管理工作。2017年，草拟、会核、印发惠委发文件19个、惠委文件15个、惠委办发文件14个、惠委办文件51个、惠委办明电29个，其中38个文件报请市委备案，县委常委会议纪要13个，上级内部刊物文件材料2244份。遵照中央八项规定精神承办各种会议和各类活动，承办、协办会议及活动150场次。

起草领导讲话稿和汇报材料 围绕县委各个时期中心工作和重点任务，完成县委主要领导讲话稿和县委汇报材料等起草工作。全年各有关组室起草领导讲话稿和汇报材料133篇。

【接待和行政事务】 严格执行接待制度，及时、主动做好各项接待工作，做好中央、省、市领导来惠接待工作；加强迎宾楼管理，健全各项规章制度，为县委、县政府提供有效的后勤服务保障。2017年，接待客人720批次、18000人次。做好行政事务工作，确保本室党员统计、干部统计、编制统计、工资统计、调资报批和党务、纪检监察、宣传、普法、计生和社会治安综合治理等工作顺利完成。

【机要及保密工作】 严格执行中办、国办《条例》各项规定，贯彻落实《密码配用管理规定》《党政核心密码管理规定》和省委机要局、市委机要局相应出台有关规定，严格操作规程，及时、准确办理电报，做到保密、快速、准确地传输党政机关和各部门秘密信息以及紧急、重要内部信息。全年传输办理电报总数3800份。加强对镇场传真网络管理和服务工作。贯彻落实上级保密工作会议精神，采取灵活多样方式加强保密法律法规宣传和教育，针对保密工作新形势，对全员保密单位和保密岗位开展保密工作检查，配合各项国家考试，做好相关保密工作，做好保密管理及督查工作，确保不出现泄密事件发生。

【信息反馈报送】 紧靠中心，服务县委决策。紧跟县委工作“脉搏”，抓住各时期党委工作中心，深入开展调查研究，及时准确地向上级和县委传达社情民意，反馈全县经济社会动态。2017年，组织专题调研6次，形成专题调研材料8篇。抓住重点，及时反馈报送信息。严格执行信息工作有关规定，围绕县委各个时期中心工作，抓重点，抓典型，及时反馈报送信息，为县委及各级领导解决问题、制订对策等提供参考依据。全年编发信息材料67篇，其中《惠来信息》专报66期，《惠来信息》平刊1期。报省委办公厅信息综合室3篇，市委办公室信息综合室66篇。定期抓好资料汇报工作。坚持每月集中（分片）抓好镇场资料汇报，及时了解、收集全县各地、各单位对县委重大工作部署和各个时期工作重点贯彻落实情况，并予以认真筛选、整理，准确及时地反馈给各级党政。同时，注意抓好镇场办公室材料上报通报制度落实。

【督查工作】 树立大局意识，推动党委重大决策部署落实。把县贯彻落实中央、省、市各级重大会议精神及时上报，按时上报综合材料、工作报告等51篇。同时，开展专项督查31次，推动工作落实。树立服务意识，为县委提供决策依据。全年撰写领导讲话42篇。在督查工作中，紧贴县委各个时段工作中心，深入开展督查调研，对取得成绩进行总结和推广，及时在《情况通报》刊发。抓好领导关注、群众反映强烈热点难点问题查办落实，为领导分忧，为群众解难。2017年，先后承办上级领导批示督办件29件，到期办结上报26件；承办县委邱书记批示信访件5件，到期办结上报5件，做到件件有回音，事事得落实。编发百日百项情况通报7期，报市12期；编发常委会会议纪要13期，县委书记专题会纪要4期；编发常委会会议纪要决定事项督办通知书50个，整理常委会会议决定事项落实情况7期；编发《情况通报》27期，其中县委办编发正刊14期，增刊13期。

【新闻报道】 按照"唱响主旋律，主动出击"思路，围绕县委工作中心，突出各个时期重点，多方发掘线索，选准角度，加大新闻报道工作力度，宣传惠来县各行各业、各个领域取得业绩和新面貌，推介惠来投资环境，扩大惠来知名度。做好新闻媒体应对协调工作，特别是在一些媒体对发生在惠来县事件进行不良炒作时，做到及时介入，公布事情真相，消除负面影响，营造良好舆论氛围。全年在《南方日报》、《揭阳日报》、市电视台等省、市各级媒体见报336条，其中在《揭阳日报》等头版头条发表10条。在《揭阳日报》建立"惠来新闻"专版，全方位宣传惠来社会经济发展情况，在社会上产生积极影响。此外，策划《南方日报》《揭阳日报》等媒体对惠来县专题宣传报道和一把手采访，发挥舆论宣传导向作用。

【党史编研】 按照上级党史工作规划，以存史为重点，围绕资政教育人职能展开各项工作并取得较好成效。全年撰写党史专题文章4篇，完成《惠来解放实录》调研编写任务，整理编辑《惠来革命故事》初稿35万字、年度全县大事记6万字；完成五福田、林樟、山栗等老区村庄革命历史研究、撰写，协助三个老区村制订党建推进工作方案。在惠来革命老区村林樟村举行祭奠革命先烈优良民俗期间，与汕头电视台合作，到大南山革命纪念馆拍摄惠来革命历史素材，制作电视专题片。大南山革命纪念馆收集整理展馆布展照片510张、革命文物50件，整理展览文字资料10万字，完成初步布展。全年举行专题党史宣讲12场次，大南山革命纪念馆接待参观人数2200人次。

【信访工作】 贯彻落实中央、省、市关于信访工作一系列决策部署，做好群众来信来访，最大限度减少越级上访，实现中共十九大、全国"两会"、省、市党代会等多个重要敏感时期零进京上访目标，维护惠来县社会稳定。2017年，受理群众信访总量524件次，网上信访199件，其中省网信件42件，市网信件68件。全县立案交办信访案件80宗，到期办结74宗，到期办结率92.5%，其中省案、市案交办64宗，到期办结59宗，到期办结率92.2%；惠来县立案交办16宗，到期办结15宗，到期办结率93.8%。领导包案80宗，办结74宗，办结率92.5%。

【精准扶贫和"双联双促"】 2017年，办公室贯彻落实县委县政府决策部署，扎实有效开展精准扶贫和"双联双促"工作，推动扶贫点仙庵镇里行村和"双联双促"联系点惠城镇祚通社区经济社会发展，改善村容村貌，提高贫困户生活水平，取得成效。贫困户人均增收比2016年稳步增长，村容村貌有较大改善，村（社区）集体收入稳定增长，实现帮扶阶段性目标。

【班子建设】 重点抓好党的群众路线教育实践活动。在活动过程中，认真组织、抓好学习教育、听取意见，查摆问题、开展批评，整改落实、建章立制三个环节。促进办公室各项工作顺利开展，使全室党员干部提高思想认识，增强宗旨意识，改进工作作风，提升服务水平。结合民主评议党员、纪律教育学习月、党章学习课以及机关作风建设等活动，学习党的十九大精神和习近平总书记新时代中国特色社会主义思想，开展全心全意为人民服务宗旨教育、职业道德教育、党风党纪和廉政教育，使广大党员干部自觉做到爱岗敬业、吃苦耐劳，在机关中形成讲正气、讲奉献良好风尚。

（县委办公室）

组织工作

【概况】 2017年，县委组织部干部职工22人，其中干部19人。机关内设7个职能组室：秘书组、干部组、干部监督组、培训组、组织组（加挂县党代表联络工作办公室）、人才工作组、党员电化教育办公室。

【基层党建】 *深入推进"两学一做"学习教育常态化制度化* 分阶段有计划组织党员学党章党规、学习近平系列讲话精神，纳入支部"三会一课"重要内容。在全县党员中先后开展"学省党代会精神、迎接党的十九大召开"和"学报告、学党章"网上考学活动。开展示范点创建活动，创建市、县、镇三级示范点24个，其中市级示范点2个，县级示范点9个，镇级示范点13个，高标准，严要求打造一批特色鲜明、生动具体、可看可学"标杆"，推动"两学一做"学习教育常态化制度化；紧扣中心工作扎实推进"一系统一主题"实践活动，开展"主题党日"和"三亮三强"（亮身份强监督、亮行动强表率、亮标准强活力）活动，引导党员发挥先锋模范作用，做合格党员。以学促做统筹推进党建工作各项重点任务有效落实。全面提高"两新"党组织覆盖面，2017年新成立"两新"党组织2家；加强对"第一书记"管理，有序推进精准脱贫工作。新发展党员405名。

整顿软弱涣散基层党组织 新排查出软弱涣散村党组织14个，落实县、镇委书记挂钩，从县直单位选派一名副科级领导干部任组长，县镇组成联合工作组进驻整顿，整合资源和力量解决信访等突出问题，全县排查出来39个突出问题全部得到解决，顺利通过上级验收。

推进基层治理示范点建设 推进基层治理示范点建设，落实"七个一"目标要求和6大工作任务，在全县铺开第二批32个基层治理示范点建设，全县创办示范点64个，发挥"典型带动、示范引路"作用，以点带面推动基层治理和基层党建工作深入开展。

严格依法依规，顺利完成全县272个村（社区）"两委"干部换届工作，选出"两委"干部1797人。

全面落实省文件要求，提高村办公经费、村（社区）"两委"干部补贴标准和村务监督委员会成员补贴标准。

持续推进镇机关干部驻点直接联系群众制度，县委组织部建立周检查、月研究、季通报、年终考核等工作机制，明确县、镇、村三级工作责任，加强直联规范化建设，提升工作实效，加大督查问责力度。2017年，全县直联团队接访群众5370人次，受理群众诉求3021件，走访群众242519户，入户率99.8%，密切党群干群关系。

【干部工作】 坚持以中共十九大精神为指导，执行市委"三不用三重视"用人要求，加强新时期领导班子和干部队伍建设。

完成超职数配备干部问题整治和党组清理规范扫尾工作。2017年来积极推进党组清理规范，消化超配党组成员17人，补齐党组成员2人，使全县应设立党组单位党组成员全部按规定要求配备。

贯彻落实市委"三不用三重视"用人要求。注重在完成上级中心工作特别是"百日百项大行动"中识别干部，融干部考察于日常研判中。2017年来，对完成上级中心任务较好，敢担当实绩较好48名干部给予提拔任用，对少数工作不力领导干部坚决给予调整，营造"走正道、出实绩"良好选人用人氛围。

做好对各镇考评和领导干部绩效考核工作。研究制订惠来县《关于镇贯彻"走正道、出实绩"要求实现科学发展考评工作的实施意见》，完成对各镇2017年度走正道、出实绩考评和领导班子及领导干部绩效考核工作。"走正道、出实绩"考评优秀镇3个，良好8个，合格2个；绩效考核评为好镇3个，较好8个，一般2个。镇班子成员评为优秀26人，称职150人，不定等次4人。及时向镇领导干部发放绩效考核奖金。改进对干部考察方式，把考察融于日常，完成对13个镇领导班子和领导干部分析研判工作，为干部使用提供准确依据。

提高干部工作规范化水平。实行重点工作程序化，严格执行《党政领导干部选拔任用工作条例》和上级有关规定，强化对各级党委（党组）讨论决定人事任免事项守则督查，提高干部工作管理规范化，使程序成为组工干部“指挥棒”。及时做好干部退休等其他日常工作。

【干部培训】 抓好各级干部教育培训工作。选送5名处级干部参加省级及以上的培训，选送125名各级领导干部参加市级培训。在县委党校、各镇举办全县村（社区）党组织书记和村（居）委会主任培训班、村（社区）“两委”干部和村（居）民小组长培训班、学习贯彻中共十九大精神轮训班、教育系统干部培训班、入党积极分子培训班等5个主体班次，培训干部3764人次；开展“学习贯彻省第十二次党代会精神”“学习贯彻习近平总书记系列重要讲话精神”“学习贯彻习近平总书记重要批示精神”“换届工作纪律”等专题培训班，培训干部13910人次；组织2908名干部参加网络培训，完成学分2304人，完成率80.43％，完成年度工作目标任务。

认真组织习近平新时代中国特色社会主义思想和中共十九大精神大学习大培训。牢牢把握“学懂弄通做实”要求，设置中共十九大精神专门教学单元，在全县党员干部中分期分批集中开展多形式、分层次、全覆盖大学习大培训活动。重点抓好全县副处级以上领导干部专题研讨班和县直各单位及各镇（场）副科级以上干部、各村（社区）党组织书记、各村（社区）乡贤咨询委员会会长等专题培训班。选送34名市管干部参加省、市专题培训；举办“学习中共十九大精神”主体班次11期，培训干部2281人次；到各镇举办学习贯彻十九大精神专题轮训班13期，培训基层干部1632人次。同时，狠抓党员“学报告、学党章”系列考学活动，在全市率先实现参考率100％和满分率100％目标。

【人才工作】 制定出台《关于深化人才发展体制机制改革促进人才优先发展若干意见》。根据市委领导部署，结合惠来县实际情况，制订出台《关于深化人才发展体制机制改革促进人才优先发展若干意见》，从制度上为惠来县未来经济社会发展提供人才保障和智力支撑。

选拔新一批县管优秀专家和拔尖人才。根据惠来县经济社会发展需要，原有县管人才因年龄结构等问题急需优化更新，在征求县人才工作协调小组成员意见后，印发《关于选拔惠来县优秀专家和拔尖人才的通知》，选拔出新一批县管优秀专家和拔尖人才，分别分布在医疗服务、文化传承、文艺创作、学校管理、技术推广等行业，为惠来县经济社会发展增添新活力。

举办县拔尖人才学习贯彻习近平总书记对广东批示精神专题培训班，提高惠来县拔尖人才对习近平总书记重要批示认识；做好省“珠江人才计划”“广东特支计划”“扬帆计划” 宣传和申报工作，及时发动县相关单位对三大人才计划进行宣传，精心指导县卫计局对《惠来县人才兴医工程》进行扩容提质，再次进行申报。

做好公务员招录和登记工作。根据2017年公务员考录计划，做好惠来县党群系统公务员招录工作。2016年，党群系统招录29名公务员办理任职定级，上报登记公务员。

【干部档案管理】 结合惠来县干部档案专项审核工作进度做好收尾工作，对“三龄二历一身份”存疑相关人员进行仔细研究、调查取证；组织人员力量对历年来各单位报送档案材料进行及时归档，确保干部档案能够准确反映干部真实情况。督促县市场监督局、县公安局对其管理干部人事档案进行审核，认定工作。

【远程教育】 全县有现代远程教育终端站点285个，省级、市级大型户外站点各1个；按照上级工作部署和要求，围绕县委工作中心，利用远程教育网络平台，组织党员干部和群众开展各项教育学习活动；加强督促，确保每月开机率100％。组织各项主题教育培训，深入学习贯彻中共十九大精神；

为推进“两学一做”学习教育常态化制度化，拍摄党员教育电视片《海滨的故事》和《不是亲人胜亲人》，分别获得市一等奖和三等奖。

（县委组织部）

老干部工作

【春节团拜会】 1月18日，县委、县政府举办老干部迎春团拜会，县四套班子领导参加团拜会，县委副书记、县长贝继勤主持会议，县委书记通报全县经济和社会各项事业发展情况，特别重点经济项目，创文创卫等工作情况，并与老干部们座谈，老干部就惠来县经济、社会治安，环保等提出建设性建议意见。

【走访慰问】 春节前，县领导分别带队上门慰问部分老干部，送上慰问金，送上县委、县政府关心和温暖。重阳节前夕，县委、县政府全面慰问全县离休干部和副处级以上退休干部，每人慰问金300元。县委组织部老干部局按县委指示，把慰问活动常态化，对生病住院老干部、特困老干部、去逝老干部亲属，以及生活长期完全不能自理老干部进行走访慰问，体现党和政府对老干部关心，全年走访慰问400人次。

【政治理论学习】 中共十九大胜利召开以来，组织广大老干部进行政治理论学习，重点学习中共十九大精神、习近平新时代中国特色社会主义思想、习总书记对广东工作重要指示，组织专题辅导课、研讨会、座谈会等4场。参加学习老干部250人次。通过学习，使广大老干部始终做到政治坚定、思想常新、理想永存，在政治上、思想上和行动上与以习近平总书记为核心的党中央保持高度一致。

【主题活动】 4月，按照中组部老干部局、省委老干部局和市委组织部老干部局部署，惠来县组织“畅谈十八大以来发展变化、展望十九大胜利召开”为主题各种活动，通过专题访谈、专题座谈会、书画展，征文活动、革命传统教育、法制专题讲座等，体现老干部为党和人民事业增添正能量，为惠来县“滨海新城”和揭阳市副中心建设献智助力。

【参观考察】 12月，县委组织全县副处级以上离退休干部参观考察活动。参观惠来县大南山革命纪念馆和东陇镇寄陇村文化公园，使广大老干部不忘初心、牢记使命，为党和人民事业发挥余热，再立新功。

【落实待遇】 4月，增加离休干部离休费。其中：副处级离休干部每人月增加500元，其他离休干部每人月增加400元。为8位生活长期完全不能自理离休干部增加护理费每人月2000元。

【老干部大学】 为体现“展示阳光心态、体验美好生活、畅谈发展变化”老干部新价值取向，惠来县办好老干部大学、扩大办学规模，提高办学质量，为广大老干部营造良好学习活动环境。2017年新增美术和太极气功舞二个专业，在校学员235人，累计学员566人。

（县老干部局）

老干部大学联谊活动　　（县委宣传部　供稿）

党校工作

【概况】 2017年，中共惠来县委党校有干部职工12名，其中教师4名；内设办公室、教研室、函教组。

【干部教育培训】 2017年，举办各类培训（轮训）班62期，培训（轮训）全县党员干部12300人次。主要班次有：入党积极分子培训班92人；全县村、社区党支部书记、村（居）委会主任轮训班二期277人；教育系统干部培训班64人；惠来县公务员初任培训班108人；国家公务员全员培训班12期2500人；全县科级领导干部学习贯彻中共十九大精神轮训班6期、830人；各镇村级换届选举工作纪律专题教育培训班十三期3000人；各镇学习贯彻重要批示精神专题研讨班十三期3000人；全县村（社区）"两委"干部培训班十三期3000人。

【教学科研】 深入贯彻中共十九大精神，推进"两学一做"学习教育常态化制度化。党校教师形成6个专题课：《学习贯彻中共十九大精神》《学习贯彻习近平总书记对广东工作的重要批示精神》《学习贯彻省第十二次党代会精神》《大力推进生态文明建设 构建美丽滨海新城》《〈中华人民共和国公务员法〉解读》《公务员的能力建设》。

【队伍建设】 深入学习贯彻中共十九大精神，开展"两学一做"学习教育活动，开展民主评议党员和纪律教育学习月活动，推进党风廉政建设和普法教育。多形式、多层次加强师资队伍建设，提高教学水平。11月，选派两名教师骨干参加省委举办师资培训班。做好计划生育、社会治安综合治理、安全生产、禁毒宣传、文明创建、精准扶贫等工作。

（县委党校）

宣传工作

【意识形态】 *理论武装* 重视各级领导干部理论学习和思想建设，通过支部学习、集中轮训、专家辅导、理论宣讲、在线教育等形式，深入开展中共十九大精神大学习大培训，全县各地各单位开展中共十九大精神学习贯彻活动720场。依托"葵阳讲坛"，先后邀请市委党校党史党建教研室副主任、副教授王俊骏，市委宣传部副调研员梁细亮，市综治办主任王少鸿等到惠来县作专题辅导。依托政务微信公众平台"和畅惠来""微学习"专栏，及时解读宣传党创新理论，提升领导干部理论学习成效。全年组织县委理论学习中心组集中学习9场。

意识形态工作责任制 坚持党管宣传、党管意识形态、党管媒体原则不动摇，落实各级党委（党组）把意识形态工作纳入党建工作，纳入领导班子、领导干部目标管理；对全县意识形态工作责任制落实情况进行督查，按照属地管理、分级负责和谁主管谁负责原则，压实各地各部门工作责任；开展宣传文化领域防范意识形态渗透专项整治，及时发现、处置各类苗头性问题，加强对意识形态阵地管理。

线上线下专项整治 坚持网上净化与网下清查相结合，专项治理与日常监管相结合，规范管理与教育引导相结合工作思路，开展"扫黄打非"联合执法行动和网络安全专项整治，对非法出版物、盗版音像制品、违规网站和违规微信公众号集中进行

惠来县开展中共十九大精神宣讲活动 （县委宣传部 供稿）

清理排查，净化文化环境。加强自媒体平台管理，组织召开座谈会，呼吁全县自媒体平台积极参与文明创建，打造清朗和谐网络空间。严格执行网络信息巡查制度，落实每天24小时监测扫描，及时发现、处置不实舆论。通过收集、研判，全年形成《网络舆情专报》24期。

【宣传舆论】 **正面主题宣传** 运用广播电视台、网站、政务微信等平台，以访谈、述评、专题报道等形式，紧紧围绕打造揭阳副中心城市、建设美丽富庶滨海新城的目标，全方位宣传惠来县在创文创卫、禁毒攻坚、信访维稳、五城同创、众剑行动、滨海新区规划建设等工作上取得新进展，形成持续不断正面舆论强势，激发全县上下参与各项建设热情与决心。2017年，县广播电台、广播电视台播出新闻、专题及专访3195条，市电视台播出436条；政务微信公众平台“和畅惠来”累计发布文章688篇，阅读总数60万。

中共十九大宣传 印发《中共十九大精神宣传工作方案》，落实各镇场、县直各单位做好中共十九大精神宣传氛围布置，截至12月底，全县设置宣传横幅150条、宣传画400幅，各类电子显示屏滚动播放宣传标语、宣传画2500条次；县广播电视台开设“学习宣传贯彻中共十九大精神”专栏，播放十九大宣传标语500条次，相关新闻报道200条；“和畅惠来”及时转载中央和省主要媒体重点报道，宣传惠来县各地学习贯彻中共十九大精神情况，推送相关报道80条。

惠来举行学习贯彻中共十九大精神专题研讨班
（县委宣传部 供稿）

对外宣传 借助惠来沿海入选“广东十大海上丝绸之路文化地理坐标”契机，拓展外宣领域，创新外宣形式。2017年，中央电视台《美丽中国乡村行》摄制组应邀到惠来县摄制“一带一路”专题，向全国观众介绍惠来不一般海滨风情；广州国家青苗画家培育计划课题组深入惠来沿海海丝遗迹采风写生，用艺术手法展现惠来海丝历史文化底蕴；广东省婚庆行业协会和南方新闻网深入惠来县各地开展“环球旅拍真人秀”，其中，“金海湾”被评选为2017年最佳拍摄基地。策划“我是家乡代言人”网络直播活动，向网友展示惠来“创文”成果、经济建设、美丽乡村、特色美食，参与人数219449人，对外推广惠来名片，展示惠来好形象。

2017年，10月10日，“一带一路·岭南海丝——青苗画家‘广东海上丝绸之路’”惠来站写生创作活动启动仪式
（县委宣传部 供稿）

惠来沿海海丝遗迹入选“广东十大海上丝绸之路文化地理坐标”
（县委宣传部 供稿）

【文明创建】 社会主义核心价值观 将社会主义核心价值观纳入文明评比考核标准，在机关、企事业单位、校园开展践行社会主义核心价值观活动；开展志愿服务、“公民道德建设宣传日”等道德实践活动和公祭烈士、“不忘初心”主题党日等革命传统教育活动，鞭策广大党员干部弘扬正气，勇当践行社会主义核心价值观的先行者、引领者，激发全县崇德向善的正能量；加大公益广告刊播力度，在日常形势宣传、成就宣传、主题宣传、典型宣传、热点引导和舆论监督中贯穿社会主义核心价值观，形成传播先进、弘扬新风正气强大声势，增强社会主义核心价值观传播力和感染力。

文明城市创建　坚持民生导向，从“抓宣传、抓建设、抓整治、抓管理、抓督查”五大方面入手，通过加强综合管理执法、实行“门前三包”责任制、推动“红黑榜”评比、落实垃圾日产日清、开展“创文为我 我为创文”主题日活动和文明交通志愿服务等具体举措，兴起整治城乡环境和交通秩序热潮，有效扭转城乡环境“脏乱差”的局面。经过全力奋战，于2017年11月惠来县顺利通过省文明委考核，入选“广东省县级文明城市提名城市”，东陇镇寄陇村荣获“广东省文明村镇”称号。12月，乘势召开惠来县“五城同创”工作会议，开展惠来县“五城同创”工作总动员，进一步增强城市总体功能，提升城市品位。

创文行动　（县地志办　供稿）

2017年，惠来县入选“广东省县级文明城市提名城市”　（县委宣传部　供稿）

【禁毒宣教】　组织领导　深入贯彻落实县委、县政府关于“全民禁毒工作”总体部署，成立惠来县禁毒宣传教育组，制定出台《惠来县2017年解除涉毒“通报警示”地区冲刺行动宣传教育工作方案》和《惠来县2017年解除涉毒“通报警示”地区冲刺行动宣传教育工作任务清单》，明确各成员单位职责，细化工作任务，将禁毒宣传落到实处。

禁毒氛围　在公共区域以及各交通要道设置禁毒宣传牌、悬挂禁毒宣传横幅；在电视新闻栏目开辟禁毒宣传专栏，报道上级领导深入一线指导禁毒工作、惩治毒品犯罪典型案件以及各地推进禁毒斗争成功经验，在重点时段循环播放打击毒品犯罪法律法规、举报电话、奖励措施及禁毒口号；“和畅惠来”不定期转载推送有关防毒、禁毒的文章和各地各单位涉毒整治工作进展，通过加大社会宣传形成治毒合力。

禁毒主题活动　举办“禁毒文艺晚会”，开展“众剑行动，众志成城，大打禁毒攻坚战”乡镇“一把手”电视访谈活动和“众剑行动·禁毒路上看惠来变化”采风活动，表明惠来县惩治毒品犯罪决心，提高广大群众主动参与禁毒行动积极性，推动禁毒摘帽工作扎实开展。

【公共文化事业】　文化阵地建设　建成神泉镇文体广场、华湖镇华谢村文体广场和隆江镇凤光村、东港镇大旗村、惠城镇河田村、神泉镇芦园村等16个村综合性文化服务中心；推进县图书馆、文化馆总分馆制建设，打通行政层级和区域划分，畅通资源流动利用渠道，构建全面覆盖、实用公共文化服务体系；发挥葵阳影剧院服务功能，积极承办各类文艺演出和政府会务活动，顺应市场潮流上映各类新影片，创造文化效益。

群众性文化活动 发挥图书馆、文化馆、博物馆服务群众功能，开展公益性文化活动。推进文艺下乡、电影公益放映、农家书屋等文化惠民工程，组织举办《潮音传情》迎新春晚会、“童心筑梦·文明同行”文艺晚会、春节文艺游演、送春联、猜灯谜等富有特色群众文化活动，充实群众精神文化生活。

文化遗产保护 开展文物安全大检查，得到省、市专家检查组肯定。调查惠来县66个省定贫困村文化遗产，摸清文化资源基本状况。加强对文物单位修缮保护，对靖海古城、溪东炮台、澎湃故居抢修全力进行中。民间信俗“打火醮”、靖海豆粿制作技艺获第七批省级“非遗”项目。

文艺创作 2017年，惠来县工艺美术再创新绩，木雕作品《秋色》《篓趣》《三羊开泰》《和谐清韵》在第十三届文博会上分别获金奖、银奖、铜奖。《惠来文艺》《惠来诗词》《妈祖文化》等刊物定期出版，作品整体水平较高。举办“时间与记忆——许永城迎春油画作品展”、张子仪国画作品展、潮州木雕艺术作品展，受到群众好评。

（县委宣传部）

统战工作

【概况】 统战系统包括县委统战部、县民宗局、县委台办（县政府台湾事务局）、县外事侨务局、县侨联、县工商联和县中旅社。县委统战部加挂县民宗局牌子，合署办公单位有县委台办（县政府台湾事务局），内设机构有人秘组、党政组、经济组、联络组4个职能组。县委统战部有干部职工15人，设部长1名、副部长3人（其中1名兼任工商联党组书记，编制在县工商联），台办主任1人、民族宗教局有正副局长各1人。县委台办属下有事业股级单位广东省神泉台湾渔民事务工作站，职工3人。统战部设置党总支，黄光朝任总支书记，黄华忠任总支副书记，方少辉、郑先鹏、李荣忠、陈锦松、林少斌、李天龙、林金顺任总支委员。设置县委统战部机关党支部、县工商联党支部、县外事侨务局党支部、县侨联党支部4个支部。黄华忠任县委统战部机关党支部书记，李天龙、高大全2位任支委，方少辉任县工商联党支部书记，陈锦松任县外事侨务局党支部书记，李荣忠任县侨联党支部书记。

民主党派 全县有民主党派组织2个，即民进惠来县支部委员会和农工党惠来县支部委员会，民进惠来县支部有会员8人，张斌为主任，柯永华为副主任；农工党惠来县支部有党员27人，黄东周任主任委员，王永华、李抄羽为副主任委员。

党外干部 党外副科级以上干部19人，其中副处级6人、正科级2人，副科级11人。

少数民族 全县常住少数民族有22个300人，属散居状态，大多数在农村；暂住少数民族13个160人，主要分布于惠城、神泉、华湖等镇区。

宗教 惠来县是全省宗教工作重点县。全县有佛教、道教、天主教、基督教4大教种，信教群众2万人；经批准登记开放宗教活动场所67处，其中天主教7处，基督教9处，佛教42处，道教9处。

新的社会阶层人士 全县建立非公有制企业党支部73个，覆盖企业104家。县工商联（总商会）有常委115人、执委163人，其中主席（会长）1人、副主席（副会长）20人，聘请法律顾问1人，方秀明任主席（会长）。设立“惠来县民营企业投诉中心”和13个镇工商联分会。在外影响力较大商会有香港惠来商会、广东省惠来商会、惠州市惠来商会、深圳市惠来商会、惠来县神泉镇经济发展促进会。

港澳台海外 惠来是广东省著名侨乡之一，是全省对台工作重点县。全县旅居海外侨胞和港澳台同胞20万人，归侨侨眷20万人。全县台资企业3家，从业人员1800人。海内外联谊会有泰国惠来同乡会、新加坡惠来同乡会、马来西亚北马惠来同乡会、马来西亚北马惠来公会、香港惠来同乡会、香港惠来商会、惠来县台湾台属联谊会理事会等。

【统战规范与主体活动】 2月，成立以县委书记任组长统一战线领导小组，召开领导小组第一次会议，通过并印发《中共惠来县委统一战线领导小组工作规则》及《中共惠来县委统一战线领导小组办公室工作细则》。率先在全市县级出台中共惠来县委办公室印发《关于学习贯彻中国共产党统一战线工作条例（试行）》通知。县委、县政府主要领导参与泰国惠来同乡会、香港惠来商会、香港黄大仙区等组团来访和港澳委员座谈会，县几套班子主要领导及有关部门领导出席接待活动，县委书记主持会议，县长介绍惠来县经济社会发展情况。市各民主党派教育专题调研组到惠来县召开座谈会，县委县政府主要领导高度重视，出席会议，要求惠来县统战、发改、城建、教育等部门要认真配合调研工作，提供第一手调研材料。县委常委、统战部部长带队出访各地商会、出席重要社团活动。4月15日，协助成立深圳市惠来商会，协助珠海市完善惠来商会筹备组，为惠籍在外非公有制人士搭建组织活动平台。

【政治协商和民主监督】 统战部门协助县委做好《中共惠来县委政治协商规程》贯彻落实，受县委、县政府委托，统战部门通过召开座谈会等形式向各民主党派、工商联和无党派人士通报经济社会发展情况和重大决策执行情况，听取意见。创造条件，支持各方面代表人士开展调研、建言献策，各界人士提出政协提案30件、建议意见20件，人大议案1件、建议意见7件。

【党外干部队伍建设】 县委统战部到党外干部所在单位调研，与党外干部座谈，听取党外干部所在单位领导关于党外干部工作情况汇报，解决党外干部工作生活中碰到问题和困难，宣传党外干部政策，推进党外干部政策落实。全县有党外干部实职安排19人，其中副处级干部6人，科级干部2人，副科级干部11人（其中镇政府任副镇长2人）。

【帮扶慰问】 继续做好原国民党起义投诚人员生活补助金发放，帮助购买医保、节日慰问、死亡安抚等工作；做好重点无党派人士和工商联人士春节慰问工作。县委、县政府及县委统战部领导到无党派副处级退休干部和重点工商联人士家中慰问；统战系统单位开展慰问送温暖活动。县委统战部春节组织开展慰问各方面重点统战成员活动，动员各方面力量帮助生活困难统战成员。县委台办、县民族宗教局、县外事侨务局、县工商联、县侨联分别开展慰问送温暖活动，慰问重点人士，帮助生活困难成员。

【助推非公有制经济发展】 搭建组织建设平台　制定“五好”县级工商联建设实施方案，建立工商联驻会领导联系制度，制定完善会员发展、管理和服务制度，做好会员数据库建设，实行会员动态管理，配合省、市工商联做好工商联执、常委数据库信息和会员组织数据上报工作。加强镇级基层分会建设，发展异地商会，为惠来籍在外非公有制人士搭建活动平台，优化会员队伍结构，发展壮大会员队伍，惠来县有会员总数2673名。稳妥推进“五好”县级工商联建设，县工商联于3月再次被全国工商联评为全国“五好”县级工商联。

搭建教育引导平台　10月18日，县工商联组织副主席、常委收看党十九大会议，学习习近平总书记工作报告，开展以“强化思想政治引领、坚定企业发展信心”为重点非公有制经济人士理想信念教育实践活动；3月9日，组织工商联会员参加揭阳市“实施创新驱动战略加快产业转型升级”专题讲座；4月7日，组织工商联会员参加揭阳市“揭商大讲坛”；组织企业家赴省内外学习知名企业发展经验。

搭建企业服务平台　搭建法律服务平台、政策信息服务平台、银企沟通和用工平台、交流平台、乡贤回归平台等，促进非公有制经济健康发展。县工商联与建行揭阳分行建立合作伙伴关系，每年授信额度1亿元，解决企业扩大再生产资金难问题，帮助企业解决“用工难”问题。

搭建奉献引导平台　县工商联引导非公经济人士履行社会责任，捐款修建文化古迹、社会主义新农村建设和慰问送温暖活动，举办“商会杯”乒乓球赛等，动员企业参与“万企帮万村”精准扶贫行动。惠来县有13家会员企业签约各负责帮扶一个贫困村活动。

【民族宗教和谐稳定】 民族团结进步工作　惠来

县成立机构，召开专题会议，加强宣传发动，有重点、分层次地向干部职工、居民和青少年学生宣传民族团结工作重要性和必要性。做好民族调研普查工作，惠来县有少数民族人口725人，占比较多有壮族348人，土家族70人，苗族62人。少数民族经营清真馆2家。

宗教事务管理　开展宗教政策法规学习月活动，指导各宗教团体、宗教活动场所深入学习新修订国务院《宗教事务条例》；推进“平安宗教场所”创建活动，指导宗教活动场所完善教务、财务、安全、消防、文物保护、卫生防疫及大型宗教活动等内部管理制度，落实教职人员认定备案，做好惠来县宗教团体、宗教活动场所和宗教教职人员基本信息数据库信息审查录入工作，落实重大宗教活动申报审批和社会稳定风险评估制度，把好宗教节日和大型宗教活动审批关；规范宗教教职人员行为，继续在宗教界深入开展培育和践行社会主义核心价值观活动。市、县联合在惠来县永福禅寺开展举办佛道教活动场所财务培训班。制订民族宗教领域突发性群体性事件应急预案，建立健全民族宗教工作管理网络和责任制，实行民族宗教领域不稳定因素定期排查报告制度，与各宗教活动场所签订安全工作责任书，落实宗教活动场所各项安全管理工作。坚决抵御境外宗教渗透，保障惠来县宗教和谐稳定发展。加大对党的宗教政策法规宣传、检查，抵御各种渗透活动，确保惠来县没有任何境外宗教渗透势力及非法传教存在，全县有29处宗教活动场所被市评为“平安宗教活动场所”。9月23日，惠来县举办首届佛教书画艺术展。6月18日，县佛协组织佛教界热心人士筹资购买鱼苗100万苗，在前詹镇港口举行放生活动。十力禅院捐资20万元帮扶贫困学生一批。永福禅寺发动信众捐资捐物帮扶英内、西联等贫困户200户。东港百岭、葵潭天主教堂举办助学活动。基督教开展慰问孤寡老人活动等。据统计，惠来县宗教团体及场所累计捐资额70万元。

【对台稳定工作】　台办运用多种形式、多种渠道，主动宣传，增强台湾同胞对中华民族文化和祖国大陆认同感。2017年来，协助办理赴台4人次，接待前来探亲、旅游、考察、贸易、洽谈等台胞60人次，接待涉台咨询8宗。县神泉台湾渔民事务工作站接待台湾渔船（民）9次36人次。

【港澳台和海外统战工作】　做好港澳台和海外统战工作，加强与港澳台和海外社团及各界人士联系联谊。香港黄大仙区潮籍乡亲参观访问团一行200人到惠来参观访问，县委统战部、县民族宗教局、县外事侨务局、县侨联等有关部门领导陪同活动并介绍情况，增进情谊，促进了解，加强协作。县委、县政府领导多次出席香港有关社团活动，促进港澳台和海外统战工作。

【侨务、侨联工作】　外事侨务　接待港澳台和海外社团200人次。做好贫困归侨侨眷生活救济工作。对惠来县贫困归侨情况进行新一轮排查，实施侨爱工作，做好老年归侨生活补贴发放，“三侨生”考生身份认定，慰问和救助困难归侨侨眷，帮助他们解决实际问题。2017年来，筹措困难归侨扶持资金8.40万元，扶持困难归侨88人次，挤出办公经费3万元，慰问特困侨属侨眷50人。实现全年信访来信来访为零。全年惠来县侨胞、港澳同胞捐赠惠来县公益事业捐赠总额9万元，扶贫慰问金8万元。认真制订出国出访计划，加强因公出国港澳证件管理和服务。全年证照办理未发生差错，出国（境）团组未发生违规事件。

县侨联　开展“献爱心，送温暖”工作。精心组织，多方筹集资金，开展中秋、元旦、春节期间慰问活动，走访慰问归侨侨眷40户，走访慰问4名退休老同志、8名热心侨务工作社会人士。走访慰问特别困难归侨4户。做好来访、来信工作，维护侨权侨益，全年接到咨询电话10个，接待来访人次15次，寻亲来信1封，协调理顺关系，化解相关矛盾纠纷个案4件。在春节、中秋等传统节日，给海内外侨胞发去贺信贺电240件，送上家乡人民问候和祝福。召开联谊会2场次，应邀参加海外侨胞、归侨侨眷和县各界人士210人次。

【基层统战工作】　县委统战部支持发挥各镇场以工商联分会为依托和平台，发挥在外非公有制经济人士回报社会，共建社会主义新农村，开展捐资公益事业和福利事业。各地认真落实全县“五城同创”部署精神，发挥乡贤咨询委员会作用，凝聚各方面力量，推进基层统战和社团统战工作，引导非公有制经济人士主动承担社会责任，热心社会公益事业，为当地经济建设、文化教育、捐资助学、扶危济困、慈善救助等社会事业做出积极贡献。全县各界人士捐资公益和福利事业5000万元。

（县委统战部）

外事侨务工作

【概况】 县外事侨务局编制数6人，在职干部职工7人，局内设机构2个：人事秘书股、侨政股。

【宣传联络】 拓展对外交往，推进侨务海外港澳工作。加强与港澳台和海外社团及各界人士联系联谊，建立健全海外重点联谊社团和人物档案信息、数据库、建立海外华侨华人微信平台，协调市外事侨务局做好11月11日在揭阳举办粤东侨博会工作，接待泰国惠来同乡会访问团，访问团由会长郑惠中带队，一行19人于10月21—24日莅惠访问。2017年，接待港澳台和海外社团200人次。加强与港澳台和海外社团及人士联系沟通，增进感情，凝聚爱国统一力量。

【侨政工作】 县外事侨务局排查县贫困归侨情况，慰问和救助困难归侨侨眷，解决实际问题。2017年筹措困难归侨扶持资金8.40万元，扶持困难归侨88人次，挤出办公经费3万元，慰问特困侨属侨眷50人。做好侨务信访工作，协调处理反映问题，全年信访来信来访为零。

【侨务经济】 围绕“建设滨海新城、幸福惠来”核心目标，务实推动深化与港澳合作，引导港澳台同胞和海外侨胞回家乡投资置业，2017年惠来县侨胞、港澳同胞捐赠惠来县公益事业捐赠总额9万元。

【创文创卫】 2017年，县外事侨务局开展精神文明创文宣传资金1.10万元。助力推动城乡环境和交通秩序“两大整治”，到挂钩村开展集中创文活动10次，组织5次文明交通志愿者劝导服务活动。

【证照管理】 制订出国出访计划，加强因公出国港澳证件管理和服务。惠来县2017年办理因公出国（境）1批、3人次。因公赴港澳往来通行证签注13批、27人次。全年证照办理未发生差错，出国（境）团组未发生违规事件。

（县外事侨务局）

侨联工作

【关心归侨工作】 根据县委、县政府和上级侨联开展“献爱心、送温暖”活动指示精神，县侨联精心组织，多方筹集资金，开展中秋、元旦、春节期间慰问活动，走访慰问归侨侨眷40户，退休老同志4名，发放慰问金和慰问品3万元。在2018年春节来临之际，县侨联组织人员到精准扶贫挂钩村开展走访慰问，发放慰问金5千元。

【信访工作】 县侨联接到咨询电话10个，接待来访15人次，来信1封，协调理顺关系，化解相关矛盾纠纷个案4件。

【宣传联络】 县侨联利用侨务资源，在春节、中秋等传统节日，给海内外侨胞发去贺信贺电240件，送上家乡人民问候和祝福。借助春节、清明节和中秋节等传统节日旅外乡亲回乡探亲访友机会，召开联谊座谈会，邀请县各界知名人士、海外侨胞、部分重点归侨、侨眷出席会议，鼓励他们建言献策，共商发展大计，增强他们对祖国和家乡归属感。2017年，召开联谊会2场次，应邀参加海外侨胞、归侨侨眷和县各界人士210人次。为迎接揭阳市第四次侨联代表大会召开，开展走访交流活动，广泛征求意见，保持与揭阳市第三届侨联委员方楚平、侨界惠来女企业家林静芬等知名人士良好联系，推荐代表23名，委员初步人选9名；拓展海外联谊活动，与泰国惠来同乡会荣誉理事长洪金九、珠海市侨眷身份企业家林远新等建立联系，增进与侨亲交流交往，共进乡谊。

【接待工作】 2017年，县侨联先后接待、参与接待省侨联副主席颜柯率领的献爱心送文化下乡队伍一行；泰国惠来同乡会永远名誉理事长方炜、理事长郑惠中带领访问团，接待人数100人次。

（县侨联）

民族宗教事务

【概况】 2017年，民族宗教事务局人员编制3名，其中行政编制2名。是县委统战部加挂牌子，设置局长1名，副局长1名，工勤1名。

【民族工作】 结合民族团结进步宣传活动开展少数民族人口调查，维护少数民族合法权益。经调查，至12月，全县常住人口中有少数民族群众725人，其中壮族348人，土家族70人，苗族62人等。全县少数民族群众经营清真馆2家。

【学习教育】 开展宗教政策法规学习月活动。组织宗教界开展宗教政策法规学习月活动，指导各宗教团体、宗教活动场所成立学习小组，制定学习计划和学习制度，采取集中学习、座谈讨论、书写宣传专栏等形式，学习宣传全国、全省、全市宗教工作会议精神，学习中共十九大精神及宗教政策法规和国务院新修订《宗教事务条例》，引导宗教界人士深刻领会习近平总书记关于加强法治建设重要论述和关于宗教问题新思想、新观点、新要求，认识全面推进依法治国重大意义，把思想和行动统一到中央和省、市关于宗教工作要求和部署上来，增强宪法意识、法律意识，自觉在法律、法规和政策范围内开展宗教活动，做到学法、懂法、用法、守法，成为社会主义法治建设忠实崇尚者、自觉遵守者、坚定捍卫者。

【信息采集】 落实教职人员认定备案、做好全县宗教工作基础数据库信息录入工作，审查录入4个宗教团体、67处宗教活动场所和185名宗教教职人员基本信息，依法管理宗教事务。

【业务培训】 惠来县佛道教场所财务培训班在惠来县永福禅寺正式开班。市民宗局调研员林潘凯、办公室主任朱静波、惠来县民宗局部分领导出席开班仪式。参加培训班学员有惠来县佛道教活动场所负责人、财务人员100人。培训班邀请揭阳职业技术学院会计专业老师和市民族宗教局有关领导授课。学员系统学习寺院宫观财务基础知识，重点学习省佛教协会编写《广东寺院会计实操》。培训课程涵盖会计业务知识与政策法规，内容丰富。

【宗教管理】 贯彻落实党和国家民族宗教政策和法律、法规。在全县范围内加大对党宗教政策法规宣传，在宗教界开展爱国主义教育，对信教群众开展正信正行教育，提高辨别歪门邪说识别能力，自觉抵御各种渗透。保障宗教活动场所群众生命财产安全和正常宗教活动开展。开展安全专项检查，每季深入宗教活动场所开展安全大检查。健全完善场所“七项制度”，保证宗教活动场所正常秩序和活动，防止意外事故发生。

【接待调研】 揭阳市人大常委会分管领导巫奕琦带队调研惠来县创建平安宗教活动场所情况。县人大常委会主任黄镇城陪同实地察看百岭天主堂和黄光山佛光寺。分别与场所负责人和教职人员座谈，听取有关情况汇报。自2013年惠来县创建平安场所活动以来，惠来县民族宗教局通过组织，严格考核标准和程序，29处宗教活动场所被市评为“平安宗教活动场所”，健全和完善惠来县宗教活动场所管理制度和工作机制。巫奕琦对惠来县创建平安宗教活动场所工作表示肯定。指出意见：依法管理，使惠来县宗教工作保持良好现状。舆情联络，加强社会主义价值观宣传，让宗教界信众成为社会主义建设积极参与者。加强自身建设，提高思想修养和知识修养，提高管理水平。

【佛教书画展】 惠来县举办首届佛教书画艺术展。展览由县委统战部、县民宗局指导，县佛教协会主办，永福禅寺承办，展览展出书画作品200幅。市委统战部副部长、市民宗局局长李丽梅、县委统战部副部长黄华忠、县民宗局局长林少斌、惠来县书法协会会长高汉钦等以及全县开放寺院、书法家、嘉宾200人出席仪式。

【公益活动】 6月18日，县佛协组织佛教界热心人士筹资25万元购买适宜当地海洋环境鱼苗100万苗，投放前詹镇港口。十力禅院慈善会捐资20万帮扶贫困学生。永福禅寺发动信众捐资捐物帮扶英内、西联等贫困户200户。东港百岭、葵潭天主教堂举办助学活动，教内高中生考上大学每人1000元，捐款人民币1万元。基督教开展慰问孤寡老人活动，捐献人民3万元。惠来县宗教团体及场所累计捐资额60万元。

（高大全）

县直工委工作

【概况】 中共惠来县直属机关工作委员会下辖党基层组织415个，其中机关党委9个、党总支部40个，机关党委及党总支部下属党支部366个，党员7501人。

【党组织建设】 抓好机关党组织建设，指导和督促基层党组织及时做好换届选举及补选委员工作，2016年以来，12个党总支部，76个党支部完成换届选举工作。抓好党员培训与发展工作，根据《党章》《中国共产党发展党员工作细则》要求，做好入党积极分子培养、教育、考察，在县委党校举办入党积极分子培训班1期，培养入党积极分子80人。年度发展党员42名，预备党员按期转正44名。抓好县直“两新”组织党建工作，做好“两新”组织党建工作规范化管理，2017年新成立“两新”党组织1家。

【党员学习教育】 加强党员理论武装和党性教育，坚持把学习宣传贯彻十九大精神和“两学一做”学习教育常态化制度化工作融入党的思想政治建设，严格“三会一课”制度。县直机关党员通过党支部学习，自学、微信公众平台学习以及领导上党课等形式进行学习，积极参加网上考学，参考率和百分率100％。开展“四重温四增强”（重温入党申请，增强爱党意识；重温入党志愿，增强忧党意识；重温入党誓词，增强护党意识；重温党章规定，增强兴党意识）活动，开好专题民主生活会和组织生活会，面向党员和群众广泛征求意见，严肃认真开展批评和自我批评，针对突出问题和薄弱环节提出整改措施。

【党员干部培训】 10月13日，县直工委在县委党校举办县直机关党务干部培训班，邀请市直工委组织部部长林义新为县直80名党务干部讲解党员发展基本流程，严格执行发展党员各项工作制度，全面理解和掌握新时期发展党员标准，正确处理政治素质和业务工作关系，把好入口关，确保新发展党员都是符合党员标准优秀分子。举办党务统计知识培训班1期。

6月29日，县直机关纪念建党96周年暨“学习总书记重要批示，做合格党员”优秀微信感言表彰会　（县直工委　供稿）

【“七一”主题活动】 为纪念中国共产党成立九十六周年，深化“两学一做”常态化制度化，深入贯彻落实省、市、县关于学习习近平总书记重要批示精神具体要求，县委组织部、县直工委联合开展“学习总书记重要批示，做合格党员”微感言征集活动，县直机关党员踊跃参与，认真创作，收到作品180篇。经评委会评审，评定一等奖5篇，二等奖10篇，三等奖15篇，优秀奖35篇。

【共产党员先锋岗】 坚持围绕县委县政府中心工作开展党建工作，把打造党建服务品牌融入中心工作。县直机关58个党支部开展“共产党员先锋岗”创建活动，突出党组织整体功能和党员先锋模范作用发挥，营造广大党员干部学先进赶先进、做合格共产党员浓厚氛围。

【禁毒宣传教育】 推进县直机关禁毒主题宣传教育，加强预备党员禁毒意识教育，县直工委于11月17日组织县直机关预备党员40人参观惠来县禁毒教育基地，开展宣传教育，增强大家拒绝毒品意识，营造良好社会氛围。

11月17日，县直工委组织预备党员参观惠来县禁毒基地
（县直工委 供稿）

【党组织书记述职】 2017年度，县直工委继续开展对县直单位党组织书记党建工作述职评议考核工作，召开述职考核评议会，听取环保局等5个县直单位党组织书记党建工作述职报告。5位党组织书记紧扣在基层党组织建设工作上重点抓什么，怎样抓，成效如何，存在问题及改进方向等情况做充分阐述，以述职推动工作。述职5位党组织书记基本能够做到切实把握关键环节和核心要素，将党建工作融入到中心工作，履行职能、推动业务工作开展。

【关爱困难党员】 做好关怀、慰问困难党员工作。关心和帮助困难党员，组织开展形式多样走访慰问活动，“七一”、春节期间，组织慰问县直病困党员173名，组织慰问县直机关85周岁老党员100名，共12.80万元。

（县直工委）

党史工作

【概况】 2017年，县委党研室以存史为重点，围绕资政育人职能展开各项工作。全年撰写党史专题文章4篇，完成《惠来解放实录》调研编写任务，整理编辑《惠来革命故事（初稿）》35万字、年度全县大事记6万字；全年举行专题党史宣讲12场次，大南山革命纪念馆接待参观人数2200人次。

【党史编写】 按照地方史第二卷编写要求，以及省、市党史工作规划，落实责任，制定方案，收集整理建国后惠来县经济社会等方面党史资料。至12月，收集整理惠来县这一时期有关历史事件资料23个，39万字。

【期刊资料】 通过加强与老同志联系，约请他们撰写党史稿件，发动有关单位文秘人员撰写党建文章等，坚持收集《惠来党史》资料。抓好年度全县大事记收集编写工作，完成提供给《惠来年鉴》惠来大事记资料6万字。抓住惠来被列为海陆丰革命老区县契机，挖掘惠来革命史料，编写《惠来革命故事》。

【专题研究】 抓好年度既定党史工作同时，参与由上级党史部门发起专题研究活动。2017年，参与由省、市党史部门部署专题研究活动，形成党史专题《惠来解放实录》，完成五福田、林樟、山栗等老区村庄革命历史研究、撰写，协助老区村制订党建推进工作方案。

【宣教活动】 与上级电视台等新闻媒体合作，利用电视、网络等媒介宣传惠来党史资源；与兄弟单位联合，到革命旧址实地开展党史参观活动，扩大惠来党史影响力。在惠来革命老区村林樟村举行祭拜革命先烈优良民俗期间，与汕头电视台合作，到大南山革命纪念馆拍摄惠来革命历史素材，制作电视专题片。专题片播出后，社会反响良好。“七一”期间，揭阳市国家统计局调查队、市公路局、大南海石化工业区及县国税局、卫计局、妇联、侨联、电大等单位分别组织党员到纪念馆参观、了解惠来县革命历史。

【大南山革命纪念馆】 县委党史研究室主持建设惠来大南山革命纪念馆完成初步布展，全年接待参观人数2200人，发挥宣教平台作用。11月20日，县委、县政府领导班子及县人大常委会主任、县政协主席到纪念馆举行主题党日活动，重温入党宣誓，听取县委党研室主任讲解惠来县革命历史。县领导在纪念馆召开县党政班子扩大会议。重视党史工作，重视革命遗址保护、党史场馆建设，坚定不忘初心、牢记使命、不懈奋斗意志。

（林显仔）

信访工作

【概况】 2017年，惠来县信访局受理群众信访总量524件次，比增75％，到县上访89批、490人次，批次增62％，人次增73％；群众来信20件次，增加67％；网上信访件14件次，同比增加180％。全县立案交办信访案件80宗，其中省、市交办案件64宗，本县立案交办16宗；网上信访总量199件次，其中国家网信件75件，省网信件42件，市网信件68件，县网信件14件。

【矛盾纠纷排查化解】 2017年，惠来县抓排查化解工作，加强矛盾纠纷排查，强化源头防控，建立健全信访信息共享共处机制。对困扰惠来县社会和谐稳定历史遗留问题和信访积案进行排查和梳理，落实包案责任和化解措施，不定期派出督查组对各地各单位信访工作落实情况开展常态化督导检查。全年排查157宗信访案件，全部落实领导包案，进行调处化解。

【信访基础业务】 按信访基础业务办理规范化要求，向各镇（场）、县直各单位提供业务文书格式模板，从书面格式上统一规范。举办培训班，组织全县信访工作业务人员学习信访基础业务知识，规范工作。加强督导指导，在日常工作中注意督促指导各地各有关部门严格按照信访工作程序和要求办理信访业务，促进实际问题解决。

【领导干部接访约访下访活动】 县领导轮流于每个工作日到县信访局接访大厅接待来访群众。2017年，县党政领导接访群众89批、490人次。根据领导干部接访群众制度及领导包案制度要求，县党政领导到挂钩各镇场下访，开展调研，落实化解工作措施，推动信访问题解决化解。

【督导检查】 县信访局对信访案件进行定期清理，认真筛选汇总，报县信访工作联席会议审定，由县信联办牵头有关部门逐宗督办，要求相关镇场及责任单位认真研判、限期解决。县领导与各镇场书记及副书记进行专项谈话，对案情复杂、群众反复上访重要信访案件，共同分析存在问题，找准问题症结，落实责任，采取措施，推动问题解决。县领导带队到基层督导检查工作。7月1日开始，在全县范围内开展镇（场）领导周末接访活动。截至12月，县党政领导干部到镇（场）督导周末接访工作47批、66镇（场）次，促进社会稳定。县派出督导组，对各地各单位信访工作落实情况开展常态化督导检查，听取各地各单位主要领导就重点信访案件化解工作情况汇报，针对存在问题提出指导性意见。

【分类处理信访投诉请求】 县信访部门根据各职能部门梳理出来法定途径清单，与相关职能部门建立沟通反馈机制，严格执行甄别审核制度，对导入法定途径投诉请求及时提醒，确保有人接、有人管、有人办理。

（县信访局）

社会工作

【概况】 2017年，县社工委围绕全县工作中心，以管理、规范、服务社会组织为主，齐抓共管，规范社会组织登记程序，加强社会组织管理。

【社区治理】 至12月底，全县经民政部门登记社会组织291家，比2016年增加14家；比2011年增加183家，年均增幅30%。加强社会组织能力培育，引导条件成熟社会组织设立党支部，扩大党组织覆盖面。全县有31家社会组织成立27个党支部，党员108名，从业人员968人，专职人员108名，促进社会组织健康发展。利用好社会组织优势特点，发挥其引导社会成员参与矛盾调解、社区服务等方面作用。3月，县社会组织总会召开惠来县社会组织总会第二届会员大会，完成换届，选出新一届领导班子。县社会组织总会起到服务、引领全县社会组织为全县经济发展做出贡献的作用。

【社会组织】 发挥社会组织作用。发挥社会组织优势，主动承担社会责任，热心社会公益事业，开展捐资助学、扶危济困、慈善救助活动。动员社会组织参与新时期精准扶贫精准脱贫活动，2017年全县发动社会组织参与精准扶贫18个乡贤、企业33家，帮扶18个村，投入资金1349万元，受益贫困户397户、1595人。发动社会捐款1200万元。如县教育基金会向乡贤募捐410万元，其中奖励资助贫困生877人次，83.70万元；凯芝兰化妆品有限公司董理长唐武盛捐赠给县一中800万元；惠来真爱医院、惠民医院、县中医药学会、县潮乐协会等民办医疗机构和社团，组织开展下乡送医送药、义医义诊、送文化下乡活动等。

（县社会工作委员会办公室）

◆ 惠来县人民代表大会

【县人大十五届二次会议】 3月16—17日在县城举行，应出席会议代表369名，大会由14个代表团组成。大会主席团常务主席：黄镇城、侯耿胜、郑明辉、黄少波、林炎春、詹炳东、李东升、方武德等人。黄少波兼任大会秘书长。大会议程：1．听取和审议惠来县人民政府工作报告；2．审查和批准惠来县2016年国民经济和社会发展计划执行情况与2017年计划草案的报告；3．审查和批准惠来县2016年预算执行情况和2017年预算草案的报告；4．听取和审议惠来县人民代表大会常务委员会工作报告；5．听取和审议惠来县人民法院工作报告；6．听取和审议惠来县人民检察院工作报告。

县人大常委会主任黄镇城向大会作人大常委会工作报告，报告总结2016年主要工作情况，对2017年工作提出六个方面工作任务。

经审议，会议通过政府、计划、财政、人大常委会、法院、检察院六个报告，并作出相应决议。本次会议收到代表提出的议案1件，建议意见7件。

【县人大常委会会议】 **县十五届人大常委会第二次会议** 1月16日，在县政府五楼会议厅召开。县人大常委会主任黄镇城，副主任郑明辉、黄少波、林炎春、詹炳东、李东升、方武德及委员32人出席会议。县政府常务副县长方若辉，县人民检察院检察长陈哲鑫，县政府办、县法院、县公安局的领导，县人大机关副科级以上干部列席会议。县人大常委会主任黄镇城主持会议。会议议程：1．审议《惠来县人民代表大会常务委员会工作制度（稿）》；2．讨论通过《惠来县人大常委会2017年工作要点（稿）》；3．听取县人大常委会选联工委《关于组织部分市五届人大代表和县十五届人大代表集中视察的综合报告》；4．听取和审议惠来县人民政府2016年公安工作报告；5．其他事项。

第三次会议 3月7日，在县政府五楼会议厅召开。县人大常委会主任黄镇城，副主任郑明辉、黄少波、林炎春、詹炳东、方武德及委员33人出席会议。县政府常务副县长方若辉，县人民法院院长刘福森，县人民检察院检察长陈哲鑫，县政府办、县发改局、县财政局的领导，县人大机关副科级以上干部列席会议。县人大常委会主任黄镇城主持会议。会议议程：1．听取和审议县政府关于《惠来县十五届人大一次会议代表建议办理情况的报告》；2．听取和审议县政府关于《惠来县2016

年国民经济和社会发展计划执行情况与2017年计划草案的报告》；3．听取和审议县政府关于《惠来县2016年预算执行情况和2017年预算草案的报告》；4．听取和审议县政府关于《惠来县2016年地方财政债务限额的报告》；5．听取和审议县政府关于《调整2016年地方政府新增债券（第一批）部分使用项目的报告》；6．讨论决定县十五届人大二次会议召开的时间及建议议程；7．审议决定县十五届人大二次会议列席、邀请列席人员范围；8．审议决定县十五届人大二次会议代表团组成和召集人名单；9．审议通过县十五届人大二次会议主席团成员和秘书长建议范围；10．审议县十五届人大二次会议议案审查委员会组成人员建议名单；11．听取和审议县十五届人大常委会代表资格审查委员会关于县十五届人大代表出缺情况的报告；12．讨论县人大常委会工作报告（稿）；13．人事任免事项；14．其他事项。

第四次会议 3月29日，在县政府五楼会议厅召开。县人大常委会主任黄镇城，副主任郑明辉、黄少波、林炎春、詹炳东、方武德及委员共34人出席会议。县政府常务副县长方若辉，县人民法院院长刘福森，县人民检察院检察长陈哲鑫，县政府办的领导，县人大机关副科级以上干部列席会议。县人大常委会主任黄镇城主持会议。会议议程：1．人事任免事项；2．其他事项。

第五次会议 5月19日，在县政府五楼会议厅召开。县人大常委会主任黄镇城，副主任黄少波、林炎春、詹炳东、方武德及委员31人出席会议。县政府副县长许松青，县政协副主席、县水务局局长蔡汉春，县人民检察院检察长陈哲鑫，县政府办、县人民法院、县国土资源局、县环保局、县林业局、县烟草局的领导，各镇人大主席，有关县人大代表，县人大机关副科级以上干部列席会议。县人大常委会主任黄镇城主持会议。会议议程：1．听取和审议《惠来县人民政府关于惠来县环境状况和环境保护目标完成情况的报告》；2．听取和审议县人大常委会执法检查组《关于〈中华人民共和国烟草专卖法〉贯彻实施情况的执法检查报告》；3．听取和审议县人大常委会执法检查组《关于〈中华人民共和国土地管理法〉贯彻实施情况的执法检查报告》；4．人事任免事项；5．其他事项。

第六次会议 7月14日，在县政府五楼会议厅召开。县人大常委会主任黄镇城，副主任郑明辉、黄少波、林炎春、詹炳东、李东升、方武德及委员32人出席会议。县政府副县长许松青，县人民法院、县人民检察院、县政府办、县教育局、县司法局、县文广新局、县广播电视台的领导，各镇人大主席，有关县人大代表，县人大机关副科级以上干部列席会议。县人大常委会主任黄镇城主持会议。会议议程：1．听取和审议县人大常委会法工委《关于我县一村（社区）一法律顾问工作的调研报告》；2．听取和审议县人大常委会教科文卫侨工委《关于收看惠来电视台节目难问题的调研报告》；3．听取和审议县人大常委会教科文卫侨工委《关于我县改善贫困地区义务教育薄弱学校工作情况的调研报告》；4．其他事项。

第七次会议 8月29日，在县政府五楼会议厅召开。县人大常委会主任黄镇城，副主任郑明辉、黄少波、林炎春、詹炳东、方武德及委员33人出席会议。县委常委陈江森，县人民检察院检察长陈哲鑫，县政府办、县司法局、县财政局、县建设局、县交通运输局、县农业局、县审计局、县公路局、县环卫局、县扶贫办的领导，靖海镇、神泉镇、葵潭镇镇长，各镇人大主席，有关县人大代表，县人大机关副科级以上干部，惠来"含尾坑"卫生垃圾处理场负责人列席会议。县人大常委会主任黄镇城主持会议。会议议程：1．听取和审议县政府《关于全县"六五"普法工作和"七五"普法规划情况的报告》；2．听取和审议县政府《关于惠来县2016年度县级预算执行和其他财政收支审计工作报告》；3．听取和审议县人大常委会财经工委《关于我全县公路建设情况专题调研报告》4．听取和审议县人大常委会农工委《关于我县新时期精准扶贫工作的调研报告》；5．听取和审议县人大常委会环资工委《关于我县农村生活垃圾处理情况专题调研报告》；6．人事任免事项。

第八次会议 10月9日，在县政府五楼会议厅召开。县人大常委会主任黄镇城，副主任郑明辉、黄少波、林炎春、詹炳东、李东升、方武德及委员34人出席会议。县委常委、县政府常务副县长方若辉，县人民法院院长刘福森，县人民检察院检察长陈哲鑫，县政府办的领导，县人大机关副科级以上干部列席会议。县人大常委会主任黄镇城主持会议。会议议程：人事任免事项。

第九次会议 12月4日，在县人大会议室召开。县人大常委会主任黄镇城，副主任郑明辉、黄少波、林炎春、詹炳东、李东升及委员32人出席会议。县委常委、县政府常务副县长方若辉，县人民检察院检察长陈哲鑫，县人民法院、县政府办、县发改局、县财政局、县科技局的领导，各镇人大主席，有关市县人大代表，县人大机关副科级以上干部列席会议。县人大常委会主任黄镇城主持会议。会议议程：1．学习贯彻党的十九大精神；2．听取和审议县人民政府《关于2017年1—9月份国民经济与社会发展计划执行情况的报告》；3．听取和审议县人民政府《关于2017年1—9月份财政预算执行情况及年度预算调整方案（草案）的报告》；4．听取和审议县人民政府《关于惠来县2016年财政决算情况的报告》；5．听取和审议县人大常委会法工委《关于我县落实事实无人抚养儿童基本生活保障制度工作的调研报告》；6．听取和审议县人大常委会环资工委《关于我县防震减灾工作情况的专题调研报告》；7．人事任免事项；8．其他事项。

第十次会议 12月29日，在县人大会议室召开。县人大常委会主任黄镇城，副主任郑明辉、黄少波、林炎春、李东升、方武德及委员30人出席会议。县政府副县长许松青，县人民法院院长刘福森，县人民检察院检察长陈哲鑫，县政府办、县发改局、县公安局、县监察局、县财政局、县水务局、县文广新局、县海洋渔业局、县城建局、县环卫局的领导，各镇人大主席，有关县人大代表，县人大机关副科级以上干部列席会议。县人大常委会主任黄镇城主持会议。会议议程：1．听取和审议县人民政府《惠来县人民政府关于新建县妇幼保健院完善医疗服务机构的议案的办理方案报告》；2．听取和审议县人民政府《关于惠来县十五届人大二次会议代表建议办理情况的报告》；3．听取和审议县人民政府《关于惠来县2017年国民经济和社会发展计划执行情况与2018年计划草案的报告》；4．听取和审议县人民政府《关于惠来县2017年预算执行情况和2018年预算草案的报告》；5．听取和审议《惠来县人民政府2017年公安工作情况报告》；6．听取和审议《惠来县人民法院2017年工作情况报告》；7．听取和审议《惠来县人民检察院2017年工作情况报告》；8．听取和审议县人大常委会执法检查组《关于〈中华人民共和国行政监察法〉贯彻实施情况的执法检查报告》；9．听取和审议县人大常委会执法检查组《关于〈中华人民共和国城乡规划法〉贯彻实施情况的执法检查报告》；10．听取和审议县人大常委会农工委《关于开展广东省神泉示范性渔港建设情况专题视察的报告》；11．听取和审议县人大常委会教科文卫侨务工委《关于我县行政村（社区）综合性文化服务中心建设情况的调研报告》；12．听取和审议县人大常委会选联工委《关于组织部分市六届人大代表和县十五届人大代表集中视察的综合报告》；13．讨论通过《惠来县人民代表大会常务委员会规范性文件备案审查工作规定》（草案）；14．讨论通过《惠来县人大常委会2018年工作要点》（稿）；15．讨论通过县人大常委会工作报告（稿）；16．人事任免事项；17．讨论决定县十五届人大三次会议召开的时间及建议议程；18．听取和审议县十五届人大常委会代表资格审查委员会关于县十五届人大代表变动情况的报告；19．审议决定县十五届人大三次会议列席、邀请列席人员范围；20．审议决定县十五届人大三次会议代表团组成和召集人名单；21．审议通过县十五届人大三次会议主席团成员和秘书长建议范围。

【执法检查】 2017年，县人大常委会组织开展《中华人民共和国烟草专卖法》《中华人民共和国土地管理法》《人华人民共和国行政监察法》《中华人民共和国城乡规划法》执法检查。执法检查报告经县人大常委会会议审议后，印发或以审议意见形式交由县政府落实有关部门研究办理，要求县政府将落实情况及时反馈县人大常委会。

（林俊泓）

【人事任免工作】 县人大常委会坚持党管干部原

则，严格人事任免工作程序，坚持任前法律考试、任前发言、无记名投票等制度，决定任命党组织推荐的国家机关工作人员。通过任前法律考试、任前发言、颁发任命书以及履职前宪法宣誓，增强被任命人员的法律意识、履职意识、公仆意识和自觉接受人大监督的意识。2017年，县人大常委会依法任免本级国家机关工作人员24人。

【省市人大代表】 惠来县当选省十二届（2013—2018年）人大代表6人。至2017年年底，惠来县实有省代表5人，其中干部1人、企业单位负责人2人、专业技术人员1人、农民1人。

惠来县当选市六届（2016—2021年）人大代表69人。至2017年年底，惠来县实有市人大代表68人，其中公务员11人、企业单位负责人12人、事业单位负责人7人、工人8人、农民12人、专业技术人员14人、其他4人。代表中民主党派和无党派爱国人士10人。

【县人大代表界别比例】 县十五届（2016—2021年）人大代表名额386名。经选举，产生县十五届人大代表380名，缺额6名（其中预留机动名额5名，选不足额1名）。2017年年底，惠来县实有县人大代表374名，其中公务员97人，占26%；企业单位负责人24人，占6.4%；事业单位负责人13人，占3.5%；工人56人，占15%；农民70人，占18.7%；专业技术人员78人，占20.8%；其他36人，占9.6%。代表中中共党员226人，占60%；民主党派和无党派爱国人士54人，占14.4%；妇女110人，占29.4%；归侨侨眷13人，占3.5%。

【代表视察】 12月13日，县人大常委会组织对县城南环二路、厦深铁路葵潭火车站站前广场及其配套设施建设、海洋环境保护工作和水利设施建设情况进行视察。参加视察活动的有县人大常委会组成人员，在惠来县的市五届人大代表。县政府、县政府办、县水务局、县海洋与渔业局、县公路局、县城建局、县环卫局有关领导陪同视察。参加视察的人员分为三个视察组开展视察活动。视察组实地察看南环二路、厦深铁路葵潭火车站站前广场、神泉示范性渔港、邦山水闸、西港海堤、东陇海堤、县城内运河，听取情况介绍和相关情况汇报，提出建议意见，形成综合报告提交县人大常委会审议，县人大常委会审议通过后印发县人民政府办理落实。

【督办代表议案、建议】 县十五届人大一次会议期间收到代表提出议案3件，建议、批评和意见12件；议案审查委员会根据县人民代表大会职权范围，对代表提出的议案和建议依法进行审议，经大会主席团讨论同意，决定将代表提出的3件议案全部转为建议。县十五届人大二次会议期间收到代表提出的议案1件，建议、批评和意见7件；议案审查委员会根据县人民代表大会职权范围，对代表提出的议案依法进行审议，建议将所收到该议案交由县人民政府组织力量进行调查研究，提出议案办理方案，于半年内提交县人大常委会审议；县十五届人民代表大会第二次会议主席团决定将该议案授权县人大常委会审议。县十五届人大一次、二次会议期间代表所提的建议意见均属县人民政府职能范围，根据《广东省各级人民代表大会代表建议、批评和意见办理规定》，县人大常委会作为交办单位，及时发文交由县人民政府落实有关职能部门办理。办理期间，县人大常委会落实相关工委组织对各承办单位办理情况进行督办；各承办单位严格按照有关规定和要求认真办理，按期将办理情况作出书面答复，发放征询意见表，征询代表们对建议办理情况的意见，代表们的反馈意见均为满意。县十五届人大常委会第三次会议听取县人民政府《关于惠来县十五届人大一次会议代表建议办理情况的报告》，经审议，会议同意该报告，并提出审议意见。县十五届人大常委会第十次会议听取《惠来县人民政府关于新建县妇幼保健院完善医疗服务机构的议案办理方案的报告》和《惠来县人民政府关于惠来县第十五届人大二次会议代表建议办理情况的报告》，经审议，会议同意上述两个报告，对议案办理方案作出决议，对建议办理情况提出审议意见。

（方立义）

【监督工作】 *财经工作方面* 听取和审议前三季

度国民经济和社会发展计划执行情况的报告，要求县政府及有关职能部门落实工作责任，确保完成全年各项经济指标。在审议前三季度预算执行情况及年度预算调整方案工作报告时，督促县政府及有关职能部门转变方式，克服不利因素，增加有效收入；加大教育、医疗、社保、精准扶贫、生态环境整治等基础投入，努力保障民生。对年度县级预算执行和其他财政收支审计工作报告进行审议，要求县政府及有关职能部门正视审计发现的问题，科学合理做好财政预算编制，强化预算实施，加强收支情况监督，维护预算严肃性。对《中华人民共和国烟草专卖法》进行执法检查，强调要强化市场监管，提高服务质量，促进卷烟规范销售。

群众热点问题方面 针对“收看惠来电视台节目难”问题，落实相关工委开展基层调研，听取各方意见，掌握具体情况，提出解决问题工作措施。常委会认真审议，听取意见，要求县政府及有关职能部门解决思想认识、联网光纤管理、互惠共享、正常收看、执法监管等五个问题，让群众能够正常收看到惠来县电视台节目。针对“土地管理制约当前项目建设”问题，对土地管理进行执法检查，要求推进农村土地承包经营权确权工作，依法依规做好土地征用、出让、转让等工作，优先保障重大项目建设用地、解决群众利益民生项目用地。针对“防震减灾工作”问题，组织开展专题调研，要求增强居安思危意识，依法科学编制防震减灾规划，加强防震基础设施建设，强化应急能力，推动防震减灾各项基础性工作开展。

创文工作方面 在抓好挂钩镇村创文工作指导检查督促的同时，多角度助推创文工作。在听取和审议相关工委关于惠来县农村生活垃圾处理情况专题调研报告时，提出宣传教育、资金经费、垃圾转运、集中处理、基础设施、监督管理等六个方面的建议意见，要求县政府及有关职能部门压实责任，抓出成效，促使创文工作机制初步形成，取得实质性突破。组织开展《中华人民共和国城乡规划法》执法检查，要求县政府及有关职能部门注重科学规划，加强管理，落实整改，维护规划严肃性。

生态环境方面 在听取和审议县政府关于环境状况和环境保护目标完成情况工作报告中，将代表反映的有关环境保护问题列出清单，以审议意见形式交由县政府及有关职能部门研究解决，要求认真解决中央环境保护督察组督察反馈存在问题，加强管理整治，加强环评工作，推进环保设施建设，守护惠来蓝天青山碧水。

基础设施方面 组织开展公路建设情况专题调研，要求县政府及有关职能部门做好公路建设规划，加强公路两侧土地管控，加强公路养护，推进公路建设，尤其是列入“百日百项大行动”公路建设项目，要求按照时序进度，扎实推进。组织对广东省神泉示范性渔港建设情况进行专题视察，督促有关职能部门形成工作合力，共同解决渔港建设过程中碰到问题，加快渔港建设步伐。组织对行政村（社区）综合性文化服务中心建设进行专题调研，完善功能设施配套，发挥服务中心作用等要求。

民生实事方面 组织开展事实无人抚养儿童基本生活保障制度落实情况专题调研，要求有关职能部门摸清底数，严格审核，强化监督，加强保障，解决事实无人抚养儿童社会救助、社会福利、教育、医疗保障等问题。开展改善贫困地区义务教育薄弱学校工作情况专题调研，督促扎实推进改薄工作，改善办学环境，提升办学综合能力，增强办学吸引力。对新时期精准扶贫工作实施监督，要求县政府及有关职能部门落实“三保障”政策，加强资金监管，扎实抓好省贫困村建设社会主义新农村示范村建设。

（方忆曦）

【信访工作】 2017年，县人大常委会贯彻落实《广东省信访条例》，及时依法处理信访事项，强化宗旨意识，严格信访工作程序，促进社会和谐稳定，落实县人大常委会法制工作室负责，指定专人专办，做到来信必登、来访必接，及时转办。对信访件，按“属地管理，谁主管谁负责”原则，及时转送相关单位办理，加强跟踪监督。全年收到群众来信和上级人大转送的信访件46件（其中上级转送信访件18件）。

（吴汉春）

◆ 惠来县人民政府

【县政府常务会议】 1月4日，县长贝继勤在县委四楼会议厅主持召开第十五届县政府第四次常务会议，讨论决定惠来一中连登楼等二处文物列入县级文物保护单位、调整污水处理收费标准、惠雷公路四香场段改建和惠雷跨线大桥工程付款方式、省道337线及338线项目使用政府新增债券资金、县城区“门前三包”责任制管理办法、成立国道238线改造工程项目公司、县城区设置临时市场及停车场、县城区环卫设施设备建设配套、中央环保督察工作、财政资金安排等事项。

1月19日，县长贝继勤在县委四楼会议室主持召开第十五届县政府第五次常务会议，讨论决定神泉示范性渔港建设工程水工部分主要材料价格补差、葵潭高铁新区站前广场等公共设施配套工程付款方式及调整政策性价差、租用惠城葵南综合市场、食品仓储中心和机械化肉联厂缺口资金、不动产登记、资金安排等事项。

2月23日，县长贝继勤在县政府三楼会议室主持召开第十五届县政府第六次常务会议，讨论决定《政府工作报告》、2016年经济社会发展计划执行情况和2017年计划草案、2016年预算执行情况和2017年预算草案以及2016年地方政府债务限额、土地利用规划调整完善方案、神泉示范性渔港配套工程PPP项目合同、招聘交通协管员、县城向东路续建工程付款方式及调整政策性人工材料价差、发展城乡公交保障学生上下学交通安全工作方案等事项。

5月8日，县长贝继勤在县政府三楼会议室主持召开第十五届县政府第七次常务会议，讨论决定葵潭镇龙华广场北地块三旧改造详细规划、调整机关事业单位人员基本工资和增加离休人员离休费、基础教育现代化奖补资金分配方案、招聘教师、创建省教育现代化先进县实施方案和教师学历提升实施方案、卫生计生事业发展十三五规划和医疗机构十三五设置规划、加快推进分级诊疗制度建设实施、县城区主要路口红绿灯和电子警察设置项目、确认储备粮销售亏损资金、新购进县级储备粮、调整县城东华路东侧“鸭堀埔”A地块建筑限高、高新技术企业培育发展实施方案、法治政府建设工作方案、HL201616号地块国有建设用地使用权挂牌出让方案等事项。

6月9日，县长贝继勤在县政府三楼会议室主持召开第十五届县政府第八次常务会议。会前举行专题学法，会议学习贯彻市委主要领导莅惠调研的指示精神；讨论决定《中华人民共和国环境保护法》专题学法讲座、传达贯彻市委书记李水华莅惠调研指示精神、“十三五”文化发展规划、县道106线顶溪至月山段路面改造工程、葵潭高铁新区站前广场等公共设施配套工程增加投资、加快创新驱动发展扶持措施、禁毒等事项。

7月12日，县长贝继勤在县政府三楼会议室主持召开第十五届县政府第九次常务会议，讨论决定县人民医院住院大楼建设工程、医疗卫生有关建设项目、世铿高级中学综合宿舍楼等三宗工程受捐款解决方案、鹏基房地产有限公司锦泰园三旧改造方案、惠城镇英内社区留用地、隆江派出所办公楼报废、县城南门大街商铺、靖海8个供电所技术业务用房建设项目征地协议、花寨至溪西市政道路工程、花寨至溪西市政道路路灯基础工程、借款投入花寨至溪西市政道路工程、资金安排等事项。

8月7日，县长贝继勤在县政府三楼会议室主持召开第十五届县政府第十次常务会议。在会前举办专题学法讲座，会议讨论决定开展市场监管法规专题学法讲座，制订怡俊贸易有限公司翡翠园三旧改造方案、储备粮库用地征地补偿款、全民科学素质行动计划纲要实施方案、神泉镇北新片区、周田镇考山片区和华湖镇祖师东单元控规、中心城区南区C-03-01/02/03地块控规修改、县城华西大道工程资金、专职护林员队伍和森林消防专业队建设方案、规范地方政府举债融资行为整改方案，废止《惠来县人民政府印发关于进一步加强饮用水源水质保护意见的通知》，开展重大行政决策后评估等事项。

9月14日，县长贝继勤在县政府三楼会议室主持召开第十五届县政府第十一次常务会议，讨论决定加强饮用水源水质保护意见、启动仙庵镇总体规划修改程序、葵潭针织机械厂三旧改造单元控规、林俊瑞商住楼三旧改造项目单元控规、畜禽养殖禁养区划定方案、海洋功能区划、新建档案馆用地、隆江镇清溪祖祠（含辅臣公祠）列为县级文物保护单位、葵阳影剧院维修改造工程、边检站业务生活用房项目增补工程、安澜桥至神泉镇区段道路改建工程、重大行政决策后评估工作报告、深化标准化工作改革推进广东先进标准体系建设实施方案、惠城镇卫生院（含河林分院）改扩建、教育有关资金安排、农村地籍调查、不动产登记档案整理和数据整合经费等事项。

11月21日，代县长邱鹏在县政府三楼会议室主持召开第十五届县政府第十二次常务会议，讨论决定生活污水处理设施整体打包PPP项目实施方案、原神泉国家一级渔港码头后方挡土墙除险加固项目、2015—2016年渔业捕捞和养殖业油价补贴调整资金扶持渔业生产发展实施方案、文化馆总分馆制建设实施方案、轮换县级储备粮、揭惠高速公路新芦连接线新建工程电力线路迁改工程、乡镇机关事业单位工作人员乡镇工作补贴实施办法、2017年度惠来县采矿权招标拍卖挂牌出让计划、华湖镇华谢村及华陇村留用地、惠水路桥工程调整建设内容及投资规模、深化人才发展体制改革促进人才优先发展若干意见、靖海镇资深村生态养殖和东陇镇东陇村光伏发电扶贫项目、华润新能源投资有限公司惠来光伏扶贫项目等事项。

12月28日，代县长邱鹏在县政府三楼会议室主持召开第十五届县政府第十三次常务会议。会前举行专题学法讲座，会议讨论决定宪法专题学法讲座、理顺金海湾项目用地城规与土规不一致、12个镇66个省定贫困村整治创建规划、临港中心工业园C-06-13地块和岐石镇排坑地块控规、黄碧花三旧改造项目单元控规、金汇泽房地产开发有限公司三旧改造方案、葵潭针织机械厂三旧改造方案、怡俊贸易公司翡翠园三旧改造地块国有建设用地使用权协议出让、县食品药品安全十三五规划和残疾人事业发展十三五规划、2017年农村义务教育薄弱学校改造中央补助资金（第二批）分配方案、实施S337线跨厦深铁路桥声屏障修复工程、启动神泉镇区市政道路配套工程项目、提高边远地区镇卫生院医务人员岗位津贴补助标准、公开招聘警务辅助人员、涉毒重点区域治安视频监控建设计划、2016年符合政府安排工作条件退役士兵安置方案、东港镇自来水供水价格、《政府工作报告》《惠来县2017年国民经济和社会发展计划执行情况和2018年计划草案的报告》《惠来县2017年预算执行情况和2018年预算草案的报告》、资金安排、岁末年初工作等事项。

（县政府办公室）

县政府办公室

【政府信息公开】 政务公开工作　根据揭府办文件精神，结合地方实际，制订《惠来县2017年政政务公开工作要点分工方案》，并对政务公开工作任务进行细化分解，落实工作责任，定期开展政务公开落实自查工作，持续跟踪落实情况，确保政务公开各项工作落到实处。

推进“放管服”改革信息公开。印发《惠来县人民政府关于印发惠来县人民政府文件清理工作实施方案的通知》和《关于清理涉及“放管服”改革规范性文件的函》，对以县政府及县政府办公室名义制发文件进行全面梳理。将1991年12月7日至2016年12月31日，以县政府及县政府办公室名义制发文件纳入此次清理范围。惠来县尚未发现涉及“放管服”改革等规范性文件。

全面落实“五公开”工作机制。落实“五公开”工作机制，将“五公开”纳入办文办会程序。惠来县在拟制、决定、通告（公告）、通知、通报、意见、议案、报告、请示、批复、函等公文时，在办文笺中明确主动公开、依申请公开、不予公开三类政府信息公开属性，在印发公文中标注“主动公开”“依申请公开”或“不公开”字样。对属于主动公开公文，均在惠来县政府信息公开目录系统中进行公开。健全解读回应机制。

按照“谁起草、谁解读”原则，靠实县府直属有关单位政策解读主体责任和主要负责人“第一解读人”责任，建立政策性文件与解读方案、解读材料同步组织、同步审签以及解读内容预公开等制度，在惠来县人民政府门户网站设立政策解读栏目，做好政策解读工作。

加强政务公开平台建设。做好县列入全国政府网站普查10个政府网站下线关停工作，根据相关文件要求，保留惠来县人民门户网站和惠来地情网，其它政府网站全部下线关停，政府网站集约化率100%。惠来县政府网站集约化建设完成网页设计和健全集约化网站400个信息点数据安全防护体系，网站调试中。

依法规范依申请公开工作机制。建立健全政府信息依申请公开工作机制和受理公开申请渠道，规范依申请公开工作规程，加强服务，通过惠来县政府信息依申请公开系统平台，确保各类申请能够依法受理，按期办结。县政府办公室及各相关单位制定并发布信息公开指南，方便公民、法人或者其他组织下载信息公开申请表和信息公开流程图。各相关单位在办理依申请公开工作中更加注重与申请人沟通联系，提供协助和指引，做好解疑释惑工作，减少因申请指向不明，表述不清等引发矛盾纠纷，引导公众正确行驶申请权。对于审核认定可以让社会广泛知晓政府信息，及时纳入主动公开渠道，促进信息公开与依法行政良性互动。

政府网户网站更新、维运 坚持积极防御、综合防范方针，严格按照全国政府网站普查工作要求，健全网络及信息安全体系，提高政府网站防篡改、防病毒、防入侵、防瘫痪能力，确保政府网站按要求规范运行。按要求及时更新政府信息公开目录系统平台、惠来县重点领域信息公开专栏以及政府门户网站其他栏目信息，更新内容包括工作动态、项目及基础设施建设、政务公开、通知公告等相关内容。

主动公开政府信息 2017年，全县各类公开主体发布、公开各类信息情况：

信息公开途径	数量（条）
县政府门户网站	10827
政府信息公开目录系统	1272
重点领域信息公开专栏	157
电视、广播等新闻媒体公开各类政务动态信息	3195
合　计	15451

【建议和提案工作】 2017年，县政府办理市、县人大代表议案及建议12件，其中基础设施3件、民生3件、教育事业2件、水利设施建设1件；办理政协委员提案48件，其中民生18件、交通道路4件、水利3件、市政1件。

【法制工作】 *文件审查* 加强政府规范性文件起草、审核与备案工作，规定凡以县政府名义出台涉及到行政管理相对人权利义务关系文件出台前，均由县法制局审核，从制度上规范政府抽象行政行为，保证政府规范性文件合法性、权威性。县政府印发《惠来县人民政府关于印发惠来县人民政府文件清理工作实施方案的通知》，对规定时间段内制定出台规范性文件按标准进行清理，审阅文件1386份，其中按要求应清理规范性文件11件，根据相关职能部门反馈意见，废止、宣布失效11件。

县政府法律顾问管理 设立以县法制局人员为主、聘任兼职法律顾问为辅县政府法律顾问，逐步完善法律顾问制度规定，加强政府法律顾问在政府决策中作用，为政府决策提供法律咨询工作。

行政执法 印发《惠来县人民政府办公室关于抓紧做好行政审批标准化工作的通知》，对全县512项行政审批许可事项进行合法性审查，并对后期修改83项进行合法性审查，确保惠来县行政审批许可事项依法依规。规范行政处罚自由裁量权，对各部门报送行政处罚自由裁量权适用规则进行合法性审查，按程序备案。在县法制局备案有县地震局《惠来县地震局行政处罚自由裁量权使用规则》《惠来县地震局行政处罚自由裁量标准》，并在惠来县人民政府门户网网站公布。健全完善行政权力公开透明、规范运行、权责明确、行为规范、监督有效、保障有力行政执法体制。按照《广东省〈行政执法证〉管理办法》要求，县法制局对行政执法人员申领《行政执法证》事项进行科学管理。组织全县行政执法人员综合法律知识考试，有29个单位395名公务人员参加考试，通过考试获得行政执法资格的300人。

社会矛盾纠纷 继续落实行政复议专项工作经费，对行政复议场所进行规范化建设。据统计，2017年县法制局办理行政应诉案件1宗，办理行政复议案件3宗。

行政监督 2017年1月10日制定印发《惠来

县2016年度依法行政考评方案》，对各行政单位进行资料审查和实地考评。于2017年8月7日，经县府办同意，印发《惠来县人民政府办公室关于惠来县2016年度依法行政考评情况的通报》，公布2016年度依法考评结果，分析惠来县依法行政情况，指出一些存在问题，对2018年度依法行政工作提出要求。2017年1月28—29日，市依法行政考评组第三组对惠来县依法行政工作进行考评，肯定惠来县依法行政工作中亮点。县政府印发《惠来县2017年依法行政工作要点》，指导惠来县依法行政工作有序进行，加快惠来县法治政府建设。开展2014—2017年县政府重大行政决策后评估工作，评估10项重大行政决策。评估结果通过县政府常务会议决定，其中5项进行修正，1项依照审查意见进行规范执行，其余4项继续执行。贯彻执行重大行政处罚案件备案登记工作，县法制局备案重大行政处罚案件160宗。

【应急管理】 *应急组织管理体系* 2017年，调整县应急委员会、减灾委员会、防震减灾工作联席会议等领导机构成员，充实领导组织机构。全县15个镇（场）应急管理工作机构及应急救援队伍，落实专人负责，确保基层应急管理工作“有人抓、不间断”。

应急预案体系建设 制定出台《惠来县港口自然灾害事故应急预案》《惠来县生产安全事故应急预案》《惠来县危险化学品安全综合治理实施方案》《惠来县2017年度地质灾害防治方案》《惠来县公安局应急处突总体预案》《惠来县建立县、镇村三级排查预警制定、群体性事件预警应急处置预案》等一系列应急预案和方案，提高应急措施针对性和可操作性；各相关镇（场）、部门及规模企业也根据需要对本地区、本部门应急预案进行制定修编，初步形成一套分工明确、配套科学灾害和突发事件应急处置体系。如周田镇，先后修订该镇总体应急预案、地质灾害等。全年组织开展各类演练活动。县教育局、地震局联合组织开展校园防灾应急演练，分别在6月14日、15日，举行“惠城中学防震减灾应急疏散演练”“寄拢学校消防安全应急演练”；6月15日，县安委办、港口管理局与中海油粤东液化天然气（LNG）有限责任公司联合举办“2017年惠来县港口危险货物事故应急演练”；6月23日，县消防大队、中海油气电集团有限责任公司福建销售分公司和中海油粤东液化天然气有限责任公司联合举办“2017年道路交通事故消防应急救援演练”；6月26日，县海洋渔业局在神泉镇举行“渔业安全应急演练”；6月30日，县交通运输局与惠来海事处在神泉镇水仙宫渡口联合举办“2017年神泉镇渡口渡船应急救援演练”；11月28日，县港口管理局会同广东粤电航运有限公司揭阳分公司在靖海电厂码头举行“2017年惠来县港口生产安全事故应急演练”等等。据统计，2017年，全县组织开展预案演练活动31场次，参加人数2530人。通过演练，达到检验应急预案、磨合应急机制、锻炼应急队伍预期目的。

应急平台建设 利用电视、微博、微信、传真、显示屏、手机短信等渠道做好公众预警服务，开展“直通式”气象服务、中长期预报服务和推广“钉钉”软件等，建立高频次制作气象灾害监测、灾害性天气短临预警业务流程，做好灾害性天气滚动预警预报服务，及时将预警信息传递到公众手中。尤其在2017年台风“玛娃”预报预警服务过程中，惠来县提前部署，加强天气会商研判，提早对台风最新动向和未来对县影响进行分析，为主动防御、抗灾争取更多时间，为社会公众防御强台风提供科学指引，成效显著。2017年发布《重要气象信息快报》43期，《天气报告》19期，《重要气象信息专报》2期，发布预警信号69次，其中台风预警14次，高温预警6次，暴雨预警30次，雷雨大风预警13次，寒冷预警2次，大雾预警3次，森林火险预警6次。

突发事件处置 强化服务意识、责任意识和纪律意识，坚持“准确研判、快速反应”原则，依法依规开展应急救援等工作。11月12日凌晨3时，一艘装载5000吨铁矿货船“宇通1号”从茂名港口出发，在往目的地揭阳途中靖海电厂附近海域沉没。县委、县政府在获悉情况后，指挥协调县公安局、县渔政大队、惠来海事处等相关部门，立即组织力量救援，至当天早上6时，船上14人全部获救。12月25日凌晨1时28分，一辆载重23吨液化

天然气惠州籍槽罐车，在沈海高速公路汕头往深圳方向华湖顶寨路段途中发生侧翻。获悉情况后，县委县政府高度重视，指派相关领导到现场指挥交警、消防、安监、环保、建设、市场监管等部门专业人员开展工作。因该事故涉及危险化学品，危险性大、专业性强，稍微处置不当，将会危及周围居民人身安全和造成财产损失，而惠来县又缺乏处置此类事故专业队伍，经过到场相关人员讨论研究，决定聘请外地专家评估。在专家多方评估后，迅速组织开展吊罐吊车工作，至当天下午6时许，该事故处置完毕。在处置过程中，没有发生气体泄露和危及附近居民生命财产安全。

应急信息报送 完善应急值班值守工作机制，采取定期和不定期抽查相结合方式，对各地各有关单位应急值守工作进行检查，保证值守到位、通信畅通。严格执行《印发广东省政府系统值班工作规范的通知》要求，制定印发《关于规范和加强值班信息报送工作的通知》，规范报告突发事件信息范围和标准，明确信息上报责任、原则、程序和要求。

【人民防空】 警报网络维护 加强对县城建设16套防空警报器维护和监管，确保保证每年“8·28”全市防空警报试鸣日音响100%鸣放。

“结建”审批 县人防办协助惠来碧桂园和幸福家园·君临上品商住区人防工程报批手续，确保项目顺利动工建设；协助县卫计局做好3所县级医院升级改建和15所镇级卫生院标准化建设人防相关手续审核工作，使所有项目按省要求如期开工。

方案修订 8月份，根据省、市人防办有关通知和会议要求，惠来县启动新一轮人民防空方案修订工作，专门成立惠来县人民防空方案修订工作领导小组，将人民防空方案涉及1个基本方案、7个行动方案、17个保障方案全部分解到与会27个相关单位，落实专人负责，该方案通过专家评审，完善后报市政府和军分区审批。

（林锡耿）

机构编制工作

【机构编制管理】 **加强机构编制问题整改推进审批联动** 根据《广东省机构编制委员会关于转发〈中央编办关于加强机构编制问题整改推进审批联动的意见〉的通知》文件精神，组织全县党政群机关事业单位开展自查和核查工作，梳理核查、专项检查和举报受理工作中发现违反机构编制管理规定问题，形成全县机构编制问题整改台账。从问题台账建立之日起，按省、市要求时限抓好限期整改消化，建立问题整改联动机制，研究制定问题整改与机构编制审批、机构编制实名制管理、控编减编、绩效考核等有机结合、互相促进具体措施，推动问题整改。

加强县镇两级人大机构编制建设 根据中共惠来县委批转县人大办、县委组织部、县编委办、县财政局、县人力资源和社会保障局《关于进一步推进县镇人大工作和建设的意见》通知精神，增加县人大常委会机关行政编制和后勤服务人员数；各镇人民代表大会单独设置镇人大办公室，设办公室主任（由镇人大专职副主席兼任），配备专职工作人员。

食盐监管体制改革 贯彻落实《国务院关于印发盐业体制改革方案的通知》和《广东省人民政府关于印发广东省盐业体制改革实施方案的通知》精神，根据《揭阳市机构编制委员会办公室关于印发揭阳市食盐监管体制改革方案的通知》要求，完善食盐监管体制，经县委、县政府研究同意，并报揭阳市机构编制委员会办公室批准，印发《关于印发〈惠来县食盐监管体制改革实施方案〉的通知》，推进惠来县食盐监管体制改革实施工作。

设立县委巡察工作机构 落实全面从严治党主体责任和监督责任等情况进行监督，经县委常委会议讨论通过，设立设立中共惠来县委巡察工作领导小组办公室和中共惠来县委第一巡察组、第二巡察组、第三巡察组、第四巡察组4个巡察组。

其他机构编制事项 设立县综合征信中心、县机构编制电子政务中心、县建设工程造价管理站、县病残吸毒人员收治中心等事业单位；调整县水利水电工程质量监督站、县工程质量监督站经费渠道；调整县委组织部干部监督组职数、增加县教育局招生委员会办公室等属下事业单位编制、增加县城路灯管理所政府购买服务人员数、调整靖海镇中学编制并入县第二中学；调整惠来县污水处理管理职责；隆江镇中心卫生院加挂惠来县第二人民医院牌子、周田镇卫生院加挂惠来县第三人民医院牌子；国营青坑林场更名为惠来县国有青坑林场，由惠来县人民政府管理，业务接受惠来县林业局指导，定为公益二类正科级事业单位。

中文域名注册工作 贯彻落实中央编办《关于进一步加强党政群机关和事业单位网上名称管理工作的通知》和省、市编办关于做好2017年政务和公益中文域名注册工作要求，做好惠来县党政群机关事业单位中文域名注册管理工作，惠来县机构编制委员会办公室领导向县委县政府领导汇报并取得支持，由县财政局统一财政拨款支付全县党政群机关事业单位注册经费，全县党政群机关事业单位注册政务和公益中文域名658个，其中党政群机关注册83个，事业单位注册575个，注册率100％，实现惠来县政务和公益专用中文域名注册全覆盖。

【“放管服”改革】 清理规范县政府部门第二、三批行政审批中介服务事项目录 根据《揭阳市人民政府关于印发揭阳市第二批清理规范市政府部门行政审批中介服务事项目录的通知》和《揭阳市人民政府关于印发揭阳市第三批清理规范市政府部门行政审批中介服务事项目录的通知》，深化行政审批制度改革，推进政府职能转变，县行政审批制度改革办公室（设在县编办）印发《关于做好惠来县第二、第三批清理规范县政府部门行政审批中介服务事项工作的通知》，组织全县政府各部门填报清理规范行政审批中介服务事项目录，《惠来县第二、第三批清理规范县政府部门行政审批中介服务事项目录（送审稿）》完成，其中第二批目录涉及6个部门，12项；第三批目录涉及8个部门，16项，待呈报县委县政府会议研究审议后印发实施。

县级行政许可事项目录 根据《广东省机构编制委员会办公室关于印发〈广东省行政许可事项通用目录（2017年版）的通知〉》，按照全省行政审批制度改革工作要求和部署，为巩固行政审批制度改革成果，按省发布目录更新规范本县行政许可事项目录，惠来县机构编制委员会办公室印发《关于做好〈惠来县2017年行政许可事项保留目录〉有关事项的通知》，组织全县行使行政许可权限各相关单位进行填报，根据《国务院关于取消一批行政许可事项的决定》文件精神，调整个别部门事项，《惠来县2017年县级行政许可事项目录（初稿）》（涉及34个部门，269项）收集形成送县法制部门审核通过，呈报县委县政府会议研究审议印发实施。

权责清单目录 根据《广东省人民政府关于重新公布省直部门权责清单的通知》和《揭阳市人民政府转发广东省人民政府关于重新公布省直部门权责清单的通知》工作要求，为优化完善政府部门权责清单，厘清部门间职责边界，规范政府权力运行，打造权责清单“升级版”，实现权责清单规范化、精细化、标准化管理，县编办印发《关于做好县政府部门权责清单动态调整工作的通知》，组织全县各相关部门填报权责清单目录，处于初步收集阶段。

减证便民工作 根据《广东省推进职能转变协调小组关于在全省开展“减证便民”行动的通知》工作要求，解决烦扰群众各种“奇葩”证明、循环证明、重复证明等问题，清理规范涉及群众创业办事各类证明，砍掉各类无谓证明和繁琐手续，最大限度方便群众办事创业，为群众提供便捷高效、公平可及公共服务，县推进职能转变协调小组印发《转发广东省推进职能转变协调小组关于在全省开展“减证便民”行动的通知》，组织全县政府各相关部门开展“减证便民”行动，清理各类“奇葩”证明、循环证明、重复证明，对必要证明加强互认共享，减少不必要重复举证，处于初步收集阶段。

【法人登记管理】 *党政群机关和事业单位统一社会信用代码制度改革* 根据《国务院关于批转发展改革委等部门法人和其他组织统一社会信用代码制度建设总体方案的通知》和《关于实施我省事业单位法人统一社会信用代码制度改革有关事项的通知》要求，做好全县机关群团统一社会信用代码和事业单位法人统一社会信用代码证书换发工作。至12月，全县机关群团换发统一社会信用代码证书96本，全县事业单位提交年度报告并领取事业单位统一社会信用代码证书321本。

加强对事业单位法人事中事后的监督管理 10月，县事业单位登记管理局派员到县船桥水库管理处、县东陇镇教育组、县河林小学行政组、县周田镇卫生院、县农业环保与农村能源站5家事业单位进行实地核查，采用随机抽取方式，开展事业单位法人公示信息抽查，主要核实该事业单位法人登记事项，年度报告等公示信息是否规范、准确、真实、涵盖事业单位法人证书登载事项，资产损益情况、网上名称、在编在岗人员、应变更登记事项执行情况，开展业务活动情况、相关资质认可或职业许可证文件及有效期等方面，加强对事业单位法人事中事后监督管理。

（朱培津）

人事工作

【公务员队伍管理】 制订2017年公务员招录计划，做好各单位招考职位审核和上报工作，2017年度，全县招录公务员144名，其中党群机关6名、乡镇21名、公安15名、森林公安4名、法院18名、检察9名、县直单位（含参公）71名。

【事业单位人事管理】 按照《广东省事业单位公开招聘人员办法》，全县招聘事业单位工作人员507人。其中教育290人、卫生210人、综合7人。招募高校毕业生“三支一扶”（支农、支教、支医、扶贫）支教人员16人，为惠来县经济社会发展提供智力支持。

【专业技术人员管理】 全县补认定教育系统2015年中小学初级职称674人，其中中学二级595人、小学一级78人，幼儿园1人。职改后，评定教育系统中小学职称403人，其中初级职称304人，中级职称99人。

【教育培训】 全县举办公务员初任培训班1期，参加培训人数108人，举办公务员全员培训班12期，参加培训人数2243人，举办专技人员继续教育培训班73期，参加培训人数11335人。推进行政机关企事业单位在职干部网络培训工作，全县参加网络培训单位92个，参加培训人数2895人，覆盖率100%。

【工资福利】 按上级规定，做好全县机关事业单位工作人员、离休人员工资测算和审批工作，调整工资标准，调整后在职机关事业单位工作人员人均月增250元，离休人员人均月增415元，办理职务职级晋升15人。

【人才交流】 受理高校毕业生网上报到2119人，办理调档682人。

【军转干部解困】 落实上级有关文件精神，从多个方面争取给予困难企业军转干部倾斜和照顾，落实军转干部健康检查、医疗门诊补贴和职务补贴，主动做好节日慰问活动，帮助解决困难问题，维护社会稳定。

（柯洪昌）

政务服务工作

【概况】 2017年，惠来县政管办（县政务服务中心）在职公务员5人，事业人员2人；内设机构3个：综合股、政务服务股、督办股；属下股级事业单位1个：惠来县政务信息技术中心。惠来县政管办坚持“公开、便民、高效、廉洁”服务宗旨，围绕“打造粤东审批环节最简、工作效率最高、服务最贴心的办事机构”总体目标，推进“一门式一网式”政府服务模式改革、县级行政审批和网上审批、基层公共服务、“12345”市民热线服务等工作。

【一门式一网式】 线下“一门式”。按照先易后难，利用现有场地条件原则，结合各相关部门业务办事程序、业务关联性和业务量情况，惠来县政务服务中心在全市率先实现实体大厅进驻单位进行

"大一门"和"小一门"业务划分，其中"大一门"划为"建设工程服务区""生产经营服务区""综合服务区"三个服务区，8个服务窗口。通过公开招考形式，招录16名政府购买服务人员，经业务培训后配置到窗口上班，对进驻"大一门"相关单位人员进行一门式一网式业务培训。线上"一网式"。建设"一网式"网上统一申办受理平台，与部门审批系统实现无缝对接，分批推进部门进驻统一申办受理平台。广东省行政审批事项目录管理系统于9月19日将省标准化目录管理系统行政审批事项数据切换同步到县统一受理平台，实现县网上办事分厅数据与广东省行政审批事项目录管理系统同步。建设投资项目在线审批子平台，构建统一、规范、多效联动"互联网+政务服务"技术体系，提升网上政务服务供给能力和水平。

【行政审批】 2017年，县政务服务中心及分中心受理业务101894件，全办结。按照简化办事环节，优化公共服务流程，提高服务质量原则，对公共服务事项目录清单进行2次修订。7月底，县网上办事分厅行政审批系统按照《惠来县2016年县级行政许可事项保留目录》及《惠来县县级公共服务基本目录》事项清单，对进驻网上办事分厅原事项进行高标准、高要求更新和修订，在全市率先实现标准化目录录入网上办事大厅审批系统。12月初，县政管办组织落实县直有关单位将扶贫服务事项目录清单进行整理汇总，增加完善公共服务事项内容，形成2017年《惠来县县级公共服务事项清单》，涉及25个单位，186项事项，在县网上办事分厅公开发布。

【网上审批】 网上办事分厅可办理行政审批服务506项、公共服务事项186项，行政审批事项网上全流程办理率78%，上网办理率85.66%，网上办结率83.85%，97.66%以上网上申办事项到现场办理次数不超过1次，52.99%以上网上申办事项实现零次跑动，"三率一数"远超过市下达目标任务。

【基层公共服务】 按照基层公共服务平台建设最新要求，对惠来县基层公共服务平台信息系统进行改造升级。2017年，统筹融合镇（村）网格化建设，推动各镇（场）、村（社区）涉及将本单位党务、财务收支及时准确公开，把群众密切关注农产品购销、劳动用工等信息一一细致公开，保障群众知情权和参与权。

【"12345"市民服务热线】 惠来县分发中心响应市热线整合工作，通过健全承办机构、明确责任领导、确定承办人员，要求各镇（场）、县直有关单位报送负责人及承办人员名单和电话号码，方便联系。在全县形成上下联动、无缝隙、全覆盖热线办理网络。2017年，"12345"市民服务热线惠来分发中心接收业务单858件，办结679件，办结率79%。市民反映问题主要集中在城乡建设综合管理、劳资纠纷、土地纠纷、消费权益、环境卫生等方面。

【创新服务模式】 设置"7×24"小时出入境自助服务区，通过身份证感应即可进入办理出入境自助办证（续签），即时出证。为行动不便残疾人开展志愿者"送证到家"活动，增设无障碍窗口、无障碍卫生间、坡道，添置便民轮椅，为群众办事创造更多便利。开通惠来县网上办事分厅手机版，规范推进网上办事移动终端系统建设，数据一次录入，多终端呈现，用户一次注册，多终端办事。开通惠来县公共服务中心微信公众号，提供办事基本信息，包括服务事项办理所需各种资料，以及中心大楼内各个服务窗口指引、办事者根据申办流水号查询办理进度等，拓宽与办件群众沟通交流和向群众传递行政审批信息渠道。

（县政府综合政务服务管理办公室）

◆ 政协惠来县委员会

【县政协常委会】 3月7日，县政协在政协机关二楼会议厅召开政协惠来县第十届委员会第二次常委会议。会议决定，中国人民政协商会议惠来县第十届委员会第二次会议于3月14—16日在县城召开。县政协主席周惠琴主持会议。副主席黄华亮、蔡汉春、吴少玲、郑龙彬及常委会组成人员参加会议。

会议并通过2017年县政协工作要点和县政协十届委员会聘任顾问名单。

3月16日，县政协在葵阳影剧院召开县政协第十届委员会第三次常委会议。县政协主席周惠琴主持会议，副主席黄华亮、陈局、黄烈纯、蔡汉春、吴少玲、郑龙彬及十届常委会组成人员参加会议，县政协副科级以上干部和大会各小组长列席本次会议，会议听取大会各小组组长的分组讨论情况及其他相关情况汇报。

10月31日，县政协第十届委员会在政协二楼会议厅召开第四次常委会议。主席周惠琴主持会议并作讲话。县政协副主席黄华亮、吴少玲、郑龙彬及有关常委会组成人员参加会议。县委常委、常务副县长方若辉，县政协机关副科级以上干部，葵潭镇、海洋与渔业局、城建局等有关单位领导列席会议。方若辉代表县政府向政协常委会通报全县经济社会发展情况。

12月29日，政协惠来县第十届委员会第五次常委会议在政协二楼会议厅召开。会议决定政协惠来县第十届委员会第三次会议于2018年1月6—8日在惠城召开。会议审议通过《中国人民政治协商会议惠来县第十届委员会常务委员会工作报告（草案）》、《中国人民政治协商会议惠来县第十届委员会提案工作报告（草案）》，审议政协惠来县第十届委员会第三次会议大会秘书长、副秘书长名单（草案），会议协商增补张加章等29人为县第十届政协委员。会议听取县政协委员、县公安局副局长方允对县公安工作情况通报，听取副县长、公安局局长罗少鸿对全县公安工作新部署。会议还组织常委会委员们认真学习党的十九大精神。

县政协主席周惠琴主持会议并作讲话。副主席黄华亮、陈局、黄烈纯、蔡汉春、吴少玲、郑龙彬及常委会组成人员参加会议，县政府副县长、公安局长罗少鸿，副局长方允，县政协机关副科级以上干部和县委统战部有关领导列席会议。

【协商议政】 2月6日，县政协副主席黄华亮参加揭阳市委统战部调研工作会议，对惠来县统一战线工作提出建议意见。

3月14—16日，县政协第十届委员会第二次会议在惠城葵阳影剧院隆重召开。市政协副主席李建，县委、县政府、县人大领导，县政协历届主席林佛成、黄友汤、朱炳坤，县人民法院、县人民检察院、海关、大南海工业园区、大南山侨区，省人大代表、韶光市曲江区政协副主席释传正大和尚，省政协委员方泽强，县政协十届委员会顾问林克昌、朱俊生、林景隆、方彪等领导和嘉宾出席会议，祝贺大会胜利召开。县政协主席周惠琴代表政协惠来县第十届委员会常务委员会向大会作工作报告。会议对政协十届一次会议以来优秀提案和提案承办先进单位进行表彰。

【调研视察】 2月13日，县政协主席周惠琴带领副主席黄华亮、黄烈纯、蔡汉春、吴少玲、郑龙彬和政协部分常委及机关科室有关领导和县交通、物业、城建、环卫、公安交警等相关领导组成县政协视察组开展县城创文创卫工作专题视察活动。惠城镇委、东陇镇委、华湖镇委主要领导等陪同活动。

7月28日，汕头市政协副主席谢永忠带领汕头市政协社会法制委员会主任刘瑞华、汕头市民族宗教局局长纪木春等一行13人，在揭阳市民族宗教局副局长方创旭、惠来县政协主席周惠琴、惠来县政府副县长方瑛等领导陪同下，到惠来县佛光寺参观考察。省佛教协会副会长、惠来县政协常委、佛光寺方文释传正大和尚参与参观接待活动。

8月22日，县政协经济委员会组织对部分委员创办企业惠来县美林制衣有限公司、广东德云科技种养股份有限公司进行调研视察。县政协主席周惠琴、副主席郑龙彬，县政协常委、经济委员会主任谢惠华及县政协经济委员会其他成员参加调研视察活动。县委常委、常务副县长方若辉陪同调研视察活动。

8月31日，县政协科教文卫体委员会组织对全县卫生创强工作进行专题调研，县政协主席周惠琴、副主席黄华亮，县政协常委、科教文卫体委员会主任李统生及科教文卫体委员会成员参加调研视察活动。县政府办、县卫计局、隆江中心医院、惠来县坤宁医院、县慈云中医院等有关部门领导陪同调研视察活动。

9月27日，揭阳市政协副主席蔡榜藩带领部分市政协常委和市政协经济委员会部分成员到惠来开展“我市县城经济发展情况”专题议政调研活动。县委常委、常务副县长方若辉，县政协副主席吴少玲，县政协常委、经济委员会主任谢惠华和县发改局、经信局、农业局、政府办等有关部门领导陪同调研视察活动。

10月31日，县政协常委会开展对全县重点在建项目进展情况专题调研视察活动。视察组先后到惠来县葵潭高铁新区站前广场、站前西路及高铁北站建设工程和神泉示范性鱼港项目建设现场进行实地调研视察，听取工程建设单位负责人就工程规划、工程建设等情况汇报。县政协主席周惠琴，副主席黄华亮、吴少玲、郑龙彬和县政协常委会组成人员参加活动。县城建局、海洋与渔业局、葵潭镇政府等领导陪同活动。

12月6—7日，县政协社会法制与宗教委员会主任杨俊城带领该专委部分成员先后到县公安局、司法局、法院、检察院开展社会治安综合治理工作专题调研活动。

12月13日，县政协主席周惠琴带领副主席陈局、吴少玲及政协机关专职常委、科室领导一行到大南海石化工业园区溪西镇溪南村调研新农村建设。同日，县政协主席周惠琴陪同省核工业地质局局长顾青波带队帮扶工作组一行到东陇镇东陇村开展对口帮扶工作调研。

【联络联谊】 3月21日，主席周惠琴到惠来县总商会大楼出席惠来县社会组织总会第二届会员代表大会。原县政协副主席、县工商联主席方秀明连任县社会组织总会会长。

3月27日，县政协主席周惠琴带队赴汕头市南澳县开展学习交流活动。县政协副主席吴少玲及县政协部分常委、机关领导等一行15人参加活动。

5月23日，副主席黄华亮和县委常委、统战部长，县委常委、县委办主任，县政府副县长方瑛等领导在工商联欢迎接待揭阳市、东莞市和韶关市三市工商联领导和三市商会负责人等学习交流团。

6月22日，主席周惠琴在县工商联机关大楼出席惠来县工商业联合会（总商会）第十一届会员代表大会第二次会议。

6月25日，县政协主席周惠琴带队赴普宁市开展学习交流活动。参加活动有县政协副主席黄华亮、蔡汉春、吴少玲，县政协党组成员、办公室主任朱锦溪，县政协常委谢惠华、唐松林、李统生等一行10人，受到普宁市政协主席杨镇松等领导热烈欢迎。

9月13日，县政协副主席吴少玲带领县政协文史学习委员会赴潮州市参观学习。县政协常委、文史学习委员会主任罗海平，县政协文史学习委员会副主任、文史资料科科长詹太鹏及专委部分成员参加此次参观学习活动。

10月12日，县政协主席周惠琴和副主席蔡汉春、吴少玲接待莅惠访问广东省惠州市惠来商会访问团一行。县政协委员、县政协惠州组组长、惠州市惠来商会创会会长胡细弟，县政协常委、惠州市惠来商会会长庄金项分别向县政协领导汇报有关工作，双方围绕家乡经济社会发展进行交流讨论。

10月21—23日，副主席吴少玲与代县长邱鹏，县委常委、统战部长，县人大副主任郑明辉，县政府副县长方瑛等领导接待由泰国同乡会永远名誉理事长方炜、理事长郑惠中领队的泰国惠来同乡会参观交流访问团。

11月8—12日，县政协经济委员会在县政协副主席郑龙彬，县政协常委、经济委员会主任谢惠华带领下，到深圳、东莞、广州等地参观走访部分县政协委员，参观委员企业、听取委员意见建议。

12月5—7日，县政协主席周惠琴，县委副书记，县政协副主席蔡汉春等带领政协部分专委领导及科室领导赴香港召开港澳委员座谈会。会上，县政协常委、政协港澳组组长、香港惠来商会执行会长张汉飞和县政协常委、香港惠来商会会长林八弟，县政协顾问吴立辉等先后作有关情况介绍，提出有关建议意见。县政协主席周惠琴，县委副书记，副主席蔡汉春分别作讲话。座谈会由蔡汉春主持。县政协党组成员、办公室主任朱锦溪，政协常委谢惠华、罗海平，文史科长詹太鹏、综合科副科长方木玲等参加此次活动。

12月25—29日，县政协分别在政协机关会议室、惠城镇、神泉镇、东陇镇等地方召开县政协委员分组分片座谈会，交流学习、工作、履职情况。

县政协主席周惠琴，副主席黄华亮、陈局、黄烈纯、蔡汉春、吴少玲、郑龙彬分别参加县直一组、中片组、县直二组、惠城镇、县直三组、西片组、东片组委员座谈会并分别在各组座谈会上作讲话。

【文史工作】 编辑出版《惠来政协》4期，做好政协宣传、文史资料报送工作以及二次全体会议相关资料汇编工作。10月12日上午，县政协副主席吴少玲，县政协常委、文史学习委员会主任罗海平到揭阳市政协参加全市政协文史工作会议，吴少玲代表惠来政协作文史工作情况汇报。

【自身建设】 2月27日，县政协第十届委员会在富林大酒店综合楼九楼会议厅举办第一期委员培训班。县政协主席周惠琴，副主席黄华亮、吴少玲、郑龙彬出席培训班。培训活动由吴少玲主持。县政协委员县内7个组委员100人参加培训。4月27日上午，县政协主席周惠琴，副主席黄华亮、陈局、黄烈纯、蔡汉春、吴少玲、郑龙彬与县委、县人大、县政府以及县直副科级以上单位领导在葵阳影剧院参加县委举办习近平总书记重要指示精神专题研讨班。6月9日上午，县政协在二楼会议厅召开机关全体干部职工会议，专题传达学习贯彻中共广东省第十二次党代会精神暨传达揭阳市委书记李水华在惠来调研讲话精神。6月30日，县政协机关在二楼会议室召开庆祝中国共产党成立96周年会议。9月19日，县政协在二楼会议厅召开机关纪律教育学习月动员大会。11月8日，县政协在二楼会议厅召开政协机关党支部会议，认真学习贯彻党的十九大精神。

【公益实事】 1月19日，县政协副主席、卫计局局长黄烈纯到扶贫挂钩点神泉镇澳角村开展春节送温暖慰问活动。1月23日，县政协副主席黄华亮、吴少玲带领县政协常委会部分成员和机关科室有关负责同志到县政协精准扶贫挂钩点东陇镇赤州村开展春节送温暖慰问活动。6月17日，县政协主席周惠琴到东陇镇卫生院出席千禧狮子会、圆方狮子会等“狮友献爱心、惠来复明行”慈善义医义诊启动仪式。9月10日，县政协主席周惠琴，县政协常委、广东惠来商会执行会长翁振潮等在县慈云中医院参加广东省中医院心血管科、广东省陈绍常慈善基金会、广东省惠来商会、惠来县卫计局联合举办贫困先天性心脏病儿童免费筛查活动启动仪式。

10月28日，县政协主席周惠琴与县政协常委、广东省惠来商会执行会长翁振潮，揭阳市政协委员、县卫计局副局长方坚源等，到县慈云中医院出席县慈云中医院与广东省肝脏病学会中医药专业委员会、广州中医药大学党委统战部联合邀请省内科专家教授莅惠开展义医义诊活动仪式。主席周惠琴在活动仪式上作讲话。

【提案工作】 十届二次会议以来，收到委员提案51件。经审查立案31件，立案率60.8%，转为意见建议20件，占39.2%。在县委、县政府高度重视和各有关单位密切配合下，经广泛、多方协商，提案办理工作取得较好成效。办复提案31件，办复率100%。从整体办理情况看，解决或采纳21件，占67.7%；列入计划拟解决或采纳9件，占29%；作为工作参考1件，占3.3%。

（县政协办公室）

◆ 纪检监察

【重要会议】 2月15日，中共惠来县第十三届纪律检查委员会第二次全体会议在县政府五楼会议厅举行。全会传达学习十八届中央纪委七次全会、省纪委十一届六次全会、市纪委六届二次全会会议精神。听取县委书记重要讲话，听取并审议县委常委、县纪委书记代表县纪委常委会所作《聚焦专责，持续发力，推动全面从严治党向纵深发展》工作报告。

全会认为，县委主要领导的讲话精神，深入贯彻习近平、胡春华和严植婵等领导重要讲话精神，强调要始终从严正风肃纪；始终从严惩治腐败；抓好“两项工作”；严格落实“两个责任”。讲话体现县委对全面从严治党高度自觉和鲜明立场，体现县委惩治腐败坚决态度，指导惠来县当前和今后一个时期反腐倡廉工作。

全会总结2016年全县纪律检查工作。认为

2016年，全县各级纪检监察机关认真贯彻市委、市纪委和县委部署，敢于担当、持续发力，反腐倡廉建设取得重要阶段性成效，促进“抓落实、促发展，抓基层、强基础”两项工作部署推进，服务全县经济社会发展大局，人民群众获得感明显提升。

全会部署2017年八个方面工作任务：找准定位，忠诚履行职责；锲而不舍，深入纠风肃纪；利剑高悬，保持反腐震慑；泾渭分明，营造干事氛围；有责必问，从严压实责任；锐意改革，激发监督活力；标本兼治，深化源头预防；严格监管，锻造过硬队伍。

全会号召，要在县委和市纪委坚强领导下，不忘初心，撸袖实干，继续前进，坚定不移推进全县反腐倡廉建设，全面推进从严治党工作。

【反腐倡廉教育】 开展以学习《中国共产党章程》（以下简称《党章》）和两个《准则》《条例》为主要内容党风党纪教育活动。结合“两学一做”学习教育要求，以“讲政治、强党性、严纪律、守规矩”为主题，开展纪律教育学习月和廉洁读书月活动。举办惠来县“廉洁火炬杯”党规党纪知识竞赛活动。借助“惠来廉政网”科技支撑，更新信息及图片新闻100篇。利用电视台、LED显示屏等媒介播放反腐倡廉宣传片。在每周一和节假日前夕通过发送手机短信进行廉洁提醒。结合农村两委换届，组织编印《精准扶贫警示教育读本》，组织到各镇（场）开展巡回辅导解读。

【领导干部廉洁自律】 继续深入开展专项整治，加强对党员干部操办婚丧喜庆事宜、公款吃喝、会所腐败等突出问题治理，促进领导干部廉洁从政。2017年，党员干部报告婚丧喜庆事项3宗。在县纪委十二届六次全会上，组织神泉镇、前詹镇、经信局、市场物业管理局、环保局5个单位党委（党组）书记向全委会述责、述廉、述德，现场接受评议。组织开展换届风气专题集体谈话提醒活动，严把“党风廉政意见回复关”，防止干部带病提拔，确保换届风清气正。

【查处违纪违法案件】 全县纪检监察机关立案160件、178人，其中科级干部19人；13个镇纪委自办案件90件、105人，办案率100%，纪律审查工作受到上级纪委肯定。坚持从严治党向基层延伸，查处精准扶贫、土地管理、低保医保等领域违纪案件64件，维护群众根本利益。

【纠风肃纪专项整治】 持之以恒纠正“四风”，做到暗访、曝光、查处、追责“四管齐下”，重点查处违反中央八项规定精神和“四风”问题，推动全县干部作风整体好转，开展明查暗访126场次，问责党员干部14人。加强对禁毒、创文、环保、扶贫等领域督查。落实中央环保督察组移交顶溪水库水源保护区违规设置采石场问题查处追责工作，问责干部3人。全年问责工作不担当、责任不落实党员干部93人。

【微腐败专项整治】 落实领导包案和重点督办，先后组织6场次深入全县各镇场开展“微腐败”整治行动督查，通过座谈调研、查阅资料、重点抽查等方式，现场督查指导案件审查、问题线索管理、台账登记等情况，提出意见建议15条。利用来信、来电、来访和网络“四位一体”举报平台，多渠道广泛收集问题线索。发挥县委反腐败协调小组作用，加强与公安、检察、法院、国土和扶贫等部门配合，建立健全线索移送机制，实现信息共享，形成排查合力。把基层“微腐败”问题列入县委巡察工作内容，深挖线索来源。2017年，受理问题线索219条，进行初步核实219条；确定重点问题线索18条，办结7件，转立案4件。

【体制机制改革亮点】 监察体制改革试点工作取得阶段性成果，成立改革试点工作小组，制定改革试点实施方案。开展调研摸底，制订监察委员会组建方案。对转隶人员进行全覆盖谈心谈话，做好县监委班子成员提名考察、检察机关有关案件线索移交和资产划转、监委办公场所安排等工作。在县委重视下，组建县委巡察机构，配备巡察干部，圆满完成首轮对神泉镇、司法局等4个单位巡察工作，发现问题71个，形成问题线索7件；加强问题线索核查，督促被巡察单位全面落实整改。落实线索处置和执纪审查“两报告”制度，加强上级纪委对下级纪委执纪审查指导和监督。县纪委报告线索处置72条，报告立案和处分案件53件。落实各级纪委书记、副书记提名、考察以上级纪委会同组织部门为主规定，县纪委会同县委组织部按照“提名考察实施意见”提名、考察、任用19名纪检监察干部。

9月5日，县委第三巡察组巡察县司法局工作动员会
（县司法局　供稿）

【行政监察工作】　抓好揭阳市“12345”市民服务热线三级平台运行监管，对县综合服务热线电话受理工作实施全程效能监察。结合县网上办事分厅工作，抓好电子监察工作。依托镇级农村集体资产资源交易平台，强力监管，推进农村集体“三资”阳光透明交易。2017年，“交易平台”成功交易320宗，成交金额1.49亿元，做到公平、公开、公正，便民、利民、为民，从源头上预防腐败行为发生。

（县纪委办公室）

◆ 群众团体和工商联

县总工会

【概况】　惠来县总工会是县委领导负责工会工作群众团体，成立于1950年5月，根据惠来县机关编制委员会《关于印发惠来县总工会主要任务、内设机关和人员编制的规定》精神，内设一室二部：办公室（与组织部、纪检合署）、生产生活部（加挂女工部）、宣教部，在职人员14人，其中公务员6人、工勤人员8人；所属事业单位2个：职工业余学校、工人文化宫，在职人员9人，其中事业干部1人、工勤人员8人。惠来县总工会基本职责是维护职工合法权益。

【民主建会】　县总工会贯彻落实《广东省企业工会民主选举实施办法》，探索推进基层工会规范化民主建会工作，建设职工满意、企业认可、运行规范、作用明显新型企业工会。2017年，惠来县通过民主选举产生非公企业独立工会组织12家，新发展工会会员1218人，其中农民工1110人，新建女职工组织12家。

【民主换届】　县总工会运用全国工会基层组织建设管理系统，了解和掌握2017年到期换届企业工会数量，指导督促到期换届企业工会严格按照企业工会民主选举要求进行换届选举。2017年，惠来县依照民主选举要求，完成29家企业换届选举工作，推进基层民主政治建设深入发展。

【职工之家】　县总工会把会员评家作为加强基层工会民主建设重要内容和职工之家建设关键环节，创新内容形式，发挥会员群众主体作用，激发基层工会活力。在全县基层工会中广泛开展以“建会、建制、焕活力”为主要内容强基建制活动，提高工会规范化建设水平，把企业工会组织建设成为职工信赖“职工之家”。至12月，惠来县验收合格“职工之家”1158家，合格率85％以上。

【帮扶送温暖】　县总工会发挥困难职工帮扶网络作用，建立健全帮扶困难职工档案，通过建立并逐步完善以县总工会困难职工帮扶中心为总枢纽，辐射14个镇场全县困难职工帮扶网络，做到快速知情、及时服务、协助政府稳定社会。惠来县纳入全国工会帮扶工作管理系统档案有2330户，5215人。2017年，全县帮扶救助困难职工农民工447名，发放救助金47.80万元，其中“金秋助学”152名，每人1000元，15.20万元，重大疾病15人，每人3000元，4.50万元，生活救助160人，每人600元，9.60万元，春节慰问120名，9.90万元，把党和政府温暖和工会组织关怀送到他们心坎上。县总工会把建设“爱心妈妈小屋”作为推进“关爱帮扶工程”重点工作来抓，先后在县邮政局、县总女职委、惠来宾馆、旭辉手袋厂和富林大酒店建立“爱心妈妈小屋”，为哺乳期、孕期女职工解决实际困难。

【便民服务工作】 开展“送清凉”活动。8月，县总工会主席林晓生、副主席方少珠带队，与县总工会相关部室同志到惠来县重点项目建设工地、户外作业工地，看望慰问高温下坚守执勤一线惠来县交警大队警员、惠来县汽车运输总公司干部职工、揭惠高速公路惠来路段工地干部职工，开展夏日防暑降温“送清凉”慰问活动，为奋战在高温一线职工们送上一份清凉，送去工会组织关怀。开展春运期间便民服务工作。春运期间，县总工会组织志愿者到葵潭高铁站设置便民服务点，为旅客提供出行咨询、免费热水、行李服务、免费电话、手机应急充电、便民药箱、雨伞服务等便民服务，使外来务工人员和返乡务工人员感受到党和工会组织温暖与关怀。

【职工文化】 县总工会引导各企业利用节假日举办职工知识竞赛、猜灯谜、球赛等文体活动，陶冶职工情操，丰富职工业余文化生活。为推进惠来县职工体育文化生活发展，展示工人阶级光辉形象。1月7—8日，县总工会联合县体育局、县妇联、县老年人体育协会举办“舞出夕阳晚霞红、舞出健康快乐美、舞出文明好城市”广场舞大赛。2月11—12日晚上联合县灯谜协会在县文化广场举办“弘扬职工文化，共创文明惠来”元宵灯谜活动。3月18日至5月1日期间，组织参加市总举办“揭阳市职工文化创建系列之现代诗创作和工人原创歌词、歌曲征集活动”比赛中，参赛作品《山村教师》获得三等奖，《世界上最美的人》《以泥土的名义》获得优秀奖。在9月15日至10月15日期间组织参加市总工会举办的“中国梦·劳动美——喜迎中共十九大”职工书法、美术大赛中，参赛作品《潮汕赋》获得一等奖，《勤奋》获得三等奖，《长联》《建设中的城市》《一路欢歌颂丰年》《晴去流溪》《有一个春天》获得优秀奖。

【劳动竞赛】 县总工会组织全县各企事业单位职工参与技术创新、技术攻关、节能减排、绿色环保等竞赛活动，调动广大职工生产和工作积极性，以开展“安康杯”安全生产竞赛活动为平台，组织企业职工学习安全生产知识，增强职工安全意识和自我保护意识，提高惠来县企业管理者与职工队伍预防和控制各类安全生产事故能力，推动企业安全健康发展。2017年6月安全生产月期间，联合县安全生产委员会和县广播电视大学举办《中华人民共和国安全生产法》知识竞赛，全县有42支队伍、126人次参加本次活动，其中专职安全员第五参赛队获得一等奖，源瀚制衣有限公司和广东粤电靖海发电有限公司参赛队获得二等奖，县经信局、税务局和气象局参赛队获得三等奖。

【劳动模范】 县总工会配合做好评选推荐全国、省劳动模范工作，多领域、全方位开展工人先锋号创建活动，召开庆“五一”劳模代表座谈会，弘扬劳模精神、劳动精神和工匠精神，发挥先进典型示范、引领和激励作用，为惠来经济发展汇聚强大正能量，使劳动光荣、创造伟大成为时代强音，使劳动最光荣、劳动最崇高、劳动最伟大、劳动最美丽蔚然成风，促进全社会形成争当先进良好社会氛围，在全县范围内迅速掀起勤学习、争优秀工作热潮。开展劳模摸底调查工作，全面掌握劳模生产、生活情况，做好劳模管理服务。健全劳模健康档案，组织劳模进行免费健康体检，组织劳模到疗养基地疗养。做好劳模“三金”发放工作，探望、慰问生病住院劳模，把慰问金、困难补助金、特殊困难帮扶金发放到困难劳模手中。

【自身建设】 县总工会坚持以改革创新精神加强工会干部自身建设，激发工会组织生机和活力。组织基层工会干部参加省总、市总组织广东省劳资事件登记系统、组建管理系统等培训班学习，在县委党校举办工会干部培训班，邀请省总干校讲师授课，重点学习习近平总书记系列重要讲话精神、《中华人民共和国工会法》《中华人民共和国劳动法》等内容，提高工会干部政治理论素质和业务工作水平。

（县总工会）

共青团惠来县委员会

【概况】 共青团惠来县委员会是全县共青团组织领导机构，下设办公室、组织部、宣传部、学少部。2017年，惠来县有共青团组织181个，少先队组织26个，其中镇（场）团委14个、中学团委34个、县直有关单位团组织22个。非公企业组织团建111个。团组织普遍建立在学校、企业、农村，团工作和活动全面覆盖青少年群体。

【青少年思想政治教育】 团县委利用重大节日，开展“我的中国梦”主题教育实践活动，使青少年树立远大理想，坚定不移跟党走。3月13日，团惠来县委在葵潭镇组织开展“保护母亲河·美丽中国梦”植树护绿志愿活动，组织动员广大青少年传播绿色理念，为惠来县播种绿色、播撒文明。6月8日是第十个“全国海洋宣传日”和第九个“世界海洋日”，惠来县团委联合揭阳市海洋与渔业局、惠来县海洋与渔业局在惠来县海滨渡假村开展“扬波大海　走向深蓝”——揭阳市2017年世界海洋日暨全国海洋宣传日活动。6月25日为全国土地日，团惠来县委联合惠来县国土资源局在惠来葵阳影剧院门口开展纪念“珍爱国土·青年担当”宣传活动。6月26日为国际禁毒日，团县委组织志愿者在葵阳影剧院门口开展“6·26”国际禁毒日“无毒青春·健康生活”系列宣传活动。

【青年志愿工作】 团县委组织开展志愿服务活动。3月志愿服务活动月期间，组织青年志愿者开展“阳光行动——关爱农村留守儿童”活动。响应县委县政府关于创建文明卫生县城工作部署，在全县范围内开展创卫清洁活动。开展清除“牛皮癣”、清理果皮箱活动4场次，发挥志愿者示范带头作用。贯彻落实全市“全民禁毒工程”动员部署大会会议精神以及和全市社会治安综合治理“众剑行动”电视电话会议精神，团县委于10月31日成立一支89人惠来县禁毒宣教志愿服务队和一支16人惠来县禁毒社会工作者队伍，组织志愿者开展“众剑行动”主题活动4场次。

【少先队工作】 加强少先队组织建设。2017年惠来县有少先队大队27个，少先队中队317个，少先队员数11.30万人，少先队大队辅导员318名。全县各少先队大队总辅导员基本实现年轻化。开展辅导员分级培训。重视提高少先队辅导员政治素质和业务素质，于2017年8月参加团市委开展揭阳市2017年少先队鼓号队培训班，有2名辅导员参加培训。开展少先队活动。少先队品牌活动是少先队工作生机与活力体现，各级少先队组织为突出惠来县特色，利用春节、清明、“六一”、“10·13”等重大节庆日和少先队传统节日，开展“我们的节日”系列纪念活动，以创新促发展，开展少先队品牌活动。举办纪念少先队成立68周年暨少先队工作表彰大会，评选10个先进集体、64名优秀个人。

【禁毒宣传】 团县委采取禁毒宣誓、禁毒法制讲座、禁毒巡展等形式，在全县范围内开展禁毒宣传教育活动。2017年，团县委在惠来县粤东中学、鳌江中学、慈云实验中学开展“无毒青春　健康生活”专题法治宣讲会，参加学生700人次。组织开展惠来县“无毒青春　健康生活”青少年禁毒手抄报大赛，评选优秀作品15幅；组织报送禁毒手抄报作品参与2017年团市委禁毒手抄报大赛，惠来

11月17日，全市律师志愿者在惠来县参与禁毒宣传进校园活动
（县司法局　供稿）

县有13幅作品获得嘉奖。发挥好县禁毒教育基地、县戒毒所、惠城镇社区康复服务中心等禁毒阵地作用，在每一期《惠来青少年》报上刊登禁毒知识，在惠来共青团公众号进行禁毒宣传，印制禁毒宣传资料等。

【服务青少年成长成才】 关爱农村留守儿童，为他们健康成长保驾护航。在前詹镇铭湖小学举行“喜迎十九大　大手牵小手”——共青团关爱农村留守儿童活动，与孩子们共同庆祝六一儿童节，让他们感受到党的关怀和社会的关爱。创建“希望家园”，为青少年提供精神食粮。联合广东移动惠来分公司在前詹镇中心小学建立“希望家园”，配备图书室、活动室、心理辅导室及教辅图书和课外读物、电脑网络设备、文体活动器材等。创造有利条件，为大学生服务社会搭建良好平台。组织广东医科大学、广东工业大学信息工程学院大学生到惠来县锡溪学校、钓石小学开展为期九天暑期社会实践“三下乡”活动。团县委重视青年创业创新工作，为给惠来县青年创新创业提供优惠便利经营场所和企业孵化服务，团县委授牌成立惠来县青年创业创新基地、惠来县青年电商孵化基地，引导和帮助青年创业实践。

【教育扶贫】 常态化开展“一元助学”公益募捐活动，帮助贫困大学生入学。组织各基层团委定期开展为贫困大学生筹款募捐活动，募得爱心资金2万元，在全县掀起捐资助学热潮。做好贫困大学生申请揭阳市大学生基金会资助材料审核、分类、较对工作，经过审核、报送、家访等工作环节，惠来县2017年有72名考上2A院校以上贫困学生获得资助。

【文明创建】 2017年在全县范围内组织志愿者开展清理“牛皮癣”、清理果皮箱等志愿行动4场次，参与人数200人。在明德学校、鳌江中学等学校举办创文宣传暨法律知识进校园宣讲活动5场次。开展创文公益徒步、创文篮球比赛、创文承诺签名、创文宣传骑行等活动，将创文工作融入团委日常活动，志愿者示范带头，创文活动氛围良好。

【基层团组织建设】 改变作风直接联系服务青年。2017年强化“1+100”制度，密切专职、挂职、兼职团干部与基层一线普通团员青年联系。团惠来县委团干部总数37名，直接联系青年人数3427名，在工作中总结分享基层感悟382篇。

加强团干部队伍建设。组织中学团委书记参加广东省委组织中学共青团学习贯彻十九大精神深化改革系列培训班，学习党的十九大精神和推进共青团转型发展理论教育。组织惠来县团干部参加2017年全省团干部主体培训班，提高团干部综合素养。

推进共青团争先创优工作，发挥先进典型模范带头作用。通过申报，全县获评“省五四红旗团委”1个、“省优秀共青团干部”1名、“省五四红旗团支部”1个、“省优秀共青团员”1名、“市五四红旗团委”2个、“市五四红旗团（总）支部”3个、“市优秀基层团委书记”3名、“市优秀基层团（总）支部书记”2名、“市优秀基层团干部”2名、“市优秀共青团员”6名。加强“两新”组织团建工作，扩大团组织覆盖面。在惠来县10家“两新”组织新建团组织。

（团县委）

县妇女联合会

【巾帼文明建设与创业】 巾帼文明建设。开展2016年度全国、省、市巾帼文明岗、三八红旗手（集体）申报推荐工作，发挥巾帼文明岗示范引领作用。县福利院获得2016年度全国“巾帼文明岗”称号；县公安局出入境大队获省“巾帼文明岗”称号；中国移动广东有限公司惠来分公司妇女小组和县邮政分公司神泉支局获得市“巾帼文明岗”称号。

促进就业创业。围绕农业现代化建设并结合精准扶贫工作，开展“农村妇女增收致富支持行动”，培育和发展一批巾帼创业示范基地。隆江镇月潭村“林秀莲种养综合基地”被授予“广东省巾帼创业示范基地”称号。开展扶持妇女创业小额担保贷款贴息项目。推动出台妇女创业小额贷款政策，联合县财政、县农村信用联社制定出台《关于

7月13日，县妇联召开惠来县扶持妇女创业小额担保贷款贴息项目工作会议 （县妇联　供稿）

印发〈惠来县扶持妇女创业小额担保财政贴息贷款项目（2017年—2019年）实施方案〉的通知）。争取县农信社以中国人民银行贷款基准利率进行贷款。做好调查摸底和宣传发动工作，召开惠来县扶持妇女创业小额担保财政贴息贷款工作会议，要求各级妇联组织要宣传发动，深入调查摸底，推荐有创业能力有需求妇女获得贷款，帮助妇女解决创业、生产经营和扩大生产过程中资金紧缺问题，促进和带动妇女创业就业。全县13名妇女获得贷款，贷出金额107万元，带动100名妇女创业就业。

【创文与禁毒活动】　引导广大妇女参与创建文明卫生县城和“五城同创”工作，形成“人人关心、人人支持、人人参与”良好局面。开展“最美家庭”“文明家庭”“平安家庭”等一系列优秀家庭角色评选，树立典型，推进家庭文化建设。东港镇王映军家庭被评为揭阳市十大“最美家庭”；创建县“文明家庭”24户；创建县“平安家庭”51户，其中市级示范户20户。利用母亲节、六一儿童节等节日契机举办“好母亲是孩子生命的贵人”家庭讲座、“书香飘万家·文明伴成长”亲子阅读等主题活动5场次，以文明家风促进良好社会风尚形成。组织干部职工参与“创文为我，我为创文”主题活动，做好挂钩东陇镇和挂钩点南环一路环境卫生集中清理和交通疏导活动。

贯彻落实市委“全民禁毒工程”工作部署，配合惠来县“众剑行动”开展，以“不让毒品进我家　共建无毒家庭”为主题，开展禁毒宣传教育活动。全县发动组织巾帼禁毒志愿者深入家庭、村居、学校开展禁毒宣传咨询活动152场次，发放宣传单、小册子15.9万份。通过“发出一份倡议书、建立一支志愿者队伍、开辟一个宣传教育专栏、开设一堂法制课”“四个一”工作，创建“无毒家庭”，提高广大妇女和家庭禁毒意识和拒毒防毒能力，推进县“平安建设”。

【保障妇女儿童权益】　抓妇女儿童权益普法宣传。在“三八”维权周、“6·26”国际禁毒日等节日期间，联合综治、公安、司法、教育等部门，开展《中华人民共和国反家庭暴力法》、禁毒等专项宣传教育活动17场次，发放宣传资料5万份，咨询服务9000人次。

妇女维权工作。成立婚姻家庭纠纷人民调解委员会，提升专业水平，化解婚姻家庭矛盾纠纷。发挥“12338”维权热线、县、镇、村三级信访网络平台作用，化解矛盾，帮助妇女维权，2017年接

10月24日，市、县妇联联合在岐石镇览表村举办“远离毒品　珍爱生命”妇女民生座谈会 （县妇联　供稿）

待妇女群众来信来访来电14件，办结率95%。关爱妇女儿童发展。

扶贫助困活动。开展“单亲特困母亲帮扶”“爱心父母大联盟”“关爱留守儿童”行动，慰问单亲特困母亲家庭350户次，结对帮助困境、留守儿童180人次，帮扶资金和物资8万元；做好贫困母亲“两癌”救助申报工作，为5名患病贫困母亲争取省妇联援助款6.50万元；在惠城镇河田村创建省“留守儿童之家示范点”，在华湖镇丁田村、堡内村和葵潭镇三池埔村创建省“儿童之家示范点”。

【自身建设】 做好与上级妇联组织改革方案对接。县、镇两级妇联完成换届工作。县委分别批转印发《中共惠来县委批转县妇联〈关于筹备召开惠来县妇女第十二次代表大会的意见〉的通知》及《中共惠来县委批转县妇联〈关于召开镇场妇代会的意见〉的通知》，对县、镇两级妇联换届工作作出具体部署。惠来县妇女第十二次代表大会召开，选举产生惠来县妇联第十二届执行委员会委员31名，惠来县妇联第十二届执行委员会第一次全体会议选举产生惠来县妇联第十二届执行委员会常务委员15名、主席1名、副主席2名、兼职副主席2名。全县11个镇妇联完成换届工作，按改革要求抓好镇妇联组织区域化建设。每个镇执委职数配备25名，全县新增镇妇联执委136名，将妇联组织链条向乡镇全区域延伸，形成以镇妇联为核心，镇辖区内各个单位、各个组织、各个领域女性共同参与、开放互动、全面覆盖妇联组织建设和妇女工作新格局。

推进村（社区）妇代会改建妇联工作。全面落实《广东省妇联改革方案》要求，制定印发《关于印发〈惠来县妇联关于在全县全面推进村（社区）妇代会改建妇联工作的意见〉的通知》，具体部署就会改联工作指导思想和意义、工作步骤和时间安排。全县14个镇（场）239个村、33个社区于8月完成改建工作，选举产生村级妇联组织272个，其中村（社区）妇女代表6069名，妇联执委1707名，妇联主席272名，妇联副主席124名（其中兼职30名）。

改进工作作风。抓住“三严三实”“两学一做”学习教育常态化制度化等契机，加强宗旨意识和服务意识，开展“下基层、访妇情、办实事”活动，调查研究，真实反映妇情，协同解决难题。

（陈晓虹）

县工商业联合会

【概况】 惠来县工商业联合会（总商会）第十一届班子成员176人，其中主席1名，副主席21名，常委100名，执委54名，全县工商联会员2185人，会员担任各级人大代表40名，其中省人大代表1名，市人大代表10名、县人大代表29名。担任各级政协委员79名，其中市政协委员10名，县政协委员74名。2017年，县工商联被中华全国工商业联合会确认为2017年全国“五好”县级工商联；从2015年起连续三年确认为全国“五好”县级工商联。

【十一届二次会员代表大会】 2017年6月22日，惠来县工商业联合会（总商会）第十一届会员代表大会第二次会议在县工商联大楼隆重召开。大会上，县委统战部副部长、县工商联党组书记方少辉受县工商联主席方秀明委托，向大会作工作报告。回顾2016年主要工作并提出2017年工作意见。选举增补县工商联第十一届执委9名，常委7名，副主席1名，广东省惠来商会会长、广州中堂控股集团有限公司董事长唐玉利当选为副主席。县委、县政府、县人大、县政协有关领导镇（场）书记、专职副书记、统战委员，工商联联系单位领导以及各群团单位领导，县工商联老领导、会员代表等240人出席大会。

【素质提升培训】 县工商联围绕促进非公有制经济人士健康成长主题，坚持“团结、服务、引导、教育”方针，实施非公有制经济人士素质提升培训工程。2017年组织举办会员法律培训班二期，增强会员依法经营、守法经营意识；3月9日，组织30名会员参加揭阳市“实施创新驱动战略加快产业转型升级”专题讲座；4月7日，组织13名会员参加揭阳市“揭商大讲坛”；组织企业家赴省内外学习知名企业发展经验。

【联络考察】 5月23日，揭阳市委统战部副部长、市工商联党组书记林少光陪同东莞市、韶关市工商联学习交流团一行50人，到县工商联参观学习“五好”县级工商联创建工作。受到县委、县政府、县委统战部、县工商联等的热烈欢迎。

7月5—7日，在韶关组织开展东莞、揭阳、韶关三市工商联基层组织建设学习交流活动。惠来县委统战部副部长、工商联党组书记、常务副主席方少辉带队10人到韶关市参加工商联基层学习交流活动。

9月22日，县工商联组团赴浙江舟山学习考察，市工商联党组书记林少光，惠来县人民政府副县长许松青应邀出席活动，惠来县工商联党组书记方少辉带队广东金贤集团董事长黄少贤等一行16人参加考察。

【服务公益事业】 县工商联以改善民生为已任，引导非公经济人士履行社会责任。2017年，总商会会员捐资公益事业1200万元。其中，会长方秀明捐款50万元、副会长叶锦镇30万元建设溪洋村文化公园；1月20日，县工商联组织对全县18名建国前入党困难党员和省部级以上劳模进行慰问，慰问金2万元由副主席黄宏鹏赠助。春节前，商会会员捐资78万元，慰问困难户、五保户980户。3月，总商会常委林伟涛捐款20万元给靖海镇资深村建设路灯工程。7月1日，常委廖五发动组织慰问活动，慰问贫困户191户，送上慰问金7.5万元，大米260袋，食用油130桶。10月，总商会副主席黄少贤、黄加创各捐款380万、常委张汉飞200万建设配套隆江镇市政建设。

（县工商联）

2017全国“五好”县级工商联　（县工商联　供稿）

法治 FA ZHI

◆ 政法委及综治

【概况】 2017年，县委政法委干部职工65人，其中公务员38人，委机关设立秘书组、政工办、资料调研组、宣传信息组、综治综合协调组、综治基层建设组、综治专项工作组、维稳协调督导组、社会组织工作组、反邪教工作组、法治监督组、依法治县工作组等12个内设机构和打私办、法学会、国安办等挂靠单位，主要职能牵头抓总和统筹协调全县政法、综治、维稳、反邪教、社会建设、法治建设工作，牵头组织推进全县司法体制改革、社会体制改革工作，组织落实有关法治建设改革工作任务，指导、推进全县政法队伍建设等。惠来县政法工作以全面创建平安惠来法治惠来为载体，加强政治安全，化解社会矛盾，集中全力整治毒品等突出问题，加强政法队伍建设。

【维稳处突】 围绕为中共十九大胜利召开营造安全稳定社会环境这条主线，启动中共十九大安保维稳特别防护期工作机制，开展“8+2”政治安全专项整治，实现确保不发生危害国家安全和社会稳定重大事件、确保不发生严重暴力恐怖和个人极端事件、确保不发生重大群体性事件、确保不发生重大公共安全事件“四个确保”目标。组织开展涉军退军转人员、出租车从业人员、民办代课教师等群体利益诉求问题排查和专项治理。全县大局稳定。

【严打整治】 以涉毒、涉盗抢、涉黑恶、涉电信诈骗、涉金融犯罪、涉黄赌、涉食品药品制售假为重点，组织开展整治行动，严厉惩治违法犯罪。2017年，全县刑事立案案件985宗，侦破刑事案件509宗，抓获各类犯罪嫌疑人602名，查处行政案件1042宗、931人，行政拘留589人，破获各类犯罪团伙34个，破获团伙案件109宗，抓获团伙成员67名。从11月开始，惠来县部署在全县开展为期4个月社会治安综合治理“众剑行动”。12月3日，惠来县召开县、镇、村社会治安综合治理“众剑行动”动员大会，全面部署、推进“众剑行动”各项整治行动。把整治毒品问题作为惠来县各项专项行动重中之重，县委多次召开县委书记班子会、县委常委会议，专题研究部署禁毒工作，专门成立解除涉毒“通报警示”地区冲刺行动领导小组，由县委书记任组长，县长任常务副组长；县委常委、政法委书记任办公室主任，按照“六大标准”“30项重要事项”要求，加强大宣传、大管控、大打击、大问责、大创建5项举措，推进禁毒基础工程项目完成，推进全县禁毒“摘帽”攻坚工作，年底向省申报“摘帽”验收。

【矛盾化解】 坚持定期排查和专项排查矛盾纠纷，对影响社会稳定涉农、涉土、劳资纠纷、涉环境问题等12项重点领域开展矛盾预防和排查、治理。县成立集中排查处置化解信访维稳突出问题工作专班，集中排查处置矛盾纠纷和重点人情报信息搜集掌握、分析研判、核查处置、稳控劝返等工作。推进县领导轮流接访和镇（场）领导周末接访制度。县党政领导在工作日轮流到县信访局接访大厅接待来访群众。各镇场党政一把手于每周六上午轮流带领班子成员，公开接访群众，主动面对群众诉求，把矛盾化解在基层，推动信访问题及时就地解决。

【专项治理】 加强重点人员、重点行业、重点场所等清查管理，深化居住证“一证通”制度，加大对流动人口出租屋清理整治，压缩流动人口出租屋违法犯罪生存空间，严防涉黄涉赌问题滋生，全面清剿娱乐服务场所涉黄活动。推进寄递物流行业安全管理工作，对各寄递物流企业逐一造册登记，分类管理，完善监管机制。加强特殊人群管理。开展刑释解教人员和吸毒人员帮教工作，预防和减少违法犯罪。加强对严重精神病患者救治救助工作，抓好排查管控工作，对全县三级以上精神病患者均列入县公安机关重点管控人员，防止发生严重精神病患者肇事肇祸案事件。

【防控建设】 推进“平安细胞工程”创建。分期分批在全县范围内开展“平安细胞工程”创建活动，营造“积小安为大安”社会氛围。在以惠城镇为市级试点、岐石镇为县级试点基础上，推进“中心+网格化+信息化”建设。加强治安防控视频建设。全县安装高清视频570个、卡口16个，并入县110指挥中心管理使用。建设二类视频，在西部5镇新增建设监控点300个，治安防控视频建设在全市公安机关加强社会治安防控体系建设考评中取得第二名，全县治安防控“天眼地网”逐步形成。加强治安联防队伍建设。建立健全镇村治安联防队伍，实行区域治安联防、企地联防、军警联防、街面店铺联防等群防群治新模式。全县建立县、镇、村三级治安联防队288支、2119人，筑牢社会稳定第一道防线。

【法治建设】 惠来县东港镇、仙庵镇、东陇镇、葵潭农场、岐石镇5个镇（场）共143个村（社区）参加省评估验收，择优选取确定惠城镇、东港镇为市级法治创建示范镇，惠城镇西一社区、东港镇石坑村为市级法治创建示范村，东陇镇为县级法治创建示范镇，葵潭镇长春社区、东陇镇寄陇村为县级法治创建示范村，通过示范带动，推动全县法治镇村创建工作深入开展。以全县范围内打造“十所法治校园”“十个法治宣传示范点”“十个法治文化主题公园”为法治创建抓手，打造法治创建“三个十”工程，推进法治创建。把宣传发动作为推进政法和平安创建基础性工作来抓，加大竞赛活动宣传、禁毒宣传、平安创建宣传力度，营造维护惠来平安稳定氛围，提高群众对平安惠来创建知晓率、支持率和参与率和对政法公安工作满意度。

【司法改革】 县委政法委推动涉法涉诉信访改革，加强对政法各部门执法、司法活动监督和协调，督导政法各部门坚持用法治思维和方式化解社会矛盾，引导诉讼与信访分离，把涉法涉诉信访纳入法治轨道，提高基层治理法治化水平。严格执行法官、检察官员额制度。县人民法院、人民检察院围绕提高司法公信力，推进“四项改革”，公开、公平、公正推进法官、检察官选任并推荐进入员额工作。推进执法司法程序公开。县人民法院遵循司法体制改革“五个坚持”原则，加强对案件质效监控、评估和考核，组织开展案件质量评查和庭审、裁判文书“两评查”活动，推进司法审判流程、裁判文书、执行信息“三大平台”公开，推进审判公平公正。

【队伍建设】 政法各部门贯彻落实《关于加强新形势下我省政法队伍建设的实施意见》，推进“两学一做”常态化、制度化，纠正“四风”，加强队伍执法司法规范化建，提升队伍政治素质、业务水平、履职能力和纪律作风。推进县委政法委机构改革，推进政法委职能从统筹协调政法工作为主向统筹协调维稳和政法工作并重转变，实现职能、方式、作风“三个转变”。以司法体制改革为契机，加强法官、检察官教育培训，提升法官和检察官办案质量和水平。推进公安“两大专项活动”，提升群众满意度。规范、整改公安机关执法办案工作，提升人民群众对公安工作满意度和执法公信力。

（林坤镇）

◆ 海防与打私工作

【概况】 2017年，县海防与打私办干部职工28人，其中干部5人，单位内设构2个：海防股和打私股，为加强反走私工作，专门成立一支巡防督查队。2017年，反走私方面，惠来县出动执法人员1119人次、车辆237辆次，执勤艇12艘次，查处走私贩私案件19宗，查处走私成品油334.82吨，案值204.64万元。海防方面，基础设施完善，队伍建设加强。

【责任落实】 省、市、县领导十分重视海防和反走私综合治理工作，将其作为服务县域经济发展，维护社会稳定重要工作来抓，惠来县专门召开各镇（场）惩治走私工作会议，县领导与各镇（场）签订责任书，要求各镇（场）与各村委会、部门、企业和商户签订反走私责任书，将反走私工作责任逐级落实到基层，形成齐抓共管格局，预防和打击走私活动。

【基础设施】 争取上级支持，筹措资金，加大海防和反走私基础设施投入，夯实基础。改造修缮县海防与打私视频监控指挥中心用房，占地1750平方米，建筑面积1313.70平方米，投入资金179.89万元。建设反走私视频监控指挥系统，项目投资250万元，通过省市县验收。项目投入使用将实现沿海反走私工作动态监控。

【惩治重点】 县海防与打私办针对各个时期，上级海防与打私办惩治重点和专项行动部署，结合惠来县实际，传达布置，组织30次联合行动，清查商场及铺户278家次，检查企业216家次，抽检食品22批次，查处走私贩私案件19宗，加强对全县15家加油站检查、监督，查处走私成品油334.82吨，案值204.46万元，遏制各类走私活动反弹和回潮，确保应节商品安全，使惠来县各项走私贩私活动趋于平稳。

【宣传教育】 加强反走私宣传教育力度，县海防与打私办推动反走私法治宣传教育进社区、进镇、进渔村、进企业、进渔船“五进”活动。宣传惩治走私法律法规和《广东省反走私综合治理工作条例》等，制作固定宣传牌30块，宣传横幅27条，悬挂各港口、交通路口、乡镇交通要道；将1500册《广东省反走私综合治理条例》发放各镇、各村、各渔民；利用电视台和固定宣传栏、标语等宣传阵地宣传；通过宣传教育，提高广大人民群众对反走私工作重视和支持。

（县海防与打击走私委员会办公室）

◆ 法院

【概况】 2017年，县人民法院受理案件1259件，审结1270件，结案率91.6％，结案标的额10.45亿元，为实施“十三五”规划、促进县域经济发展及社会和谐稳定提供司法保障。惠来县人民法院审判综合大楼占地面积1.37公顷、建筑面积11486平方米；县人民法院政法专项编制105名，事业编16名，全院在职干警114人，属公务员编制91人，其中法官33人（含20名入额法官），占总在职人数29％。县人民法院设立13个内设机构，分别为：政工科、办公室、研究室、监察室、司法行政装备管理室、审判管理办公室、立案庭、刑事审判庭、第一民事审判庭、第二民事审判庭、行政审判庭、审判监督庭、执行局；一个直属机构：司法警察大队；下辖五个派出机构：靖海、隆江、葵潭、神泉、大南山五个人民法庭。上述机构行政级别均为副科级。

【刑事审判】 2017年，县人民法院受理刑事案件389件，审结384件。严惩社会危害大、群众反映强烈涉毒品犯罪，从快审结涉毒品犯罪案件134件、143人，召开两场禁毒宣判大会，宣判涉毒犯罪分子16人，打击毒品犯罪；严惩重大恶性犯罪以及盗窃、抢劫、抢夺、诈骗等多发性侵财犯罪，确保人民群众生命财产安全；严惩贪污、贿赂、渎职等职务犯罪，推动反腐败斗争开展；惩治危害食品药品安全、拐卖妇女儿童等犯罪，维护人民群众切身利益，提升群众安全感；坚持宽严相济刑事政策，对于初犯、偶犯等犯罪情节较轻确有悔罪表现被告人依法适用缓刑、管制、免予刑事处罚或单处罚金；加大对未成年人保护力度，开展普法宣传，优化未成年人成长环境。

【民事审判】 2017年，县人民法院受理民事案件821件，审结752件，解决诉讼标的额9.36亿元。推行小额诉讼程序适用，对涉案金额较小、案情简单、权责明确101件案件，适应简易程序审理，降低当事人诉讼成本，提高诉讼效率。坚持调解优先，调判结合，规范调解适用，化解矛盾，力争每一案都做到“定纷止争，案结事了”。结合工作实际，创新调解机制，实现诉前联调、诉中调解、判后调解、执行和解有机统一，实现法律效果和社会效果统一。

【执行工作】 2017年，县人民法院受理执行案件123件，结案126件，执结标的额1.72亿元，到位标的1.12亿元。执行工作取得成效，在全市人民法院执行工作中名列前茅，受到市中院主要领导肯定和表扬。严惩失信行为，对符合条件73名被执行人纳入失信被执行人名单，定期在全国执行信息系统公布，并通过惠来电视台、《揭阳日报》和县人民法院电子大屏幕予以公示。对抗拒执行违法犯罪行为保持高压态势，加大拘留力度，对诚信缺失、不讲信用老赖决不留情，对23名老赖采取司法拘留和罚款等强制措施；推进执行信息化建设，通过最高人民法院财产查控平台和全省人民法院查控平台，与42家银行实现联网，可查询全国范围内存款，部分银行实现全国网络“查冻划一体化”，查询当事人存款137人次，查询到存款800万元。完善淘宝网司法拍卖机制，于2017年在淘宝网进行司法拍卖17次，成交124件，成交金额6003万元，实现司法拍卖全流程公开、透明、零佣金。

【司法为民】 落实便民服务措施。新建诉讼服务中心大厅，在大厅设立自助查询机，当事人可随时查询到案件相关信息。推广诉讼文书电子送达，落实司法救助工作。落实立案登记制，对依法应当受理案件，做到有案必立、有诉必理。发挥人民法庭前沿阵地作用，在周田镇、岐石镇设立靖海法庭工作室和隆江法庭工作室，为群众提供立案、法律咨询等服务。构建司法公开机制。推行裁判文书上网和庭审直播等制度，生效裁判文书上网率96.1%。11月30日，县人民法院首次通过中国庭审公开网直播庭审活动，这是揭阳市基层法院在中国庭审公开网上首场直播。邀请人大代表、政协委员旁听庭审，接受监督，听取意见建议。

【司法改革】 在上级法院有关司法改革总体部署下，按照改革实施方案逐一落实，推进改革工作，完善审判权运行机制改革，推进人员分类管理、法官员额制、司法责任制等基础性改革。深化审判权运行机制改革。加强审判管理，保证法官在证据采纳、事实认定以及法律适用等方面自主性，设立专业法官会议，完善法官、合议庭办案责任制。推动长期未结案件清理工作，提升案件质效。审判流程管控，推进网上办案，实现立案、审理、文书起草、签批等工作全流程网上流转，实现用权留痕。推进法官员额制改革。县人民法院入额法官20位，根据审判工作需要，组建1名入额法官配备1名法官助理、1名书记员刑事、民商事审判团队。入额法官实行单独职务序列管理，推进人员分类管理改革，提升人民法院队伍正规化、专业化、职业化水平。推进审判权与执行权相分离体制改革。率先在全市两级人民法院中实行推进审判权与执行权相分离体制改革，从2017年5月1日起，当事人向人民法庭申请执行案件，由人民法庭负责审查，录入执行系统，提交立案庭审批，由立案庭审批立案后通知申请执行人并移交执行局执行。将执行职能从人民法庭剥离，使人民法庭能够集中精力做好审判工作，缓解办案压力，保证司法质效。

【队伍建设】 开展先进理论学习活动。按照县委工作部署，开展“两学一做”常态化制度化学习教育活动，制订学习计划，确定学习内容和时间，并把学习活动与院开展纪律作风问题专项督察相结合，引导党员干部把思想和行动统一到重要批示精神和中央一系列重大决策部署上来。院领导到基层讲党课，把理论学习结果与基层干警分享交流，取得效果。组织全院干警集中在视频室听习近平总书记十九大报告，并以三会一课作为学习阵地开展讨论交流。院党组书记、院长刘福森围绕十九大主题，结合法院工作实际，为全院干警讲授十九大精神党课，并要求全院干警要深入研读、领会十九大报告精神。组织全院干警开展“12·4”公众开放日活动，全院干警在宪法面前庄严宣誓，促进法官和干警忠诚司法事业，坚定法治信念。加强法院队伍建设。为提高法院干警业务素质能力，院党组克服工作和学习矛盾，利用上级法院学习平台和视频学习平台，组织干警到国家、省法官学院及高校进行业务素质培训，做到教育培训全覆盖。做好人民陪审员培训工作，调动人民陪审员积极性，增强人民陪审员履行职责使命感和责任感。推进法院基础设施建设。构建智慧法院，新建数字法庭3个，庭审直播间3间，在院机关和五个人民法庭安装户外大型电子显示屏。加强基层安保措施，为人民法庭配置安保人员并设置安检门，提升人民法庭安保力量，以应对法庭安保工作需要。

（县人民法院）

◆ 检察

【概况】 2017年，惠来县人民检察院有政法编制80个，在职干警78人，其中公务员66人。机构设置包括13个内设机构（包括办公室、政工科、综合科、侦查监督科、公诉科、反贪污贿赂局、反渎职侵权局、监所检察科、民事行政检察科、控告申诉检察科、职务犯罪预防科、案管中心、纪检监察室），1个直属机构（法警大队），1个派出机构（派驻隆江检察室）和1个直属事业单位（机关后勤服务中心）。

【保安全护稳定】 加强政治警觉性，团结在以习近平同志为核心的党中央周围。维护中央权威，维护国家政治安全特别是政权安全和制度安全，树立“四个意识”，坚定“四个自信”，结合学习贯彻习近平总书记系列重要讲话精神与检察工作，把思想和行动统一到县委及上级检察机关决策部署上，做好检察环节综合治理和社会维稳，为中共十九大胜利召开营造安全稳定社会环境。突出惩治重点，惩治公共安全领域犯罪。依法快捕快诉影响社会安全黑恶势力犯罪、涉赌涉毒、电信诈骗等犯罪，提升人民安全感。依法起诉涉黑恶势力犯罪案件21件38人，涉赌犯罪案件28件、52人，涉毒犯罪案件167件、227人。开展惩治电信网络违法犯罪专项行动，成功办理社会舆论高度关注女大学生被电信诈骗后自杀一案，中央电视台新闻频道《法治在线》栏目对此作专题报道，省人民检察院检察长郑红专门作批示，肯定惠来县人民检察院发挥职能作用。完善信访机制，防范化解社会矛盾。把提升群众满意度贯穿信访接待始终，畅通群众诉求表达渠道和信访受理入口。受理群众来信60件，接待群众来访61批次、191人，受理刑事赔偿类案件3件、3人。开展“国家司法救助工作推动年”活动，帮助刑事被害人家庭走出困境，彰显司法温情，办理的“张某莲申请救助案”被评选为全省检察机关国家司法救助优质案件。

【服务县委中心工作】 发挥批捕、公诉等职能，解决与群众利益相关司法案件。受理公安机关提请批捕各类刑事案件393件、592人，经审查批准逮捕356件、519人。受理移送审查起诉案件478件、670人，审查后提起公诉375件、499人。贯彻执行宽严相济刑事政策，办理刑事和解案件14

件、14人。开展涉农、扶贫等领域职务犯罪惩防工作。立案查处职务犯罪案件9件、12人，抓获在逃犯罪嫌疑人2人。开展“预防职务犯罪邮路”，使职务犯罪预防工作深入群众，深入基层。服务禁毒工作大局，重拳高效打击毒品犯罪。服务“众剑”行动，为解除禁毒重点整治“通报警示”地区贡献力量。建立毒品案件快速办理机制。为案件办理开通绿色通道，从案管、侦查监督到公诉一路绿灯，形成对涉毒犯罪高压惩治态势。打造毒品案件专业化办案模式。紧扣禁毒工作实际和检察职能，探索打造专门化办案机构和办案机制、专业化办案团队和研究平台办案模式，快准狠惩治犯罪，遏制毒品犯罪嚣张气焰。助力文明城市创建，强化惠来文明形象。加强宣传教育、弘扬文明风尚，贯彻县委有关文明创建决策部署，组织干警参与创文主题活动，开展志愿者服务活动455人次。集中惩治破坏环境资源保护领域犯罪，惩治非法占用农用地、非法采矿等违法犯罪，依法批捕该类犯罪案件8件、11人，依法起诉20件、32人（含积存）。

【诉讼监督】 聚焦主业，加强侦查监督与审判监督。加强侦查监督，引导侦查机关依法快速开展侦查活动，发出继续侦查取证提纲37份、补充侦查提纲11份，启动侦查活动监督案件7件，立案监督6件。加强审判监督，审查审判机关认定事实、适用法律、定性、量刑、程序等情况，提出监督意见，维护法制权威。稳步推进，加强刑事执行检察工作。以刑罚执行和羁押期限监督为重点，确保监管场所安全稳定和保障被羁押人员合法权益。办理羁押必要性审查案件25件，提出变更强制措施建议22件，纠正久押不决案件1件；对看守所安全防范检察监督20次，提出纠正意见6件；纠正社区矫正罪犯脱管漏管6人，监督暂予监外执行条件消失罪犯收监执行2人，提出检察建议7件。创新发展，加强未成年人检察监督。落实未成年犯罪嫌疑人法律援助、犯罪记录封存等特殊程序和制度，保障未成年犯罪嫌疑人合法权益。申请法律援助12件、12人，依法封存犯罪记录11件、11人。开展“法制进校园”巡讲活动，开展以“防治校园欺凌，护航未成年人成长”为主题检察开放日活动，加强对在校未成年人法治教育和权益保护。

【司法体制改革】 推进司法责任制改革落地生效。落实员额制。明晰检察官权力清单，完善办案组织模式、检察权运行机制和检察监督体系，使入额检察官担负起办案责任。统筹推进检察人员分类管理改革。完善细化检察官、检察官助理、书记员职责分工，增强司法团队协作性。推进检察官单独职务序列和职业保障改革。推动构建与职务序列相配套，以检察官薪酬标准为核心，各类检察人员相对均衡、梯次有序薪酬待遇保障体系。服务监察体制改革稳步推进。在思想上、行动上与党中央保持高度一致，坚决拥护、自觉支持，推进监察体制改革。注重办案安全和抓好安全防范工作。配合党委完成检察机关相关部门转隶等工作，确保思想不乱、队伍不散、工作不断。引导社会各界监督广泛覆盖。邀请人大代表、政协委员视察指导，观摩公诉出庭等活动，推进检察机关接受人大监督常态化、制度化、规范化。开展检察开放日、检察长接待日活动，引导社会监督，拓宽人民群众有序参与和监督检察工作渠道。抓好案件流程信息互联网查询和终结性法律文书互联网公开工作。发布程序性信息1687条，法律文书公开405份。

【队伍建设】 落实“两个责任”，加强领导班子建设。贯彻党内政治生活准则和党内监督条例，落实中央八项规定和党风廉政建设责任制，坚定党的理论和路线方针政策，带领队伍在思想政治行动上始终与以习近平为核心的党中央保持高度一致，当好廉洁从政表率，真正做到守土有责、守土尽责。抓牢学习教育活动，加强意识形态建设。以“两学一做”学习教育常态化制度化为抓手，以学习贯彻十九大精神为契机，通过开展座谈会、研讨会、个人学习和集中学习等教育活动，筑牢思想意识防线，举行专题学习6场次。组织干警参加县委“学习总书记重要批示，做合格党员”微感言征集活动，投稿16篇次，其中一、二、三等奖分别获奖2名，优秀奖4名。传承优良检察文化，加强检察人才培育。加强宣传教育、弘扬优良检察文化，开展书法、摄影、演讲等文娱活动，培育、发展、繁荣检察文化。推进“人才强检”战略，弘扬践行“工匠精神”，开展岗位练兵、业务竞赛、技能演练活动，组织各类培训394人次，提升干警业务素养，推动检察工作实现新发展。2017年，县人民检察院干警获省级表彰4人次，市级表彰13人次，县级表彰14人次；集体荣立二等功、三等功、嘉奖和表彰各1次。

（廖洪明）

◆ 公安

【概况】 2017年，惠来县公安机关人员编制416名，占地10.89亩（0.73公顷），内设指挥中心、政治工作办公室、法制室、监督室、警务保障室、国内安全保卫大队、刑事侦查大队、交通警察大队、治安管理大队、经侦犯罪侦查大队、巡逻警察大队（特警）、出入境管理大队、网警大队、督察大队等机构，并设看守所、拘留所、戒毒所三个监管场所，以及惠城、城东、隆江、葵潭、周田、华湖、东陇、河林、鳌江、东港、葵峰11个内地派出所。

【社会治安整治】 2017年，县公安局以中共十九大安全保卫工作为主线，以“保稳定、护安全、促和谐”为目标，以“飓风2017”专项行动、“社会治安防控体系建设”“全民禁毒工程”“严打涉黄涉赌涉环保犯罪专项行动”“严打整治网络犯罪专项行动”“迎接十九大忠诚保平安”主题活动和“四个不发生”创建工作、“众剑行动”等专项为载体，县公安机关始终坚持严打方针不动摇，针对群众反映强烈突出违法犯罪，实施集中惩治、严厉惩治、精准惩治。全县立刑事案件1057宗，破案555宗，抓获各类犯罪嫌疑人656名，逮捕478名；查处行政案件1125宗，查处违法人员997人，其中行政拘留954人，罚款88人，调解纠纷22宗。

【惩治经济犯罪】 县公安局严厉惩治涉众型犯罪、涉假、盗刷银行卡等违法犯罪，以“端窝点、打团伙、摧网络、毁链条”为目标，与相关行政执法部门协作联动，在拓展案源、查办大案、协作配合和宣传发动等方面下功夫，保障人民群众财产安全。2017年全县立经济犯罪案件59宗（涉环境13宗、假币2宗、假烟32宗、组织领导传销活动1宗、其他经济案件9宗），破案29宗（涉环境9宗、假币1宗、假烟13宗、组织领导传销活动1宗、其他5宗），抓获犯罪嫌疑人103名（逃犯7名，其中1名移交杭州警方），刑事拘留103名，逮

11月29日，县公安局在县局五楼会议室召开“众剑行动”及“年终考核”冲刺推进会，副县长、公安局局长罗少鸿等局班子成员以及各股、所、队、室、边防大队、各派出所主要负责人等参加会议 （县公安局　供稿）

捕74名。2017年10月31日，县公安局在大南山侨区石洲村叠石水库和隆江镇鹅豆村孔坑山各捣毁一个隐藏在水库、山林内生产假冒伪劣香烟窝点，抓获犯罪嫌疑人32名，经县烟草部门初步估算现场所缴获涉案物品金额4243530.60元。

【禁毒工作】 县公安局推动禁毒工作预防宣教、执法惩治、社会帮教“三驾马车”，惩治毒品犯罪嚣张气焰，遏制毒品犯罪滋生蔓延。突出重点，狠抓涉毒大要案侦查工作。主动出击、全力缉捕涉毒逃犯，打好外流贩毒歼灭战。突出禁毒情报专班建设，抽调力量，成立禁毒情报专班，抽调业务骨干与省厅、市局成立三级联合办公禁毒情报专班，加强涉毒情报研判分析能力。组织开展多警种联合武装卡哨，加强堵源截流，筑牢防线。最大限度提高对吸毒人员和涉毒重点人员动态管理能力，2017年，禁毒大队发挥县禁毒办职能作用，坚持动态“管”。加强清理清查，落实包村责任制。创新宣传方式，加强宣传发动。2017年，编制发放《禁毒知识辨识》6000册、禁毒宣传小册子、传单15000份到全县各镇场，全面增强基层党群识毒、拒毒、防毒能力。完成县病残吸毒人员收治中心建设并验收合格，投入使用，解决惠来县病残吸毒人员收治难题，遏制该类人员流散社会危害社会治安问题。

【交通安全管理】 集中警力整治，加强交通秩序整治。交警惠城中队、机动中队全员上路，抽调隆江中队、仙庵中队精干人员充实警力。针对辖区重点违法行为规律、区域和特点，调整勤务安排，采取定点执勤和流动巡逻相结合方式，整治机动车乱停乱放、摩托车驾驶员无戴安全头盔、摩托车超载、行人乱闯红路灯等交通违法行为。安排精干警力协助县创文整治小组，处理“三横六纵”禁停路段机动车乱停乱放交通违法行为，执勤人员统一使用联号违法停车告知单，杜绝说情，发现一起，查处一起，机动车驾驶员没在现场将直接拖离。设置以南门大街县政府门口至宾馆路口，葵和大道神泉路口至站前路段为三轮摩托车禁行路段，由县局交通协管员路口执勤，制止三轮摩托车驶入禁行路段。在上下班高峰期，开展早、午、晚定时定点，在各红路灯路口查处摩托车驾驶员无戴安全头盔、摩托车超载、行人乱闯红路灯等交通违法行为。

以人为本，推动完善道路设施建设，推进“智慧交通”，优化交通管理，疏堵保畅。合理设置红路灯显示实际长度，完善电子警察对违法机动车抓拍清晰度；疏堵保畅，实现交通信号智慧调优功能，稳步缓和道路交通拥堵节点；在人流、车流以及机动车违法停车严重路口，增设隔离护栏，解决行人乱穿横跨道路和机动车占用非机动车道停车通

12月25日，副县长、公安局局长罗少鸿率队前往陆丰市公安局开展涉毒工作交流活动 （县公安局　供稿）

行等问题；依托智能交通指挥平台，稳步推进实战运用。利用智能交通指挥平台设备进行视频巡逻，及时发现交通拥堵和交通事故，机动车乱停乱放交通违法行为，快速调度路面民警处置，协调县城建局等相关职能部门，规范道路停车位、增设标志、标线，完善道路交通设施。如在南门大街、葵和大道合理地规划机动车停车位及区分两轮摩托车停放车位标志。

借助县电视台、有影响力微信公众号等途经快速进行交通文明宣传。通过路面发放宣传材料、县电视台黄金时间播放、有影响力微信公众号，三位一体同步宣传，提高宣传效率。交警宣传部门及时整理交警执勤查处违法情况，通过惠来地区“惠来人”“惠来交警”等公众号曝光。

副县长、公安局局长罗少鸿带队深入镇、村开展创文宣传和卫生清理工作　　（县公安局　供稿）

【网络安全监察】　网警大队开展“飓风2017”“安网2017”“众剑行动”“WiFi无线上网管控系统工作”等专项行动，加强对网吧安全检查管理工作、发挥网警部门作用惩治各项违法犯罪活动，创新互联网公开管理工作。协助外地警方（江苏、广州、福建、汕尾警方、汕头）抓获犯罪嫌疑人15名；协助县局各单位配侦案件27宗；电子取证167台次；查处宽带黑接入案件2宗，刑事拘留1人、行政处罚1宗；查处网络赌博案件4宗，刑事拘留4人，行政处罚1人；查处网络涉枪案件4宗、4人；网络谣言落地查处12宗，行政拘留5人；查处非法买卖居民身份证案件1宗、1人，行政拘留1人；查处宽带黑接入行政案件1宗、1人；查处涉高考设备作弊案件1宗、1人。

【户政管理】　户政部门办理出生小孩登记户口31000人；办理省内迁移户口一站式4413人份；发出省外户口准迁证明475份；户口变更更正业务1473份；恢复户口1554人次；为漏录户口群众补录户口信息231条；清理注销重复（虚假）户口信息2668条；受理、上传、发放居民身份证11万份；流动人口暂住登记信息2190条，出租屋登记信息148条；受理制作、延期发放广东省居住证174份；利用人口信息网络系统为群众提供信息查询47人次，为政府单位及办案部门提供信息查询352人次；开展“一标三实”房屋住址信息采集76844条，超额完成上级公安机关下达给惠来县12月25日前完成房屋住址信息采集60000条任务；安装流动人口出租屋“门禁视频”系统11套（其中一套为“616”人员居住），覆盖出租房间599间。

【出入境管理】　落实便民、利民措施，提升服务工作水平，落实中、省、市相关规定，便民措施、办证须知、收费项目公开。2017年，受理各类申请77797份，其中普通护照21763份，港澳旅游51630份，港澳探亲1007份，港澳定居185份，商务9份，大陆居民往来台湾3203份，给行动不便办证老人填表278人次，为偏远群众、外出务工专门回来办证等群众延时加班办证8000人次；联合相关业务部门抓获“三非”越南人，19宗119人，其中刑拘49人，拘留审查70人。

【110接处警】　接有效警情12546宗，其中刑事案件258宗、治安案件557宗、交通警情1801宗、火灾警情4宗、各类举报线索628宗、其他2266宗；列管列控重点人员走访登记4446人，其中本地人员4429条，外地流入17条，各类动态预警信息5304条，其中红色预警92条；成功抓获69人，抓捕率75%。

【纪检监督】　监督室开展“两大专项”“纪律教育学习月”、规范执法仪等专项整治工作，建设一支忠诚为民、公正廉洁公安队伍，为圆满完成各项工作任务提供思想政治和纪律作风保障。2017年，收到投诉18件，组织本级力量调查核实信访件，按程序审批由被投诉单位承办，审核调查结果。

【强制隔离戒毒、拘留】 强制隔离戒毒、拘留所收治戒毒人员863名，其中强戒620名，办理转刑拘152人。分流289名戒毒人员往佛山市三水强制隔离戒毒所。向侦查部门提供犯罪线索20条线索，协破毒品案件20宗，抓获各类犯罪人员45名。拘留所收拘被拘留人员339名，化解涉土地纠纷社会矛盾1宗。

【看守所】 看守所立足本职工作，加强管理，严格管理，以“惠来县公安机关开展鞭策庸懒散提升执行力”专项活动为契机，创新管理机制建设，最大限度提高民警工作效率，开展羁押管理工作，羁押各类犯罪人员1176人，其中新收押各类犯罪嫌嫌人员773人，月均羁押量425人，现在羁押重点、重要案犯46人（死刑10人、死缓14人、无期4人、其他重点管理人员18人），办理出所人员671人（投劳送场28批302人、刑满释放85人、取保侯审120人、其他处理114人），羁押465人。

【消防部门】 发挥消防部门监督管理作用，社会面防火工作取得成效。2017年，检查场所1866家，发现并整改火灾隐患2117处，重大火灾隐立案3宗，拘留8人，责令“三停”23家，临时查封24家；排查生产经营场所300家，发放宣传资料2000份，培训450人。通过高压执法手腕，发现并整改一大批火灾隐患，在全县营造良好消防安全环境，确保社会面火灾形势稳定。2017年，辖区未发生亡人火灾事故。

【社区警务】 各派出所根据县局统一部署，加强矛盾纠纷调处，惩治各类违法犯罪，维护一方稳定，确保人民安居乐业。特警、巡警大队在日常巡防工作中以服务群众、构建和谐为己任，随时接受群众报警求助，调解纠纷，出色完成各项任务，维护城区和谐平安。

2017年以来受市级以上表彰情况表（个人）

表1

序号	获奖个人		记功等次或荣誉名称（批示领导）	获奖（批示）时间	审批单位	备注
	姓名	单位和职务				
	詹文钦	惠来县公安局周田派出所办事员	全省优秀人民警察	2017年9月15日	广东省人力资源和社会保障厅 广东省公安厅	
	林少强	惠来县公安局经侦大队	个人二等功	2017年9月4日	广东省公安厅	
	陈卓坤	惠来县公安局信访股股长	2016年度信访积案集中攻坚化解活动成绩突出个人	2017年9月19日	广东省公安厅	粤公网发〔2017〕2978号
	方镇伟	惠来县公安局刑侦大队办事员	全市追逃追赃工作先进个人	2017年12月29日	中共揭阳市委反腐败协调小组	揭反腐协字〔2017〕4号

（杨洁婷）

消防工作

【军事训练】 县消防大队围绕与时俱进打造一支“能打仗、打胜仗”现代化消防铁军，加强攻坚组能力建设，狠抓实战练兵，队伍灭火救援实战能力提高，部队正规化建设成绩显著。2017年，被揭阳市公安消防局评为“基层建设先进大队”。

【思想政治建设】 贯彻落实中共“十九大”会议精神，围绕“不忘初心，牢记使命”主题全面开展政治思想教育活动，打造一支“听党指挥，能打胜仗，作风优良”消防队伍。2017年，县消防大队获得军政一对好主官，党委好班子，优秀士官5名，记年度嘉奖的个人3名，记专项嘉奖9名。

【后勤保障】 完善装备建设结构，2017年，新改装消防宣传车车1辆及装备设施1批；提高消防部队救火救灾实力水平；推动政府、企业建设“微型消防站”，完善多种形势消防队伍力量；开展政府专职消防队事业单位法人登记工作，完成7支政府专职消防队事业单位法人登记。

【拥政爱民】 大队牢记服务人民根本宗旨，开展爱民为民各项活动。着眼人民日益增长美好生活需要，为群众做好事、办实事、解难事。配合驻地开展人居环境整治行动、搞好绿化美化，为美丽惠来建设贡献力量。以实际行动服务人民群众，自主开展助学献爱心、义务献血、到县敬老院和社会福利院慰问等活动，组织官兵在驻地打扫公共卫生、绿化以及冲洗马路等，践行“人民消防为人民”铮铮誓言。

【火灾防控】 2017年，大队提请县政府召开全县消防安全工作会议3次、下发消防工作文件21个，对消防工作逐级部署，深化火灾防控“网格化”、重点单位户籍化培训，开展火灾隐患大排查大整治行动，排查整治场所1895家，发放责令改正通知书762份，关停取缔场所23家，临时查封24家，下发行政处罚决定书30份，行政拘留8人，消除火灾隐患，遏制火灾事故发生苗头。

【消防宣传】 利用“消防站和消防宣传车”“119消防宣传月”等建立“固移结合”消防宣传体验新模式，常态开展消防宣传体验活动，用实情实景打动群众，提升宣传效果，开展宣传培训活动120场次，培训人员30000人次。掀起消防宣传浓厚氛围，增强群众消防安全意识。

【接处警】 2017年，受理189起警情，出动车辆465辆次，出动警力2744人次，抢救被困人员12人，疏散被困人员171人，抢救财产价值9562.60万元，未发生亡人火灾。

（杜新研）

交警工作

【概况】 2017年，办理新车入户2570辆，其中大型车16辆、小型车2467辆、摩托车85辆、低速车2辆，新增驾驶人6375名；发生道路交通事故9宗，死亡3人，受伤6人，直接经济损失15500元，交通事故四项指数与2016年同期相比，分别上升350%、上升50%、上升100%、上升158%；查处酒驾交通违法行为93宗、93人，其中醉驾5宗、5人；查扣各类无牌证、假牌证机动车351辆；查纠各类交通违法行为32820起；辖区内没有发生较大道路交通事故和长时间交通拥堵情况，全县道路交通安全形势稳定。

【交通管控】 加大对全县辖区道路国道324线、省道337线、338线、236线、235线等主干公路巡逻管控力度。整治不按规定使用灯光、酒后驾驶、毒驾，乱停乱放、无牌无证、假牌假证机动车上路行驶、超速行驶等严重交通违法行为，对客车超员超速、疲劳驾驶违法行为加大查处力度。春运期间，惠来县公安局交警大队根据上级部门部署要求，召开春运动员大会，向全体民警传达春运工作部署安排。在葵潭324国道设立市级春运执勤服务点1个，严把出站、出城、上高速、过境“四关”，配足警力，对客运班车、旅游包车、校车逢车必查、逐车登记，对其他重点车辆逢疑必查，严查超员、疲劳驾驶、无证驾驶、非法营运行为。各中队制定相应春运执勤方案，要求执勤时间不得少于8小时，惩治超员客车采取接驳转运乘客逃避检查违法行为。依托公安交通管理综合应用平台，对逾期未检验、未报废、多次违法未处理重点车辆、群众举报有违法嫌疑超员客车等车辆信息，全部录入缉查布控系统，精准查控。按照《关于严格执行长途客车凌晨2时至5时停止运行或实行接驳运输规定的通知》要求，管控重点时段长途客运车辆。

【排查治理安全隐患】 按照“政府领导，部门协作，社会联动，齐抓共管，综合治理”总体要求，与各股、所、中队及客运企业、校车单位签订《道路交通安全管理责任书》和《治理公路“三乱”责任书》，通过签订责任状，确保各项安全防范措施和综合治理工作落到实处。在排查治理校车、接送学生车辆工作中，根据交警支队《关于传发集中排查治理校车、接送学生车辆工作方案》通知，结合惠来县校车管理工作实际，联合县交通局、教育局对全县所有学校、幼儿园校车和驾驶人安全状况开展安全状况检查，加强隐患排查治理工作。

【宣传教育】 交警大队开展交通安全宣传教育活动，各中队深入乡镇、学校、社区、运输企业等开展交通安全宣传活动，向群众派发交通安全资料、举办交通安全知识图片展览、在辖区公路沿线的镇、村、城区主要街道和繁华十字路口悬挂横幅标语。通过摆放交通安全图片展、发放交通安全宣传资料等形式，向群众和广大司乘人员宣传交通宣传知识，要求群众不要无证驾驶和乘坐无牌无证摩托车、驾驶摩托车不超载要戴安全头盔、严禁农用车、手扶拖拉机载客等交通安全法律、法规知识进行宣传，提高广大农民交通安全意识，增强自我防护能力。结合“五进”宣传，开展春运主题宣传活动，春运前期要以“不坐超员车、不开超速车”为重点，节日期间以“拒绝酒后驾驶”为重点，节日后以“文明出行，安全出行”为重点。2017年召开交通安全工作座谈会70次，深入客运企业、中小学校讲交通安全课25场次，举办图片展10场次，播放宣传光碟200场次，悬挂宣传标语20条，发放“温馨提示”和宣传资料5000份。

【交通违法整治】 交通秩序整治取得实效。大队统一部署，惠城中队、机动中队全员上路，抽调隆江中队、仙庵中队精干人员充实警力。针对辖区重点违法行为规律、区域和特点，调整勤务安排，采取定点执勤和流动巡逻相结合，整治机动车乱停乱放、摩托车驾驶员无戴安全头盔、摩托车超载、行人乱闯红路灯等交通违法行为。安排精干警力协助县创文整治小组，处理“三横六纵”禁停路段机动车乱停乱放交通违法行为，执勤人员统一使用联号违法停车告知单，杜绝说情，发现一起，查处一起，机动车驾驶员没在现场直接拖离。设置以南门大街县政府门口至宾馆路口，葵和大道神泉路口至站前路段为三轮摩托车禁行路段，由县局交通协管员路口执勤，制止三轮摩托车驶入禁行路段。在上下班高峰期，开展早、午、晚定时定点，在各红路灯路口查处摩托车驾驶员无戴安全头盔、摩托车超载、行人乱闯红路灯等交通违法行为。

推进交通指挥智能化。惠来宾馆路口、文昌路口是南门大街与城区主干道葵和大道、南环一路交汇点，也是人流、车流集中交通路口，红路灯设置解决车辆与车辆、车辆与行人交通冲突，而红绿灯路口加装电子警察，能保障车辆和行人安全。

实现交通信号智慧调优功能，稳步缓和道路交通拥堵节点。交警大队领导实地调研，深入摸排，人流、车流密集路口和路段，对交通设施采取规范化、合理化、人性化完善，因地制宜，设置红路灯显示实际长度，加大科技投入力度，完善电子警察对违法机动车抓拍清晰度，疏堵保畅。在人流、车流以及机动车违法停车严重路口，增设隔离护栏，解决行人乱穿横跨道路和机动车占用非机动车道停车通行等问题。以“智慧交通”建设为重点，优化交通管理，交警大队依托智能交通指挥平台，推进实战运用。利用智能交通指挥平台设备视频巡逻，发现交通拥堵和交通事故，机动车乱停乱放交通违法行为，快速调度路面民警处置。协调县城建局等相关职能部门，规范道路停车位、增设标志、标线，完善道路交通设施。在南门大街、葵和大道规划机动车停车位及区分两轮摩托车停放车位标志。

参与全县创文工作部署安排。惠来交警大队通过路面发放宣传材料、县电视台黄金时间播放、有影响力微信公众号，三位一体同步宣传，提高宣传效率。组织交通文明志愿者在县城各红路灯路口对行人交通违法行为做劝导，进行交通文明安全宣传。县电视台在黄金时间，通过播放公告方式宣传交通安全。交警宣传部门整理交警执勤查处违法情况，通过惠来地区公告号及“惠来交警”公众号曝光。

（县公安局交警大队）

边防工作

【概况】 惠来边防大队下辖5个边防派出所，主要担负惠来县沿海5个乡镇（神泉镇、靖海镇、岐石镇、仙庵镇、前詹镇）户籍、治安、公安行政、渔船民管理及打击海上盗抢、偷渡、走私等违法犯罪活动，大队部驻惠城镇。边防辖区有行政村90个及7个居委，自然村144个（约占全县1/4），企事业单位34个，辖区陆地面积300.69平方千米（约占全县1/4），海岸线长136.90千米，管辖常住人口74488户417745人，暂住人口743人，有渔船1352艘、渔民4709人，港口3个、码头8个、岙口15个、岛屿1个，辖区重点人口71人，特种行业4个，娱乐场所9个，涉爆单位11个，宗教场所11个，在册吸毒人员2229名。

【禁毒工作】 边防大队将禁毒工作作为维护沿海地区稳定、促进惠来经济社会发展重要政治任务来抓，纳入重要议事日程，列入各所考核考评范畴，建立健全每月定期毒情分析研判、常态督导检查、定期讲评通报等工作机制，全面服务惠来地区通报警示区“摘帽”工作。大队主官深入辖区指导各所开展声势浩大涉毒统一清查行动，对重点村、沿海一带以及海上涉毒进行彻底清理清查整治，开展清查150次，出动警力1401人次，从源头上堵塞在沿海一带制毒和从辖区海域走私毒品出境漏洞。2017年，侦办查处毒品刑事案件27起，抓获犯罪嫌疑人31人；查处吸毒案件205起，抓获吸毒人员226人，缴获毒品成品86.0124千克。

【惩治违法犯罪】 开展“飓风2017”“破冰2017”“缉枪治爆”等专项行动，严厉打击各类违法犯罪活动。加强区域协作，加强地区警务合作机制建设，与汕头边防支队潮阳大队、汕尾边防支队陆丰大队签订联勤协作协议，定期分析形势、联合开展查缉，形成惩治合力。组织辖区清查行动，做好情报调研，增加夜间行动频率，通过海上赶、岸上堵、陆上查，形成海陆夹击攻势。2017年，辖区立刑事案件187起、破97起，破案率51.87%；受理治安案件369起、查处303起，查处率82.11%。抓获违法犯罪嫌疑人228人，抓获网逃人员14名。

【社会治安管控】 围绕为中共十九大胜利召开创造和谐稳定边防社会环境为总目标，大队年初提前部署谋划，紧盯社会防控三个关键不放松。紧盯重点人员管理。对排查出6起不稳定因素和列管10名危安重点人员落实专人盯防，大队主官向县公安局领导汇报并走访各镇领导，协调推动联动稳控工作。十九大会议召开期间，实行每日分析研判，实时掌握动态，期间配合政府和公安机关先后成功劝阻6名欲进京上访人员，受到总队领导表扬肯定。紧盯重点物品管控。指导各所做实基础工作，加强对辖区使用、储存各类危爆物品、易制毒工具单位和废品收购站日常监管，确保危爆物品“不打响、不炸响、不流失”。10月19日，览表所在辖区一废品收购站内查获192个氢气瓶，成功抓获4名涉毒犯罪嫌疑人。紧盯社会面防控。推动各所加强显性用警和路面巡逻，加大对辖区重点场所、目标、部位和人员密集场所安全保卫和巡逻防控。组织神泉所官兵成功处置1名吸毒男子企图引爆煤气罐事件，及时解救6名被困群众，受到公安部部长助理王俭指示肯定，上级给参战6名官兵1人记二等功、3人记三等功、2人嘉奖。

【专项活动】 深入开展清理故意伤害案件专项活动和窗口服务专项整治活动，在清理积案活动中，针对辖区历史积案多、故意伤害案件多、群众纠纷多、上访隐患突出影响辖区稳定特点，采取案件包干到人、逐案分析研判、一案一策破解、法情结合调解等措施办法，清理故意伤害案件248宗，提前完成工作目标，市局、县局分别刊发简报介绍经验做法，肯定清理积案工作成效。户籍专项整顿工作得到市、县局高度肯定，在全市公安机关“两大专项活动”整治工作推进会上得到表扬推广。

【群众工作】 大队实施稳边固防战略，通过深入走访、化解矛盾、服务民生等系列举措，拉近与辖区群众距离。2017年，累计走访群众8万户次、40

万人次，关爱慰问弱势群体682人次，为群众做好事、实事956件，携手深圳"点燃爱"公益团队持续开展精准扶贫助学活动，下发15100元助学金资助辖区20名困难儿童，亲民、为民边防形象稳步提升。大队主动向地方党委政府领导汇报，成功推动船管辅警纳入惠来县全县保障计划。协调地方党委政府调整任命73名民警兼任村官职务，实现辖区村居100%有民警兼任村官，夯实群众基础工作。

【党建工作】 落实每月党委中心组学习制度，深入学习习近平总书记系列重要讲话精神以及《关于新形势下党内政治生活的若干准则》等重要内容，加强和规范党内政治生活，推进"两学一做"学习教育常态化制度化，为党内组织生活贯彻落实提供坚实依据。贯彻落实民主集中制，把主要精力放在协调解决困扰基层突出困难和问题上，2017年召开党委会21次，没有出现议而不决情况，团结带领基层各党支部完成上级各项工作任务，部队整体面貌有新变化。

【思想政治工作】 始终把官兵思想工作放在重要位置。以维护核心、听从指挥主题教育和"深知兵、真爱兵"活动为抓手，在专项安保活动、干部转复、士兵考学等敏感时期，各级领导干部带头开展面对面全员大谈心活动，主动靠前开展帮扶教育思想有波动或家庭有困难官兵，帮助解决实际困难，建立起一人一事档案，进行跟踪管理，稳定官兵心神。

【廉政教育】 大队各级党组织深入学习《准则》《条例》，大队每季度召开预防职务犯罪形势分析，重大节日前开展廉政教育，大队主官严格落实每月深入基层与担任敏感岗位干部进行廉政谈话，基层各单位坚持每月一次廉政教育，促使党风廉政教育贯穿于各个环节，教育引导官兵守住底线、抵制诱惑，廉洁从警，部队全年无违法乱纪行为发生。

【新闻宣传】 大队各级单位重视新闻宣传，主动开展宣传工作。惠来县开渔、抗击台风"玛娃"、十九大期间神泉所成功处置一起危害公共安全事件等一系列工作成绩通过各类媒体广泛宣传报道，展现边防官兵良好精神风貌，受到公安部、部局、总队、支队各级领导表扬和肯定。特别是在台风"玛娃"来临前，大队主官深入基层指导落实防台风工作，主动联系央视、地方记者，采访官兵在渔港检查加固回港避风渔船现场画面，展示官兵冲锋一线防抗台风良好精神风貌，央视《朝闻天下》《新闻直播间》《新闻30分》《共同关注》4个新闻栏目5次播报大队官兵防抗台风先进事迹。

【执法监督】 落实支队每月执法质量考评制度，每日督促基层派出所上报接处警情况，每周督导案件视频上传情况，督促基层单位做好接处警视频录制保存工作，查找执法办案中存在问题，及时加以整改，提升队伍执法水平。

【岗位技能练兵】 按照上级岗位技能练兵及实战化训练部署要求，在全员全面练兵基础上，坚持以考促训、持续推动、常抓不懈原则，狠抓军事训练。分批次对大队所属官兵进行基础体能考核，各级主官以身作则，带头参加考核，为部队作出表率。分批分类抓好官兵实战业务培训工作，推动边防派出所官兵全员纳入市、县公安机关"战训合一"全员大轮训，选送110名基层办案民警到县局参加吸毒检测资格培训，10名基层办案民警到市警校参加治安和刑事侦查技术培训，5名民警到县局跟班学习参与专案组侦办案件。

【部队管理】 推进从严治警和安全工作大检查活动，严格安全风险评估和预警制度落实，开展专项督察与日常督察、现场督察与网上督察，从严从细纠治管理松懈、作风松散、纪律松弛问题，筑牢安全发展防线，落实每周常规督察、重大敏感节点专项督察制度，派出人员120人次，开展督导22次，发现问题45处，现场整改32处，限时整改13处。

【地方经费保障】 大队拓宽经费保障渠道，加强与县政府、县财政局等有关部门联系沟通，每月及时落实县级公安经费，落实公安业务经费252.69万元，专项禁毒经费126万元，一网考专项经费

53.28万元，推动落实新增边防公安业务经费38万元，为部队各项建设持续发展提供保障。

【营房建设】　大队落实正规化基础营房建设项目，用于日常保养维修、更换水管、更换部分空调、定制铁马等，官兵日常工作和生活有较大改善，部队内部管理有提高；在节假日前后、战备期间、灾害防范重点时期，由后勤人员组织加强对营房水电，车辆性能检查保养，集中保障营区内部安全，为各项工作提供保障。

（县边防大队）

◆ 司法行政

【概况】　2017年，全县司法行政系统干部职工84人，其中干部53人；局机关内设机构（含挂靠、直属）6个：政治工作办公室、秘书股、基层工作股（加挂惠来县社会治安综合治理委员会刑释人员安置帮教工作协调小组办公室牌子）、宣传教育股（加挂惠来县普及法律常识办公室牌子）、公证律师管理股、社区矫正股，在职人员20人；派出机构13个：惠城司法所、东陇司法所、隆江司法所、岐石司法所、鳌江司法所、东港司法所、葵潭司法所、华湖司法所、神泉司法所、周田司法所、仙庵司法所、前詹司法所、靖海司法所，在职人员33人；事业单位5个（其中参公管理事业单位2个）：广东省惠来县公证处（参公）、惠来县公职律师事务所（参公）、惠来县法律援助处、广东葵阳律师事务所、泰源律师事务所，在职人员31人。

【社区法律顾问】　惠来县有272个村（社区），有本县律师7名，担任56个村（社区）法律顾问，深圳支援35名律师，担任216个村社区法律顾问，实现一村（社区）一法律顾问工作全覆盖。2017年，县司法局推进全县“一村（社区）一法律顾问”工作。全县村（社区）法律顾问接待群众咨询2623人次，开展法律讲座474场次，为村（社区）审核合同61份，出具法律意见书2件，办理法律援助案件11件，参与并成功调解矛盾纠纷5件。为维护基层和谐稳定、推动基层法治化治理作出贡献。增强法律意识，改善基层经济，及时化解矛盾纠纷，对于突发事件、疑难案件及群体性案件，法律顾问都随叫随到，及时参与案件处理，提出专业法律意见，法律服务便捷，群众不出村就能享受到法律服务。

【公共法律服务】　2017年，县司法局和各司法所设立服务实体平台，平台聚合法律服务、人民调解、社区矫正（安置帮教）、法治宣传等办事窗口，向群众提供法律援助申请受理、社区矫正对象报到、人民调解指导协调和协助办理公证、律师申请服务等司法行政业务“一站式”服务。2017年，通过平台提供法律咨询390人/次，法律援助285人/次，公证服务280人/次，社区矫正198人/次，人民调解140人/次。

【民事调解】　2017年，全县受理民事纠纷881宗，成功调解880宗，调解成功率99％。局班子加强对全县调解队伍、经费、考核机制建设以及探索创新调解工作机制；将调解工作延伸到经济生活、生产经营等领域，协调建立企业调委会7个，专业性调委会7个。

【安置帮扶与社区矫正】　*安置帮教*　县司法局履行职责，加强刑满释放人员安置帮教工作。落实刑满释放人员衔接工作。做好核查工作。2017年，全县核查服刑人员信息557条；落实重点安帮对象“必接必送”措施。全县衔接刑释人员521人，衔接率100%；重点帮教对象129人，接送率100%。落实刑满释放人员安置场所建设。惠来县依托惠来县锐视通信设备有限公司、惠来县隆江镇有线电视站建立安置帮教基地，签订安置帮教协议书；依托惠来县技工学校等单位免费为刑满释放人员提供教育、培训工作，促进人员就业，使回归社会后步入正道。开展重点帮扶对象生活保障工作及服刑人员未成年子女排查帮扶工作。如湖北沙洋监狱来信反映在押揭阳籍服刑人员严永加家庭困难请求当地政府给予帮扶，县司法局收悉函件后组织核实情况，协调民政、教育等部门对其子女送去关怀、办理贫困生补助和每月678元生活最低保障补贴，得到严永加及其家人和沙洋监狱专门发来感谢信。加强敏感时期控管工作。2017年4月，成立惠来县司法局“十九大”安保领导小组，印发社区矫正与刑释重点人员突发事件应急处置预案，做好敏感期间人民调解和刑满释放人员管控工作。

社区矫正 县司法局坚持“以人为本、矫正为本”理念，落实社区矫正各项工作制度和措施。开展社区矫正中心建设。落实《广东省司法厅关于印发〈广东省司法厅落实省民生实事工作实施方案〉的通知》，推进中心建设。遵循“明确定位，突出功能”原则进行设计和规划，除基本办公功能外，融合报告登记室、警务检察室、矫正宣告室、监控指挥室、远程视频帮教帮教会见室、心理矫治室、临时安置室、教育培训室、社区矫正股、档案资料室等业务功能于一身。中心建成并投入使用。最大限度降低社区服刑人员在矫期间再犯罪率。2017年，惠来县在矫社区服刑人员420人，重新犯罪1人，重新犯罪率0.002%。做好社区矫正管理系统建立一人一档录入工作。惠来县在矫人员都建立一人一档，建档率100%，做到及时将社区矫正人员身份信息、个人简历、矫正期限、犯罪事实、家庭成员等情况完整、及时地录入系统。加强对社区服刑人员手机定位。执行社区服刑人员入矫后必须配备定位手机规定，手机定位监控率100%。

【法律援助】 2017年，县司法局在健全完善各镇（场）法援站基础上，投入配套资金30万元建立县法援服务大厅；与团县委、县妇联联合成立针对保障青少年和妇女法援服务站；在县看守所设立法援律师工作室；将农民工、残疾人、“零就业”家庭、未成年人等列为重点援助对象，针对不同特点提供个性化，专业化援助服务。2017年，受理接办法律援助案件62件，其中刑事案件53件，非诉讼法律案件9件。

【律师服务】 2017年，惠来县律师在开展律师工作过程中，以全省开展“一村（社区）一法律顾问”工作活动为契机，实施法律服务便民，满足公民法律服务需求。通过加强律师队伍建设，抓好律师事务所内部管理机制，内强素质外树形象；改善

6月26日，揭阳市司法局联合县司法局在鳌江镇新林村举办“6·26”国际禁毒日知识问答竞赛活动
（县司法局 供稿）

12月24日，揭阳市“全民禁毒工程”“五个一”示范点建设现场推进会在惠来召开　　（县司法局　供稿）

律师执业环境，促进律师行业健康发展；拓展各项律师业务；做好重大建设项目投资法律顾问工作，发挥政府法律顾问作用，在政府性重大建设项目投资研究、决策过程中，向政府提供法律建议，当好法律参谋。2017年，全县律师代理民事诉讼51件，代理刑事诉讼54件。

【法治宣传育民工程】　2017年，县普法办结合法治育民工程，把“七五”普法深入到基层，解决群众普遍关心热点、难点问题，向群众宣传法律法规，以法育人。实施“七五”普法规划和“七五”普法决议，落实“谁执法谁普法”普法责任制。开展公职人员学法考试。2017年，全县37名副处级以上干部和18000名公职人员参加县普法办组织年度学法考试，参考率和和合格率90％以上。落实《青少年法治教育大纲》，把法治教育纳入国民教育体系。2017年，县普法办围绕“4·15”国家安全教育日、“6·26”国际禁毒日、“12·4”国家宪法日等重大节点开展“送法进校园”活动，如“6·26”国际禁毒日期间，县普法办、县司法局与市司法局联合在鳌江镇新林村举办“无毒青春　健康生活”“6·26”国际禁毒日知识问答竞赛活动。完善媒体公益普法制度，落实法治公益广告宣传工作。在《揭阳日报》、县电视台刊登、播放禁毒宣传口号、《中华人民共和国禁毒法》、《广东省禁毒条例》法律条文、禁毒宣传活动；在县城主干道沿线、广场、商业区等公共场所发布禁毒公益广告。落实外来务工人员岗前普法教育制度，开展法治文化建设示范企业创建活动。

【公证】　2017年，县公证处办结各类公证718件，其中国内经济合同公证3件，国内民事公证541件，涉外公证174件。落实房地产登记公证前置性审查工作，公证机构严把证明关，进行前置性法律审查；加强公证规范化建设，提高公证办证系统信息资源共享；坚持热情、快捷、便民服务宗旨，为惠来县公民出国定居、探亲、留学、继承财产、就业以及海外回乡探亲等办理涉外公证事项，树立窗口行业形象。

（张灵文）

军事 JUN SHI

◆ 人民武装

【概况】 2017年，全县武装工作系统干部职工36人，其中干部26人，机关干部6人，基层专武干部20人，部机关设军事科、政工科、保障科和征兵办公室，在职职工10人。下辖镇武装部13个、农场武部部2个、县直武装部1个，代管溪西镇武装部、东埔农场武装部、大南山华侨管理区武装部。惠来县人民武装部紧扣军分区、人武部调整整编工作任务，突出“四抓四促”工作思路（抓教育，促关键敏感时期人员思想稳定；抓重点，促大项工作任务圆满完成；抓落实，促安全无责任事故案件；抓短板，促正规化建设水平进一步提高），稳步推进各项建设，人武部保持向上向好发展势头。

【思想政治建设】 坚持举旗筑魂强基，抓好思想政治建设。2017年，部党委把思想政治建设作为根本性工作摆在首位，常抓不懈，持续用习近平新时代中国特色社会主义思想、习近平强军思想等最新理论成果武装思想和头脑，确保人武部调整整编、中共十九大召开等重要阶段、重点时间单位人员思想稳定，凝聚各级人员精神和力量，为人武部和民兵预备役建设提供政治保障，发挥举旗定向、把关定向关键作用。主要工作：学习贯彻中共十九大精神。按照“军队走在前列”和省军区、军分区部署要求，十九大胜利召开后，人武部坚持大事大抓态势，立即召开党委会，议学议教，从党委自身做起，全面准确领会十九大精神实质，研究部署学习贯彻措施方案，成立领导小组，加强组织领导，推进各项学习贯彻活动。十九大召开前，集中组织学习和讨论十八大以来国家所取得伟大成就。十九大召开后，通过召开党委会、支部会、党小组会等形式，层层动员。通过早交班、集体活动、下基层检查、谈心交心等时机，持续发动。通过横幅、标语、宣传栏、电子显示屏等方式，浓厚氛围。个人制定专项学习计划，确保学习贯彻十九大精神持续推进、扎实有效，通过个人通读、干部领读、集体研读等方式，逐字逐句领会实质，理解深刻内涵。在观看十九大盛况直播基础上，人武部2次组织干

9月7日，惠来县在葵阳影剧院召开全县“阳光征兵”定兵大会　（县人武部　供稿）

部职工哨员观看电视重播，集中阅读《解放军报》系列报道，借助各种媒介第一时间学习最新精神，强化“四个意识”、增强“四个自信”。坚持理论联系实际学风，做到学习精神、解决问题、推动工作，紧密结合年终工作总结、百日安全活动、年度征兵总结、干部考核及民兵训练等大项工作，将学习贯彻成果转化为良好精神状态、清晰工作思路和实实在在行动举措，确保各项任务圆满完成、推动人武部全面建设科学发展，在新起点上开创新局面。开展“维护核心、听从指挥”主题教育，转化为贯彻落实军委主席负责制行动自觉。军委《关于全面深入贯彻军委主席负责制的意见》下发后，及时传达学习文件精神，利用周五党日活动时间，深入学习系列评论报道，特别是副主席许其亮在《解放军报》上发表《牢固确立习近平强军思想在国防和军队建设中的指导地位》文章，并组织干部职工开展讨论，深化思想认识。开展“维护核心、听从指挥”主题教育以来，部领导开展4次专题辅导，讲清“维护核心、维护权威、维护和贯彻军委主席负责制”基本内涵和政治要求，把“三个维护”作为干部职工最基本政治纪律和政治规矩，贯彻到日常工作。抓好经常性教育，建设“四铁”部队、践行“四有”新时代革命军人标准行动更加有力。2017年，结合习主席关于国防和军队建设系列重要讲话，开展日常教育，把习主席强军思想重要论述灌输到干部职工思想中。结合庆祝建军90周年，组织干部职工学习习主席在纪念大会上讲话和阅兵式上讲话，通过多种形式经常性教育，把“四铁”部队、“四有”新时代革命军人标准检验转化运用到干部职工日常工作，激发干部职工强军兴军行动自觉，强化热爱武装工作、钻研武装工作动力。服从改革、服务改革政治态度，检验干部职工转思想、转作风、转身子行动是否坚定自觉，确保调整整编后干部职工干事创业精神状态更加牢固。做好宣传报道和文化工作。2017年，人武部广泛结合兵役登记、民兵军事训练、调整整编、征兵工作、国防教育、抢险救灾等大项工作任务，多种渠道开展宣传报道工作，梳理总结工作经验特点、反映工作成效，协调惠来县广播电视台5次发布有关公告、工作信息，通过惠来县委宣传部微信公众号6次发布有关工作动态简报。每个阶段、每项重大工作任务展开前，都在营区悬挂横幅标语、更换宣传栏内容，营造相应工作氛围，通过文化氛围教育人、鼓舞人、塑造人，推动工作落实。

【军事工作】 推进年度军事任务落实。落实党委议战议训制度。2017年，组织战备方案对接和完善，修订《惠来县人民武装动员方案》《重要目标防卫作战方案》《惠来县人武部应对突发事件总体预案》3类方案预案，为遂行多样化军事任务提供依据。在兵役登记、民兵军事训练、调整整编、征兵工作、国防教育、抢险救灾等大项工作，部党委坚持筹划在前，研究制订方案预案，统一部署统一行动，确保推进各项工作。在节假日、重要敏感时期，落实常态化战备演练，确保值班分队时刻能够应对紧急任务和对突发性事件。抓好兵役登记。国防部征兵办通知要求，18周岁男青年兵役登记率95%以上，全县2017年18周岁男青年1.8万人，针对青年外出务工人数多，人员在位率低，登记工作困难大。2月开始，人武部完善基层兵役登记站，配发电脑、打印机等办公设备，补充文件资料。先通知教育部门，完成18周岁以上高中学生登记工作。之后，由各基层武装部组织本区域内18周岁男青年兵役登记工作，截至6月20日，全县登记率96.2%。开展民兵军事训练。4月中旬，由林士涛带轻舟分队骨干参加军分区集训，4月下旬，人武部在龙江河溪二村附近水域，组织全县民兵轻舟分队骨干集训，通过10天训练、管理、考核，参训骨干达到预期效果，做好应对雨灾、洪灾抢险救援准备，确保随时拉得出、用得上、完成得任务。12月，组织现役干部动员业务迎考训练和基层专武干部、民兵应急分队集训。哨所训练贯穿全年，特别是10—12月，新聘请1名带兵经验丰富复员士官担任哨长，组织新、老哨员开展入哨训练。做好兵员征集工作。2017年大学生征兵比例31%，人武部用“五率”标准和要求牵引征兵工作。采取措施和方法开展大学生征兵针对性宣传，7月上中旬，两次集中基层武装部长，召开征兵工作部署会，经县长同意，以县人民政府名义下达正式通知，将任务分解下达基层单位，确保大学生报名及送检上站人数。7月底，部领导协调县教育局，向基层下发2017年高考第三批分线男生名单，组织镇村干部落实“面对面”精准发动。安排4所主要高中学校，在学生返校领取毕业证时，在校园开设服务咨询站，逐人发放《高校新生入伍宣传册》，宣传揭阳市人民政府出台大学生入伍一次奖励3000元优待措施。开展电视宣传，宣传大学生征兵“四优先”和省、市优待政策，播放征兵动漫视频。宣扬大学生征兵先进典型，安排部领导接受电视采访，

11月23日，县人武部组织人武部机关干部职工和基层专武干部参观“大南山革命纪念馆” （县人武部 供稿）

激励大学生参军热情。借用手机短信、微信等宣传手段，宣传征兵工作动态，扩大社会宣传覆盖面。宣传发动效果明显，网上报名总数超过任务数4倍。周密组织征兵体检，2017年惠来县第一次将体检站设置在县人民医院七楼，实行封闭式体检，落实视频监控和体检数据联网登记。安排大学生体检专场，邀请市、县领导现场检查指导，体检过程中，3次召开体检工作会议，强调要求和纪律，确保2017年体检质量。严格审批定兵，9月7日，召开全县“阳光征兵”定兵大会，军分区首长现场指导，部长林士涛代表县征兵办进行专题教育，引导青年端正入伍动机，自觉接受祖国挑选，鼓励落选青年不要灰心，争取今后早日实现军旅梦，定兵大会圆满顺利，社会反映良好。征兵工作开展以来，县征兵办与市征兵办、各基层镇（场）征兵办，层层签订《廉洁征兵责任状》，建立和落实廉洁征兵“零报告”制度和廉洁征兵监督员制度，增强征兵工作透明度。新兵入营后，持续加强思想跟踪教育，协助部队尽快做好新兵思想稳定工作，截至2017年12月，全县除个别思想原因退兵外，全年征兵工作总体平稳。

【党管武装】 2017年，惠来县各级党委、政府和军事机关高度重视党管武装工作。落实军委国防动员部关于民兵预备役工作会议有关精神，居安思危，提高战备意识，加强对武装工作领导，落实好党管武装工作制度和传统，县委主要领导定期召开常委议军会议、到人武部现场办公、落实检查调研制度。下半年，结合党委政府换届，基层专武干部新提拔调整1人，优化充实专武干部队伍。下半年，人武部在人少事多实际情况下，加大基础设施建设力度，开展哨所正规化建设。

【安全管理与正规化建设】 部党委重视做好安全稳定工作，保持常抓不懈态势。抓人员管理。为持续巩固好“创建法治军营、争当守法军人”活动成果，加强《共同条令》《安全条例》《中华人民共和国劳动法》《事业单位工作人员管理规定》等内容学习教育，提高全体人员条令法规意识。突出干部职工“两外三圈”管理，落实周末外出请销假制度。抓好哨员部队化管理，规范一日生活制度，加强学习教育，做好经常性思想工作。抓重点防控。节假日期间、敏感时期，及时开展防间保密教育、“四反”教育突出抓好车辆、营院、兵器室和信息保密安全管控，做到重点部位重点抓，重点物资重点管，重要目标重点防，确保不发生重大安全事故和失泄密问题。节假日、重要敏感时期，组织值班分队开展针对性演习演练，确保值班分队时刻能应对紧急任务和对突发事件。抓责任落实。根据上级安全工作大检查要求，人武部召开安全工作形势分析会，讲评安全工作，发现安全隐患和苗头，逐一拉单列表，研究解决措施，定下整改时限，明确负责科室和具体负责人。

【拥政爱民】 按照“平时服务、急时应急、战时应战”要求，发动民兵预备役人员参加惠来县各项建设。9月3日下午，根据县委县政府关于防范应对16号台风“玛娃”登陆工作安排，出动民兵应急分队50人和4艘冲锋舟，由林部长和徐副部长亲自带队赶赴神泉镇神泉港做好备勤应急工作，揭阳市委书记亲临视察，对于惠来县民兵应急队伍快速反应，给予肯定。在此基础，人武部参与县委县政府精准扶贫工作，定点挂勾帮扶岐石镇前汛村，定期开展走访慰问困难群众、资助贫困学生等活动。

【国防教育】 中共十九大胜利召开后，11月23日，人武部组织机关干部职工、基层专武干部参观“大南山革命纪念馆”，开展重温入党誓词仪式，让干部职工在学习活动中感悟旗帜力量，领悟新思想、新观点、新论断，激发官兵学习热情。在清明节、“9·30”烈士公祭日期间，组织全县干部群众祭扫烈士陵园，开展革命传统教育、爱国主义教育等系列缅怀革命先烈和教育活动，树牢社会各界国防意识，增进爱国情怀。在征兵期间，结合征兵宣传，深入学校、社区、村（居）委开展群众性国防教育，拓宽国防教育社会面。

（殷景贤）

经济产业
JING JI CHAN YE

◆ 农业

【概况】 2017年，县农业局按照各级农业农村工作会议总体部署，以农民增收为中心，突出工作重点，狠抓工作落实，推进惠来县农业和农村经济平稳发展。2017年，全县农村经济总收入126.02亿元，同比增长5%；农民人均纯收入8486.44元，同比增长5%。

【粮食生产】 围绕“稳粮保供给”工作方针，落实粮食工作考评责任制，加强粮食生产措施，开展粮食稳定增产行动。2017年，全县粮食作物播种面积48.50万亩（3.23万公顷），总产55.16万吨，其中水稻播种面积22.04万亩（1.47万公顷），总产8.36万吨；甘薯种植面积24.26万亩（1.62万公顷），总产46.48万吨。

【经济和园艺作物生产】 全县蔬菜、水果、茶叶等特色农业形成区域化种植、规模化生产、产业化经营、品牌化发展良好格局。全县蔬菜种植面积18.10万亩（1.21万公顷），总产47.11万吨，比增0.9%；水果34.70万亩（2.31万公顷），总产量16.86万吨，比增6.9%，其中荔枝面积14.96万亩（1.00万公顷），总产3.72万吨，比增7.6%，菠萝面积3.34万亩（0.22万公顷），总产5.69万吨，比增6.9%；淮山、大蒜、胡萝卜、菠萝等生产效益提高，花卉苗木生产增长快速，主要集中在葵潭、隆江、惠城三镇。

【畜牧业生产】 畜牧业生产以绿色发展为导向，推进生态养殖，调整优化畜牧业结构，协调推进保供给、保安全、保生态各项工作，推进畜牧业转型升级，实现环境保护与养殖发展友好共存、和谐发展。2017年，全县畜牧业总产值9亿元；肉类总产量4.50万吨；蛋类产量1.02万吨；全县生猪存栏16.20万头（母猪存栏1.20万头），出栏24.20万头；牛存栏1.80万头，出栏0.70万头；羊存栏0.80万只，出栏0.50万只；禽（鸡鸭鹅）存栏160万羽，出栏880万羽。全县畜禽养殖场（户）188

户，年出栏500头以上规模养猪场36户，年出栏10000头以上养猪场2个。

【农业科技培训推广】　新品种、新技术推广应用。坚持增产增效并重、良种良法配套原则，加快推广农业新技术，提高农业生产科技含量。引进推广应用深优9594、五丰优615等优良作物品种10个。加强农业生产技术服务工作。加强农作物病虫害监测，全年发布病虫情报8期，加强对基层开展病虫害防治指导；根据农时季节，印发各类栽培管理技术资料14期，并组织技术骨干下乡深入农户、田间地头，指导农业生产。加强农业技术培训。依托测土配方施肥、菠萝良种良法示范项目、优质黄麻鸡养殖技术推广应用项目等项目，举办科技培训班、现场观摩会等；组织实施基层农技推广体系改革与建设工作，培育科技示范户547户，建设示范基地3个。

【农业产业化】　2017年，新增农民专业合作社22家，全县有农民专业合作社392家，其中10家获得省农业厅颁发“省级农民专业合作社示范社”称号，专业合作社成员2905人，带动非成员农户20610户。全县拥有省级农业龙头企业2家，市级示范家庭农场15家。

【农产品质量安全监管】　加强农业投入品监管，出动农业执法人员185人次，车辆37辆次，对全县农资经营门店逐一进行拉网式执法检查，检查农资经营门店97家次，惩治销售假冒伪劣农资违法行为，维护农资市场正常秩序，确保农资产品消费安全。加强农产品质量安全监管，加大对农产品（种植业）生产基地、农贸市场蔬菜农药残留监测力度，全年抽检蔬菜样品数2688个，合格率99.4%；加强畜牧产品质量安全监管，加强对饲料、兽药经营和养殖环节违禁药品、非法添加物监管工作，规范饲料、兽药经营和使用行为，查处打击滥用抗菌素、非法销售和使用“三聚氰胺”和“瘦肉精”等违禁药品和非法添加物等违法行为；加强产地检疫和屠宰检疫工作，杜绝病害肉以及未经检疫和检疫不合格畜禽产品流入市场。2017年，全县检疫生猪32.15万头、家禽416.40万羽，检出病害猪肉折合生猪41头、禽865羽，对检出病害畜禽全部按有关规定进行无害化处理。加大重大动物疫病防控，对高致病性禽流感、禽类H7N9流感、口蹄疫等重大动物疫病全面落实强制免疫，加强狂犬病、布病等人畜共患病防控，加强疫情监测和消毒等防控措施，全年没有发生重大动物疫病，保障畜牧业健康发展。加强畜禽屠宰监管工作。开展生猪屠宰监管“扫雷行动”，落实生猪屠宰质量安全主体责任，推进屠宰环节质量安全追溯体系建设。

【农业生态建设】　推进畜禽生态与健康养殖。贯彻落实《揭阳市环境污染大整治工作实施方案》，落实养殖场主体责任，完善养殖场粪污治理设施建设，实施雨污分流和养殖废弃物综合利用，推广发展“养殖、沼气、种植”相结合生态与健康养殖方式，深入推进生态健康养殖。推进禁养区畜禽养殖清理整治。委托广东省环境保护产业协会编制《惠来县畜禽养殖禁养区划定方案》，并经县政府同意印发实施；组织开展畜禽养殖禁养区整治行动，关停、搬迁禁养区内畜禽养殖场、户52个（包括规模化养殖场、专业户和散养户），完成全县禁养区内畜禽规模养殖场和专业户清理工作。推广测土配方施肥、秸秆还田、水肥一体化等新型技术，全县实施测土配方施肥面积70万亩（4.67万公顷），施用配方肥面积27万亩（1.80万公顷），总施用量11880吨，减少不合理施肥量（纯量）1812吨；推广“三藤一草”还田面积22万亩（1.47万公顷），稻草、花生藤覆盖甘薯、蔬菜等面积8万亩（0.53万公顷）。实施2016年耕地保护与质量提升中央补助资金项目，在隆江镇实施，总面积2万亩（0.13万公顷）。推进科学安全用药，实施农药控害。开展病虫害统防统治面积101.30万亩次，挽回粮食损失21013.90吨。开展农产品产地土壤环境质量监测工作，按照三类重点区域和一般农区布设监测点位“省控点”15个、预布设“国控点”点位9个，做好土壤采样送检工作。

【高标准基本农田建设】　利用冬季或农闲季节等有利时机，加大农业基础设施建设力度，完成

2017年度惠来县高标准基本农田建设任务测量设计和招投标等前期工作，项目涉及葵潭、隆江两镇40个村（含经联社），面积2.25万亩（0.15万公顷），计划总投资3375万元。

【农村综合改革】 把农村土地经营权确权登记颁证工作作为稳定农村土地承包关系、保障农民基本权益重要抓手，把处理好农民与土地关系作为农村改革主线，推进农村土地承包经营权确权登记颁证。全县农村集体资产资源交易2017年1—12月完成交易320宗，交易总成交金额14671.86万元。其中：发包出租交易35宗，交易成交金额1159.79万元，交易底价1120.76万元，增39.03万元，增长3.5%；建设工程交易285宗，交易成交金额13512.07万元，交易底价13817.01万元，减304.94万元，降低2.2%。

【强农惠农政策】 落实政策性农业保险助力农业增产增收。2017年全县水稻种植保险参保面积168709.98亩（11247.33公顷），农村住房保险参保户数15.36万户，能繁母猪保险参保4561头。落实农业三项补贴政策。全县落实耕地地力保护补贴面积252226.68亩（16815.11公顷），发放补贴资金23668951.66元。推进村级公益事业"一事一议"财政奖补项目，2017年度全县31个村开展一事一议财政奖补项目，总投资3130.90万元，其中省补助852万元。

【新农村建设】 开展农村人居环境集中整治工作。至2017年年底，全县各地累计清理积存垃圾、杂草杂物3.25万吨，清理沟渠、池塘、溪河1487千米，整治乱堆放、乱拉电线6008宗，修缮改造、拆除农村危旧房、废弃猪牛栏等4172宗。建立专职保洁队伍并落实"门前三包"自然村累计400个，全县累计完成农村人居环境综合整治任务自然村303个，占全县20户以上自然村总数425个，达71.3％。全面启动省定贫困村创建新农村示范村工作，制定出台《惠来县66个省定贫困村创建社会主义新农村示范村工作方案》发两办印发至各地贯彻执行；全县66个贫困村均成立新农村建设咨询委员会并挂牌运作；发动社会力量参与新农村公益事业建设。2017年，全县各地发动乡贤捐资投入新农村公益事业建设10994万元。东港镇、靖海镇、仙庵镇、周田镇获2017年度市级新农村公益事业捐赠工作优秀组织奖。

【精准扶贫】 2017年，惠来县围绕贫困户"两不愁、三保障"脱贫目标，在中直、省直和东莞市对口帮扶单位帮扶下，推进全县脱贫攻坚工作。至2017年年底，全县累计投入贫困户、贫困村帮扶资金4.50亿元，实施贫困户帮扶项目2万个，实施贫困村公共基础设施项目500个。实施贫困户产业增收、资产收益项目32个，有劳动能力贫困人口2.74万人全部参与产业增收、资产收益扶贫项目。2017年举办贫困劳动力电商培训3325人，贫困劳动力转移就业1536人。全县66个相对贫困村初步制订三年帮扶产业计划，以光伏发电、种养等为主产业帮扶取得初步成效，靖海镇资深村、鳌江镇山栗村光伏发电扶贫项目完成建设，实现并网运行。鳌江镇澳上村购置商铺扶贫项目、仙庵镇口埔村投资葛根种植项目率先落地；前詹镇赤澳村发展鲍鱼养殖、隆江镇海埕村光伏发电扶贫项目等进入实施阶段。

（县农业局）

◆ 林业

【概况】 截至2017年年底，惠来县林业用地63076.30公顷，占国土面积52.24%（林地61306.67公顷，占林业用地面积97.20%；疏林地275.90公顷，占林业用地面积0.44%；国家灌木林地360.70公顷，占林业用地面积0.57%；无林地1128.10公顷，占林业用地面积1.79％；苗圃地3.50公顷），林木绿化率69.50%，林地绿化率97.77%，活立木总蓄积126.04万立方米（乔木林蓄积120.51万立方米，占总蓄积95.60%；疏林蓄积立方米，占0.86万%；散生木蓄积为0.63万立方米，占0.50%；四旁树蓄积4.04万立方米，占3.20%），森林覆盖率53.3%，全县森林资源有效保护和发展，林木资源实现"双增"年度目标任务，林业生态建设呈现良好发展势头。

【造林绿化】 *森林碳汇工程建设* 采取人工造林、套种补植、更新改造和封山育林等措施，对县域内宜林荒山荒地、疏残林（残次林）开展森林碳汇工程建设，科学改造林相，增加森林碳汇。全年完成森林碳汇工程人工造林合格面积1517公顷（2017年防护林中央预算内投资项目造林面积8000亩，2017年省级森林碳汇重点生态工程5980亩，地方财政暨社会投资造林8783亩，核实合格面积8783亩），任务完成率100%，管护率100%，造林保存面积22763亩，造林保存率100%，造林综合成活率100%；完成造林抚育合格面积108651亩（省级碳汇林抚育23551亩，中幼林抚育85300亩），抚育任务完成率100%；完成封山育林21000亩，任务完成率100%。

生态景观林带工程建设 对高速公路两侧各20米范围内、1千米可视范围林（山）地、景观节点（收费站、互通立交等），采取“线、点、面”相结合形式进行提升改造，增绿添景，建设多色彩、多层次、连片大色块和具有区域特色森林生态景观长廊。全年完成生态景观林带提升改造工程建设任务30.70千米，面积1842亩，林带工程任务完成率100%，林带保存率93.9%；实施林带抚育管护1842亩，抚育管护率100%。

森林进城围城工程建设 优化生态环境，净化大气、保护水源、缓解城市热岛效应，维持碳氧平衡、防灾减灾、调节城市小气候等生态功能，推进森林进城围城工程建设，为市民创造优美生活和工作环境。全年完成森林公园年度规划建设2个（县级1个，为惠来县三清山森林公园，面积258.8公顷；镇级1个，为东港镇水尾森林公园，面积41.4公顷）。森林公园新增任务完成率100%，全县森林公园总面积1574.4公顷，占全县国土面积1.3%。

乡村绿化美化工程建设 美化环境，开展全民义务植树活动，按照“见缝插绿、沿路植绿、全城尽绿”原则，开展乡村绿化美化工程建设，建设绿色家庭、绿色校园、绿色单位、绿色社区、绿色园地等绿色单元，创建环境优美、绿色生态宜居宜业空间。全年累计出动机关干部、中小学生、青年志愿者、农村群众等60万人次，义务植树190万株，尽责率100%；完成村庄绿化美示范村建设24个，其中省级示范村3个，市、县级示范村21个（其中贫困村绿化美化2个），任务完成率100%；完成绿色单位年度创建任务20个，其中绿色企业5个、绿色校园5个、绿色村庄5个、绿色社区5个，绿化率均达30%以上。

龙江流域两畔植树造林 贯彻落实《揭阳市人民政府办公室关于抓紧做好榕江、练江、龙江江畔植树造林绿化工作的通知》文件精神，推进龙江江畔植树绿化工作。以“龙江河”沿岸两边城镇、村庄为绿化重点区域，将可绿化地段、地块纳入栽树植绿范围，做到见缝插绿，营建多层次、多树种、多色彩、多功能沿江示范段（精品工程）绿化带。与森林碳汇工程建设结合起来，注重提升涵养水源、保持水土能力，开展龙江源头及江畔适宜绿化地段植树造林。全年完成两岸植树绿化10千米，龙江江畔山地造林绿化2000亩，龙江江畔适宜绿化地段基本实现绿化。建设江畔绿化美化示范村5个，江畔绿化公园在建1个（葵潭镇吉成村）。

造林质量管理 贯彻落实“质为先”要求，在造林设计、种苗准备、整地种植等方面，加强质量管理。抓规划设计。坚持“因地制宜、分类实施”原则，按照造林技术规程，做好造林项目建设规划。抓苗木质量。牢固树立林木种苗生产超前意识、基础意识、质量意识和良种意识，加强管理，为工程造林提供良种壮苗。全县培育各类一年生合格苗木200万株，重点工程合格种苗合格率100%，重点工程合格种苗自给率100%，满足全县工程造林特别是重点生态工程造林种苗需求。抓整地栽植。按照有关技术标准、要求，编制作业设计，抓好清杂、开穴、施基肥、回填等整地备耕工作，在3月下旬第一场透雨后，组织造林专业队伍上山造林，加强跟班作业，确保工程进度和质量。抓工程监理。聘请揭阳市林科所作为造林工程监理单位，对造林工程全程跟踪监督和技术指导，全面规范造林技术规程，加强营造林质量监管，提高工程建设质量。

【生态公益林建设】 2017年，惠来县全面落实生态公益林建设管理目标责任制，加大生态公益林体系建设力度，加强管护，提高生态公益林生态功能等级，促进林业生态建设健康发展。至2017年底，全县生态公益林总面积23342.20公顷（国家级生态公益林面积4270公顷），占全县林业用地面积37%。生态林面积中，特种用途林477.70公顷；防护林22864.50公顷。

生态公益林管理保护 抓好地理信息系统建设。按省林业厅部署要求，开展生态公益林落界界定工作，对全部生态林均建立基础档案，配齐界定书、数据库、基本图和分布图，完善全县生态公益林地理信息系统，基本实现规范管理。实施林分改造。结合惠来县生态实际状况，把全县天然林纳入省级生态公益林严加保护，对低效林补植、套种、改造，促使生态公益林一、二类林比例提升，生态效益提高。2017年，全县生态公益林一、二类林面积合计31.6万亩，一、二类林率81.8%，比2016年均提高0.4%，生态防护效能提升。落实各项管护措施。落实“三包”责任制（包林区巡逻和治安管理、包森林防火和病虫害监测、包及时报告并制止盗砍滥伐林木等非法毁林行为），深入林区开展全方位巡逻管护工作，全县生态林区没有出现盗伐、滥伐和采脂违法现象。

生态公益林效益补偿 贯彻落实《广东省生态公益林建设管理和效益补偿办法》及《广东省生态公益林效益补偿资金管理办法》有关规定，及时发放生态公益林效益补偿资金，按要求使用好管护经费。在发放损失性补偿资金时，对生态公益林中自留山、责任山，把损失性补偿资金全额发放到农户手中，对仍由集体统一经营生态公益林，把损失性补偿资金70%以上按股发放到集体经济组织内部成员手中。2017年，省下达惠来县生态公益林生态效益补偿资金765.57万元（其中损失性补偿资金593.30万元，管理经费172.27万元），截至12月底，全县省级生态公益林损失性补偿资金全部下拨到各生态公益林经营者手中，未出现截留、挤占、挪用资金现象，发放率100%。

【森林资源保护与发展】 **林木采伐管理** 2017年，惠来县执行林木采伐限额制度和凭证采伐制度，控制木材消耗。全面禁止采伐公益林，严格商品林、用材林、经济林采伐手续，按照“采伐申请、初步审核、伐前设计”要求，层层提交审批，杜绝无证采伐、超范围采伐现象发生。县林业主管部门全年依法办理林木采伐材积11536立方米，蓄积16113立方米，控制在省市下达指标之内，林木平均年生长量61231立方米，实现林木生长量大于消耗量目标，全县森林资源覆盖率和森林蓄积量实现“双增”。

林地保护管理 严格对采石采砂和取土等使用林地管理。结合惠来县生态区位实际，禁止在惠来县江河两侧和大中型水库及重点水源周围第一重山、高速公路、国道、省道、铁路等交通要道两旁可视范围内、城镇和居民密集区周围可视范围内、自然保护区和国家重点公益林区域内以及政府划定其他禁采区域内采石、采砂、取土。严把建设项目征占用林地申报审核关。执行征占用林地报批审核制度，对征用占用林地，严格按照《中华人民共和国森林法》《森林法实施条例》《建设项目使用林地审核审批管理办法》等有关规定，按程序提出用地申请，由林业主管部门按照规定权限依法审核审批，层层把关，确保林地合理利用。按照节约集约原则，少占林地。县林业主管部门全年依法受理征占用林地项目5宗，面积79.149亩，审核率100%，控制在省规定指标之内。加强征占用林地项目监管和服务。本着主动服务、加强协调原则，根据不同建设项目，在不同阶段提前介入，加强协调服务和监管，加大监督检查力度，做好现场查勘工作，做到发现问题依法严肃处理，杜绝未批先占、少批多占、批东占西等违法行为发生。

湿地保护管理 惠来县坚持把湿地纳入生态公益林管理，实施湿地保护管理联席会议制度，加强行政执法检查，确保全县209811亩自然湿地不受人为破坏，全年自然湿地保护率20.5%。

自然保护区建设管理 2017年，惠来县抓好“惠来县黄光山自然保护区（县级）”和“惠来县镇北水源自然保护区（县级）”建设和管理，确保保护区没有出现盗砍滥伐、乱捕滥猎、乱采滥挖现象。2017年，全县自然保护区面积123735亩，占惠来县国土面积6.83%。

野生动植物保护管理 2017年，县林业主管部门加强野生动植物保护，抓好宣传教育、野外巡查和执法清查等工作，野生动植物保护取得成效，健全国家重点野生保护动植物资源档案管理。县林业主管部门在沿海地域野生鸟类资源繁殖地、停歇地、迁飞通道和集中活动区域设立监测点3个，检测野生鸟类，全县范围内没有发生野生鸟类疫情；组织开展野生动植物保护宣传3场次，执法清查专项行动4场次，出动执法人员190人次，清查野味店13家。全县没有出现非法捕猎（采集）、收购、出售、运输野生动物及其产品违法犯罪行为，保护全县野生动物资源。

山林纠纷调处 惠来县坚持“预防为主，教育指导，依法处理，防止激化”原则，依法依规调处林权争议纠纷。县政府成立山林纠纷调处领导小组，加强对全县山林纠纷调处工作组织、协调和领导；领导小组在县林业局设立办公室，负责抓好全县山林纠纷调处工作日常事务。2017年，全县没有出现山林纠纷案件，全县林区秩序井然，和谐稳定。

森林防火管理 2017年，全县各级认真执行《森林防火条例》《广东省森林防火管理规定》等森林防火法律法规，贯彻落实“一岗双责”要求，加强对森林防火工作领导，采取超常规方法和措施，抓实抓细宣传教育、火源管理、队伍建设、物资储备、隐患检查整改、火案查处等各项工作。全年惠来县森林火灾受害率0.004‰，控制在省规定指标以下，森林火灾有效处置100%，实现少山火、无大火、无事故目标。

森林病虫害（林业有害生物）防控 加强测报网络建设，全面监测森林病虫害。全县建立森林病虫害和有害生物测报点17个，配备测报人员41人，基本形成完整测报网络；全年累计实施监测面积289.0557万亩，监测率100%；实施检疫260亩，检疫100%；实施防治2163亩，防治率100%，预防和控制病虫害发生，病虫害成灾率为零。开展林业有害生物调查，科学制订防治方案，对全县林业有害生物进行防治。全年投入资金41.26万元，实施防治2163亩，防治率100%，取得防治效果，有害生物危害和蔓延得到防控。

林业执法保护 加强森林资源常态化监管。加大全县森林资源监管力度，整合全局执法力量，经常性深入全县林区开展森林资源巡查管护工作；落实森林公安民警全天候加强对林区特别是对三区二道等重点区域巡查监管。查处涉林违法犯罪。县林业部门加大林业执法保护力度，保持高压态势，重拳出击，严惩非法破坏森林资源犯罪行为。按照省、市林业主管部门决策部署，先后组织开展“红线行动”“打击破坏林地资源违法犯罪专项联合行动”“严厉打击非法占用林地等涉林违法犯罪专项行动”和“打击破坏生态环境涉林违法犯罪行为专项行动”，依法依规清理整治各类破坏森林资源违法行为，集中查处惩治一批非法占用林地、盗砍滥伐林木、乱捕滥捕（贩卖、宰杀）野生动物、无证运输木材、森林火灾等各类涉林违法案件，处理一批违法犯罪人员，曝光一批典型案件。全年累计立案查处涉林案件36宗（其中，林业行政案件28宗，刑事案件8宗），处理36人（其中刑事拘留8人），震慑涉林违法分子，遏制各类破坏森林资源犯罪态势。

林区综合治理 加强林区巡查，关注林区民情、山情和林情，及时掌握、分析林区动态，采取防控措施，消除不利因素。及时受理群众来访来信案件，处置好林区纠纷矛盾，维护广大林农群众合法权益，确保林区和谐稳定。贯彻县委、县政府及县禁毒委部署和要求，加强林区禁种铲毒工作，依托镇林业站和林场基层治保组织人员、地理优势，建立健全林区禁毒宣传、防控网络，对林区人迹罕至区域和边远林区重点部位，实行有针对性及拉网式检查相结合“查禁”行动，坚决守住惠来县林区一片蓝天净土。林区综合治理工作。密切关注林区山情、林情和民情，及时掌握、分析林区动态，采取防控措施，彻底消除影响林地保护工作不利因素。

【森林资源二类调查】 根据省林业厅部署，惠来县于2017年4月开始，以政府招投标方式开展森林资源二类调查工作。明确调查内容。调查掌握县域境内各类林地面积、各类森林和林木蓄积、与森林资源有关自然地理环境和生态环境因素、森林经营条件、前期主要经营措施与经营成效等，并形成地类面积、森林面积、用材林近成熟、过熟林组成、树种蓄积、人工林及四旁树、经济林、竹林等资源数据及林相图和森林分布图等资料，摸清摸实惠来县森林资源家底，为惠来县制定区域国民经济发展规划和林业发展规划，实行森林生态效益补偿和森林资源资产化管理，指导和规范森林科学经营提供重要依据。加强经费保障。为加快进度，确保在省要求时间内完成调查任务，县财政部门优先倾斜，保障经费投入。该项调查所需经费245.35万元（其中省财政补助18.95万元，县财政配套226.4万元）于2月份全部落实到位。全力推进进度。以招投标方式聘请“广东省岭南勘测设计院”技术力量，负责开展惠来县森林资源新一轮二类调查工作（3月中旬完成招投标）；提前购置一批调查工具、设备，配备专人加强沟通协调、跟班作业。2017年年底，全面完成国土外业调查任务125121公顷，完成区划判读95%；完成内业卡片录入50%、数据处理40%。

【保障机制建设】 林业资金投入　2017年，各级财政投入惠来县林业建设资金2363.16万元。对所有建设资金，惠来县加强管理，建立专用账户，加强监管和审计，确保资金安全、高效运行使用，资金使用率100％。

林业执法监督　2017年，惠来县林业执法工作以法律为准绳，以事实为根据，做到有法必依、违法必究、执法必严。全年累计查处各类林政案件28宗，案件查处率100%。对林业行政案件，按照规定程序立案；对办理林业行政案件，纳入国家林业局案件统计系统；对林业行政审批事项，按照规定和要求办理。全县全年没有出现行政诉讼、行政复议案件。

林业基础建设　推进“两站一所”标准化建设，改善办公条件和办公环境，完成率100％。抓好县森林公安分局警务警备规范化建设，改善执法办案环境，把民警业务经费纳入县财政预算。配备护林人员，加强巡逻管护。聘用专职护林员165名，深入林区开展全方位巡逻管护工作，护林员配备率1人/5千亩。加强专业森林消防队伍建设，达标率100%。全县成立各级森林消防扑火队伍710支900人（县级森林消防专业队1支、40人，镇场一级17支、340人，村一级52支、520人）；累计举办培训班2期（培训人员200人次），举办扑火技能演练2场次（参加演练200人次）；投入资金累计26.5万元，投入5万元新购置防火扑火装备，投入21.5万元刷新树立森林防火宣传牌350块。

【国有林场改革】 贯彻落实中共中央、国务院《关于印发〈国有林场改革方案〉和〈国有林区改革指导意见〉的通知》及中共广东省委、广东省人民政府《关于印发〈国有林场改革实施方案〉通知》精神，按照“坚持生态导向、保护优先，坚持改善民生、保持稳定，坚持因地制宜、分类施策，坚持政府主导、分级负责”原则，推进国营青坑林场改革，确保如期实现林场社会和谐稳定总体目标。2017年，按照省批复改革实施方案落实改革任务，在界定林场属性、明确林场职责、核定林场编制、理顺林场管理体制、推进林场事企分开、建立森林资源监管机制、完善职工保障机制等方面，争取政策支持，狠抓落实，取得进展，国有林场改革任务完成率60%，国有林场林地确权发证100%。

【社会管理】 创文创卫　教育引导全局党员干部职工自觉践行社会主义核心价值观，讲文明树新风，恪守职业操守，弘扬家庭美德，端正道德行为，严格遵守“门前三包责任制”。在每月1日，组织开展“创文为我　我为创文”主题日环境卫生志愿服务活动，由主要领导带队先后到周田镇径口村、惠城镇西二社区开展创文创卫工作，取缔占路为市摊点，整治街道垃圾、杂物及违章建筑，清理清洁环境卫生。在重要节假日，派员参与县城主要街道群众行走秩序维持工作，确保群众出行安全、畅通。

精准扶贫　立足基层，立足兴林富民，关注林农群众反映强烈热点难点问题，抓好落实《林业精准扶贫精准脱贫三年（2016—2018年）攻坚实施方案》，精准施策，以绿扶贫、依绿脱贫，带动贫困村、贫困人口脱贫致富。在政策、技术等各方面真心服务广大林农群众，为他们解决实际问题，抓好各类涉林纠纷特别是山林权属纠纷调解，帮助林农理清理顺林地林权关系，稳定延长山地承包关系，提高林业对农民增收和社会主义新农村建设贡献率。鼓励和引导林农群众发展林下经济，优先落实造林补贴，开展送苗下乡并加强技术指导，培育新林业经济增长点，促进林农增收致富。加大扶贫脱贫挂钩村官路、刺坑两村帮扶力度，与2村、19户贫困户实施结对帮扶，挤出资金帮助发展农业生产，确保及早脱贫。

社会禁毒 推进涉毒重点整治攻坚冲刺工作，抓好挂钩东陇镇赤洲村禁毒工作，派驻专门工作组开展工作。对该村全面实施网格化管理，彻底摸清涉毒人员人数，加强家访，从严监管；整合该村专群力量，加强重点部位管控，坚持每周重点排查清查、每月全面清查排查，完成县委、县政府和县禁毒委下达各项工作任务。

安全生产 执行安全生产“一岗双责”要求，贯彻落实县安委会工作部署，结合林业行业实际，采取措施，加强全县林业领域安全生产管理工作，为惠来县林业生产建设创造安全稳定林区环境。开展“安全生产月”活动，宣传安全生产有关法律法规和安全生产知识，宣传安全生产和森林防火法律法规，在深度和广度上提高林区群众对安全生产重要性认识，增强安全意识，消除麻痹思想。组织开展“风险点危险源排查整治”“林业安全生产隐患排查整治”“打非治违”和“岁末年初林业安全生产大检查”等执法检查专项行动，消除林业安全隐患，堵住林业安全生产事故源头，确保林区安全生产良好态势。

（县林业局）

◆ 海洋与渔业

【概况】 2017年，惠来县渔业生产总产量83892吨，比增0.22%，其中：捕捞51863吨，养殖32029吨。渔业经济总产值204399万元，其中：第一产业（海洋捕捞、海、淡水养殖、水产品种苗）产值125167万元，第二产业（水产品加工、渔业机具制造、渔用饲料药品、渔业建筑）产值51811万元，第三产业（渔业流通服务、水产仓储运输、休闲渔业）产值27421万元。

【水产养殖】 全县养殖面积4164公顷，其中：海水养殖面积2090公顷；淡水养殖面积2074公顷；海水养殖产值41138万元，产量18700吨，淡水养殖产值14198万元，产量13329吨。养殖产量占水产品总产量38.2%，产值占水产品总产值27.1%。

【渔业资源保护】 开展海洋生态整治修复工程，实施增殖放流行动，营造良好海洋生态环境。2017年在赤沙澳海域开展增殖放流1次，放流斑节对虾苗320万尾，黑鳍鲷苗24万尾，黄鳍鲷苗15万尾。投入增殖放流资金40万元。

【海洋环境监管】 做好渔业资源调查监测、海域使用动态监管，监控区域监视监测工作。加强污染源头控制。加强海域执法检查。加强对陆岸、海上及海岛巡查工作。加强重点区域、重点流域监督管理。加大对环境敏感区、重要渔业水域等区域检查力度，控制周边排污企业排放污染物，减轻各河流水污染负荷，使近岸海域水质保持稳定状态。加强海岸与海洋工程环境管理。严格新建用海项目环境影响评价程序和可行性论证程序，防止新建项目对海洋环境污染。

【渔业安全生产】 落实渔业安全监督管理各项措施，制订安全生产计划和应急管理预案，抓好渔船渔港防火、防碰、防台措施落实。加强渔船安全生产主体责任，建立渔船法人责任制，全县865艘渔船，分别落实各相关沿海渔村与各艘渔船签订安全生产责任书，渔船船东（船长）向县渔政管理部门签订安全生产承诺书。全县865艘捕捞渔船编为147个生产队（组），渔业村落实专人跟踪报告，全面提升渔船海上自救、互救能力，全年没有发生渔业安全生产事故。

【渔政海监执法】 2017年，加大巡航频率，派出执法船艇8艇次，出动执法车辆16辆次，出动执法人员190人次，采用登岛检查和环岛巡查等方式，对惠来县93个海岛开展巡查，维护海岛权益。惩治非法捕捞行为，出动执法船艇312航次，出动执法检查人员1000人次，检查渔船950艘次，查处案件56宗。

【质量安全监管】 开展水产品食品安全专项整治及水产种苗专项整治工作。坚持“产”“管”并重，开展形式多样宣传教育活动，普及无公害水产养殖知识，举办“标准化养殖的理念与技术”培训班，参加培训110人，印发技术资料和禁用渔药清单等宣传资料200份。全年先后组织执法人员135人次，排查整顿全县重点水产养殖企业（户）112家，抽样检查样品合格率100%；完成各级下达快检任务，抽检率100%。

【国家海洋督察】 国家海洋督察组（第五组）于11月20日进驻广东省开展专项督察，例行督察广东省海域海岛资源开发利用、海洋生态环境保护、海洋防灾减灾等方面海洋行政管理和执法工作情况，督察组于12月7日到惠来县。国家海洋督察组采取内外业核查方式，全面核查惠来县2012年以来海洋工作。通过国家海洋督察，惠来县做到“即知即改，立行立改”，采取强制措施，惩治违法占用海滩行为，维护海湾良好生态环境。

【渔港建设】 神泉示范性渔港建设项目预算总投资2.72亿元，其中：水工部分投资21095万元，陆域部分投资6105万元。该项目总投资额由省级财政补助资金2亿元和地方建设资金7200万元两部分组成，省级财政补助资金2亿元到位，地方建设资金主要用于项目配套工程陆域部分建设，惠来县采用PPP方案，签订合同。工程于2016年12月12日开工建设，渔港建设总体进展顺利，投入8500万元，完成南防波堤引堤推填535米，西防波堤推填240米，南岸防波堤加固1382米，浇制扭王块6109件，空心方块3244件，沉箱36个，港池疏浚45万立方。

（黄宏涛　蔡永刚）

◆ 工业和贸易

【概况】 惠来县经济和信息化局（下简称县经信局），为科级行政事业单位。县经信局内设秘书股、人事股、经济运行股、贸易市场股、投资与技术股、中小企业股、行业管理股、外资促进管理股、加工贸易股、对外贸易发展管理股、口岸管理股、信息化和无线电管理股。下辖单位5个，即揭阳惠来县拍卖行、惠来县乡镇企业管理办公室、惠来县乡镇企业科技开发服务中心、惠来县中小企业服务中心、惠来县对外加工装配服务公司。惠来县经信局机关事业编制62人，其中局长1人，副局长4人，办公住址设在惠城镇新兴街13号。

【经济运行】 全县2017年完成工业总产值757.5179亿元，比增7.1%；其中规模上工业产值完成693.3亿元，比增7.1%；规模以上工业增加值108.36亿元，比增2.7%，新增规模以上工业企业7家。2017年全县完成供电量8.89亿千瓦时，比增9.64%，售电量8.22亿，比增9.69%；其中工业用电1.48亿，比增7.11%。完成工业技改投资22.17亿元。

【园区建设】 惠来县临港工业产业集聚地壮大，纳入编制面积19755亩（1317公顷，13.17平方千米），一期规划面积2610.6亩（174.04公顷，1.7404平方千米），其中：已供土地面积1200亩（80公顷，0.8平方千米），尚可供应土地面积1410亩（94公顷，0.94平方千米）。省市领导、香港招商局、招商蛇口集团以及各侨团多次到集聚地考察，县经信局编制并修改惠来县临港工业产业园宣传册，成立产业共建工作群，推介县投资环境和优惠政策。

【工业项目】 *中海油粤东LNG项目* 项目累计完成投资额47.30亿元，2017年新增投资5.445亿元，首船9万吨液化天然气于2017年4月份成功接卸；中海油粤东销售公司经中海油总部批准落户惠来，完成注册；12月28日，粤东LNG项目配套管线工程启动建设。

国电投海上风电项目 国家电投将建设装机容量90万千瓦海上风电项目，其中包括靖海和神泉两个风电场，计划建设海上风电运维基地和海上风电装备制造基地。项目3个测风塔选址、地质勘测等前期工作均完成。

【中小企业】 全县工业企业860家（含规模以上工业企业236家），商贸行业约2670家，个体工商户25145户。

企业政策宣传 组织重点企业管理人员参加《广东省降低制造业企业成本支持实体经济发展的若干政策措施》《惠来县扶持民营经济和中小企业发展优惠办法》等政策宣讲会七场200人次，加大企业帮扶政策宣传力度。

企业组展参展 组织中小企业参加“第三届中德（欧）中小企业合作交流会”“第14届中国国际中小企业博览会”“第122届广交会”等经贸展销博览会，宣传惠来特色产品，帮助企业开拓市场。

企业融资 与县邮政储蓄银行联合举办惠来县“梁柱”企业融资推介会，加强银企对接，拓宽企业融资渠道，协调解决企业融资难问题。

企业平台管理 开展“迎盛会·百日百项大行动”经济户口清理工作，搭建“惠来县企业数据综合管理平台”，构筑既可单独使用又能互通共享经济户口数据体系，综合反映全县经济户口情况，完成经济户口录入28675户，其中企业数3530户，个体数25145户，实现全面清理。

【口岸建设】 根据国务院《关于同意揭阳港神泉港区对外开放的批复》精神，按照国家有关部门关于口岸开放验收相关标准，县经信局会同有关部门及联检机构，采取措施，加大工作力度，推进神泉港区口岸基础设施建设。神泉港区主体工程项目中海油粤东LNG专用码头建成可靠泊8万～26.7万立方米液化天然气船舶泊位及1000吨级重件泊位各1个，具备生产作业资质；码头现场口岸查验配套设施基本完善，分别设置海关、边检、检验检疫、海事等4个部门现场办公用房，配备相应办公设备，满足口岸查验单位现场执勤办公需求。

2017年2月7日，国家口岸管理办副主任白石等组成国家验收组到惠来县开展揭阳港神泉港区对外开放检查验收工作，召开揭阳港神泉港区对外开放国家验收会议，验收组各成员单位和省口岸办、市人民政府签署验收纪要，揭阳港神泉港区对外开放正式通过国家验收，实现揭阳海港一类口岸零突破。揭阳港神泉港区建成并正式对外开放，将改写外国籍船舶、人员、货物不能直达惠来历史，实现外向型经济跨越发展，成为惠来走向世界“海上通道”。

【对外及港澳台贸易】 全年外贸进出口总额13.56亿元，同比增长18.1%；出口总额9.87亿元，进口总额3.69亿元。

出口贸易方式 一般贸易出口3.69亿元，加工贸易出口6.29亿元。

出口主体结构 全年有出口业务企业20家，拥有自主品牌企业3家，其中私营企业出口3.68亿元。外商投资企业出口5.16亿元。国有、集体企业出口1.13亿元。

出口市场结构 与30个国家和地区有贸易往来，主要贸易市场是中国香港、台湾和欧盟、美国。对香港出口8.1亿元，对欧盟出口0.49亿元，对美国出口0.45亿元。和汕头海关协调，做好出口企业服务工作，组织外贸企业代表参加海关政策宣讲会，引导企业加入海关高级信用等级认证，享受更多出口优惠，2017年12月，惠来县源瀚制衣有限公司正式成为惠来县首家获得海关AEO高级认证证书企业。

出口商品结构 纺织制品、服装出口占主导地位，出口7.89亿元，占全县出口总值80%。食品（鱼糜制品）出口1.66亿元，电子配件、机电产品出口0.2亿元，塑料制品（拖鞋）0.34亿元，木制品0.57亿元。

【吸收外资】 全县增资项目1个，合同利用外资136万美元。完成外贸进出口总额13.56亿元，其中外贸出口总额9.87亿元（主要出口产品有源瀚、美林制衣厂服装，长荣、海宏食品有限公司海产品等），进口总额3.69亿元（主要进口中海油LNG设备以及外资企业料件)。实际利用外资95万美元，合同利用外资136万美元。

【信息化无线电管理】 2017年，全县手机用户数57.3万户，固话用户数7.2万户，宽带用户数5.3万户，光纤用户数7.8万户，基本实现“村村通”光纤，实现固定宽带家庭普及率76.3%，移动宽带用户普及率61.2部/百人。加强无线电监测工作，监测结果表明全县无线电电磁环境总体良好。督促通信运营商加强区域风险隐患排查整改工作，2017年中旬，全县通信运营商派出专用车10部，出动1110人次，历时80天，发现并整改故障543处，做到发现一处，整改一处，确保无线电安全无事故运营。

【节能降耗】 完成揭阳市下达惠来县节能降耗工作任务；开展企业电机效能调查工作，全县淘汰电机功率9000千瓦，超额完成市下达任务；完成惠来县27家加油站年审工作，加强成品油市场管理，取缔无证违规经营成品油销售点；对重点耗能企业节能开展节能行政监察，加大监管力度。各部门通力合作，在建筑、质量监督、电力、交通和公共机构等重点领域开展节能工作。

(县经济和信息化局)

惠来电厂
(广东粤电靖海发电有限公司)

2017年，广东粤电靖海发电有限公司实现发电量136.84亿千瓦时，上网电量128.96亿千瓦时，营业总收入481180.17万元，利润总额30541.58万元，净利润23313.04万元，上交税费33296.02万元。

2017年，广东粤电靖海发电有限公司统筹推进四台机组超低排放改造工程，完成1、2、3号机组超低排放改造，各项排放指标均达“50、35、10”超洁净目标，并相继取得超低排放电价补贴。

(惠来电厂)

中海油粤东LNG

中海油粤东液化天然气有限责任公司（下称“粤东LNG”）为中海油气电集团全资子公司，于2010年9月在广东省揭阳市成立，注册资本14.70亿元。公司主要负责粤东LNG接收站和管道项目建设、运营与管理，以及天然气加工、运输、储存、销售等业务。

粤东LNG是中国海油与广东省合作重点能源项目，2013年2月，项目获得国家发改委核准，同年5月接收站和码头工程正式开工建设。一期工程由接收站、港口和LNG配套管线工程三部分组成，建设规模200万吨/年，建设一座可停靠8万～26.7万立方米LNG运输船舶单泊位接卸码头（15万吨级）、3座16万立方米地面全容式混凝土LNG储罐及配套工艺处理设施。

2017年3月29日，粤东LNG接收站与港口工程项目通过中国海洋石油集团有限公司机械完工验收。4月25日，来自卡塔尔拉斯拉凡Q-Flex型首船LNG“AL KHARAITIYAT（阿尔卡拉缇娅）”号抵达粤东LNG码头，粤东LNG一期接收站和码头项目正式投入试生产。

粤东LNG配套管线由140千米干线、37千米支线及40千米汕头东部天然气管线组成，于2017年年底启动。配套管线建成投用后，将向汕头、揭阳和潮州3个城市供气，主要提供城市居民、商业、工业和电厂用气，成为广东省东部地区主要气源。

粤东LNG接收站自2017年5月启动槽运分销以来，销量一路上扬，槽车外输范围覆盖潮州、揭阳等粤东五市及湖南、江西、华北地区，为地区保供、低碳经济发展提供保障，实现“奉献清洁能源，创造美好生活”愿望。

(中海油粤东液化天然气有限责任公司)

◆ 商品流通

【商业集团公司】 商业集团（商业局）2017年商品总购进3136万元，完成年度计划105.6%，比增

2.3%；商品总销售3692万元，完成年度计划103.7%，比增1.9%。商业系统在册干部职工2045人，其中离退休人员993人，现职人员1052人，现职人员分布为：集团机关30人，国有企业人员863人（在岗人员98人，下岗人员765人），基层集体商业人员159人。集团公司机关内设机构有人事股、秘书股、财会股、企管股、统计股、监察室、工会、进出口部。属下企业有国有企业19家（糖烟酒公司、五金交电化工公司、百货公司、华侨商品供应公司、饮食服务公司、纺织品公司、商业信托贸易公司、商业新兴贸易公司、国营商业总公司、国营商业联营总公司、商业贸易公司、商业海口贸易公司、商业贸工公司、商业发展贸易公司、商业旅游贸易公司、国营靖海商业公司、国营神泉商业公司、国营隆江商业公司、国营葵潭商业公司）；基层集体商业6家（惠城、靖海、神泉、隆江、葵潭集体商业公司和惠城容光理发社），全系统属下25家企业中，属死火企业18家，半死火企业7家。商业系统仅有资产管理，所属门店实行租赁经营。

安全生产管理 2017年，县商业集团公司安全生产管理工作，在县安监委等有关部门指导下，贯彻“安全第一、预防为主、综合治理”方针，落实上级有关指示精神。领导班子做到“一岗双责”，严格抓好安全生产管理工作。加强源头监管，深化隐患排查，落实安全措施，强化安全责任。提升安全生产管理水平，把安全隐患消灭于萌芽状态，遏制安全事故，确保全年安全无事故。2017年，商业集团公司属下4家公司投入资金8.30万元，维护加固办公场所或经营门店，及时排除安全隐患；另有2家公司更新即将过期消防灭火器材，完善安全配套措施。县纺织品公司在“转危为安”工作上，以集团公司为主导，采取补助方式，将原在仓库内居住人员和存放物品全部撤离。随后将老仓库（属特级危房）建筑物全部拆除，并将空地暂行出租。既消除安全隐患，也为公司取得经济收入，缓解公司资金紧缺状况。2017年，安全生产管理工作得到县安监委肯定和表扬。

创文创卫 2017年，商业系统广大干部职工“创文创卫”工作取得成效。主要工作：加强领导，提高认识，做到上下联动，全力以赴，管好自家责任区域“门前三包”工作，参与县城“三横六纵”主要干道卫生管理和文明交通志愿服务活动，为共创“文明县城”“文明家园”尽责尽力。狠抓日常督促检查，重点检查“门前三包”落实情况，是否达到无出店经营、无乱搭乱拉、无堆放杂物等要求。搞好日常保洁工作，每周进行全面清扫，保持办公及周边环境卫生整洁，树立良好形象。加大“创文创卫”宣传教育力度，提高广大干部职工文明和卫生意识，激发“创文创卫”工作热情，促进惠来县市容市貌好转。加大经费投入，2017年，挤出3万元资金，用于支持挂钩镇“创建”工作和单位设置“创文”及“卫生”宣传专栏，购买、安装监控设备，加强“门前三包”管理；配套清理、打扫卫生工具、洁具，完善“创文创卫”硬件，为惠来县创建文明卫生城市尽职尽力。

精准扶贫和禁毒 根据县委县政府部署，按照“精准”扶贫工作具体要求，派员进驻前詹镇塔兜村进行“精准”扶贫相关工作；将挂钩10户特困户（39人）帮扶对象，分解落实到集团公司班子成员及党总支委员身上，采取“一进、二访”结对帮扶方式，做到“帮扶到户、责任到人”，力争扶贫工作取得实效。节日期间，主要领导组织人员，带上物资及慰问金，进村入户，走访慰问，给特困村民送上温暖和节日问候；与其促膝谈心，交流沟通，了解生活、生产情况，共商脱贫良策。2017年，出资、派员配合相关单位开展禁毒专项行动。商业集团公司出资1万元作为专项经费，为维护社会稳定和谐、保一方净土，共创文明县城尽到职责和义务。

（黄健生）

【供销合作联社】 2017年，供销合作社商品销售总额3358万元，利润9.10万元。农资商品供应：化肥销售1863万元，农具器械556件128万元，各类经营服务网点189个，连锁网点59个，配送中心2个。

县联社机关：在职人员34人，事业编制25名。设人秘股、综合业务股、财审股、合作经济股、企业管理股5个股室。

属下企业：直属公司13个，基层供销社2个，基层中心社4个，在职干部职工总数2015人，离退休人员1820人。企业干部职工中下岗自谋生计人员占70%。

农民专业合作社：6个，平价商店3个，农民成员353人，组织生产和销售农副产品911万元。潮宜轩食品加工专业合作社组织“大蒜、萝卜”到广州、东莞、揭阳等地参展，提高惠来县特色农副产品知名度。2017年，“潮宜轩”系列食品销售总额401.60万元，被授予“国家级农民专业社示范社”称号。

（县供销合作联社）

【粮食购销管理】 2017年，惠来县粮食管理部门加强粮食储备、市场供应、军供保障、健全应急体系等方面工作，落实全县粮食储备安全、市场健康稳定，粮食责任制。落实储备粮年度收储轮换和新增储备购入、储放任务，使地方储备总量达历史高峰（3.30万吨）。开展粮油仓储企业规范化建设，2017年，针对全县储粮仓库老化情况，争取上级和各相关职能部门支持，启动新建库容5万吨仓库，提高仓储企业规范化管理水平。加强粮食流通管理，对粮食市场收购环节监管，规范粮食市场流通秩序，确保粮食市场稳定。全县纳入粮食统计报表范围企业购进粮食19573吨，销售粮食19482吨，满足本地粮食市场需要。开展农户和城镇居民口粮消费收支调查，保证粮食消费市场安全。提高军供服务水平，严把军粮质量关，2017年送检军供粮油合格率100%。实现管理规范、供应有序、质量稳定、服务优良目标。健全应急管理体系，加强全县粮食应急保障网络建设和粮油市场供应价格稳定保障工作措施，加强粮情趋势分析判断，增强应急保障能力。深化粮改工作，抑制粮食系统下岗职工上访现象，维护稳定大局。

（县粮食局）

【食品集团公司】 2017年，全县食品系统干部职工814人，其中中层以上干部89人；集团机关内设机构7个：办公室、人事股、综合业务股、财统审计股、工会、信访室、进出口部，在职人员67人。集团公司有对全系统人、财、物管理职能，经济来源依靠基层公司上缴维持正常运转。集团公司属下有惠城食品公司、东陇食品公司、华湖食品公司、神泉食品公司、前詹食品公司、周田食品公司、靖海食品公司、仙庵食品公司、隆江食品公司、岐石食品公司、葵潭食品公司、鳌江食品公司、东港食品公司13个具有独立法人资格单位，在职人员747人，以生猪收购、屠宰、批发为主营业务，肩负全县城乡人民群众肉品供应职责。

2017年全系统生猪总购进13.84万头，县外调入3.34万头，总销售30.11万担，占年计划103%，销售总额2.89亿元。上交干部职工社保基金589.8万元，上交医保基金17.4万元，使全系统干部职工老有所养，病有所医。

党务政务 县食品集团公司贯彻落实党的十八大、十八届和十九大精神，推进“两学一做”常态化、制度化，加强党员干部职工思想政治学习，增强党性观念，党性修养，不忘初心，筑牢反腐倡廉防线；贯彻落实上级关于创建卫生县城工作部署，加强机关作风建设，提高办事效率，净化办公环境；选派一线职工参加由省农业厅组织肉品品质检验培训，壮大卫检队伍，提高检验水平。

肉食市场综合整治 集团公司发挥协调理顺职能作用，取得各级党政支持，各镇调整充实生猪管理工作领导机构和肉食市场管理专业队，对全县肉食市场实施综合整治，取缔未经上级批准屠宰场（点），打击私屠滥宰“白板肉”、病死变质猪肉上市等扰乱肉食市场秩序行为，规范肉食市场管理。至2017年12月，全县依法依规查出“白板肉”1000千克，病死变质猪肉500千克，均作无害化处理。

生猪及生猪产品检疫检验 集团公司与基层公司签订“肉品安全责任书”，实行肉品安全责任追究；各基层公司与当地畜牧兽医部门配合，做到生猪进仓检疫到位，生猪进场屠宰检疫检验到位；建立健全生猪进（出）厂登记台账，“病害肉”检出登记台账，“瘦肉精”自检登记台账。制订屠宰场肉品卫生管理制度、屠宰场车间卫生制度、屠宰场管理制度等各项规章管理制度；严格病害猪、病害肉无害化处理。肉品上市坚持做到“二印一单”制

度，即上市肉品胴体加盖有兽医部门检疫印，食品部门检验印和肉品上市证明单。配合县动监所加强对全系统进仓生猪“瘦肉精”“口蹄疫”抽检，保障上市肉品卫生质量安全，让人民群众吃上“放心肉”。

基础设施建设 贯彻国家农业部、省农业厅有关生猪屠宰场资格清理审核文件精神，筹措资金100万元，修缮全县13个定点屠宰场排污等设施设备，部分屠宰场实现屠宰技术转型升级。至2017年12月，实行半机械屠宰有：神泉、东陇、隆江、东港、前詹五个公司。县城区仓储中心和机械化肉联厂由于后续资金跟不上，未能竣工，集团公司争取上级资金扶持，使之尽快投入生产。

（林国华）

【盐务管理】 县盐务局系省直属管理机构，全员108人，其中：离休1人，退休52人，在岗在编55人，配置领导职数2人；内设机构4个：人事股、盐政法规股、财务股、专营股。2017年，累计销售小包装加碘盐1135.02吨，比增9.97%。其中，低钠盐178.02吨。

党务政务 贯彻落实十八大、十九大会议精神，加强党风廉政建设。深入开展“两学一做”教育，把“两学一做”学习教育融入日常、抓在经常，创新方式方法，推进学习教育常态化、制度化。开展廉政教育，持之以恒纠正“四风”。组织召开创文工作会议并成立创文工作小组，开展“创文创卫”专项活动。落实门前卫生“三包”责任制，在创文主题日牵头组织县政协、妇联、宗教局、环卫局等单位清洁打扫南环一路，配合交警维持交通秩序。调动群众监督作用，做到有举报，有通知，有整改，有效果。全年举行创文宣传活动18场次，开展大型清扫活动24次，清除小广告“牛皮鲜”172张。开展精准扶贫工作。选派1名党员干部到神泉镇金东村驻点开展精准扶贫工作。

市场管理 根据县打假办工作部署，按照惠府相关要求，对葵潭镇东风市场开展打假专项整治行动。通过对葵潭东风市场整改整治、改进管理模式、严格经营行为以及开展食盐安全专题宣传活动，与食盐终端零售点签订食盐安全责任书，全面登记终端零售、用盐单位。葵潭区域签订安全责任书118份。其间，出动执法人数420人次，出动车辆60辆次，检查零售点900间次，餐饮店1200间次，熟食加工、小作坊780个次，发放宣传资料820份，销毁非法盐产品510千克，书面责令整改5宗，完成葵潭镇东风市场食盐打假整治工作任务。全年，盐政法规股出动执法人员1516人次，检查市场444个次，检查店档4838间次，检查食品厂家36家次，发出责令改正通知书30份，查案4宗，结案4宗，没收违法盐产品2419.50千克。组织专题咨询活动5场次，发放宣传资料2050份。

（县盐务局）

【烟草专卖管理】 2017年，县烟草专卖局（分公司）全年卷烟总销量38328箱，同比增长0.78%，卷烟总销售额13.04亿元，同比增长4.04%，单箱销售额高达3.40万元，同比增长3.23%；实现税利3.33亿元，同比增长2.1%。局（分公司）组织参加惠来县“廉洁火炬杯”党规党纪知识竞赛勇夺团体和个人第一名，全年有15人次受到上级表彰奖励，局党总支被命名为揭阳市“两学一做”学习教育常态化制度化示范点。

卷烟营销 提升卷烟销量，引导客户科学下订单，密切跟踪客户订单情况，提高客户订购率；将考核指标与营销工作目标紧密结合，加强对营销人员日常工作考核，促进卷烟销售任务完成。加强品牌培育，重点培育一、二类烟，使重点品牌一、二类卷烟销售规模稳步扩展、市场份额稳步提高，发挥重点品牌对卷烟营销支撑作用，全年重点品牌销量35254箱，占总销量91.98%；重视省产双喜品牌销售工作，全年“双喜·红双喜”品牌销量23268箱，占总销量60.71%。加强终端建设，开拓发展潜在零售户，增强终端新陈代谢能力；严把终端质量关，对不达标终端客户要求限期整改或建议退出，实现零售终端质量控制常态化发展；至2017年年底，辖区内现代卷烟零售终端客户713户，其中形象店24户，功能店689户。加强规范经营，增加市场走访和检查频次，关注卷烟市场动态及零售户经营规模、卷烟销售流向等信息，明确监管重点，做好卷烟零售大户监管工作。

专卖管理 加强卷烟打假，针对惠来县涉烟大要案多发态势，加强卷烟打假工作组织领导，协调召开惠来县烟草打假工作会议，推动卷烟打假工作深入开展；开展卷烟打假宣传；收集情报信息、部署惩治行动，惩治制售假烟等违法活动，震慑违法犯罪行为，全年出动执法人员7817人次，查获涉烟案件353宗，其中大要案39宗（捣毁制假烟窝点17个，查获无证运输假烟案件22宗），查获烟机27套54台、假烟3873万支、走私烟78.98万支，烟丝83吨及原辅材料1批，案值4540万元，公安机关现场抓获并刑拘涉案嫌疑人64名，逮捕50人，判刑12人，县有关部门对涉案村有关干部实行追责11人；联合县公安部门侦破3宗卷烟制售假国标网络案件。加强市场监管，依托市场分类管理信息系统，对零售户实行信息化管理；联合县市场监督管理、公安、打假办等有关部门清理整顿全县卷烟市场，全年查处市场销售非烟案件214宗，查处市场销售假烟案件29宗，查处市场销售走私烟案件71宗。加强内部监管，按照内管工作制度和流程，利用内管信息系统实时监控公司卷烟经营行为，调查处理各种信息预警，促进规范经营工作开展。加强证件管理，推进新专卖信息系统上线应用工作，贯彻落实行业上级“放管服”各项改革措施，提升行政许可水平；遵照办证工作指南与工作流程，依法依规开展证件办理工作，全年新办卷烟零售许可证442份，延续455份，变更3份，注销331份。

企业管理 推进降本增效，以全市行业“我为降本增效献一策”主题活动为抓手，转变思想认识和管理模式，坚决控制一般性支出，全年局（分公司）三项费用率4.15%，相关做法受到市局领导肯定。维护安全稳定，抓好安全生产标准化岗位达标、专业达标和专业安全评估活动，落实安全生产“一岗双责”制度，加强安全日常检查，针对存在隐患及时落实相关整改措施，确保安全无事故，通过县和市局（公司）各项安全检查。加强体系建设，落实国家局《一流质量管理体系建设评价标准》，将“两个体系”建设与精益管理、安全标准化建设结合，注重规范工作流程，完善资料积累，加强痕迹管理，修订和完善关键质量目标，通过市局（公司）关于“两个体系”内部审核。推进法治建设，开展“七五普法”宣传教育，组织举办预防职务犯罪法律专题讲座，清理涉烟司法解释贯彻落实情况及适用过程中存在问题，梳理和精简“减证便民”情况。

文化建设 深入学习贯彻中共十九大精神，组织收看《十九大代表风采》和十九大开幕式，把学习贯彻中共十九大精神列入重要议事日程；邀请县委宣讲团成员宣讲十九大精神，组织上好学习贯彻十九大精神专题党课，全面掀起学习贯彻十九大精神高潮。抓好党建工作，研究制订党建工作要点和学习计划，专题召开党建工作动员会，完善党员活动中心建设，全面推进“两学一做”学习教育纵深开展，被命名为揭阳市“两学一做”学习教育常态化制度化示范点，被定为全市经验交流单位，交流材料和活动开展情况被编入市委组织部编写党建书籍和专题片。加强队伍建设，抓好各岗位特别是营销、专卖岗位技能鉴定培训工作，加强远程网络教育，全年组织开展各类培训29场次，培训人员1151人次。加强纪检监察工作，贯彻执行中央“八项规定”和国家局“九条要求”，落实党内监督、述职述廉等制度，执行《建立健全惩治和预防腐败体系2013—2017年工作规划》，确保惩治和预防腐败体系建设各项任务要求落实到位。推进企业文化建设，办好《惠来烟草简报》和各种宣传栏，发动员工参与《揭烟文化》投稿；组织员工参加上级举办各类文体竞赛并斩获佳绩。参与“创建广东省文明县城”活动，做好“创卫”“精准扶贫”“广东省扶贫济困日”等相关工作，组织开展公益慰问活动，全年赞助各项公益福利事业23万元，树立惠来烟草“成人达己”公众形象。

（方汝龙　王振华　夏春汛）

◆ 旅游业

【概况】 2017年，县旅游局干部职工21人，其中公务员6名（局长1人，副局长3人，主任科员1人，正股长1人），职工15人。事业编制15名，人员经费由县财政核发，内设机构4个：人秘股、财务股、业务股、审计股。县旅游局围绕县委、县政府打造“揭阳副中心和新的发展极”目标，发挥滨海、生态资源等优势，转变旅游发展方式，推动惠来旅游经济持续协调发展。全县接待游客537.65万人次，旅游收入13.10亿元，分别比增15.0%和19.0%。截至2017年12月，全县星级饭店2家：四星级1家（惠来宾馆）、三星级1家（富林大酒店），在建五星级酒店1家（隆江金贤大酒店）。国家AAA级旅游景区2个（惠来海滨度假村和葵潭世铿院）。旅行社3家（惠之旅旅行社、云轩旅行社和深圳嘉辉国旅惠来营业部）。

【旅游接待】 2017年，惠来县接待入境旅游者482人次，旅游收入62.66万元。接待国内游客537.60万人次，比增15.0%，其中，接待过夜旅游者291.05万人次，比增23.9%，国内旅游总收入13.09亿元，比增19.0%。

【宣传促销】 创新旅游宣传促销手段。落实与普宁、揭东、揭西旅游局签订《旅游合作协议》，加强与周边县（市）旅游资源整合，实现资源共享、优势互补、共赢发展；主动“走出去”，9月8—10日，组织惠来海滨度假村和靖海湾文旅特色小镇旅游投资项目等4家企业参加2017广东国际旅游产业博览会，推介惠来特色旅游资源，提高惠来旅游企业知名度，拓展旅游客源市场。在博览会投融资项目签约仪式上，惠来县靖海湾文旅特色小镇项目唯一代表揭阳参加集中签约，与中国爱地集团有限公司达成战略合作，拓宽惠来旅游企业投融资，促进企业发展。成立惠来县第三家旅行社——深圳嘉辉国旅惠来营业部。推介惠来特色旅游资源，拓宽旅游市场，擦亮惠来滨海旅游名片。利用依山临海特色旅游资源和悠久历史文化底蕴，以惠来沿海入选广东十大海上丝绸之路文化地理坐标为契机，做大做好滨海旅游文章，构建滨海旅游、乡村生态旅游、宗教旅游、民俗风情旅游和红色旅游五大品牌。优化旅游线路，确定新旅游精品线路，推出惠来“一日游”（海丝遗迹）、“二日游”（惠来特色旅游）旅游线路，融合“吃、住、行、游、购、娱”等旅游六大要素，塑造突出惠来旅游整体形象，使到惠来看海景、洗海浴、吃海鲜、买海货成为时尚，做实做好惠来“滨海旅游”文章，神泉、前詹镇滨海路成为海鲜美食一条街。

【市场监督】 2017年，县旅游行政管理部门加大执法和管理力度，营造良好旅游营商环境，提升旅游服务质量。在旅游行业开展贯彻落实《中华人民共和国旅游法》专项检查，经检查，全县旅游市场秩序良好，各旅游企业能按照相关法律法规进行诚信经营，没有存在违法违规行为，也没有出现游客

客鸟尾石笋　　（方义生　摄）

投诉行为。

【旅游安全】 县旅游局坚持“安全第一、预防为主、综合治理”安全生产方针，结合市旅游局、县安委办相关文件精神，采取措施，加强旅游安全工作。落实安全生产责任制，坚持以人为本，牢固树立“安全发展”理念，健全安全生产“一岗双责”制度；开展贯彻落实《中华人民共和国旅游法》专项检查，规范旅游市场秩序；开展旅游安全警示教育活动，各旅游企业和景区景点做好本单位旅游安全教育及培训工作；加强对各景区景点、游乐设施、宾馆酒店及旅行社安全检查和质量监督。特别是春节、“五一”、国庆假期间，对全县旅游企业和景区景点游乐设施开展安全检查，落实安全责任，排除安全隐患；领导班子分别挂钩各旅游企业，加强对企业安全指导工作；组织执法人员到惠来海滨度假村、葵阳公园等景区景点巡查，监督旅游市场秩序，严格值班制度，落实专人轮流值班，值班及投诉电话：0663—6681071，随时接受游客投诉以及上报相关工作。完善安全措施，落实安全主体责任，完善市场综合治理机制，实现旅游工作“健康、安全、质量、秩序”四统一目标，维护市场秩序，净化旅游环境。

【饭店管理】 做好国家A级旅游景区和星级酒店复核工作。以旅游饭店星级评定标准对全县星级饭店服务质量、设施设备、各项规章制度、节能环保、消防安全等进行年度复核检查。经检查，惠来宾馆通过四星级、富林大酒店通过三星级年度复核；以国家A级旅游景区复核标准对惠来海滨度假村和惠来世铿院进行复核，惠来海滨度假村通过国家AAA级旅游景区年度复核，世铿院经过半年限期整改，于12月3日重新对外开放。提升惠来旅游服务质量和服务水平，共建广东省文明县城。按照《惠来县创建广东省文明县城实施方案》工作部署和要求，全县旅游企业共同创建广东省文明县城，加强旅游企业内部管理，设置宣传牌和宣传标语，宣传创建文明县城相关内容，营造创建广东省文明县城良好舆论氛围，提升惠来文明旅游新形象。

【规划及开发建设】 服务功能配套建设，夯实旅游产业基础。惠来海滨度假村投资150万元建设A级旅游厕所及淋浴室，完善景区服务功能；计划投资250万元海水游泳池，完成规划设计，年底动工建设。世铿院景区投资450万元，建设售票房、改造客服中心、木雕石雕翻新和网络服务以及其它服务功能配套，建成揭阳首家“智慧景区”，配备专业管理服务团队，于12月3日重新对外开放。争取省扶贫资金65万元为乡村旅游点，“农家乐”“渔家乐”餐厅新建1座和改扩建旅游厕所5座，年底前全面竣工投入使用，改善旅游公共服务功能。培育乡村旅游示范点，发展乡村生态旅游。利用乡村丰富生态旅游和悠久文化资源，培育乡村旅游示范点，发展乡村生态旅游。重点培育并向省申报惠来县四个乡村旅游示范点：东港镇东港村（旅游景点：东港公园）、神泉镇神农村（旅游景点：海角甘泉）、靖海镇后湖村（旅游景点：客鸟尾石笋区）、靖海镇北星村（旅游景点：靖海古城墙）。

（县旅游局）

基础设施
JI CHU SHE SHI

◆ 城镇建设规划管理

【概况】 惠来县城镇建设管理局，科级事业单位，具有全县城乡规划建设行政管理职能。县城建局内设人秘股、规划技术股、村镇规划建设股、县城建设股、市政管理股5个职能股，下辖城镇建设监察队、园林管理处和市政工程队3个股级事业单位。县城建局机关事业编制20名。至2017年12月，全局有干部职工137人，其中局长1人，副局长3人。办公地址设在惠城镇新南路6号，办公面积900平方米。

【城区市政建设】 2017年，县城建局负责承办市政建设项目15个，年度计划投资28546万元，投入资金17664万元，占年度计划62%，具体情况如下：惠来县县城外北环路（傍山路西至惠雷公路）建设工程。路段全长4417米，道路红线宽度45米，建设路基及路面、涵洞、桥梁，配套排水、绿化、照明等。县城南环一路（揭神路至消防路）沥青砼路面改造工程。县城揭神路（梅兴桥至南环一路）沥青砼路面工程。揭神路梅兴桥至南环一路段长1147.24米，道路红线宽度38米，改造机动车道沥青砼路面，疏通排水沟并改造雨水口；揭神支路（梅北小学校前路）长369.30米、道路红线宽度10～12米，改造路基路面，新建排水管道并改造雨水口。葵和路绿化带拆除改造工程。路长2500米，道路红线宽度22～34米，拆除绿化带，疏通、改造部分排水沟，改造雨水口，拓宽部分人行道及恢复路面。县城东华路（校前路至南环一路）沥青砼路面工程。县城东华路（校前路至南环一路）长1471.12米，道路红线宽度38米，改造机动车道沥青砼路面，疏通排水沟并改造雨水口。惠水路桥建设工程。惠水路长500米，宽16米，建设路基路面，配套排水、绿化、预埋电信套管、交通标线；惠水桥长100米，宽16米，建设桥台、桥面、栏杆、盐岭河护堤、堤顶路面。庆平路（葵和路至南环一路）、南环一路（庆平路至南环一桥）改造工程。建设长865米、宽40～48米砼路面及配套建设。县城安福路建设工程（向东路至南环一路）。

建设长1311.55米、宽40米砼路面及配套建设。县城向东路续建工程（东段及西段）。建设长1053米、宽25米砼路面及配套建设。县城横四路、纵三路建设工程。全长736.52米，其中纵三路长525.82米，宽12米；横四路长210.70米，宽34米。建设砼路面及配套建设。城区市政基础设施提升改造工程。南环一路提升工程（改造人行道、非机动车道、绿化等）；南门大街延伸段（改建540米路基路面，配套绿化景观、排水、明渠等）；其他项目：葵潭镇高铁新区站前广场、站前西路及高铁北路建设工程。建设站前广场面积22130平方米，道路长752米、宽12～34米，砼路面及配套建设。县城南区部分路网市政道路建设工程。纵四路（南环一路至南环二路）建设工程长942米，宽13～16米（其中改造段南环一路至横一路长160米，宽13米）；纵五路（横一路至南环二路）建设工程长760米，宽16米；横二路（南门大街至纵七路）建设工程长811米，宽24米；横四路（南门大街至纵七路）建设工程长827米，宽34米；横五路（南门大街至纵七路）建设工程长836米，宽16米。县城北区高速南路建设工程。建设东西走向长565米，宽15米；南北走向长250米，宽12米砼路面及配套建设。县城广鸣路桥（揭神路至惠神北路）建设工程。建设路长350米，宽16米；桥长50米，宽16米砼路面及配套建设。

【城乡规划编制】 县城建局把抓好城乡规划编制工作作为推进城乡建设、服务地方经济发展主要举措来抓。依照《中华人民共和国城乡规划法》程序、要求，结合县实际，推进城乡规划编制工作。抓好县、镇级、村庄规划编制。县级规划完成项目：惠来县城市总体规划（规划区范围包括惠城镇、隆江镇、溪西镇、华湖镇、东陇镇、神泉镇及前詹镇沟疏村、赤澳村和大南海工业区，规划区面积288平方千米）；完成镇级规划项目：靖海、葵潭、仙庵、神泉、前詹、周田、岐石、东港8个镇总体规划编制、修改工作。在村庄规划方面：全县完成村庄规划编制行政村238个，占全县272个行政村87.5%，其中：独立完成143个、城市及镇总规或控规覆盖95个。按照省住建厅关于社会主义新农村示范村规划编制指引要求，推进惠来县66个省定贫困村规划编制工作。抓好控规及单元规划编制。2017年，组织协助完成控规编制：惠来县华湖祖师东地块、周田镇考山片区、岐石镇排坑地块、神泉镇北新片区、葵潭镇针织厂地块、惠来县临港中心工业园C-06-13地块、隆江镇黄洋片区、仙庵镇京陇大道东塔仔地块等项目。至2017年12月，全县城乡规划区面积509.32平方千米，其中：建制镇规划区面积433.60平方千米，村庄规划区面积75.72平方千米；全县城乡规划建设用地面积250.67平方千米，其中城镇规划建设用地面积202.71平方千米（含大南海工业区），村庄规划建设用地面积47.96平方千米。城镇建设用地面积85平方千米（其中县城主城区建设用地面积30平方千米）。根据省委提出把惠来县打造成为“揭阳副中心，新的发展极”战略要求，惠来县于2017年5月22日成立惠来县协调对接揭阳城市副中心建设工作领导小组，协调对接揭阳副中心规划建设各项工作。为适应新时期惠来作为揭阳副中心定位需要，发挥惠来区域优势、产业优势、资源优势，将惠来打造成为“揭阳副中心、粤东新增长极”。县城建局配合国家招商局、揭阳市城乡规划局开展规划编制工作。《揭阳滨海新区发展总体规划（2017—2030年）》经省政府批准同意，《揭阳副中心（惠来）城市规划》形成规划成果方案。为使《惠来县城市总体规划》与上述两个上位规划为指导并完全融合，市人民政府于2017年11月2日同意惠来县组织开展惠来县城市总体规划修编工作。此次城市总体规划修编工作依据省住建厅工作要求，规划覆盖全县县域陆域1253平方千米，包括全县14个建制镇、3个农林场、大南海工业区以及华侨管理区。完成总规修编前期工作，城市总规修编草案形成，依法按程序推进。

【城乡规划管理】 县城建局按照《中华人民共和国城乡规划法》《广东省城市控制性详细规划管理条例》《广东省城乡规划条例》及有关法律法规要求，贯彻执行“一书三证”（即建设项目选址意见书、建设用地规划许可证、建设工程规划许可证、乡村建设工程规划许可证）报建审批制度，严把规划许可关，确保规划实施。2017年，全县办理“一书三证”手续39宗，其中：办理建设项目选址意见书18宗；办理建设用地规划许可证8宗；办理建设工程规划许可证13宗。

【县城市政管理】 为推进文明县城创建工作，根据县城市政综合治理领导小组工作部署，县城建局联合县公安交警、环卫、物业、惠城镇、华湖镇、东陇镇等单位在县城区范围内开展县城市容市貌综合整治活动。集中治理占道经营。取缔出店经营、游散摊点等占压城市道路经营摊点；取缔违规从事车辆清洗、维修、门窗加工等马路市场、马路车间等乱搭建行为，确保城区主次干道无占道和出店经营。加大小广告、沿街招牌和遮阳棚治理力度。对县城区主要路段小广告、沿街招牌和遮阳棚现象进行清理，对不符合规定全部予以强制拆除。加强交通秩序整治。联合县交通、交警、惠城镇政府对禁行禁停路段实施严格管理，对乱停放车辆组织拖车，遏制车辆乱停行为；加强夜市巡查管理。针对县城南门大街、葵和路、南环一路、站南路、揭神路等路段乱摆买夜市摊点现象，联合县有关部门专项整治上述路段乱摆卖夜市摊点，遏制夜市摊点乱摆占等现象。推进城区市政基础设施提升工作。2017年，投入资金1000万元完善县城基础设施工作。对县城主要道路、人行道实施交通标示划线工作，规范摩托车、汽车等车辆停放秩序；修补南环一路、揭神路等路段破损路面，清理疏通排污管道；清理整治城区葵和路、南门大街、南环一路等道路绿化带、实施横一路规划控制用地绿化配套和盐岭河堤小公园建设等工程，扩大县城建成区绿化覆盖率；修复整治活动过后受损坏基础设施。组织开展城乡“牛皮癣”专项治理行动。动员各镇（场）、机关、企事业单位、村（居委）、社区和小区物业管理部门、广大市民群众，清理创文达标区域内“牛皮癣”，从严查处违章“制癣”行为，清除虚假、低俗广告信息，净化美化城镇环境。落实长效机制。县城建局立足“定岗、定人、定责”管理原则，对存在问题地段落实长效管理，严防反弹。清理整治后，采取每月集中整治3～5次方法，解决管理中出现问题，落实督查，确保管理责任落实和巩固成果。针对县城区市政管理范围扩大和县城建局管理人员严重不足现实情况，结合在推进县城市政管理工作中浮现难点、热点问题以及薄弱环节，将县城南门大街、葵和路（元春路口至站南路）、南环一路（洋尾路口至站南路）列入市政管理重点路段，按照标准严格，整治一片、巩固一片、推进一片工作思路并予以推进。

【城区绿化管理】 贯彻落实经营管理城市决策部署，将城区园林绿化管理推向市场，落实承包管理机制。城区14条道路以及人民广场、慈云文化广场、县府院前广场绿化管养工作落实承包管理。按照创文工作要求，做好道路绿化带、行道树绿化补植工作。2017年，完成庆平路中段（南环一路至南环二路）、葵和路（站南路至惠政桥）路段、南门大街、站南路、揭神路（南环一路至春南电器厂）等路段绿化补植，围绕创建“文明、卫生县城”目标，加大园林绿化方面宣传力度，宣传《中华人民共和国城乡规划法》《广东省城市绿化条例》等法律法规，提高市民绿化意识、文明意识，营造爱绿、护绿社会氛围。加强对破坏绿化行为惩处力度，发现和纠正违法侵占绿地行为，发现一处，查处一处。

（县城镇建设管理局）

◆ 建筑管理

【概况】 2017年，惠来县建设局工作人员79名，办公场地面积1900平方米，内设人事秘书股、建筑管理股、公用事业股3个股室，并设惠来县工程质量监督站、惠来县建设工程安全监督站、惠来县建筑设计室、惠来县工程质量检测室、惠来县燃气监督管理站、惠来县建设工程造价管理站6个下属单位。

【建筑市场监管】 2017年，新建工程实施质量安全监督登记51宗，建筑面积36万平方米，总建筑造价41000万元。办理建筑工程施工许可证9宗。严格验收建设竣工工程，工程竣工验收登记17宗，建筑面积2.90万平方米，建筑造价5600万元。质量安全生产专项检查8场次，查处排除隐患7项，发出整改通知书39份。实行量化扣分管理，进行动态监督检查扣分11次。实行垂直运输设备备案登记制度，办理塔吊使用登记牌14份、人货梯使用登记牌21份。

【建筑工程质量检测】 惠来县工程质量检测室是拥有广东省质量技术监督局计量认证证书和广东省建设厅建设工程质量检测机构资质证书检测单位。检测项目有：水泥，普通混凝土用砂，普通混凝土用碎石，建筑砂浆及砂浆配合比设计，普通混凝土抗压、抗折、抗渗、配合比设计，墙体材料，钢筋拉伸与钢筋焊接接头，土工，粉煤灰，混凝土结构与构件实体检测等项目，全年进行各项检测项目5601组（个），为工程质量监督管理提供科学、准确检测数据，杜绝不合格建筑材料进入施工现场。

【保障性安居工程】 贯彻落实中央和省、市、县关于农村危房改造工作要求，于2017年实施完成农村危房改造325户。

【城乡垃圾管理】 按照“一县一场、一镇一站、一村一点”建设要求和推行“户收集、村集中、镇运转、县处理”农村垃圾收运处理模式，开展农村垃圾处理设施建设和管理。全县村庄保洁覆盖率100%，农村生活垃圾有效处理率94.6%，分类减量51%，镇（场）保洁市场化程度66.7%。全县农村垃圾成堆现象减少，“脏、乱、差”状况改善。

【房地产资质管理】 加强房地产开发企业资质管理，2017年新增3家，全县累计在册登记房地产开发企业23家。

【燃气管理】 全县经营性液化石油气储配站10家，便民服务点32个，在用气瓶数量43万只，年供气量28000吨，销售额超24000万元，气化率98%。开展燃气安全生产专项检查整治，规范经营行为，燃气市场安全稳定。

（翁泽群）

◆ 房产管理

【概况】 惠来县房产管理局成立于1994年5月，是惠来县人民政府主管全县房产工作职能部门，内设人事秘书股、产权产籍管理股、公有房地产管理股、法制股、财务管理股5个股；下设惠城房地产管理所、靖海房地产管理所、神泉房地产管理所、隆江房地产管理所、葵潭房地产管理所、县房地产交易管理所6个房产管理所。

【房产管理】 2017年，办理商品房预售登记2214套，面积281718.49平方米；为确保早日实施房地产交易合同网签运作，升级县“房管专家”业务系统，建设网上综合业务平台系统，投入资金50万元，投入使用。直管公房公地租金征收33万元，占下达任务100%；配合县国土部门做好不动产登记档案资料移交、业务对接工作，为惠来县不动产登记机构运行提供保障。完成公房公地管理、创文创卫、廉政建设、计划生育、综合治理、信访稳定、驻村精准扶贫和安全生产等工作任务。

【安居工程】 *保障性住房* 2014年和2015年惠来县需完成保障性住房建设目标任务400套，经县政府同意，项目选址于惠城镇西联社区土名“蛇料蛤”处，规划用地（含道路）3.05公顷，其中近期用地1.07公顷，远期用地1.98公顷。项目建设分期分批实施，第一批建设保障性住房192套，每套建筑面积60平方米，工程总投资2930万元，经县财政审核第一批工程造价1954.50万元。第二批工程建设保障性住房2栋各8层192套，总建筑面积11520平方米。项目估算总投资2826.50万元。第一批工程项目在2015年年底前完成选址规划、土地征用、可行性报告、立项、环评、地质勘探、图纸设计、工程造价预算审核、震评、绿色设计、图审等工作。于2016年4月底前完成招投标程序与中标方签订承建合同，2016年6月25日工程正式开工，2017年12月完成项目建设并进行摇珠选房，投入资金1730万元。第二批工程项目完成选址规划、土地征用、可行性报告、立项、环评、地质钻探、图纸设计、工程造价预算审核、绿色设计、图审等手续。于2017年11月28日完成招投标程序与中标方签订承建合同。完善各项准备工作，投入（第二批）保障性住房建设，投入资金600万元。

租赁补贴发放 根据2017年年初惠来县人民政府与揭阳市人民政府签订《2017年住房保障工作目标责任书》文件精神，做好租赁补贴发放工作。惠来县2017年城镇保障性安居工程租赁补贴资金42万元，发放对象为2014年申请保障性住房且经审核合格入围而未分房入住住户186户，补贴标准每户每月188.17元，全年2258.04元。于2017年12月全面完成审核、公示和补贴发放工作，减轻保障对象租赁负担。

房地产开发投资 2017年，全县完成房地产开发投资10亿元，建设商品房254500平方米，竣工商品房203600平方米。商品房供应结构合理，在全县竣工商品房中，住宅183240平方米，占90%；商业营业用房20360平方米，占10%。

（县房产管理局）

◆ 环境保护

【概况】 1982年9月，惠来县人民政府设立惠来县环境保护办公室，正科级行政单位，属县计划委员会管理，行政编制3名。1984年5月并入县建设委员会综合组（对外称环境保护办公室），编制保留3名。同年7月，重新设置惠来县人民政府环境保护办公室，属县建设委员会管理。1987年12月，设环境监测站，股级事业单位。1991年3月，县环境保护办公室更名县环境保护局；9月，设立环境监理所，股级事业单位。2005年10月，环境监理所更名惠来县环境监察大队，正股级单位。2008年8月，环境监察大队改为环境监察股，加挂“惠来县环境保护局环境监察分局”，正股级建制。惠来县环境保护局内设人秘股、规划监督与总量减排股、环境监察分局，属下事业单位环境监测站。2017年12月，全局干部职工92人。2017年，征收排污费2563800元。信访方面接收153宗信访投诉，全部办结。县环境保护局主要负责全县环境保护和水质、空气等监测、管理企业污染等方面工作。

【环境状况】 2017年，惠来县城市环境空气全年有效监测144天，优良天数365天。惠来县江河水体水质总体良好，各项目年均值及监测值均达相应功能区水质标准；饮用水源地镇北水库处于良好水平，达标率100%。近岸海域水质良好，各站位及环境质量点位水质符合相应水质要求，金海湾旅游功能区、神泉港区、石碑山至前詹功能区各项目年均值及监测值均达II类标准，环境质量监测点位达I类水质标准，水质均属良好（注：近岸海域水质由揭阳市环境保护局监测，2017年监测数据没有传给惠来县环境保护局）。交通噪声年均值与区域环境噪声年均值分别为64.5分贝和53.5分贝。

【环境规划监督与总量减排】 建设项目环评审批服务。2017年审批建设项目23宗，建设项目环保验收23宗。推进污染物总量控制与减排工作：惠来县县城污水处理厂2017年处理污水425.44万吨。COD进水平均浓度79.4毫克/升，出水浓度22毫克/升；氨氮进水平均浓度12.6毫克/升，出水浓度1.3毫克/升。削减COD排放248.95吨，削减氨氮47.86吨。葵潭污水处理厂2017年处理污水108.6807万吨，COD平均进水浓度119.64毫克/升，出水浓度14.33毫克/升，削减COD111.52吨；

星辉洗水厂监管现场 （县环保局 供稿）

氨氮平均进水浓度19.73毫克/升，出水浓度0.53毫克/升，削减氨氮18.90吨。2017年，靖海电厂二氧化硫排放量136.30万吨，氮氧化物排放量198万吨。农业源减排方面，惠来县按第二类鼓励模式完成2家生猪养殖（惠来广恳畜牧发展有限公司、揭阳市惠农实业有限公司）治理措施，并通过环保竣工验收。其他规模化养殖场按污染减排第五类鼓励模式推进中。开展排污申报登记，加强污染总量控制，按控制目标核发排污许可证，2017年核发排污许可证21家。

【环境监测】 常规监测工作。做好龙江河、雷岭河、盐岭河及镇北水库等饮用水源监测。全县设置监测点位9个，监测项目15个，获取监测数据1100个。县城集中式饮用水源镇北水库和蜈蚣岭水库开展全指标监测，据监测结果分析，各监测断面水质良好，均达相应水域功能区标准要求。污染源监测。监测企业90家次，获取监测数据540个，为污染源监督控制提供科学依据。配合上级开展近岸海域功能区水质监测，监测近岸海域水质3次，获取监测数据180个。

【环境监察】 *水环境整治* 加强对辖区内龙江河、雷岭河、镇北水库等重点饮用水源保护区环境风险隐患排查，控制周边排污企业排放，确保污染物按功能区划要求，稳定达标排放。按属地管理原则，督促沿岸各镇重点整治入河排污口、清理河流沿岸生活垃圾、养殖业，保证水资源环境不出现恶化现象，从而降低水源污染负荷。推进龙江河饮用水源地保护工程，县环保局委托省环科院编制《惠来县龙江河（龙溪河）饮用水源地保护工程可行性研究报告》，加强龙江河葵潭段饮用水源地保护。建设内容包括：生活污水治理工程、生活垃圾收运处理工程、河岸生态护坡工程、水环境监管建设工程、饮用水源地规范化建设工程。项目总投资4078.89万元。加强畜禽污染防治。县环境保护局联合县农业、公安、水务等部门以及各镇（场）开展禁养区内畜禽养殖场清理整治行动，2017年，全县禁养区内关停、搬迁畜禽养殖场（户）31个。与县农业开展联合执法，检查全县49家畜禽规模养殖场粪污治理情况，按照“雨污分流+干清粪+废弃物综合利用”等治污方式，落实适养区禽养殖场整改。全县49家畜禽规模养殖场落实整改。加强工业企业污染整改工作，完成县城星辉洗水厂污水处理改造工程，于2017年3月通过验收；西塘、祥林、葵山和祈乐4家造纸厂经揭阳市政府同意纳入备案，完成污水处理设施和锅炉脱硫除尘等防治设施整改任务，取得排污许可证并正常投入生产。

大气污染整治 杜绝露天焚烧。会同建设、城建等有关部门，清理擅自在公共场所露天焚烧生活垃圾、建筑垃圾、工业垃圾、树叶、农作物秸秆等杂物行为，杜绝露天焚烧。管理露天烧烤，清理县城区露天烧烤点10个。全面控制扬尘和垃圾污染。与县建设部门联合开展整治建筑工地扬尘，督促建筑工程业主落实建筑工地道路硬化、主体结构施工外脚手架密目网全封闭、车辆出工地进行冲洗、洒水抑尘等措施，保持施工工地内外环境整洁。按照《惠来县人民政府为公室关于印发惠来县高污染燃料锅炉专项整治工作方案的通知》工作部署和安排，排查整治辖区内燃煤锅炉等企业。经排查，惠来县有锅炉59台，2017年，新完成整治16台，累计完成整治49台。落实除尘脱硫脱硝治理8

开展环境检查 （县环保局 供稿）

惠来县金宏宇混凝土有限公司现场检查照片 （县环保局　供稿）

台，使用清洁能源18台，拆除16台，停用7台。推进靖海电厂4台机组超低排放改造，靖海电厂细致科学确定改造方案，关口前移，靠前指挥，1号机组2017年2月20日完成超低排放改造并投入运行，3号机组2017年4月23日超低排放改造完成投入运行，2号机组2017年8月5日超低排放改造完成投入运行，4号机组超低排放改造正在进行中，预计2018年1月完成单体及系统调试。4台机组燃煤锅炉完成除尘脱硫脱销等治理工作，在线监控设施完成安装并与省市环保部门联网。

惩治环境违法企业　7—12月，县环境保护局对惠来县南昌加油站、惠来旭林混凝土有限公司、惠来县金宇混凝土有限公司、惠来县金洋加油站“未验先投”（即项目需配套污染防治设施未经环保部门验收，主体工程已投入生产使用）违法行为立案处罚，责令4家企业落实整改；对葵潭镇葵峰燕山陵公墓、广东中投矿业股份有限公司“未批先建”违法行为立案处罚，责令改正。对惠来县昌农种养专业合作社违法倾倒污泥，项目未验先投等行为立案处罚，作出罚款人民币90万元，责令改正。7月28日，对排查发现神泉镇芦园村大崎山码头非法转运河砂行为线索提交公安机关，实施联合查处。县公安局以非法经营罪立案侦查，对3名犯罪嫌疑人予以刑事拘留。8月5日，联合林业公安查处隆江镇大宁山和青坑林坑黄德潭2处非法烧铜加工场，林业公安现场控制违法嫌疑人6名。2处加工场涉嫌非法处置危险废物以及利用渗坑非法倾倒有毒物质，8月6日，县环境保护局以涉嫌污染环境罪移送公安机关立案侦查，县公安局刑事拘留6人，联合隆江镇、青坑林场等单位对两处加工场予以强制拆除。行动以来，立案处罚7宗，责令整改7宗，移送拘留6人，关停2家。2017年，惩治取缔印花、水溶及其他无牌无证等“小散乱污”加工场所10家，取缔非法抽砂洗砂12宗（扣押车辆10台），清理取缔非法石板材厂3家、非法采石3宗。加强信访调处方面，受理投诉案件152宗，全部办结。

信访调处与排污费征收工作　2017年，受理投诉案件153宗，办结153宗。通过案件办理，维护群众合法权益。按照排污费征收管理相关规定，对应征收排污费全部核定征收，征收排污费256.38万元。

2017年惠来县饮用水源水质监测结果统计表

表2

水源地名称：镇北水库　　　　单位：粪大肠菌群（个/升）、透明度（米）、其余（毫克/升，PH值除外）

项目名称	水温	pH值	溶解氧	高锰酸盐指数	五日生化需氧量	氨氮	总磷	总氮	砷	汞	六价铬	挥发酚	石油类	悬浮物
检测值	23.75	7.38	7.83	1.7	1.93	0.23	0.01(升)	0.32	0.0005(升)	0.00001(升)	0.004(升)	0.0003(升)	0.001(升)	
项目名称	电导率	透明度	化学需氧量	*铜	*锌	*硒	*阴离子表面活性剂	*硫化物	*粪大肠菌群	*硫酸盐	*氯化物	*硝酸盐	*铁	*锰
检测值	62.3	1.1	10.2	0.001(升)	0.005(升)	0.0005(升)	0.05(升)	0.02(升)	260	1.71	3.83	0.25	0.17	0.0005(升)
项目名称	*镉	*铅	*氰化物	*叶绿素a	*氟化物	**三氯甲烷	**四氯化碳	**三氯乙烯	**四氯乙烯	**甲醛	**异丙苯	**氯苯	**1，2-二氯苯	**1，4-二氯苯
检测值	0.001(升)	0.01(升)	0.004(升)	3.45	0.24	0.00003(升)	0.00021(升)	0.00019(升)	0.00014(升)	0.05(升)	0.00015(升)	0.00004(升)	0.00003(升)	0.00003(升)
项目名称	**硝基氯苯	**邻苯二甲酸二丁酯	**邻苯二甲酸二（2-乙基己基）酯	**滴滴涕	**林丹	**阿特拉津	**苯并(a)芘	**钼	**钴	**铍	**硼	**锑	**镍	**钡
检测值	0.02(升)	0.0001(升)	0.0002(升)	0.00002(升)	0.00001(升)	0.0005(升)	0.0000014(升)	0.005(升)	0.005(升)	0.0002(升)	0.20(升)	0.0005(升)	0.005(升)	0.01(升)
项目名称	**钒	**铊	**苯	**甲苯	**乙苯	**二甲苯	**苯乙烯	**三氯苯	**硝基苯	**二硝基苯				
检测值	0.01(升)	0.00001(升)	0.00004(升)	0.00011(升)	0.00006(升)	0.00013(升)	0.00004(升)	0.00004(升)	0.00004(升)	0.08(升)				

说明：1. 带*项目委托揭阳市环境监测站监测；带**项目委托汕头市环境监测站监测；其余项目由惠来县环境监测站监测；
2. 环境质量标准执行《地表水环境质量标准》（GB 3838-2002）II类

2017惠来县主要江河水质监测结果统计表

表3　　　　单位：毫克/升

采样点		执行标准	电导率	PH	悬浮物	溶解氧	高锰酸盐指数	氨氮	石油类	五日生化需氧量	化学需氧量	总磷	铜	锌	镉	铅	砷	汞	铬（六价）
龙溪河	新圩桥	Ⅲ		7.18		5.7	4.0	0.37		3.1	15.3	0.12	0.0001(升)	0.02(升)	0.001(升)	0.01(升)	0.0002(升)	0.00005(升)	0.004(升)
	葵谭等埔桥下	Ⅱ		7.2		6.2	2.6	0.35		2.5	10.2	0.04	0.0001(升)	0.02(升)	0.001(升)	0.01(升)	0.0002(升)	0.00005(升)	0.004(升)
	糖厂水闸顶	Ⅱ		7.15		5.5	4.0	0.38		3.2	15.4	-1	0.0001(升)	0.02(升)	0.001(升)	0.01(升)	0.0002(升)	0.00005(升)	0.004(升)
	龙江大道桥	Ⅲ	214	6.85	23.4	5.7	2.8	0.43	0.01(升)	2.3	14.5	0.09	0.01	0.012	0.001(升)	0.01(升)	0.0002(升)	0.00005(升)	0.004(升)
雷岭河	彭田新乡	Ⅱ		7.01		5.8	3.1	0.27		2.5	11.5	0.07	0.0001(升)	0.02(升)	0.001(升)	0.01(升)	0.0002(升)	0.00005(升)	0.004(升)
	官路桥下	Ⅱ		7.15		5.9	3.3	0.31		2.9	13.2	0.08	0.0001(升)	0.02(升)	0.001(升)	0.01(升)	0.0002(升)	0.00005(升)	0.004(升)
盐岭河	县老水厂吸水点	Ⅱ		7.28		5.1	3.7	0.38		3.0	15.6	0.09	0.0001(升)	0.02(升)	0.001(升)	0.01(升)	0.0002(升)	0.00005(升)	0.004(升)
	洋美桥	Ⅱ		7.53		4.8	4.4	0.54		3.5	18.6	0.14	0.0001(升)	0.02(升)	0.001(升)	0.01(升)	0.0002(升)	0.00005(升)	0.004(升)

注：龙江大道桥水质由揭阳市环境监测站监测。

2017区域环境噪声年均值以及交通噪声年均值统计表

表4 单位：分贝

年份	县城交通噪声	区域环境噪声
2017	64.5	53.5

2017年空气质量年均值表

表5 单位：毫克/立方米

年度	NO_2	SO_2	TSP
2017年	0.025	0.017	0.098

（县环保局）

◆ 县城环境卫生管理

【概况】 2017年，惠来县城镇环境卫生管理局（简称县环卫局）定编139名，实有干部职工120人，临时保洁工人170名；局内设机构3个：人秘股、卫监股（对外称市容环境卫生监察队）、业务股3个股。环卫设施设备：垃圾填埋场1座（位于惠城镇后洋村松柏坑），垃圾压缩站3座（分别位于东华路、葵阳公园旁、东郊社区），垃圾收集点24个，环卫车辆49部，环卫设备11台。环卫管辖范围：东至惠政桥、西至东陇镇犁头庵、北至四香场、南至安澜桥建成一级市政道路及部分区域，管理面积200万平方米。承担主要任务：地面垃圾清扫、保洁、转运及路面洒水降尘；绿化带垃圾收拾及花木浇水；环城河杂草杂树铲除、水上漂浮物打捞；果皮箱卫生管理。

【环境卫生管理】 *健全环卫管理机制* 根据环卫管理工作需要，制定《环卫岗位责任制度》《环卫车辆安全作业制度》《司机须知四条、注意五项》《环卫车辆节油用油制度》《环卫车辆维护维修制度》《环卫工作奖惩制度》《环卫工人加班补偿和缺班扣款制度》等制度，用制度规范环卫团队作业行为，促进环卫管理工作规范化、制度化和科学化。

加强路面保洁管理 针对点多、线长、面广具体实际，对县城区路道卫生保洁采取“化整为零，化零为整，各个击破”工作策略，加强保洁责任落实，把环卫队伍290人分成6个大组、27个作业小组，把县城区30条市政道路200万平方米面积、20万平方米绿化带、5000米长环城河、256个果皮箱卫生管理任务落实到组到人，加强巡查监督，落实奖惩制度。全面推行“车辆清运，机械清扫，洒水降尘，人工保洁”四位一体作业方式，对南门大街实行每天6班次全天候保洁，提高路面保洁质量。加强对主干道、非机动车道、绿化带、环城河、垃圾转运点卫生保洁力度，在做好环卫局责任路段、水域卫生管理基础上，做好非责任路段垃圾清运，配合开展县城“六乱”整治，帮助县行局、社区村和乡镇垃圾清扫、垃圾转运、洒水降尘。从2017年1月起，环卫局扩大县一级环卫管理范围，管理面积从17条市政道路97万平方米扩大至30条计200万平方米，提高县城区整体环卫管理水平。根据县政府工作会议纪要要求，从3月开始，环卫局接管县城主干道绿化带垃圾清扫及其树木喷水任务，从县城建局移交一部喷水车，配备4名保洁工人，落实对县城20万平方米绿化带卫生管理及花木浇水工作。

加强生活垃圾收集清运 采取增加收集班次，增加清运车辆，延长作业时间方式，实行每天6班次收集转运县城区24个垃圾收集点垃圾，确保日产日清。从2017年1月17日开始，创新开广播收垃圾方式，投入5辆三轮宣传收集车、配备10名保洁员，实行每天上午、下午、晚上3次驾车上路宣传收集县城区三横六纵17条主要市政道路、人民广场及沿途各铺户生活垃圾，发给每个铺户1个小型垃圾桶，督促铺户自觉定时定点投放垃圾，将此做法推广到社区、村实施，促进一级路道和二级路道卫生管理逐步走上规范化和常态化轨道，群众形成按时排队投放垃圾良好习惯；对随意丢落路面垃圾捡投入车，日均收集垃圾10吨，避免垃圾随意丢落路面现象。设置流动垃圾车代替垃圾桶，接受群众投放垃圾，分别在县政府门口、惠西路关爷前、商业幼儿园、物资大厦、葵和路金星路口、公路局对面、环城路水关头8个临时垃圾点各停放1辆垃圾收集车，接受群众投放垃圾，确保垃圾即满即载、车走地净。配置6辆电动三轮快速清洁车，收集路面置放垃圾包，使遗落路面垃圾得到及时处

置。增设机动组，加强路面卫生巡查，及时发现环境卫生问题及时落实整改。

加强环卫应急管理 为应对台风、水灾等自然灾害袭击，环卫局建立一套应对突发事件工作机制，完善值班制度、应急制度，对出现突发事件，及时应对处理，及时发现问题，及时解决问题。在2017年第16号台风“玛娃”登陆后，环卫局采取应急措施，组织全体环卫人员加班加点，及时有序、按时保质地完成路面垃圾清理转运任务、路面清洗任务、药物喷杀消毒任务、环城河打捞防患任务，确保灾后复产工作任务完成。

加强环卫服务水平 围绕县创建文明卫生县城工作部署，发挥职能作用，做好环境卫生服务保障工作。主要工作：服务县中心工作开展。在县“两会”、大项目考察、项目奠基或竣工剪彩期间、上级领导到惠来县调研、检查、指导工作期间，全面开展环境卫生清理行动，落实保洁人员实行全天候（每天工作12小时以上）保洁服务，配合县市政整顿，保证市容市貌整洁。服务群众节日生活。在清明、中秋、国庆、春节传统节日期间，全面组织开展县城区环境卫生清理整顿活动，为群众营造清新整洁节日环境。特别是在春节期间，提前部署，多措并举，做好县城区环境卫生保障工作，大年除夕夜，全体环卫工作者主动舍“小家”、顾“大家”，放弃阖家团圆时间，全部遍布城区三横六纵路面过春节，开展垃圾大清扫、大清理、大转运行动，通宵至初一零晨3点钟，比2016年提前5个小时结束县城区垃圾清理工作，为群众营造洁净祥和节日环境。

加强环卫宣传引导 围绕文明创建宣传主题，结合环卫工作实际，开展环卫宣传引导活动。在县电视台新闻栏目、“惠来人”微信公号发布县城区主要道路沿途及人民广场和各铺户定时收集生活垃圾有关事项通知，联合电视台拍摄播放专题片《关爱环卫工，共创文明县城》《文明创建排头兵，城市美容师》。利用垃圾收集宣传车，每天3次播放“创卫”“创文”宣传口号；在垃圾点设置“垃圾不落地，县城更美丽”宣传牌30块；在环卫局内外墙体粉刷喷涂“寒暑不停步，风雨也前行”环卫行业标语23条，设置宣传专栏3块；把环卫工作动态、业绩在县、市电视台、报刊杂志进行宣传报道，促使环卫事业得到社会广泛支持；发挥卫监队执法职能作用，配备录像枪，日夜查处乱丢垃圾不文明行为，责成随意倾倒垃圾群众在县电视台作检讨，引导群众自觉增强呵护公共环境卫生意识，营造“讲卫生、讲文明、树新风”文明创建氛围。

加强环卫监察管理 贯彻实施《广东省城乡生活垃圾处理条例》，坚决查处“乱丢、乱堆、乱倒”垃圾违规行为。在开展文明创建整治过程中，县环卫局加强环卫监察管理力度，成立卫监特别行动队，配备录像枪，坚持日、夜巡查，专门查处曝光“乱丢、乱堆、乱倒”不文明行为102宗，做到查处一个，教育一片。

【文明创建整治】 **环境卫生清理整治** 在创文创卫期间，环卫局全面组织开展县城区环境卫生清理整顿行动，以“创文为我，我为创文”“清洁卫生，人人有责”等主题实践活动为载体，采用日、晚结合，多形式、全方位地组织对县城区开展“卫生清洁月”“洁净大行动”“清洁服务周”“清理行动夜”等专项环境卫生清理整治行动，清理县城区主次干道、人行道、绿化带、环城河、城区周边交界处卫生死角积余垃圾及基建渣土。抽调人员专门成立环境卫生清理整治队伍，对主要道路两侧杂草进行药物喷杀，对环城河全线两边杂草杂树进行大铲除，完成地面垃圾、环城河、绿化带清理整治任务。2017年创文整治期间，开展环境卫生清理整治专项行动100场次，出动人力3万人次、环卫车辆3200台次，清理垃圾杂物及基建渣土32387吨，取消路道不该设置垃圾收集点17个，改造围蔽垃圾点3个。

市容市貌综合整治 抽调卫监队员及环卫车辆联合参与市政综合整治行动，整治县城乱搭、乱卖、乱堆、乱占、乱停、乱挂贴“六乱”现象，派出收集车、铲车协助清理清运市政整治拆除垃圾杂物，做到整治一处、清理一处。协助县各行局、社区（村）开展城乡环境综合整治行动，帮助清理转运整治拆除垃圾杂物，与县城各社区村形成合力，做到齐抓共管，根本改善县城区卫生环境。

“牛皮癣”专项清洗 根据《惠来县全面开展

"牛皮癣"专项治理工作方案》和县创文工作部署，环卫局全面组织开展清洗县城区一级环卫管辖范围内"牛皮癣"（指乱张贴、乱涂画在路面、城市设施等公共场所非法小广告、野广告等）工作，喷涂粉刷覆盖广告12500平方米，清理"牛皮癣"10565张。

【垃圾清运处理】 实行对县城区各社区（村）无偿转运生活垃圾服务工作，从2017年1月起，县城区收集垃圾统一转运至含尾坑垃圾卫生填埋场处理，县城松柏坑生活垃圾填埋场停止使用。2017年，县城区清运生活垃圾32387吨，日均清运垃圾90吨，实现文明创建工作以来生活垃圾减量化。

【环卫基础设施建设】 县环卫局落实加快推进县城区环卫基础设施建设。县城区垃圾压缩站建设项目，选址在惠城镇东郊社区土名"后池仔埔"新建1座垃圾压缩站，压缩站占地面积1.98亩（0.13公顷），计划总投资450万元，截至2017年12月，投入资金210.20万元，完成主体建设和压缩设备安装。垃圾场改造治理项目，根据县府办印发《惠来县人民政府办公室关于成立惠来县废弃物循环再生产业园项目建设运营工作领导小组的通知》和2017年5月15日《县政府工作会议纪要》要求，由环卫局作为业主单位，引进社会资本，利用资源化技术实施松柏坑垃圾填埋场环境污染治理，治理后改造成建筑垃圾受纳场。县废弃物循环再生产业园项目完成定点定界、制作1：500视频录像和地形图、土地产权变更手续、土地规划调整、可研审查及项目评估工作，进入立项阶段，项目计划分5期总投资5亿元，首期计划投入资1.40亿，投入资金20万元，后续工作正在开展。

【环卫设备配套】 投入资金256.72万元，配置环卫车辆23辆，其中：三轮收集车8辆、四轮收集车4辆、快速电动保洁车5辆、铲车2部、小型扫路车2辆（其中1辆移交县公路局使用）、洗扫车1辆、压缩站运输车1辆，在葵和路、环城路、东河路设置密封垃圾桶300个，利用企业免费服务在县城区主要街道南门大街、葵和大道、南环一路、揭神路设置环保型果皮箱256个，改善县城区环卫作业条件和生活垃圾投放设施。

【评先评优】 2017年4月，县环卫局保洁工人黄玉秀被广东省总工会授予"广东省五一劳动奖章"荣誉称号，并受表彰；8月，惠城镇党委委员兼县环卫局长黄洪钊被揭阳市文明委授予"揭阳市第三届玉德人物"荣誉称号，并受表彰；11月，县环卫局被授予"揭阳市创文先进集体"荣誉称号，并受表彰。

（县环卫局）

◆ 电力

【概况】 惠来供电局2017年完成公司制改制工作，单位名称变更"广东电网揭阳惠来供电局有限责任公司"，系广东电网有限责任公司下属全资子公司。2017年，惠来供电局电力用户29.80万户，管理110千伏变电站8座（220千伏华湖变电站由揭阳供电局负责管理），主变12台，总容量48万千伏安；110千伏输电线路21回319.16千米，35千伏输电线路1回14.70千米，10千伏配电线路61回1671.98千米，公用配电变压器1346台，低压线路6194.80千米。

【安全生产】 2017年，全局没有发生四级及以上人身、设备和电力安全事故事件，电网连续安全稳定运行2192天。电网风险防控。科学编制电网运行方式，及时发布电网安全风险预警14次并有效化解。设备管理到位。在每条配电线路、台区设置设备主人；2017年，开展特巡特维14次，发现问题整改，确保重要设备健康运行。安全管理基础夯实。2017年，开展安全督查1214次，发现问题35个并完成整改，现场作业风险管控有效。制作宣传牌、举办主题灯谜、开展专题学习，推进防范社会人员触电伤害事故事件宣传工作开展。启用应急指挥中心，完善应急装备配置，充实应急抢修队伍，修编应急预案9项，开展应急演练8次。防灾抗灾能力提高。完成沿海28.69千米配电线路防风加固工作，开展防风拉线装置专项检查并完成整改；应对“天鸽”“玛娃”等强台风天气袭击，首次调派40名抢修人员支援珠海局抗灾保电，发扬“一方有难八方支援”抗灾精神。

【电网规划和建设】 落实“以我为主”规划体系要求和属地化管理责任，推动电网规划、建设工作协同开展。电网规划科学。修改完善10千伏及以下配电网规划项目库，适应配电网规划精益化管理需要。电网工程建设有序推进。配合揭阳供电局推进220千伏陂美变电站建设工作。抓好配网建设，2017年配网工程完成投资9197万元，新建、改造10千伏线路80.37千米，低压线路740.61千米，新增及更换配变119台，容量30605千伏安。供电所技术业务用房建设取得新突破。葵潭、鳌江供电所技术业务用房2017年12月顺利建成启用，供电营业服务环境得到改善；把握建设机遇，加快业务用房建设进度，完成2018年计划建设14个供电所技术业务用房征地工作。

【电力供应与服务】 落实“人民电业为人民”宗旨，满足人民美好生活电力需要。做好电力供应。应对电力供需形势变化，增供扩销，电量持续保持稳定增长，2017年完成购电量8.89亿千瓦时，同比增长9.6%；售电量8.23亿千瓦时，同比增长9.7%；工业用电1.48亿千瓦时，同比增长7.1%。统调最高负荷18.82万千瓦，同比增长10.3%。做好供电服务工作。制订《揭阳惠来供电局2017年客户服务改进工作行动方案》并抓好落实；加强综合停电管理，推广带电作业，2017年开展带电作业59次，减少用户平均停电时间1.59小时/户。推动技术创新，完成惠城、葵潭、靖海、神泉、隆江等5个城镇智能电表和低压集抄建设工作，建成惠来首座电动汽车充电桩，于2017年12月正式启用。

（史乙生　欧阳秋生）

◆ 供水

【生产经济指标】 2017年，产水量1295万立方米，同比增加45万立方米，增长4%。销售水量944万立方米，同比增加39万立方米，增长5%。水质浊度合格率、余氯合格率、大肠菌群合格率、细菌总数合格率等均为100%，综合合格率100%。

【生产供电线路改造】 原由县自来水公司自行架设水厂专用高压线使用二十年以上，严重老化，线路全长4千米，线路甚至穿越在民居及养殖场上空，给供电安全留下很大隐患，给线路维护及故障排除造成很大不便。经与供电部门协商，停用该供电线路，并利用经过水厂旁边市电线路接入水厂，线路短，施工方便。该供电线路于2017年5月初改造完成并投入使用，既保证安全供电，又保障水厂正常生产。

【水质监测】 为加强水厂生产过程中水质监测力度，实时掌握水质情况，在水厂各个制水环节增加8台在线监测仪，24小时监测水质浊度、余氯、PH值，确保水质安全。

【管道及消防栓维护】 检修维护供水管道设施30次；维修水表井、阀门井等6次，更换水表井盖3块；年巡查管线2.10万千米；应急抢修10次；更换消防栓2个、维修15处；确保供水安全正常。

（朱静锋）

◆ 交通建设与运输

【概况】 2017年，惠来县交通运输局在职干部职工331人，其中公务员53人。局机关内设机构6个：人事秘书股、政策法规股、财务审计股、规划基建股、综合运输股（加挂安全监督股牌子）、执法监督股（加挂交通运输综合行政执法局牌子）。挂靠机构2个：县交通战备办公室，惠来县加快铁路建设协调小组办公室。属下事业单位10个：交通管理总站、惠城交通管理所、仙庵交通管理所、葵潭交通管理所、溪西交通管理所、神泉交通管理所、港航管理所、地方公路管理站、水上运输总公司、汽车驾驶员培训中心。属下企业单位2个：神泉港务所、交通运输总公司。2017年，惠来县交通运输局固定资产计划投资70500万元，全年实际完成投资70544.60万元。完成公路货运量742.01万吨，同比增长3.5%，公路货运周转量231864.26万吨千米，同比增长8.6%；完成公路客运量363.09万人，同比增长6.2%，公路客运周转量55577.14万人千米，同比增长8.8%；完成水路货运24.72万吨，同比增长4.3%，水路货运周转量22343.91万吨千米，同比增长0.8%。

【重点项目建设】 *X106线靖海月山至神泉镇区段路面改造工程* 全长17.44千米，按二级公路标准进行路面改造，路基宽度12～15米，水泥混凝土路面宽9～12米，计划总投资7189万元。完成《建设方案》并报县政府同意，2017年9月15日经县委常委会研究决定，项目采用PPP整体打包模式进行建设。

Y169安前线路面改造工程 全长10.70千米，按三级公路标准改造，路基宽度7.5米，水泥混凝土路面宽度6.5米，计划总投资4295万元。完成《建设方案》并报县政府同意，2017年9月15日经县委常委会研究决定，项目采用PPP整体打包模式进行建设。

甲（甲子）港（东港）公路惠来段新建工程 全长4.71千米，按一级公路标准设计，路基宽度24.5米，水泥混凝土路面，双向四车道，计划总投资6445万元，2017年计划投资2500万元。项目建设地域属惠来县管辖，工程投资由陆丰市负责。完成项目立项、勘察设计招标等前期工作，进行勘察设计中（完成初步设计评审，二阶段施工图设计评审，正在修编中），同步进行下穿深汕高速安全专项评估。2017年4月27日，陆丰市与惠来县确定征地赔青标准签订包干协议。进行征地赔青等工作，但项目征地涉及汕尾侨区路段征地（插花地），侨区未完成核征。项目沿线涉及月湖村、云埔村对项目线路走向有异议，造成征地赔青工作受阻。

惠来县X122甲伯线路面改造工程 全长6.70千米，按三级公路标准建设，路基宽度9米，水泥混凝土路面宽7米，计划总投资1608万元，完成《建设方案》并报县政府同意，2017年9月15日经县委常委会研究决定，项目采用PPP整体打包模式进行建设。

【民生工程项目建设】 *地方公路建设* 2017年在地方公路建设方面投资35246.60万元，实施项目141宗。其中：建设新农村公路路面硬底化122条、段200.59千米，完成投资31642.40万元；改造县乡公路14条段、64.26千米，完成投资30031万元；新（改）建桥梁5座、342.4延长米，完成投资2051.20万元。

农村公路管养 2017年，投入资金160万元，完成径口一桥、二桥两座危桥改建任务；投入资金1400万元，完成关桥线路面改造工程；投入资金500万元，完成西鳌、大前、庵泉、甲伯等路段水毁修复；投入资金98万元，完成配套管养线路安全标志200块、示警桩390根，标线1000平方以及部分减速带。投入资金300万元，完成创文创卫清理公路沿线垃圾、堆积物，拆除乱搭乱建临时工棚、违章建筑物等障碍物，改善路况，县公路年均好路率83%，年末91.9%；常养线路年均良好路面率81.3%，年末89.9%。

【车船更新项目改造】 2016年，投入资金1560万元，更新客汽车19辆；投入资金15万元更新改造渡口1个，投入资金33.60万元完成改造渡船2艘。

【春运工作】 2017年，“春运”投入客运车辆238辆，9905座位，安排应急运力6辆，安全运送旅客488686人次，实现“以客为主、安全为先、方便有序、服务满意”工作目标，全县运输生产安全无事故。

【路政管理】 2017年，县交通运输局综合行政执法局4个执法中队定期、不定期，定点、不定点在县城城区等地方监督检查，重点整治不按规定线路行驶或不按批准站点停靠、扰乱运输市场秩序非法营运、外籍车辆未经批准擅自进入惠来县从事客运经营、出租车不打表、异地经营、拒载等违规经营行为。执法人员在省政府批准治超流动巡查路段，采取流动治超方式，出动执法人员7633人次，出动执法车辆1526辆次，查处违法违规车辆583辆，实施行政罚款149.35万元。

【城乡公共交通】 惠来县有汽车客运站场3个，分别为惠来汽车客运站、惠来县葵西汽车客运站和惠来县葵潭高铁站汽车客运站。惠来汽车客运站位于惠城镇南门东路，是惠来县城区客运中心枢纽站，二级汽车客运站，日发班次285班，日发送旅客7200人次，占地面积10000平方米；惠来县葵西汽车客运站位于惠城镇庆平路西侧，三级汽车客运站，日发班次115班，日发送旅客2500人次，占地面积12155平方米；惠来县葵潭高铁站汽车客运站位于葵潭镇吉镇管区厦深铁路葵潭高铁客运站站前广场西侧，按部颁二级客运站标准进行规划，以三级客运站标准建设，主要为配套厦深高铁站进出站旅客出行，由于受征地问题影响，此站场只完成主体楼建设，每天有6趟葵潭高铁专线车接送旅客。

【安全生产】 开展企业安全生产检查9次，召开安全检查例会6次，排查安全隐患30次；加强二级维护质量监管，完善营运车辆技术档案。严格营运车辆技术等级评定，对辖区内被列入淘汰范围客、货运车辆制订淘汰计划；加强渡口渡船安全管理。对全县乡镇渡口节假日期间安全检查，掌握各渡船安全性能，将存在安全隐患渡口渡船通报各镇人民政府，提出整改措施；加强水运建设市场监督检查。检查惠来电厂、中电投、中海油等水运建设市场；督促企业建立安全管理责任体系，健全安全管理责任机构，确保责任主体落实到位。

（县交通运输局）

◆ 港口管理

【概况】 惠来县港口管理局是参照公务员法管理正科级事业单位，负责全县港口规划、建设，港口行政管理，港口经营秩序、安全生产监督，征收或代征港口行政性收费。内设综合股、港务管理股、规划建设股、安全监督股4个职能股，事业编制14名，其中局长1名，副局长3名，总工程师1名（副科级）；内设机构领导职数正职4名（正股级），副职4名（副股级）；政府购买服务人员数8名。2017年，全局干部职工21人。

【工程建设】 中海油粤东LNG码头工程 港口工程建设1个靠泊8～26.7万立方米LNG船舶泊位、1座1000吨级重件泊位，以及防波堤、栈桥、取排水等配套设施，利用岸线502米，项目计划总投资93.50亿元，投入资金48.60亿元，一期年处理LNG200万吨，于2017年4月25号正式试产。

揭阳港前詹作业区通用码头（一期）工程 一期拟建设1个7万吨级通用泊位（水工结构按靠泊15万吨级船舶设计）、1个3千吨级通用泊位（水工结构按靠泊7万吨级船舶设计）及1个工作船泊位，年设计通过能力380万吨/年，利用岸线565米。项目工程投资概算16.99亿元，完成投资37327万元，项目完成征地拆迁、围墙、临建、“四通一平”等施工准备工作。

中委合资广东石化2000万吨/年重质原油加工工程原油码头项目 港口工程建设30万吨级原油泊位1个、可兼靠15～40万吨油轮、建设工作船临时停靠泊位2个，设计通过能力2000万吨/年。总投资16.93亿元，完成投资49597万元，项目2013年3月开工，计划2019年12月完工。

【三方合资拖轮公司】 惠来县港口管理局按照市委、市政府“整合拖轮等港务业务”要求和县委、县政府工作部署，从港口经济可持续发展战略高度，推动合资拖轮公司成立运营，经过三方多次洽谈，签订《合作三方备忘录》《三方合作框架协议》和《合资合同》《公司章程》，2017年8月11日完成国家商务部经营者集中（反垄断）审查工作。根据合资合同约定，合资三方将在惠来县注册成立揭阳惠来粤电马士基拖轮公司，广东粤电航运有限公司出资51%，马士基拖轮公司（亚洲）出资25%，揭阳葵海港口开发有限公司出资24%。

【神泉港南岸防波堤】 神泉港南岸防波堤是神泉港主脉屏障，与港区人民生产、生活和经济息息相关，县港口管理局高度重视神泉港南岸防波堤管理和维护，2017年，受台风“妮妲”“天鸽”“帕卡”“玛娃”“卡努”影响，神泉港南岸防波堤遭受一定程度破坏，县港口管理局维护加固神泉港南岸防波堤3次，总投资561.50万元，增强神泉港南岸防波堤圆筒沉箱抗击风浪能力，确保港区人民生命财产安全。

【许可证年审】 开展港口经营许可证年审工作，对港口企业进行摸底排查，全县6家持有港口经营许可证的港口经营企业通过审核，完成“港口经营许可证”年审工作。

【岸线管理】 2017年，组织岸线巡查4次，出动人力20人（次）。制止、处置1宗未经许可使用港口岸线、擅自改变或扩大岸线使用范围等违法、违规行为。

【安全生产】 加强辖区内安全隐患排查治理，投入18万元聘请第三方中介机构揭阳市榕安职业安全事务咨询有限公司进行安全检查技术性服务；加强安全生产责任制落实，与所有港口经营企业签订《港口经营行业安全生产管理责任书》；加强安全监管力度，全年组织对各港口企业开展岁末年初安全生产大检查、港口危险货物安全专项整治、“安全生产月”、安全专项大检查、突发事件风险隐患排查和整改等各类安全生产专项整治行动8次，出动人力48人（次）；加强港口应急能力建设，组织中海油粤东液化天然气有限责任公司开展2017年惠来县港口危险货物事故应急演练、广东粤电航运有限公司揭阳分公司开展2017年惠来县港口生产安全事故应急演练；加强防灾能力建设，投入16.80万元制订《惠来县港口自然灾害事故应急预案》。

【精准扶贫】 县港口管理局扶贫工作队深入到挂钩点靖海镇大潭村开展精准扶贫工作，做好入户调查，表册填报，结对帮扶、政策解释、矛盾化解，夯实基础，助推发展等工作。2017筹措资金6.42万元帮扶靖海镇大潭村做好脱贫攻坚工作，协调体育部门捐赠一批价值5万元体育健身器材，经过努力贫困户由原来33户减少到4户。

【文明创建】 2017年，惠来县强势推进文明创建工作，县港口管理局按照县委工作部署结合县港口管理局实际，制订并落实各项创文工作措施，做好单位“门前三包”工作，履行“创卫”“创文”挂钩帮扶工作责任，筹集资金20万元帮扶梅一社区、华谢村及神泉港务所开展和落实“创卫”和“创文”等各项工作任务。每月1号，局领导带领全体干部职工下沉到华谢村开展“创文为我、我为创文”主题日活动。

（县港口管理局）

◆ 公路

【概况】 惠来县公路局为正科级事业单位，经费来源由上级财政全额核拨。2017年，有干部职工225人，内设机构有办公室、纪检监察室、人保股、财务股、工务股、计划股、机务股、安全股8个，属下正股级事业单位有公路规费征稽所、路政所、公路工程质量检测站、公路机械维修队、路桥工程队、葵东养护中心、葵中养护中心、葵西养护中心8个，养护中心下辖7个作业班组。

【公路建设】 *中石油快速进园路（华湖至溪西段）* 全长19.912千米，双向八车道，路基宽度65米，总投资12.96亿元。项目分两段实施，分别为南环二路建设工程（华湖—花寨）及花寨至溪西市政道路工程（市“百日百项大行动”建设项目）。

惠来县南环二路建设工程 全长10.8千米，按城市Ⅰ级主干路技术标准建设，双向八车道，配套市政设施，路基宽度65米，主路面宽度30米，计划总投资6.70亿元。项目采用BT投资模式、分三个标段建设。第二标段全长3.80千米，其中1.28千米路面由于用地拆迁等原因影响未能全面施工，完成建设第二标段2.52千米和第三标段5.30千米先竣工验收并通车，项目投资4.20亿元。第一标段1.70千米因未有投资人而未开工建设。

惠来县花寨至溪西路段市政道路工程（市“百日百项大行动”建设项目） 全长9.112千米，按城市Ⅰ级主干路技术标准建设，双向八车道并配套市政设施，路基宽度65米，工程估算总投资6.22亿元，工程投入资金3.60亿元。项目采用设计—施工总承包BT投资模式建设，工程完成雨污排水管道铺设3.60千米、水泥混凝土路面3千米，新龙江

大桥完成下部结构建设。

惠来县安澜桥至神泉镇区段道路改建工程（市“百日百项大行动”建设项目） 全长4.147千米，预计建设期18个月，建设规模拟将二级公路双车道改建为一级公路双向四车道规模，路基宽24.50米，路面宽21米，水泥混凝土路面。工程估算总投资7425万元。于2017年12月动工建设。镇区段市政配套工程在抓紧完成前期工作。

国道228（原省道337）线华湖至溪西段路面改造工程 全长19.10千米，按二级公路技术标准路面改造，采用沥青及水泥混凝土路面结构，路基宽12～17米，路面宽度9～15米，工程总投资7088万元。路面改造完成。

国道228（原省道337）线祚通桥至惠西桥段市政配套建设工程 项目起于祚通桥，止于惠西桥头，路线全长1.50千米，对两边绿化带宽1.5米及非机动车道宽3～7.6米铺筑沥青混凝土路面，工程估算总投资400万元。2017年3月，完成配套建设。

国道324线葵潭大桥维修加固工程 桥长108米，宽8.5米，计划总投资540万元。于2017年10月开始施工。

【公路养护】 县公路局针对路况实际，加强养护责任落实，重点整治路况，加强日常养护巡查、路面保洁和坑槽病害处治、桥梁监管维护以及路肩、边坡、排水设施和安全设施等管理维护。2017年投入公路小维费1870万元、大中修363.30万元、水毁抢修复104.50万元。采用沥青混合料调铺砼路面1.42万平方米，整修路肩11万平方米，清理边沟59千米。

【路政管理】 严把路政许可审批关，加强公路法律法规宣传和公路巡查管理，加强公路动态监管，与公路沿线政府和有关部门联系沟通，争取多方配合，依法依规查处损害路权路产、危及道路交通安全行为。推进国省干线公路、涉路工程等路政执法信息公开，公开路政执法依据、内容、标准、程序和结果，使群众及时掌握相关动态，打造“阳光路政”。2017年，上路巡查1475人次，巡查天数322天，巡查里程12880千米，清理路障杂物72处58立方米，清理乱摆卖124处，清理拆除各类违章广告标牌42块，制止违章建筑2宗，收取路产受损索赔费9747元，维护路权路产和公路交通环境。

修建中花寨至溪西市政道路 （县公路局 供稿）

【安全生产】 县公安局贯彻“安全第一、预防为主、综合治理”安全管理方针，将安全生产管理工作贯穿于公路工作各个领域，执行安全生产管理制度，开展安全生产知识宣传教育和安全隐患治理活动，加大安全投入和检查、督促、整改力度，实现安全生产管理目标，保持全局安全生产无事故良好局面。2017年，与交警部门联系配合行动，对管养路段进行安全隐患排查，在地形复杂、人流密集和沿线学校路段等安全高隐患地段，重新标设减速和安全标志。

【文明建设】 加大创文、创卫工作力度，对单位机关、基层所在地及所辖路段进行卫生和秩序整治工作。开展机关作风建设等活动，提高公路工作效能。加强民主管理，做好局务公开和党务公开工作，深化民主管理。发挥工、青、妇桥梁纽带作用，开展职工之家建设和为基层办实事活动，优化基层居住环境和工作条件。实现中华民族伟大复兴中国梦和弘扬社会主义核心价值观等主题，专门制订实施方案，开展社会主义核心价值观公益广告宣传活动，推动社会主义核心价值观深入人心。开展创文创卫活动。和其他职能部门沟通协作，开展路域整治行动，为创建省级文明、卫生县城贡献力量。抓好计划生育和综治等工作，完成目标管理任务。做好贫困村帮扶工作，选派优秀年轻干部到落后村担任第一书记，协助解决基层问题，搞好基层组织建设。

（方　宇）

◆ 水务

【概况】 2017年，县水务局按照水利部门“节水优先、空间均衡、系统治理、两手发力”新时期治水思路，以“水安全、水保障”为主题，以民生水利建设为抓手，推进中东部供水、邦山水闸、村村通自来水、葫芦潭水库除险加固、雷岭河中小河流等民生水利建设。2017年水利建设项目98宗，完成投资39830万元。至2017年12月，水利系统有干部职工904人，其中干部119人；局机关内设机构（含挂靠、直属）11个：人事股（加挂科教股牌子）、秘书股、计划财务股、水政水资源股、供排水管理股、工程建设股、工程管理股、机电股、县防汛防旱防风指挥部办公室、县水库移民工作办公室、水务水政监察大队，在职人员43人；事业单位21个：石榴潭水库管理处、船桥水库管理处、惠陆鳌江水闸管理处、蜈蚣岭水库管理所、顶溪水库管理所、镇北水库管理所、葫芦潭水库管理所、古杭水库管理所、尖官陂水库管理所、邦山桥闸管理所、西石湖水闸管理所、赤吟水闸管理所、水利水电勘测设计室、水利水电工程质量监督站、县城河道堤防工程管理站、石榴潭水电站、水利水电工程建设管理中心、中东部供水中心、农村饮水安全水质检测中心、机电排灌管理总站、水土保持站，在职人员612人；企业单位2个：自来水公司、水利水电发展公司，在职人员249人。

【水利水电设施】 蓄水工程 至2017年12月，全县有蓄水工程202宗，其中大型水库1座、中型水库7座、小（一）型水库32座、小（二）型水库81座、山塘81座；总集水面积422.63平方千米，总蓄水量3.7974亿立米，正常蓄水量2.984亿立米。

江海堤围工程 至2017年12月，全县有江海堤围43条，总长度258千米，捍卫耕地面积1.48万公顷、捍卫人口39.59万人；其中集水面积100平方千米以上河系5条，分别是龙江河、雷岭河、鳌江河、狮石湖、铭湖溪；捍卫耕地面积万亩以上堤围9条，总长度148.79千米；沿海防潮堤围6条，分别是东陇海堤、凤山港海堤、见龙海堤、狮石湖海堤、西港海堤、鳌江防潮堤。

水闸（陂）工程 至2017年12月，全县有水闸（陂）工程129宗，其中大型水闸1宗、中型水闸9宗，其它穿堤、拦河、引水、蓄水、排水等涵闸119宗。

小水电工程 至2017年12月，全县有小水电工程38宗，装机容量59台17685千瓦，设计年发电量2670万千瓦时。

【党务政务】 理论学习 局党组组织全系统党员深入开展以“学习十九大报告、学习总书记系列讲话、学习党章党规，做合格党员”为主要内容主题活动，向群众学习、向实践学习、向先进学习，加强党性宗旨教育、党规党纪教育、优良作风教育，使党员队伍坚定理想信念，增强党性观念，提高依法治水管水工作效能和服务水平。

队伍建设 局党组注重抓好班子建设，发挥“火车头”作用，贯彻落实中央八项规定精神，健全改进作风长效机制，做好行评工作。通过加强领导，突出重点，自查自纠，积极沟通，为水务事业健康发展提供良好作风保障；坚持公开、公平、公正，坚决整治“不作为、乱作为”等不良风气，提升队伍素质。

党风建设 局党组贯彻落实《关于新形势下党内政治生活的若干准则》和《中国共产党党内监督条例》，为新形势下加强和规范党内政治生活、加强党内监督提供根本遵循。局党组执行党内民主集中制，按期召开班子民主生活会，发扬批评与自我批评优良传统，增进班子团结和领导干部作风建设；对党员进行党的基本路线教育，党性、党风、党纪教育，增强党员宗旨意识，把握加强党执政能力建设、先进性和纯洁性建设这条主线，开创水务系统党风廉政建设新局面。

帮扶工作 局选派党员干部分别到惠城镇河田村、山美村、葵潭镇长春社区等驻点，开展精准扶贫、软弱涣散社区整顿、禁毒工作，组织班子和机关干部进村入户调研，组织干部职工捐款、单位筹资和争取上级补助资金，帮助挂钩村修建基础设施，解决人民群众生产生活热点、难点问题。

【工程建设】 2017年，水务局抓住中央、省、市加快水利改革发展契机，服务全县发展大局，立足部门职能，加快水利基础设施建设。

中东部供水工程 概算总投资70893.84万元，省级补助42536万元；工程2012年7月6日动工建设，至2017年12月累计完成投资677266万元，占工程总投资85%，2017年度完成投资480万元；完成2个隧洞、2个泵站及28.65千米管线施工。

邦山水闸重建工程 概算总投资16770万元，其中中央资金5590万元，省级补助4587万元；工程2014年11月动工建设，至2017年12月累计完成投资12392万元，占工程总投资73.9%，2017年度完成投资2000万元；完成拦河闸水下项目、左右岸连接土坝、闸门安装及拦河闸交通桥面施工，水下3个分部工程完成验收。

葫芦潭水库除险加固 概算总投资3681万元，其中中央资金1227万元，省级补助1718万元；工程2014年10月动工建设，至2017年12月累计完成投资3640万元，占工程总投资96%，2017年度完成投资780万元；完成坝体、输水涵管、溢洪道施工。

县城内运河防洪排涝治理工程 概算总投资5661.91万元，年度完成投资2200万元，占工程总投资42%；完成箱涵钢筋砼浇筑325米，钢板桩围堰325米，明沟右岸挡墙砼垫层浇筑500米。

水库移民后期扶持 年度实施公共基础设施建设项目66宗，完成投资898.222万元。主要完成村道路建设6.62千米，巷道硬底化面积9960平方米，砼地埕5400平方米；建设村学校楼房面积250平方米；整治渠道1430米、堤围200米，旱园改水田1.20公顷；新建村交通桥1座、饮水工程2宗；架设村道路灯487盏、监控41部；新建村文化公园1处、文化室面积1580平方米；新建村农副产品市场1010平方米；整治村环境11宗、绿化美化面积8250平方米；小型水库移民住房改建面积16407平方米，受益992人，发放补差资金328.24万元、发放直补资金1609.80万元。

村村通自来水二期工程 概算总投资8557万元，年度完成投资4800万元，占工程总投资56.1%。主要完成惠城、靖海、华湖、东陇、神泉、隆江、葵潭各镇和揭阳大南海石化工业区有关水厂升级改造、工程施工及监理招标工作，完成输水管网铺设9万米。

江河治理工程 东陇海堤达标加固工程概算总投资7820.22万元，年度完成投资2300万元，占工程总投资29%。西港海堤达标加固工程概算总投资9629万元，年度完成投资3000万元，占工程总投资31%。雷岭河堤防加固工程总投资2784.70万元，年度完成投资2080万元，占工程总投资74%。鳌江河堤防加固工程总投资2858.49万元，年度完成投资1610万元，占工程总投资56%。

小型水库除险加固工程 新增17宗小型病险

水库除险加固工程总投资6265.66万元，至2017年12月累计完成投资5864万元，2017年度完成投资1982万元。

灌区节水配套改造工程 石榴潭水库中型灌区节水配套改造工程总投资1960.56万元，至2017年12月累计完成投资1720万元，占工程总投资87%，2017年度完成投资155万元；完成支干渠疏浚防渗改造12.85千米。蜈蚣岭灌区节水改造配套工程总投资3579.33万元，年度完成投资2600万元，占工程总投资72.6%，完成总干渠疏浚防渗改造4.63千米。

【水资源管理】 水务局加大水资源保护力度，推进依法治水工作，加大水行政执法力度，打击各类水事违法案件，加强水环境综合整治和管理，确保饮用水源和龙江河等主要河流水质常年保持在Ⅱ类标准以上，保障广大人民群众饮用水安全。

全面推行河长制 水务局以省、市全面推行河长制为契机，以龙江河为试点，全面铺开河长制工作。确保落实河长制，坚持高位推进，加强组织领导，县全面推行河长制工作领导小组，设置县河长办，落实专人专职负责；印发工作方案，建立县、镇（场）、村三级河长制组织体系；完成河湖名录编制工作，确定各级河长；启动河道分级划界，设置公示牌和界碑石；建立健全河长制相关配套制度，制定印发河长会议、信息公开与共享、工作督察、河长巡查、工作验收、考核办法等配套制度；开展河湖电子标绘工作，完善河湖名录；压实责任，指导督促镇级开展工作；加强协调沟通，推动河长巡河；落实专人，开展“一河一策”实施方案编制工作。

加强调查规划 全面系统加强全县水资源综合利用，实现水资源可持续利用，水务局全面分析惠来县水资源面临基本形势，加强水资源综合利用和保护。调查全县水资源分布情况、水资源总量、综合利用现状，调查摸底，完成全县水资源综合利用调研报告。暗访全县河流水库等水环境，摸清存在问题。联系专业单位编制全县水资源综合利用总体规划，实现与揭阳副中心建设规划相对接。聘请广东省水利水电科学研究院规划龙江河采砂点，促进采砂管理科学化、规范化，防止水污染，此项工作通过专家评审论证。

加强清理整治 做好河面漂浮物清理，组织打捞整治责任区域内各条河流河面漂浮物。有计划有步骤清理打捞水浮莲。根据“属地管理、分级负责”原则，在各镇开展河道综合整治行动，形成河道管理常态化。做好堤面清洁，联合县直有关部门开展查处侵占河道水域等专项执法行动，专项整治县重点河流重点河段堤岸两岸乱搭乱建、乱垦乱植。配合县有关部门和所在镇取缔河流沿岸无证无照禽畜养殖场。

加强水质监测 委托县疾病预防控制中心监测惠来县农村饮水安全工程水源及末梢水水质于枯水期及峰水期，水质均符合国家饮用水卫生标准（GB 5749-2006）要求；加强与汕头水质监测中心联合，监测河库水质和地下水动态，按照最严格水资源“三条红线”管理要求，定期监测饮用水源地水质；启动运用“惠来县农村饮水安全工程水质检测中心”，要求“一季度一检测一报告”，确保饮用水达到水质要求。

加强宣传教育 借助电视台等多媒体，结合实施《揭阳市龙江河流域水质保护管理办法》契机，编制宣传标语，在县电视台轮回播放，向企业宣传保护水资源法律法规，使企业主认识保护水资源重要意义，自觉完善治理污染设施，确保污染物达标排放；利用悬挂、张贴宣传标语等形式，宣传引导群众形成健康环保生活方式，调动群众参与治理积极性和责任感，使公众从旁观者变成环境污染治理参与者和监督者。

【三防工作】 **降雨蓄水情况** 2017年，全县降雨量和蓄水量接近常年平均值，至12月2日，各地降雨量：县城区1869毫米，石榴潭水库1980毫米，蜈蚣岭水库1930毫米，顶溪水库1925毫米，詹官陂水库1798毫米，古杭中水库1562.5毫米，葫芦潭水库1705.8毫米，镇北水库2121毫米，船桥水库2326毫米。蓄水量为：全县水利工程14903万立方米，占正常库容49％；石榴潭水库4765万立方米，蜈蚣岭水库1889万立方米，顶溪水库1050万立方米，詹官陂水库553万立方米，古杭中水库

9月3日，市委书记李水华（右二）到惠来县指导第16号台风“玛娃”防御工作　　（县水务局　供稿）

197万立方米，葫芦潭水库445万立方米，镇北水库654万立方米，船桥水库90万立方米。

洪涝灾情　6月12日8时至20日8时，惠来县普降大雨，局部特大暴雨，全县19个测站有16个录得600毫米以上降水，平均降雨量678.4毫米，最大降雨量853毫米，降雨量超过700毫米镇场：东港镇853毫米、青坑场834毫米、靖海镇808毫米、鳌江镇758毫米、东埔场741毫米、葵潭镇729毫米。中型镇北水库超过汛限水位，大型石榴潭水库、中型蜈蚣岭水库接近汛限水位，3宗水库均采取泄洪降低水位度汛措施；大多数小型水库处于高水位运行状态。强降水造成惠来县江河、水库水位增高，部分地区内涝积水，农作物受浸，鱼虾池漫顶，水产养殖受损，部分堤防及灌溉渠道损坏。

台风影响　2017年汛期间，惠来县主要受第16号台风“玛娃”严重影响。9月3日14时，台风“玛娃”中心位于惠来县偏南方70千米海面上（北纬22.4度、东经116.3度），中心附近最大风力10级（25米/秒），以每小时10千米左右速度向北偏西方向移动，于3日晚上在汕尾市陆丰甲西镇沿海地区登陆，对惠来县造成严重影响，惠来县海面大风9～10级、阵风12级，全县普降大雨，最大降雨量94.5毫米。

【防汛备汛】　**抓好防汛检查**　县三防指挥部抓好汛前防洪安全检查工作，2月13日发出《关于开展2017年汛前防汛备汛工作大检查的通知》，要求各镇（场）三防指挥所、县管水利工程单位迅速开展汛前防汛安全大检查。各镇场自检后，县三防指挥部3月9日发出《关于组织汛前水利防洪工程安全检查的通知》，组织5个检查组全面检查全县水利工程设施，各镇和县管工程单位主要领导高度重视，镇主要领导、分管领导、水利水电管理所所长、工程技术负责人参加检查。经检查，惠来县水利防洪工程存在安全隐患问题有：小型水库4宗、堤围2处、水闸3宗。根据市三防指挥部要求，惠来县制订防汛安全交叉检查实施方案，于6月19—23日与揭阳大南海石化工业区进行防汛安全交叉检查，交叉检查就水利设施建设和安全隐患，三防责任制、应急预案落实，防汛物资筹备、灾害预警监测筹备等情况提工作建议，将检查结果形成《防汛安全交叉检查意见书》，报告揭阳市三防指挥部、揭阳大南海石化工业区管委会和区三防指挥部。交叉检查交流学习揭阳大南海石化工业区防汛工作经验，及时整治惠来县防汛工作存在问题，实现安全度汛目标。

落实防汛责任 惠来县三防指挥部牢固树立“防大汛、抗大风、抢大险、救大灾”意识，从严从实加强三防工作责任制，建立健全统一指挥、分级负责、部门协作、运转高效三防指挥协同机制；提高县级预警预报能力和镇、村群测群防能力；在资金投入、信息发布、抢险救灾、卫生医疗、群众安置、物资支持、灾后重建、舆论引导等方面配合，加强信息共享，实现互联、互通、互动，形成工作合力，共同做好防汛抗灾工作。各级三防行政责任人落实，级级签订防洪安全责任书，并建立三防责任追究制度。3月，针对县、镇两级领导调整实际，县政府发出《关于调整惠来县防汛防旱防风指挥部成员的通知》和《关于调整惠来县大中型水利工程防汛指挥机构领导成员的通知》，调整全县大中型水利工程防汛指挥机构领导成员和技术负责人。实行县、镇两级领导挂钩水利工程安全责任制，县委、县政府领导担任15宗大、中型重点水利工程防汛指挥，并包好一个片；镇（场）领导担任小（二）型以上工程防汛责任人。各镇（场）根据党委政府领导调整情况，及时调整防汛责任人。各级防汛责任人实行包工程、包区域，分级负责和分级管理措施，各工程防汛责任人、技术责任人都参加汛前安全检查，亲临工程处理安全隐患，落实度汛措施，确保工程安全度汛。

落实隐患整治 惠来县重视汛期山区安全隐患专项排查和整治工作，主要领导指示：要建立整治台账，分解整治任务，加强整治检查，及时消除风险点和危险源，按时按质完成防灾隐患整治工作。按照《揭阳市人民政府办公室关于贯彻落实省府办公厅〈汛期山区防灾安全隐患整治工作方案〉的通知》要求，在2016年排查、整治基础上，2017年再次开展整治工作，至5月25日，全县山区防灾安全隐患59处，采取应急防控措施17处，采取根治整治措施42处，认定消除安全隐患44处；削坡建房认定可能引发灾害隐患点2处，采取应急防控措施；地质灾害隐患点13处，整治主要风险点、危险源。建设局对2016年排查出来59户山区危房，落实镇、村责任人和监测人，分类落实治理措施，2017年全部完成整治；水务局对2016年排查出来安全隐患水库16宗、堤防2条、水闸26宗，全部列入国家、省除险加固计划，全面开工建设，2017年完成除险加固任务39宗；国土局对2016年排查出来13处地质灾害和2处削坡建房隐患点，编制防灾预案，开展地质灾害预报预警，落实应急值守制度，发放防灾避险明白卡701份，提高汛期突发性地质灾害防治应急反应能力。

制订完善预案 惠来县制订《惠来县防汛防洪应急预案》《惠来县防灾救灾应急台帐》《惠来县特大自然灾害救灾应急预案》《惠来县神泉港防御台风应急预案》《遇特大洪水人口转移方向表》等防洪预案。各镇场、县管工程根据各地各工程实际制订防御台风、流域性洪水、山洪灾害、工程防洪应急预案和村（居）“一页纸”操作预案等应急预案。各镇（场）抓好防御超强台风预案和小型水

12月13日，县人大常委会考察邦山水闸重建工程 （县水务局 供稿）

库、小水电站防洪预案编制工作，做到宗宗有预案，对存在较大安全隐患水库，逐宗制订度汛方案，在除险加固未完成之前，坚决采取降低水位甚至空库度汛措施，确保安全度汛。

加强预报预警 县三防指挥部及时启动防御暴雨洪水气象灾害响应，发出做好近期强降雨防御工作明电；气象、国土、三防部门密切监视天气、水情和地质动态，对降雨可能发生时间、区域、强度进行预报，及时发布预警信号和三防短信，加强分析、会商、研判，加密监测；广电部门加强防灾避险宣传，滚动播报气象信息和防灾避险知识，提高公众防灾避险意识和自救互救技能。各镇（场）通过三防信息接收系统、预警短信平台将预警信息和防御指令传递到村、户，指导群众采取针对性防御措施。

落实防御措施 各地各单位加强险情巡查抢护，落实各项防御措施，保障人民群众生命财产安全。组织全面排查山区老屋、泥砖房、棚户、危房、简易厂房、野外工地、边坡和溪河沿岸建筑物等薄弱环节，提前落实山体滑坡等危险区域人员转移措施。落实具体责任人，加强山塘、水库、堤防、小电站、水闸、在建水利工程巡查管理，执行汛期调度运用计划，做好水库防洪调度；对存在病险或正在施工水库，降低水位甚至腾空库容。水利、城建、国土、消防和各管区及时疏通排水管道，做好排涝工作和危险区域人员安全转移工作；加强山洪地质灾害易发区、县城内涝盲点巡查。及时抢修水毁水利工程，全县完成91宗水毁工程项目修复工作，完成投资1500万元。落实在建工程度汛措施。全县在建度汛工程都制订防洪度汛施工方案，落实应急度汛措施，工程建设资金到位，参建各方采取措施，注重施工质量，加快施工进度，工程全部安全度汛。

提升抢险能力 全县准备防汛抢险袋10万条，抢险木桩600条，救生衣600套，救生圈300只，土工布、土工膜2000平方米，水鞋70双，雨衣150套，石方1575立方米，沙1700立方米及其它物料一批。落实防汛抢险队伍58支20329人，应急机动抢险队（民兵轻舟队）120人，消防大队轻舟独立排30人，各镇、村防汛抢险队伍43支1998人；配备冲锋舟8艘，人力橡皮艇4艘，机动橡皮艇8艘，玻璃钢船40艘，人力橡皮艇40艘及抢险救援器材一批。设应急避护场所54个（县级3个，镇级51个），其中山区8个，丘陵、中小河流、低洼地带40个，沿海地带6个；室外避护场所26.24公顷，容纳168250人；室内避护场所551089平方米，容纳42500人；一旦发生灾情，需避险人员均可安全转移到临近避护场所。

形成抗灾合力 惠来县小（一）型以上水利工程都配备有线通信设施，移动通信设施；县三防办公室及各镇（场）三防指挥所全面配齐通信、视频、传真设备，视频会议室、值班室布置完善，电话、视频信号畅通；全县各级落实灾前对接机制、人员避险机制，落实灾情险情报送、汛期值（带）班制度，提高应急处置能力。县三防指挥部各成员单位履职尽责、密切协作，加强与各镇（场）和县管工程单位信息共享，实现互联、互通、互动，在资金投入、信息发布、抢险救灾、卫生医疗、群众安置、物资支持、灾后重建、舆论引导等方面配合，支援防汛抢险救灾工作。

【防御台风“玛娃”】 惠来县委、县政府高度重

12月13日，副市长曾瑞如到龙江河隆江镇段巡查指导

（县水务局 供稿）

9月1日，县长贝继勤（右三）主持第16号台风“玛娃”防御会商会议
（县水务局 供稿）

视第16号台风“玛娃”防御工作，贯彻落实上级领导指示精神，市委书记李水华、市政府市长陈东、县委领导亲临三防指挥部，通过视频连线指导各镇场防风防汛工作，深入第一线检查指导防风防汛工作。县三防指挥部发出《关于做好今年第16号台风“玛娃”防御工作的紧急通知》等明电7份，要求各地各部门密切监测第16号台风“玛娃”动向，及时掌握风、雨、暴潮和洪涝等情况，做好防御工作，确保人民群众生命财产安全。9月1日下午至2日上午，县三防指挥部及成员单位领导、各镇（场）长参加国家防总、省防总、市三防指挥部召开3次视频会商会议，会后，县长贝继勤、副县长吴俊平部署惠来县台风防御工作；县三防指挥部派出5个督导组分赴各地指导防台防汛工作。依照《惠来县防台风防洪工作预案》，县三防指挥部于9月1日11时始启动防风IV级应急响应、20时30分将防风Ⅳ级应急响应提升为防风Ⅲ级应急响应，3日14时30分将防风Ⅲ级应急响应提升为防风Ⅱ级应急响应。

工作责任 台风影响期间正值周末，惠来县从防御台风最不利情况出发，各地各单位取消周末休假，执行24小时值班值守，提前组织落实各项防御措施。落实防风防汛工作责任制，做好县与镇、镇与村、村干部与群众防台工作对接，重点对危房户、低保户、五保户、留守老人和儿童安全转移工作，确保防汛防风工作级级有人抓，防汛工程宗宗有人管，把各项防御措施落到实处，做到思想到位、领导到位、责任到位、预案到位、措施到位，加强责任措施和追责问责制度。

工作措施 按照防风工作“五个百分之百”和国家防总、省防总督导组要求，惠来县提早做好防风准备工作。做好渔港、渔船防台风工作。各地各单位及时做好船只进港避风和渔排、海上养殖人员上岸避险工作，组织滨海旅游人员上岸避险。全县渔船908艘、杉（竹）排2300只，至1日17时30分全部回港避风，船上人员全部上岸避险。至3日15时全县转移人员7558人（其中渔船、鱼排作业人员5240人），启用避护场所115个。落实水利工程巡查值守。惠来县各级防汛责任人和工程管理人员全部上岗到位，严防死守；落实在建水利工程和海堤采取安全措施，做好水库调度，执行水库控制运用计划，实行科学调洪，确保工程安全。落实安全防范工作。加强对交通、公路、供电、供水、校舍、在建工程、通讯设施等巡查和防护，及时做好城乡排涝工作，防止内涝积水受浸；及时做好危房危楼、塔吊、提升塔、施工工棚、临时建筑物、手脚架、广告牌安全检查和加固，及时消除安全隐患。全面排查县城和乡村易涝区域和风险隐患点，加强排涝管网、排涝渠（涵）、泵站及水闸等排涝设施维护和隐患排查，发生重大险情应迅速组织抢险、排险，保障排涝畅通。

汛情监测 惠来县密切注视第16号台风“玛娃”动态，县三防办与县气象局加密会商，做好预测预报，密切关注台风发展动态，及时组织会商分析，研判防御形势，加密监测和预报，将预警信息传递到受影响基层，及时向上级报告风情、雨情、水情。电视台加密播报台风暴雨预警滚动信息，及时为群众提供最新消息。各地各部门加强信息沟通，坚持领导24小时带班值守和专人值班，发现问题及时报告、及时落实救灾措施，确保人民群众生命安全。

抢险准备 惠来县各地各部门高度重视，做好救灾力量和救灾物资准备，县民兵轻舟抢险队、应急机动抢险队、镇（场）民兵轻舟抢险分队、武警部队和公安、水务、交通、供电、通信等相关部门抢险队伍，做好抢险救援准备工作，确保一旦有需要能迅速出动，及时抢修基础设施，救援受灾群众。

应急管理 惠来县三防指挥部加强第16号台风“玛娃”防御工作，建立健全统一指挥、分级负责、部门协作、运转高效三防指挥协同机制，提高预警预报能力和群测群防能力。各镇（场）三防指挥所落实灾前“三个对接”机制、人员避险机制、抢险救援队伍物资预置、灾情险情报送、汛期值（带）班制度，严肃报灾制度，提高应急处置能力，当好政府抗灾救灾决策参谋。县三防指挥部各成员单位明确职责，各司其责，通力协作，加强与各镇（场）和县管工程单位信息共享，实现互联、互通、互动，在资金投入、信息发布、抢险救灾、卫生医疗、群众安置、物资支持、灾后重建、舆论引导等方面配合，形成工作合力，共同做好防台风工作。

（詹　葵）

◆ 气象

【概况】 2017年，惠来县气象局机关内设机构5个：气象灾害防御管理办公室（重大气象灾害应急指挥部办公室）、办公室（人力资源股）、预报股、站网管理股、发展改革与财务股。直属事业单位4个：惠来县突发事件预警信息发布中心、惠来县气象公共安全技术支持中心、局机关服务中心和惠来县气象公共服务中心。截至2017年12月，气象部门在职干部职工18人，其中，硕士研究生1人，大学本科13人。

【气候】 2017年，惠来县主要天气特点：开汛偏晚，汛期结束晚，降水明显偏少，日照偏多；台风生成早，影响严重；气温略偏高。4月12日开汛，较常年（4月6日）偏晚6天，汛期推迟至10月18日结束，较常年平均（10月10）偏晚8天。年降雨量1650.4毫米，比历年平均偏少7%。年平均气温22.6 ℃，偏高0.4 ℃。年极端最低气温8.4 ℃，极端最高气温36.2 ℃。

【灾害性天气】 2017年，惠来县天气复杂，主要气候事件是强降水过程集中、台风影响次数多。

台风 2017年对惠来县影响台风5个，分别是1702号“苗柏”、1707号“洛克”、1713号“天鸽”、1714号“帕卡”、1716号“玛娃”。在汕尾陆丰登陆“玛娃”对惠来造成影响最大。受“玛娃”影响，9月2-3日，惠来县出现6～8级，阵风9～10级大风，周田录得最大平均风8级（18.8米/秒），神泉录得最大阵风10级（24.7米/秒），全县出现大雨到暴雨降水。

高温 2017年，惠来县出现高温日数5天，受“纳沙”外围环流影响，7月份≥35.0 ℃高温天气2天，7月29日出现36.2 ℃年极端最高气温。

强降水 2017年，惠来县发生多起强降水天气过程，其中6月16日8时到17日8时强降水过程和7月31日16时到8月1日7时暴雨过程为年内最强。受强降水云系影响，16日8时到17日8时，惠来县普降暴雨到大暴雨，局部特大暴雨，全县平均雨量134毫米，13个测站累积雨量超过100毫米，靖海测站录得全县最大雨量251毫米（特大暴雨）。受台风低槽影响，7月31日下午起惠来县北部及西部一带出现大暴雨，降水时段主要集中在31日16—20时、1日4—7时，全县最大日雨量出现在河林237毫米，小时最大雨强出现在盐岭61毫米。

【公共气象服务】 县气象局按照“一年四季不放松、每一个过程不放过”要求，严格执行值班制度，加强天气联防会商，做好重大转折性、关键性、灾害性天气监测预警预报服务。逐步与互联网、大数据、人工智能、云计算等新技术多领域深度融合，为市民提供精准智能保障服务。

决策气象服务 加强对台风、暴雨、寒冷、雷雨大风、强对流等气象灾害监测预测预警和短时临近预报服务工作。利用省突发事件预警信息发布平台，做好气象预报预警信息发布、变更和解除，主动将重大天气信息及时发送至县党政领导手中，为县党政领导组织部署气象防灾减灾工作提供科学决策依据。2017年，发布《重要气象信息快报》44期，《天气报告》20期。

公众气象服务 执行《广东省突发气象灾害预警信号发布规定》，对外公布气象台服务电话，每天接受群众咨询；利用电视、微博、微信、传真、显示屏、手机短信等渠道做好公众预报预警服务，建立气象灾害监测、灾害性天气短临预报预警业务流程，做好灾害性天气滚动预报预警服务，及时将预报预警信息传递到公众手中。2017年，发布预警信号77次，其中台风预警14次，高温预警6次，暴雨预警30次，雷雨大风预警13次，寒冷预警3次，大雾预警3次，森林火险预警8次。加强乡镇气象信息服务站建设，全县所有镇场均设有气象信息服务站，并配备气象信息接收与显示设备，气象信息员镇场全覆盖；全县布设气象电子显示屏，覆盖大部分镇场、部分政府部门和行政村。加强部门联动，与教育部门落实教育系统应对台风暴雨停课安排工作机制，联合推广应用停课铃APP，并将台风暴雨预警信号纳入“校讯通”，2017年，发布台风、暴雨预警停课通知2次。与县广播电视台落实《关于气象灾害预警信息发布的协议》，建立预警信号电视发布和滚动播报机制，规范、优化气象灾害预警信息发布流程，在灾前、灾时连续滚动权威播报气象灾害防御综合信息。完善发布“绿色通道”，拓宽突发预警信息接收“最后一千米”问题。与县国土资源局联合开展地质灾害气象风险预警服务，提高惠来县对暴雨洪涝引起山体滑坡等地质灾害预测预警防控能力，确保人民群众生命财产安全。2017年，发布地质灾害气象风险预警7次。

专项气象服务 做好气象灾害防御、重大节假日、重要季节、重大活动、农业生产及中高考等专题服务，完成元旦、春节、元宵、清明、五一、端午、中秋、国庆等重要节假日和春运、高考、中考等重大社会政治经济活动等气象专项保障服务，发布专项气象服务信息9次。

“直通式”服务 加强气象为农服务工作，与县“三农”气象重点服务对象建立“直通式”联系，主动为党政部门和相关单位开展中长期预报服务。2017年，印制中长期预报4680份。

【防雷减灾管理】 履行防雷减灾社会管理职能，贯彻落实“预防为主、防治结合”方针，依法依规做好雷电灾害防御组织管理工作。加强气象行政审批事项，办理防雷装置设计审核与竣工验收行政许可。加强气象安全监管，组织对危化企业、加油站（库）等易燃易爆场所、雷电灾害重点单位，开展防雷安全专项检查执法。7月，按照上级要求，联合县安监局、县经信等部门开展涉氨制冷企业液氨使用专项治理，加强安全生产面临形势和防雷安全生产法规宣传，全面落实防雷安全隐患排查和治理工作，对不符合要求防雷安全设施，及时提出整改意见并督促落实整改。全年易燃易爆场所防雷检测率100％，及时消除雷击安全隐患。

【气象现代化建设】 2017年，县气象局完善惠来海洋气象综合观测基地环境整治和功能建设。加强气象监测体系。完成落实惠来国家基本站观测场整改；组织站网股工作人员完成国家级地面气象站撤换和备份新型站建设；完成惠来GPS/MET基准站搬迁；完成大南山侨区水厂新建落地区域站工作、完成惠来县惠城镇区域自动站改造工作和靖海、岐石、神泉3个区域自动站升级工作。气象设备现代化，增强惠来县气象保障服务能力。

【气象行政审批改革】 深化气象行政审批制度改革，全面落实推进简政放权、放管结合、优化服务各项改革任务，加快推进气象政务服务改革，推广“一门式”“一网式”政务服务管理模式，规范行政审批行为，提高行政审批时效和服务水平。完善部门权责清单并在惠来县人民政府网公开。

【精神文明创建】 将精神文明创建工作作为全局一项重点工作来抓，坚持“两手抓，两手都要硬”方针，弘扬和培育气象行业精神，按照县委县政府精神文明建设部署和《广东省文明单位（窗口）测评体系》标准要求，结合新形势、新任务、新要求，加强精神文明建设，把文明单位建设贯穿于气象业务工作始终。2017年，按照县创文办部署，组织志愿者发挥示范带头作用，发扬团结协作、无私奉献气象人精神，投身创文大潮，做好精神文明复查工作，申请保留省文明单位荣誉称号。

【气象法规科普宣传】 以普及气象科学知识、提升全县气象防灾减灾能力为目标，利用各种渠道广泛宣传气象防灾减灾知识，开展和举办气象安全宣传活动。3月23日上午，县气象局开展“观云识天”主题开放日活动，邀请惠来县神泉镇文昌小学学生一百人前来参观。通过活动，向校园孩子们展示气象先进技术，激发孩子们对气象知识浓厚兴趣，增强孩子们气象防灾减灾意识。6月16日上午，县气象局以县“安全生产月活动”为契机，参与县安委会主办“全面落实企业安全生产主体责任”主题安全生产宣传月咨询日活动。组织开展气象科普及法规宣传，发放宣传材料，为公众答疑解惑，增强公众气象防灾减灾意识。

【内部安全管理】 坚持“安全第一，预防为主，综合治理”方针，落实安全生产责任制，开展安全生产各项工作。签订《安全生产责任书》，抓好安全生产责任制落实；参加各类安全生产教育活动，加强干部职工“红线”意识，增强底线思维；抓安全管理职能，加强内部安全管理。7月，惠来县人民政府办公室下发2016年度安全生产责任制考核结果通报，惠来县气象局领导班子荣获得优秀等次。组织参加惠来县首届《中华人民共和国安全生产法》知识竞赛活动，县气象局代表队在42支参赛队伍中获得安全生产知识竞赛三等奖。

（县气象局）

◆ 海事

【概况】 2017年，船舶进出港2350艘次（进出口岸国际航行船舶24艘次）。货物吞吐量713.40万吨（电煤吞吐量616.24万吨），巡航里程5905海里，海船安全检查23艘次，海事行政处罚16宗，排除安全隐患26项，海上人命救助3宗人员30人。

【联合执法】 根据《揭阳市安全生产大检查大整治行动方案》要求，惠来县海事处联合地方政府部门加强巡查，惩治辖区违规农自用船载客行为。联合惠来县旅游局和神泉镇政府取缔辖区惠来县滨海度假区4艘非法载客观光船排；联合惠来县交通运输局、隆江镇政府对石榴潭库区2艘自用船非法载客行为予以取缔。加强隐患排查，借势借力地方政府开展攻坚克难安全隐患排查工作，消除辖区安全隐患。

【水工管理】 惠来海事处落实《揭阳海事局关于进一步加强特别防护期安全监管工作的通知》要求，打造辖区“平安工地”品牌。对大项目施工船舶保持高压态势，为辖区施工单位办理水上水下施工许可提供业务指导，遏制违法施工行为，提升现场监管和执法效率，确保驻惠临海大项目水上施工安全、顺利进行。

【粤东LNG靠离泊】 “阿尔卡拉缇亚”轮4月26日首次进靠惠来中海油粤东LNG码头，惠来海事处多措并举，保障船舶安全：靠前谋划，组织靠离泊有关单位召开靠离泊协调会，要求各相关方必须担当履职，通力合作协调。加强巡航检查力度，提前两天组织港池航道清理。利用智慧海事监管平台等信息化元素，随时监控相关水域。24小时应急值班，随时应对可能出现各种情况。靠离泊期间，通过拖轮及护航警戒船艇，排除无关船只窜入。2017年，确保8艘LNG船舶顺利安全靠离泊。

【三大机制】 惠来海事处推动建立《揭阳惠来海事处 广东粤电航运有限公司揭阳分公司联合搜救工作机制》《揭阳惠来海事处 惠来县海洋与渔业局沟通合作工作机制》《惠来海事处 交通运输局渡口渡船联合监管机制》，机制建立在整合社会救助资源、渡口渡船安全监管、防范商渔船碰撞工作方面实效明显，形成监管合力，全面打造辖区水上交通安全共同体。

【值班搜救】 惠来海事处加强“平安之声”VHF播发天气预警和安全提醒，提升过往船舶安全系数；协调驻港拖轮搜救遇险船舶，2017年协调拖轮出动15艘次，搜救及处置险情3次，11月12日，“宇通1”在惠来电厂对开5千米海域遭遇寒潮大风沉没，经过2个小时紧急抢救，14名遇险船员全部成功获救。在2017年台风防抗工作过程中，及时和科学引导工作，确保辖区实现“零伤亡、零污染、零事故”。

【渡船管理】 开展渡口渡船安全监管回头看专项整治活动。联合交通运输局向惠来县政府推进将辖区渡口渡船安全监管主体镇一级部门纳入年度考核，推进将渡口渡船经费纳入政府预算；加强对渡口渡船安全监管，及时发现缺陷，确保缺陷整改到位，对于无法整改重大缺陷，坚决禁止渡运。免费为渡船发放救生衣50件，为群众乘渡提供有效安全保障。加强安全宣传，发放安全提醒宣传单，定期开展渡运安全知识进校园、进社区活动，向学生和村民宣传水上渡运安全知识，提高安全防范意识。

（林杰明）

◆ 汽车运输总公司

【概况】 2017年，惠来县汽车运输总公司在职干部职工253人（党总支、经理领导班子成员7人），内设机构9个：人事股、计财股、305车队、客运站、修理厂、行政股、工会、治安队、公交公司。2017年车辆总行驶里程15918500车千米，同比减少0.02%；客运量2276530人，同比减少0.2%；客运周转量266810070人千米，同比减少0.01%；营运总收入835万元，同比减少20%；上缴各项规费、税金106万元，同比增长29%；亏损78万元，同比负增98.7%。亏损原因是上缴各项规费、税金比去年增加，经营成本增加。外部经营环境受高铁、滴滴打车和私家车增加影响冲击，营业收入减少。

【成立惠来县汽运公共交通有限公司】 按照惠府函批复《关于发展城乡公共交通，保障学生上、下学交通安全工作方案批复》，公司为解决县内鳌江中学、惠来二中及县城区学生上下学、群众出行交通安全问题，成立“惠来县汽运公共交通有限公司”，实行一套人马，二块牌子管理体制。公司做好工商登记注册、资金筹措、车辆购置、线路规划及站点设置、司机招聘等项工作，筹措资金1300万元，购置公交车30辆，2017年6月15日开通公交车试运行。当年行驶里程126万车千米；客运量40万人次；营业收入4694980.81元（其中补贴3900000元）；亏损1304221.76元。

【春运生产】 公司贯彻落实“安全第一，预防为主，综合治理”方针，加强工作领导，动员部署，落实安全防范措施，加大人力、运力、物力投入，提升优质服务质量。春运40天，车辆总行驶里程3002280车千米，总发送班车11780班次，运送旅客402325人次。分别比上年同期增长0.15%、持平3.7%。其中发送长途班车1648班次，运送旅客82400人次；发送短途班车10132班次，运送旅客319925人次。实现“六个不发生、一个下降、一个提升”工作目标，即不发生交通死亡事故，不发生人为机械责任死伤事故，不发生火灾事故，不发生严重治安纠纷案件，不发生旅客滞留事件，不发生旅客携带危险物品和毒品乘车事件；安全事故四项指标同比下降，服务质量水平明显提升，完成2017年春运安全运载工作任务。

【安全生产】 公司落实企业安全生产主体责任和“一岗双责”，落实管理措施，加大力度，提升安全生产标准化建设水平，开展“安全生产月”和“道路运输平安年”活动，加强“三不进站”和“六不出站”安全管理，做好车辆报班安检工作，杜绝带病车辆上路行驶。加强车辆行驶GPS卫星定位安全监控，遏制车辆违章超速行驶。全年组织开展安全生产检查12次，检查车辆1200台次，排查整改隐患4宗。做好车辆财产及旅客人身安全保险投保，增加长途车辆第三者责任险投保额度，增强企业抵御安全风险能力。2017年安全生产“四项”指标（责任事故率、伤人率、死人率、经济损失率）低于省交通运输厅规定控制幅度内。

【文明建设】 公司贯彻落实县委、县政府关于创建卫生城市、文明县城工作部署，把创文创卫与创建“文明车站示范点”一起抓，加大资金、人力、硬软件设施投入，候车大厅增设母婴工作室，专供女士喂养孩子。设立专门吸烟室，设立开水、茶水供应点，落实门前“三包”责任，划分卫生包干区域范围，落实常态巡查监管责任，清理乱贴广告“牛皮癣”及乱摆、乱占、乱停陋习，站区范围内卫生坚持每日打扫冲洗，每周大清扫大冲洗，厕所专人打扫冲洗，墙壁粉刷翻新，保持地净墙洁窗明。车辆停放整齐有序，候车大厅设立公共卫生宣传栏，宣传社会主义核心价值观显示屏。服务人员、乘务员帮助旅客拎提行李物品，搀扶老人，带小孩上下车，拾遗归还旅客失物，弘扬社会主义核心价值观，树立“文明车站”良好形象。

【精准扶贫】 公司坚持服务大局，做好精准扶贫工作，抽派专人驻村挂勾隆江镇月潭村精准扶贫。公司主要领导深入该村了解情况，慰问困难户、孤寡老人，2017年公司解决帮扶资金3万元帮扶月潭村。对此村特殊困难户郑春来，因医治身体生病，公司解决400元医疗药费帮助。结合“6·30”广东扶贫日，发动公司党员、干部职工捐款扶贫，参加捐款总人数116人，捐款额3880元，此笔捐款捐献给挂勾扶贫隆江镇月潭村，为加快扶贫村脱贫贡献力量。

（叶少鹏）

◆ 邮政

【概况】 邮政行业践行“一体两翼”经营发展战略理念，以成为向社会提供综合服务企业为发展定位，以邮政窗口资源为基础，以市场需求为导向，构建以“一体”为根基、“两翼”为驱动、各板块业务协同发展经营发展格局。2017年，惠来县分公司实现业务总收入6230万元，同比增长10.66%，各项关键指标均有长足发展。

【业务发展】 2017年，惠来县分公司以金融发展为主体，凭借遍布城乡网点资源，服务地方党政和人民群众，在企事业单位工资发放、城乡居保发放、养老金发放等领域做出特色，促进企业金融业务发展；探寻邮政业务发展增长点，让传统邮政业注入生机，新媒体业务广泛推进，成为惠来企业最好平台；包裹业务降价提速，促进流通；党报党刊增量明显、服务到位，党和政府声音通过邮政渠道深入乡村；邮乐购站点逐步铺设，让农产品上城渠道逐步畅通；寄递渠道安全防范工作到位，阻隔毒品等通过邮政渠道非法流通。

【助农发展】 结合揭阳市政府打造“一镇一品”推动特色产业发展契机，惠来县分公司利用邮政全网资源优势、线上线下邮乐购平台助力农产品销售，在邮乐小店上推行“菠萝造包”“海产品上馆”“姜薯造包”等项目，让惠来县特色农产品走向各个城市。

【企业管理】 惠来县分公司构筑认识与行动同步，激励与考核同步，营销与宣传同步，市场与客户同步，监控与防范同步管理机制。2017年，惠来县分公司被省分公司授予“安全工作先进集体”荣誉称号。

（中国邮政集团公司广东省惠来县分公司）

◆ 电信

【概况】 2017年，惠来电信分公司把握“主动出击、全面进攻”工作主线，紧跟上级公司步伐，抓好上级公司工作部署和营销策略落地执行，加强战略引领，深化改革创新，提升核心能力，推进网络智能化、业务生态化和运营智慧化，打造差异化竞争优势，提高企业发展质量和效益，促进企业价值、客户价值和员工价值共同成长。

【市场运营】 2017年，面对市场竞争，在省、市公司统一部署下，惠来分公司以发展为重点，拓展市场，提高企业市场占有率。分公司贯彻落实上级公司营销政策，立足实际，提高业务收入，增强客户感知，树立品牌优势。

【通信建设】 惠来分公司贯彻省、市公司2017年工作会议部署，围绕县分公司工作目标，在光宽3.0、LTE800M基站建设、退网退铜工作等方面，实施提质增效，提高投资效率效益。细化各项工作管理，落实日常网络安全检查，加强网络监控、巡检，做好防汛通信保障准备及汛期前整治、完成春节、两会、“一带一路”高峰论坛、十九大等重要通信保障工作，完成高考通信保障工作。配合市公司开展演练，优化应急处理流程，提高突发网络故障应对能力，提升分公司全业务网络运营能力。

【社会职责】 惠来分公司班子成员带头创先争优，践行“以人为本”企业文化，依法运营，加强安全生产，履行社会责任，维护和谐稳定局面，促进企业健康发展。惠来分公司组织全体员工作“宣传贯彻党的十九大报告精神”专题党课学习，号召全体员工学懂弄通十九大精神，自觉用党的十九大精神武装头脑，指导实践，推进工作，在实践运用中，抓住发展第一要务，锐意进取，埋头苦干，把党的十九大精神落到实处。履行社会责任，响应县创文创卫工作，惠来分公司组织员工到挂钩主干道开展环境卫生整治和文明交通志愿服务活动，以提高职工素质为根本，以创建文明单位为目标，推进单位精神文明建设工作。惠来分公司按照精准扶贫建档立卡要求并组织领导干部、员工挂户帮扶，开展精准扶贫驻村帮扶工作。建立微型消防站，消防站内设灭火器、消防战斗服、消防水枪等消防设施，灵活处置初期火灾快速处理，保护企业和周边街道群众生命财产安全。组织员工参加义务献血活动。响应政府号召，组织员工前往县人民医院进行献血活动，以实际行动履行公司作为国有企业社会责任。

（方　越）

◆ 移动通信

【概况】 2017年，中国移动通信集团广东有限公司惠来分公司（以下简称惠来移动）紧抓地方及行业发展机遇，落实“大连接”战略，推动惠来信息化建设，提升网络、市场、管理等生产运营能力。全县移动客户规模48.40万，4G用户数超31万户，宽带用户超4万户。全年业务运营总收入同比增长15.05%。2017年，惠来移动工作得到各级政府、省公司和社会各界认可，其中较突出有：1个班组荣获揭阳市巾帼文明岗称号；1位员工被评为惠来县三八红旗手；惠来移动荣获“中国移动广东公司2017年度先进县区分公司”称号等。

【党建党廉】 2017年，惠来移动深入学习贯彻习近平新时代中国特色社会主义思想和党的十九大精神，抓严党建党廉建设。执行中央“学懂弄通做实”要求。公司班子以上率下，党支部书记及时组织传达学习，在公司内部迅速掀起党的十九大精神学习热潮，将学习贯彻十九大精神和公司生产经营融合起来，把十九大精神落实到公司发展思路和具体举措上，做到真学、真会、真用，指导公司发展实践。加强党建党廉思想建设。2017年，全年支部组织党员大会10次、召开支部委员会会议21次、支部书记上党课4次、“两学一做”学习专题教育3次。落实全面从严治党。制订支部“三会一课”学习计划，严格落实“三会一课”制度。落实严抓“两个责任”，严格执行廉洁从业规章制度。加强作风建设检查，党建党廉工作责任与班子绩效挂钩。

【网络建设】 2017年，惠来移动公司响应通信市场建设需求，夯实网络建设基础，稳固网络覆盖优势，提升网络质量。推进4G网络深度覆盖。全年新增4G站点数187个，4G综合覆盖率98.46%，加快扩大乡镇、农村网络覆盖面。推进家庭宽带预覆盖建设进度。全年完成91个家宽、商宽小区家宽信息点建设开通，全县家宽覆盖率60%，各镇区基本实现全覆盖。优化网络质量，提升客户感知。通过整治私装放大器247个、调整网络参数等手段，解决网络干扰问题；处理管道修复、杆路迁改、光缆优化等项目137项，及时整治传输网络环境，提升客户体验满意度。配合做好通信保障。全年完成清明、端午、国庆等重大节日，及各类抗台防汛等应急通信保障，保障高话务、突发话务期间全县经贸、生产、生活畅通无阻。

【市场经营】 2017年，惠来移动继续配合上级部门开展“实名制”登记工作，组织发动各个一线界面参加“领先行动”“先锋争鼎”“机情不断”等劳动竞赛，紧抓节假日多形式开展促销活动，把握4G发展契机，深度开展2G/3G客户规模迁移，推进业务规模发展；组织开展两场“为民服务”总经理客户接待日活动，由公司领导与客户进行零距离互动，聆听客户心声，近距离收集客户建议，提升客户服务感知。紧抓建设揭阳副中心和新的发展极契机，拓展重大项目市场，服务发展改善民生。为中海油、财政局、扶贫办等重要项目提供综合解决方案，服务政务、企业、教育行业信息化，推动信息化城市行业建设。

【社会责任】 2017年，惠来移动发挥本地通信信息优势，践行社会责任，争当责任型企业排头兵。深入开展“扶贫济困”活动，响应市县政府落实扶贫帮扶任务，推进“信息化助推精准扶贫”工程，为挂点帮扶鳌江镇龙舟村66个省定贫困村建设扶贫大数据云平台，完成帮扶鳌江镇龙舟村等对31个省定贫困村“光纤到户”覆盖。深入挂点帮扶鳌江镇龙舟村，开展“新春慰问”“中秋慰问”等活动。开展大学生带薪实习活动，搭建青年就业创业基地。持续开展大学生带薪实习活动，搭建青年就业创业基地，寒暑假为惠来在校大学生提供参与社会实践机会，助力实现个人与社会价值。做好创文创卫、众剑行动专项工作。在公司各营业厅大门LED显示屏滚动播放创文创卫宣传标语、禁毒宣传标语，做好营业场所“门前三包”工作，做好公共场所控烟及各营业场所无障碍通道整改等创文工作，每月向手机用户发送、播放文明创建活动主题口号、工作信息和文明常识36万人次，面向全县区域移动用户发送禁毒公益短信超17万户，让禁毒工作家喻户晓、深入群众。市县联动、通力配合，自4月起，惠来移动组织109人投身创文创卫主题日活动。

（方　洁）

财税金融

CAI SHUI JIN RONG

◆财　政

【概况】　2017年，全县财政系统干部职工156人，其中干部69人；局机关内设机构16个：人秘股、预算股、国库股、综合规划股、行政文教股、社会保障股、农业股、企业股、经济建设股、会计法规股、绩效评价股、农业综合开发办公室、农村财务管理办公室、公务用车管理办公室、政府采购管理办公室、财务总监与监督检查办公室，在职人员67人；事业单位7个：惠来县公有资产管理办公室、惠来县国有资产经营公司、惠来县信托投资公司、惠来县工程预结算审核中心、惠来县财政局国库支付中心、惠来县财政局收费票据监管中心、惠来县政府与社会资本合作中心，在职人员89人。

2017年，全县财政总收入505333万元，同比增长8.44%。其中：公共财政预算收入51290万元，完成预算83.51%，同比下降11.06%，可比下降8.33%；税收返还收入6407万元；一般性转移支付收入232902万元；专项转移支付收入112430万元；上年结转40721万元；调入资金11406万元；债务转贷收入50177万元。

公共财政预算收入51290万元，主要是：税收收入29865万元，完成预算78.43%，同比下降14.37%，可比下降9.35%。其中：国税收入15229万元，完成预算79.33%，同比增长0.97%，可比下降11.94%；地税收入14636万元，完成预算77.51%，同比下降26.06%，可比下降7.71%（其中工商税收入12978万元，完成预算102.55%，同比下降15.63%；耕地占用税及契税收入1658万元，完成预算26.63%，同比下降62.41%）。非税收入21425万元，完成预算91.79%，同比下降6.85%，可比下降6.85%，占公共财政预算收入41.77%。

财政总支出464458万元。其中：公共财政预算支出424844万元，完成年度预算97.61%，同比增长8.78%；债务还本支出25001万元；上解支出14613万元。

收支相抵，实现预算平衡，预算结余40875万元，其中：结转下年度支出40875万元。

【地方财力保障】 围绕征管关键领域、重点税源，加大税收征管力度，根据形势作相应预测调整，合理调控，做到应收尽收。拓宽融资渠道，申请债券资金投入社会公益性基础设施建设项目，减轻预算资金不足压力。继续盘活存量资金，2017年收回2014年存量资金8760万元，弥补惠来县财税收支缺口。向上级机关反映惠来县财政困难情况，筹措资金缓解收入矛盾。2017年，全县一般性转移支付收入232902万元，专项转移性收入112430万元，弥补预算内财力不足，支持全县经济社会事业发展。

【支持重点工作】 做好中石油原油码头、神泉示范性渔港等事关惠来县经济社会的大项目建设服务工作。2017年，投入服务大项目前期建设资金330万元。扶持民营经济发展，支持民营企业推进科技创新，鼓励企业走规模化、现代化发展道路。2017年，安排中小企业发展和管理支出29万元，投入扶持企业发展资金60万元。申报新增政府债券资金23000万元，用于惠来县县城外北环路（傍山路西至惠雷公路）建设工程、葵潭高铁站（站前广场、站前西路及高铁北路）建设、惠来县县城内运河排涝治理工程等基础设施建设，改善投资环境和居住环境。加强公共安全体系建设，全年安排公共安全支出17862万元；拨付政法经费16645万元，其中禁毒经费投入6673万元。

【保障改善民生】 坚持财力向“三农”倾斜、向改善民生倾斜、向发展社会事业倾斜，推进和谐社会建设进程。2017年，民生支出276070万元，占公共预算支出64.98％。加强教育基础设施建设，促进学前教育、义务教育、民办教育和特殊教育发展，构建全民多层次终身教育体系，全年财政对教育总支出108284万元。完善社会保障体系建设，全年财政对社会保障和就业支出71429万元，其中城乡低保资金16413万元，“五保”供养资金1847万元，抚恤经费5341万元，儿童福利资金1348万元，再就业培训补助资金250万元。提高农村五保户和孤儿供养标准，农村“五保”供养每人月供养标准从530元增至692元；集中供养孤儿每人月供养标准从1340元增至1450元，分散供养孤儿每人月供养标准从820元增至880元。推动卫生事业发展，深化医疗管理体制改革，全年财政对医疗卫生和计划生育支出80900万元。扩大基本医疗保险覆盖面，城镇职工医疗保险参保人数32857人；城镇居民基本医疗保险参保人数931943人。落实强农惠农政策，促进城乡协调发展。全年安排农林水支出52778万元；精准扶贫资金14236万元（其中县级配套资金2154万元）。

【财税体制改革】 推进惠来县“预算执行动态监控系统”和“国库集中支付在线监督系统”建设，惠来县“预算执行动态监控系统”于10月顺利上线运行，对国库集中支付资金及用款单位实时监控作用，加强对惠来县财政资金支付使用监管，提高财政资金使用安全性、规范性和有效性。开展2016年惠来县政府财务报告编制改革试点工作，完成全县政府部门财务报告编制。结合部门工作实际，制定《惠来县财政局内部控制制度基本规范》和《惠来县财政局监督检查办公室内部控制操作规程（试行）》；完成全县237个行政事业单位内部控制制度汇编工作。制定出台政府向社会力量购买服务指导目录，确定政府向社会力量购买服务5大事项57类，降低行政成本，促进政府职能转变。

（县财政局）

◆ 国家税务

【组织收入】 2017年，惠来县国家税务局围绕组织收入工作，以绩效考核为抓手，落实组织收入责任机制，落实组织收入督导机制，加强重点税源跟踪管理，打好组织收入攻坚战。2017年，组织国内税收收入82144万元，同比减收15191万元，下降15.6%。组织县库收入15229万元，同比增收146万元，增加1%。

【依法治税】 2017年，县国家税务局推进依法治税建设，加强税收风险管控。夯实法治建设基础，联合县地方税务局印发《推行行政执法公示制度执法全过程记录制度重大执法决定法制审核制度试点实施方案》；推进税收规范性文件清理工作；完善税收法制保障体系。深化税收风险管理，完成风险应对任务367户次，查补税款1488.66万元，入库税款513.41万元，滞纳金33.25万元，核减期末留抵进项税额1994.99万元。惩治涉税违法行为，查处各类税收违法行为，2017年办理稽查立案案件32个，查补入库税款、罚款及滞纳金897.87万元。落实小微企业优惠政策，惠来县2017年度实际享受小型微利所得税优惠纳税人220户，减免所得税金额161.68万元；享受农林牧税收优惠、农村金融有关税收优惠政策、收入减计等优惠30户次。

【税收改革】 县国家税务局推进深化税收改革，构建税收经济秩序。加强营改增后续管理，开展"万户营改增企业实地调研"工作和营改增政策大辅导工作，开展小产权房涉税清理，自查查补入库增值税93.04万。深化国地税征管体制改革，深入开展国地税合作，落实国地税联合办税服务厅、征管业务合作、联合稽查工作、联合惩戒机制等合作事项。惠来县有2个国地税联合共建办税服务厅，6个互设窗口办税服务厅，1个"24小时国地税自助办税厅"。筑牢征管基础，2017年全县辖管纳税人14086户，其中增值税一般纳税人567户，小规模纳税人9460户，个体双定户4059户；清理经济户口工作，清理经济户口5954户，清理新增税款113.70万元。优化税种管理，开展对增值税一般纳税人登记工作，开展2016年度企业所得税汇算清缴工作，清缴补缴入库所得税额982.73万元。2017年，征收车辆购置税3129.39万元。加强出口退税管理，办理退税额6228万元，办理免抵调库3430万元。加强税收信息化建设，开展电子税务局应用推广工作，推行增值税发票管理系统升级版工作。

【纳税服务】 县国家税务局推进纳税服务优化，提升办税便利度。完善办税大厅布局，推进办税服务大厅标准化建设。落实纳税服务规范。推广"无纸化"服务，推行"缺件备忘办理"和"延时服务"，开办"纳税人学堂"，丰富办税服务体验，促进办税智能化。联合县地税局落实2016年度纳税信用等级评定管理工作。2016年度纳税信用等级评价有评价户数371户，其中联评成功户数363户，分别为A级23户，B级186户，C级96户，D级58户。开展税收宣传活动。与县地税局确定联合制作税宣动漫、联合举办税宣书法笔会、联合送税法进企业等活动，提升宣传站位。

（县国家税务局）

◆ 地方税务

【组织收入】 2017年，惠来县组织税费收入53054万元，其中：税收收入22357万元，县库税收14635万元，工商税收县库收入12977万元，契税及耕地占用税收入1658万元；社保费收入27244万元，其中企业基本养老费收入17126万元；其他费金收入3453万元。

【改革创新】 *征管改革* 深化纳税人分类分级、转变征管方式改革，将年缴纳税款金额5万元以上企业和个体户列为重点税源户，实行分类分级管理，对不同类型管户采取差异化征管手段，实现精准管理。以涉税事务分类为依据，将部分分局职能转变为专业管理风险事项、纳税服务事项、基础管理事项，全面理清基础管理、风险管理、纳税服务之间关系。改革后，原7个基层分局转变为5个基础税源管理分局和2个专业管理分局，提升征管针对性和专业性，实现人力向税源集中分局、向风险管理部门倾斜。

"放管服"改革 深入推进税务行政审批制度改革，减少审批事项；规范审批行为，简化审批手续，规范审批流程，推广"先批后审"，提供"前台受理、内部流转、限时办结、窗口出件""一站式"服务，简政放权后，涉税事项办理时间比原来缩短35%，减轻企业办税负担。依法实施政务信息公开，公布税务行政处罚权力清单8项，行政许可审批事项5项，税务行政处罚裁量基准7类、46项。

信息化创新 依托揭阳地税涉税数据综合利用平台基础数据，开发智能、高效、个性化数据搜索引擎系统，实现公用功能、个性化功能、搜索导出管理、搜索分析和搜索权限功能五大功能，起到

"多渠道采集、集中共享、统一呈现"数据管理模式，至2017年12月底项目进入试运行阶段。

【税收征管】 *经济户口清理工作* 落实市、县关于"迎盛会·百日百项大行动"，开展经济户口清理，通过明确分工，协同行动，规范管理，帮扶"个转企"升级等工作，夯实征管基础，培植税源。截至12月底，清理新增税务登记户数1060户，转非正常户123户，注销税务登记293户，提请工商局吊销营业执照797户，查补税款174万元，提升征管数据质量。

跨部门税收合作 依托信息共享平台深化涉税信息共享，2017年利用房管、国土、国税、工商、商业银行等第三方涉税信息，查补税费收入1403万元；开展"一税两费"风险应对，实现"一税两费"信息共享比对，2017年查补"一税两费"涉税企业839户，查补入库税款540万元；加强与县交通局、农村信用社沟通协调，落实地税联合委托代征事宜，委托代征地方税费收入17.10万元。

国地税合作 落实《合作规范3.0版》，整合国地双方优势资源，推进深度合作，实行互派共驻、一窗联办、业务通办、委托代征税款，共建大南山国地税联合办税服务厅；开展联合登记变更、注销和欠税管理、税务稽查；推进合作创新项目"惠来税务"微信公众号优化升级，加强手机办税和国地税业务融合通办。

【纳税服务】 *纳税服务便民惠民* 推广实施"税银互动"守信激励措施，为A级信用等级企业办理延期贷款8600万元；推行办税便利化措施，建立神泉、鳌江两个电子办税体验厅，推广电子税务局自助办税、手机微信办税等方式。开展税法宣传和培训辅导，受理纳税人诉求，解答涉税咨询，为纳税人提供多层面、规范化全方位服务。组织座谈会15场，走访企业2178户，进行税收知识宣传和满意度调查，走访率100%。举办纳税人培训3期，培训188人次。

落实减税政策 贯彻落实党中央、国务院供给侧结构性改革部署要求，落实减税政策，享受小型微利企业所得税优惠59宗，减免税款79.18万元；依法受理残疾人个人所得税减免人数41人，减免个人所得税6.45万元。落实省政府实体经济十条，分三年逐步降低城镇土地使用税税额标准，预计年可为纳税人减少城镇土地使用税负担1800万元，改善经济发展和民生。

【综合管理】 *绩效引领* 开展局内各单位与各税务分局绩效"一帮一"结对子学习活动，以结对交流形式，促进各项工作开展，带动、带领干部职工参与到绩效管理中来。加强沟通配合与绩效分析，注重对存在问题及原因剖析，找准短板加以改进。加强结果运用，把考核结果与干部提升提拔、评先评优、利益激励挂钩。2017年，新选拔5名股级干部中，有4名干部2016年绩效成绩为部门第一名，体现绩效管理奖勤罚懒、奖优罚劣作用。

教育培训 开展"请进来"和"走出去"培训，联合珠海党校开办更新知识培训班、组织人员参加省、市局举办业务和知识更新学习11场次、366人次；举办学习习近平总书记在广东重要批示精神、《中国共产党问责条例》、"三纪"教育、《大学》与修身等培训班次14期，参训1530人次；制订岗位练兵活动方案，营造"勤学敬业、拼搏进取"浓厚"练兵"氛围，以学习、练兵、比武，促进全员素质和岗位技能提高，通过岗位练兵、层层比武，评选5名"业务尖子"和2名"纳税服务之星"。在2017年的"全市地税系统业务大比武"中，县地税局荣获集体二等奖。

文化建设 丰富文体生活，举办羽毛球、书法、摄影、国画、太极等兴趣班，组织趣味运动会和拓展活动，增强团队意识，激发干事创业热情。鼓励干部职工参与省市县技能评比及竞赛，提升干部职工综合素养。

党建基础 严肃党内政治生活，严格执行"三会一课"和"三册一表"制度，制作"两学一做"学习宣传展板，举办国学修身讲座、"四重温四增强"活动、"四讲四有"讨论、志愿服务日、扶贫济困日、红色革命教育等主题党日活动，打造"融合式"党建工作品牌，因地制宜确定"三个共建"项目，开展机关与基层、地税与国税、地税与重点

企业党建共建活动，促进机关和基层联合攻坚，深化国地税合作，密切税企征纳关系，实现党建与税收工作深度融合，相互促进。

正风肃纪　制订《惠来县地税系统税务人员“八小时以外”“十提倡”“十防止”清单》、签订《家庭助廉承诺书》；开展基层巡察风险点排查、违法违纪线索排查、违规公款购买消费高档白酒问题集中排查整治。发挥内部审计监督作用，承接和配合上级进行多项审计工作。加大明查暗访力度，开展纪律作风督查，做好对相关责任人和相关领导落实谈话提醒；加强落实中央“八项规定”监督检查，加强对领导干部“八小时以外”活动监督管理，严防“四风”积弊反弹回潮。

（县地方税务局）

◆ 银行

中国人民银行惠来支行

【概况】　2017年，全县各金融机构贯彻落实稳健货币政策，维护辖区金融稳定，提升金融服务水平，金融业总体运行平稳，金融总量持续稳步增长，金融支持地方经济力度加大，助推地方经济发展。

【存款】　2017年12月，全县金融机构本外币各项存款余额201.34亿元，比年初增加11.17亿元，增幅5.9%。其中，储蓄存款余额131.81亿元。

【贷款】　2017年12月，惠来全县本外币各项贷款余额84.64亿元（不包括小额贷款公司），比年初增加2.27亿元，增幅2.8%。全县金融机构存贷比42%，比年初减少1.3个百分点。

【外汇管理】　2017年，全县银行结汇收入8518万美元，售汇支出284万美元。办理跨境人民币结算业务58笔，金额2.49亿元。

（林　衡）

中国农业银行惠来县支行

【概况】　至2017年12月，农行惠来支行全行本外币各项存款余额272072万元，较年初净增46024万元，年增长率20.4%。其中：对公存款余额61684万元，较年初净增35261万元，年增长率133.4%；个人存款余额210387万元，较年初净增10762万元，年增长率5.4%。各项贷款余额127200万元，较年初净增21255万元，年增幅20.1%。其中：对公贷款余额87665万元，较年初净增-5642万元，年增幅-6%；个人贷款余额39536万元，较年初净增26896万元，年增幅202.8%。实现拨备前利润5422万元，同比增盈1483万元，完成年度计划117.9%。实现中间业务收入1200.58万元，同比少收18.98万元，完成年度计划73.2%。

【金融宣传】　深化金融知识金融产品宣传活动，做好人民银行“金融知识普及月”、银监会“金融知识进万家”和银行业协会“金融知识万里行”，以及农行金融服务“六个走进”等宣传活动，通过金融知识及便民惠民服务活动带到群众身边，提高群众对农行金融产品认知度，拓宽服务渠道、延伸服务半径、提升服务品质，打通金融服务“最后一千米”，取得服务社群和业务发展“双促进”。

【金融服务】　推进智能设备投产，在五个营业网点和一个离行式银行服务区标配机器有ATM存取一体机23台、大额存取款机13台、自助开卡机5台、自助终端7台等电子自助设备，满足社会和客户金融服务需求；改善支付服务环境，推进金融IC卡发卡工作，银行卡开卡量71.85万张，2017年增加5.85万张，为社保、医保、教育、交通等领域，以及当地人民群众提供结算支付金融服务；做好“金穗惠农通”工程建设，办理开通惠农通有效服务点219个、金穗“E惠农管家”310个，依托“惠农通”电子渠道网络，实现农民“人不出村”，就能办理大部分金融业务用卡金融环境，为民众提供查询、转账、消费、助农取款等基础性金融服务，实现全县行政村覆盖目标。

【三农信贷投放】 根据国家县域三农信贷政策和金融业支持稳增长调结构若干意见，围绕当地重点项目、“三农”和中小微企业发展，对符合准入条件及政策扶持行业，解决企业生产资金需求。至2017年12月各项贷款余额12.72亿元，净增2.12亿元，全年累计发放贷款11.45亿元，月均贷款增量0.95亿元。信贷资金重点支持“粤电靖海公司”提供金融融资平台，支持该公司发电生产资金需求，发放流动资金贷款5.50亿元，为落户惠来国家重点建设项目和地方企业发展提供金融支持；支持其他中小微企业短期流动资金贷款3.04亿元；支持“碧桂园”等楼盘按揭业务2.65亿元；支持农户农村个人生产经营贷款、助业贷款、个人综合授信贷款等项目，履行服务三农职责。

【党建工作】 开展学习中共十九大精神。组织全体党员学习习近平总书记在大会所做题为《决胜全面建成小康社会 夺取新时代中国特色社会主义伟大胜利》报告；开展“三线一网格”管理。贯彻落实《中国农业银行广东省分行“三线一网格”管理模式深化推广实施方案》，推广实施“党建-党廉-案防”三位一体网格化管理模式，夯实党建线、强化党廉线、筑牢案防线，完善网格化管理责任体系，提升案件风险防控水平；开展“两个办法”学习教育。组织全行员工开展学习《中国农业银行问责办法》《中国农业银行员工违规行为处理办法》，教育引导广大干部员工履行岗位职责，营造合规经营严格管理氛围；开展党廉教育。组织支部书记和党员学习省行《2017年党风廉政建设责任制和案件防控考核方案》《对违反中央八项规定精神问题开展集中通报和专项整治的实施方案》等廉政教材，举办典型案例宣讲教育、网格案防代表培训、“双基”管理暨网格案防学习培训等活动，强化党员干部廉洁意识；开展基层党支部建设。根据党建工作联系点工作规范有关要求，对基层网点实行支行班子成员挂点联系人制度，全面加强基层网点党建工作。按照“三亮五有十上墙”标准，规范落实“党员示范岗”“党员责任区”制度，搭建基层党建文化阵地。

（方灿松）

中国工商银行惠来支行

【概况】 2017年12月31日，工行惠来支行本外币各项存款余额223355万元，比年初增加41269万元，比增22.7%，其中对公存款余额119839万元，比年初增加41249万元，比增52.5%，储蓄存款余额103516万元，比年初增加20万元，比增0.02%；各项贷款余额91893万元，比年初增加16499万元，比增21.9%，其中公司贷款36342万元，比年初减少4594万元，比减11.2%，个人贷款55552万元，比年初增加21093万元，比增61.2%。

【支持实体经济】 工行惠来支行结合惠来区域经济发展现状，以“本地化”“小额化”“抵押化”为方向，发展辖内经营发展状况良好，经营管理水平高、市场竞争力强小微企业客户，运用网络循环贷款、小额抵押贷款等优势产品，为企业发展提供信贷资金支持。2017年，对小微企业发放贷款15477万元，扶持19户小微企业发展壮大。支持惠来电厂等重大项目建设和当地优质医院客户，提供流动资金贷款支持。

【存款工作】 加强优质服务理念，提高服务质量，加强大堂业务分流、客户引导，打好服务品牌，提升网点服务环境与服务态度和服务效率，争取吸引回头客户。以大额定期存单、节节高、薪金溢、存管通、金福袋等新型存款产品为抓手，定期向代发工资客户群、专业市场客户群、证券投资客户群开展营销，沉淀客户流量资金，引导各类资金向工行惠来支行归集，实现储蓄存款增长。做好对公客户日常服务工作，加强重点机构客户关系维护，促使机构存款快速发展。

【金融服务】 日常中加强维护ATM、自助转账机、智能发卡机等自助设备，在2个营业网点配置ATM存取机9台、自助终端6台、智能发卡机3台等自助设备，通过自助发卡机为客户快速开卡，新增发放借记卡13078张，新增发放信用卡3136张。关注当地楼盘建设和销售情况，做好优质楼盘服务工作，在楼盘大批量销售时，主动到楼盘售楼处上门服务，接受购房者业务咨询、受理贷款申请和收集贷款资料，为购房者提供便民服务。按揭贷款受理后，落实专人将每笔贷款情况整理成表，每日梳理核对，反馈给开发商，进行资料整理、台账录入和流程上报，加快贷款办理速度，满足开发商急于回款资金需求和购房者购房需求。2017年，发放个人按揭贷款29506万元。

（王伟林）

中国建设银行惠来支行

【概况】 2017年12月31日，惠来支行一般性存款余额20.95亿元，比年初减少4.40亿元。其中：企业存款余额12.54亿元，比年初减少4.25亿元；个人存款余额8.42亿元，比年初减少0.15亿元。全年实现税前利润4886万元，同比增长1675万元，增长幅度高达52%。

【商事登记】 推出一站式商事登记服务，无偿为企业、个人工商户代办工商登记，创新银政合作新模式，发挥银行网点服务优势，实现工商登记注册更加便利化，实现工商、银行、市场主体三方共赢。

【普惠金融】 推出小微快贷、"云税贷"、房压快贷贷等系列线上小微企业信贷产品，推进普惠金融业务，助力地方小微企业发展。全年投放普惠金融信贷产品金额628万。

【消费信贷】 推进快贷、龙信贷、分期通、装修分期、汽车分期、车位分期、教育分期等快捷、高效消费信贷产品，创新支付结算方式，组合推出"龙支付"、聚合支付、O2O网络商户、惠兜圈等消费结算方式，配套传统楼盘按揭业务，为当地百姓提供优质安居金融服务，改善百姓居住和生活环境，实现购房、购车等梦想，提升百姓生活质量水平。全年办理楼盘按揭136笔，金额6538万元；装修分期14笔，金额294万元；汽车分期434笔，金额5160万元；车位分期3笔，金额24.5万元；快贷4885户，金额6437.31万元。

【智慧银行】 加大标准版、综合版智慧柜员机投入，实现柜面业务迁移，以友好、简捷智能操作界面，引导客户进行"人机"对话，实现业务自助办理，解决个人开户、签约电子银行产品、销售理财产品、信用卡业务、结售汇、明细查询与打印等大部分个人银行业务以及部分对公客户业务，解决客户排队现象、提升客户服务体验，推进银行网点服务智慧化进程。

【重点项目】 为当地重点项目提供优质综合金融服务，支持重点项目开发建设，促进重点项目加速投产进程，拉动惠来当地经济发展，2017年为粤东LNG码头及接收站一期工程项目提供23亿元额度授信，办理1亿美元外债转贷款业务后继续为企业办理流动资金贷款，解决项目融资需求。

（谢秋钿）

中国农业发展银行惠来支行

【概况】 2017年12月31日，中国农业发展银行惠来支行各项贷款余额13527万元，比年初减少5977万元，减幅30.6%；各项存款余额11361.14万元，比年初减少7765.02万元，减幅40.6%；2017年全县粮食风险基金应到位1312万元，实际到位3300万元，到位率251.5%；不良贷款余额保持为零；全年实际盈利180万元。

【政策性职能】 2017年，惠来县支行履行粮食政策性职能，做好粮食信贷工作，服务地方粮食安全。掌握地方储备粮轮换计划落实情况，做好资金供应准备及地方储备粮轮换信贷工作，确保储备粮资金安全运营。发放地方储备粮贷款1483.6万元，支持企业轮换稻谷4827吨。

【服务政府需求】 2017年，惠来县支行根据惠来县、大南海石化工业区实际情况，在项目营销上突出棚户区改造和仓储设施建设领域营销工作。惠来县储备粮库（首期）建设工程经省分行审批，正在落实贷前条件，揭阳大南海石化工业区埔洋村棚户区改造项目完成上报。作为国家支持“三农”领域骨干力量，中长期信贷业务均依托地方政府开展。防范合规风险，与当地政府和财政部门沟通协调，配合财政部门整改要求，解决在建工程项目后续资金需求。

【党建工作】 学习贯彻党的十九大精神，深入开展“两学一做”活动。通过学习、领会、把握习近平新时代中国特色社会主义思想精髓，将全行学习贯彻党的十九大精神引向深入，推动党的十九大精神落实在支行支农实践中。学习党章党规，学习系列讲话，强化战略思维、历史思维、辩证思维、创新思维、法治思维和底线思维。领会党风廉洁建设新部署新要求，学习《准则》和《条例》两部党内法规，掌握两部党内法规主要内容，深刻理解两部党内法规现实意义。

【企业文化建设】 参与上级行、地方有关部门、行业协会组织劳动竞赛、文体活动等，提高员工业务技能，活跃员工业余生活。通过工会组织开展户内外活动，丰富支行企业文化生活，增强集体凝聚力。

（农发行惠来县支行）

交通银行股份有限公司揭阳惠来支行

【概况】 2017年，交通银行揭阳惠来支行经营利润2168万元，增幅12.3%；人民币各项存款平均余额108030万元，比年初净增8613万元。增幅8.7%。其中：对公存款65119万元，比年初净增3970万元；对私存款42911万元，比年初净增4644万元；国际业务快速发展，累计实现国际结算量3411万美元。

【金融服务】 加大对融资市场及客户融资需求分析，结合当地经济环境现状，支持、发展小微企业和个体私营经济中优质客户。2017年，发放个人流动资金贷款1700万元。提供优质服务满足民生金融需求，加大对房地产开发企业合作，提供优质快捷按揭贷款业务。与交通银行揭阳惠来支行合作优质楼盘项目5个，通过提供优质服务，加快发展速度。2017年，办理按揭贷款3630万元。

【内控制度】 落实工作责任制及追究制度，做到齐抓共管，共同防范，为业务稳健经营保驾护航。牢固树立“安全就是效益”意识，以预防为着力点，开展规章制度教育和警示教育活动，落实案件防范工作责任制；提高员工防腐拒变能力，培养员工爱岗敬业、讲奉献职业精神，端正行风，树立正气，确保业务稳健发展。

（交通银行股份有限公司揭阳惠来支行）

惠来县农村信用合作联社

【概况】 2017年，惠来县农村信用合作联社资产总额44.29亿元，各项存款余额62.74亿元，其中，个人存款47.26亿元，对公存款15.48亿元；各项贷款余额44.29亿元，其中：涉农贷款40.22亿元，中小微企业贷款36.94亿元。存、贷款市场占有率29.49%和54.47%，余额稳居县内金融机构首位。全年财务收入2.85亿元，经营利润0.66亿元，账面利润0.13亿元；上缴当地各项税收0.10亿元。

【精准扶贫】 贯彻落实省委省政府精准扶贫、提前脱贫决定，做好辖区贫困户数据采集及建档立卡工作，搭建“农信社+企业+贫困户”合作模式，支持贫困人口创业就业和“三农”经济发展。取得央行扶贫再贷款资金1亿元，投放贫困户、帮扶单位及个人21户、22笔。2017年，各类经济实体受惠于扶贫再贷款低利率，减少利息支出848.61万元。

【普惠金融】 推广广东农信“鲜特汇”平台，推介“鲜特汇”平台教育缴费功能及电子化缴款便利，吸引当地学校进驻“鲜特汇”教育缴费平台，与辖内幼儿园、中小学校签订教育缴费协议14家，发生教育缴费交易10567笔，金额1510万元，吸引17家商家进驻平台，上架产品90个。依托“惠来农信”微信服务号，推进“互联网+信贷”应用，实现客户足不出户、掌上一键申请贷款愿望，缓解社会群众借款无门困境，2017年，通过线上申贷系统，发放贷款796笔，发放金额9877.65万元。向社会公众推出芯片存折产品—存款芯折通，填补存折芯片化、智能化空白，成为揭阳辖区第一家推行此类产品金融机构。

【案件防控】 开展不同时期稽核检查和后续追踪审计，对重点业务、重点岗位、重点人员和关键环节，组织开展全面风险排查、现金业务管理检查、反不正当交易排查等42个项目检查。开展反腐倡廉等活动，组织员工开展党风党纪、法制知识、正反典型、案防、合规、业务知识等教育培训，筑牢案件防控思想基石，累计案防教育培训6场次、326人次。

【党建工作】 以“抓中心组教育，提升党员干部执行力”为宗旨，按照“以学习强素质，以素质定决策”思路，狠抓理论学习基础，加强党的政治理论学习。2017年，分时期、分内容开展党委中心组学习教育9场次，把习近平总书记“7·26”重要讲话、广东省第十二次党代会及十九大会议精神传达至各位党员干部，增强全体党员干部思想认识。开展“学省党代会精神迎党的十九大召开”党员考学、“学报告 学党章”考学等活动，通过在钉钉软件及继续教育学习平台向党员干部开展党理论学习活动，实现以考促学、以考促常，增强全体党员干部党员素质修养。

（县农村信用合作联社）

◆ 保险

中国人寿保险股份有限公司惠来县支公司

【概况】 惠来县支公司2017年保险费收入8282.64万元。其中股份续期保费5625万元，首年期交1561.22万元，趸交496万元，短期险601.42万元。新承保新单件数17400件，为保险客户理赔541宗，理赔金额326万元。

【业务发展】 个险渠道　首年标准保费205.89万元，完成全年目标19.35%，首年期交保费1411.14万元，完成全年目标71.34%，短期险149.41万元，完成全年目标70.48%。

银保渠道　实现首年期交保费139.6万元，完成年度目标45%；首年新单标准保费41.9万元，完成年度目标25%；其中十年及以上期交保费52.1万，完成年度目标26%，短期险6.84万元。

团险方面　短期险业务年度目标439万元，达成445.17万元。完成年度目标101.41%。

政保业务　2014年11月，与惠来县民政局正式启动“银龄安康行动”，从2014年为全县80周岁以上老年人统保，到扩大统保范围至65岁周岁以上。2017年为全县13700人投保意外险，老人意外保险理赔人数350人次，理赔金额55万元。

【人力架构】 个险渠道　在职人力208人，全年累计新开通工号231人，月均增员率7.5%，脱落308人，累积月均脱落率10%；季均有效人力148人。

银保渠道　架构总人力29人。其中保险规划师队伍持证人力27人，达成年度人力目标75%。客经实动人力2人，达成率67%。

团险渠道　人力指标21人，达成20人。其中三大队伍，员福3人，银团2人，政保15人。

【业务理赔】 2017年，发生业务赔案541宗，理赔金额326万元。

（中国人寿惠来县支公司）

中国人民财产保险股份有限公司惠来支公司

【概况】 2017年，中国人民财产保险股份有限公司惠来支公司承担保险责任金额812.40亿元，保费收入4100万元，同比增长23.7%。其中车险业务2953万元，增速37%；商业非车险业务732万元，同比增长36.9%；农险业务414万元，提供保障金额8210万元；2016—2017年度两年实现保费翻一番，2017年实现利润629万元。综合赔付率46.4%。

【企业财产保险】 2017年度企业财产保险实现保费收入60.20万元，同比增长14.3％，为地方企业发展提供安全保障。

【责任保险】 开展校园方责任保险，2017年承保各类学校校园方责任保险267.50万元，提供风险保障643.80亿元。承运人责任保险实现保费收入32.50万元，为道路运输提供风险保障，促进道路运输业健康发展。

【农业保险】 中国人民财产保险股份有限公司惠来支公司履行社会责任，融入地方经济发展大局，与惠来县政府合作，推广涉农保险服务。2017年，为全县171079户农村住房承担34.21亿元风险保障，完成水稻种植保险1.29万公顷。设立农村保险事业部/保险扶贫事业部，落实农险及保险扶贫工作，推动农险保险业务专业化、规范化发展。

（中国人民财保公司惠来支公司）

◆ 证券

安信证券揭阳惠来营业部

【概况】 安信证券揭阳惠来营业部前身为广东证券股份有限公司揭阳新兴东一路证券营业部惠城镇证券服务部，于2007年12月被安信证券股份有限公司承接，经中国证监会广东监管局批准，于2009年7月被规范为安信证券揭阳惠来营业部。安信证券揭阳惠来营业部是惠来地区最早成立证券经营机构，是惠来地区唯一拥有合法资格证券经营机构。是惠来县规模大、实力雄厚、发展潜力大证券经营机构，市场份额高，客户遍布各主要县区镇。拥有代销股票、基金、债券、权证、集合理财等基础及衍生金融产品，提供交易通道、业务办理、投资咨询、理财规划等系列服务，能满足客户不同需求。安信证券揭阳惠来营业部秉承总部“大零售、大投行、大客户、大营运”发展战略，零售经纪、机构销售、投资银行、固定收益、资产管理、研究咨询等传统业务实力和市场影响力得到巩固，股指期货IB、融资融券、新三板等新业务得到发展。

【证券经纪】 证券经纪业务是指证券公司通过其设立证券营业部，接受客户委托，按照客户要求，代理客户买卖证券业务。揭阳惠来营业部作为安信证券股份有限公司在惠来地区服务点，基础业务包括接受股票买卖委托，信息咨询，指定交易或转托管，办理股票账户等。证券经纪业务是随着集中交易制度实行而产生和发展。由于在证券交易所内交易证券种类繁多，数额巨大，而交易厅内席位有限，一般投资者不能直接进入证券交易所进行交易，故此只能通过特许证券经纪商作中介来促成交易完成。在证券经纪业务中，包含要素有：委托人、证券经纪商、证券交易所和证券交易对象。所有上市交易股票和债券都是证券经纪业务对象，与此相对应买卖关系，俗称炒股，由于证券经纪业务具体对象是特定价格证券，而证券价格受宏观经济运行状况、上市公司经营业绩、市场供求情况、社会政治变化、投资者心理因素、主管部门政策及调控措施等因素影响，经常涨跌变化。同一种证券在不同时点会有不同价格，需投资者自身把握风险。经纪业务是证券公司最基础业务，随着证券市场法规体系及基本制度建设完善，证券市场规范发展，市场交易量成倍增长，投资者规模扩大。证券经纪业务对证券行业发展重要性与日俱增。

【融资融券】 融资融券是安信证券为特定客户提供、按照与客户事先约定、为客户优先提供融资资金和融券证券业务。融资融券业务试点启动至2017年七年，投资者规模扩大，融资融券业务保持稳定，未发生大规模投资者风险事件，这与完善投资者适当性管理要求密不可分。融资融券交易，又称信用交易，是指投资者向证券公司提交保证金，在看涨时，从证券公司借入资金低价买入证券再高价卖出；在看跌时，从证券公司借入证券高价卖出再低价买回，从而获得收益交易方式。从发展趋势看，营业部依旧推动“两融”业务发展，向符合条件客户推荐券额，提供信息和指导，融资融券业务自2010年3月试点推出，保持快速增长，2017年新增41位两融客户，多数为惠来居民。随着社会金融上涨，融资融券业务进一步扩充实力，满足客户需求。融资融券逐步成为中国资本市场重要基础性交易制度。但是，融资融券作为一项创新业务，本身具有高杠杆、高风险特点，决定此项业务必须严格落实投资者适当性管理要求，确保参与投资者具备足够投资经验和较强风险承受能力。

【理财产品】 理财即对财产经营。多用于个人对于个人财产或家庭财产经营，是指个人或机构根据个人或机构实际经济状况，设定想要达成经济目标，在限定时限内采用一类或多类金融投资工具。理财全球化趋势日益明显，随着拉美、亚洲尤其是中国等新兴市场崛起，全球个人财富迅速增长，理财规划职业在各国收到广泛关注和重视，安信证券揭阳惠来营业部重点加强理财产品投资者教育工作，在揭阳惠来营业部开立理财账户可用于股票（包括A股、B股、H股等）、债券（包括国债、企业债、公司债等）、期货（包括金融期货如股指期货、外汇期货等，商品期货如黄金期货、农产品期货等）等一系列投资理财工具投资。个人或机构投资者可以按照其不同需求及投资偏好选择不同理财工具。惠来地区客户对固定收益理财产品和权益类产品认同度趋高，全年理财产品销售收入呈增长状态。

【股票期权】 期权又称选择权，是一种衍生性金融工具。股票期权合约为上交所统一制定、规定买方有权在将来特定时间以特定价格买入或者卖出约定股票或者跟踪股票指数交易型开放式指数基金（ETF）等标的物标准化合约。2015年2月10日，上交所期权业务正式上线。根据上海交易所关于《上海证券交易所股票期权试点投资者适当性管理指引》（2017年修订）所修改条款，营业部制作并转发多份期权微信宣传资料为加强股票期权业务投资者教育和信息公示，2017全年组织4场相关讲座，与惠来地区投资者共享交流投资心得，让投资者正确理解期权基本知识，避免客户在投资中造成不必要损失。

【新三板挂牌】 新三板市场，是全国性非上市公司股份有限公司股权交易平台，为非上市公司提供股份转让、企业融资、并购等服务。全国中小企业股份转让系统公布2017年市场统计快报，报告中显示，到2017年年底新三板挂牌公司家数11630家，较2016年净增1467家，总市值49404.56亿元。根据全国中小企业股份转让系统公布2017年市场统计快报显示，2017年，推荐挂牌家数最多券商是安信证券，123家。相比2016年以322家荣

安信证券揭阳惠来营业部营业服务厅一角　（安信证券揭阳惠来营业部　供稿）

10月28日，安信证券揭阳各地区营业部开展“反洗钱、反恐怖融资、反逃税”主题活动　（安信证券揭阳惠来营业部　供稿）

登榜首好成绩急剧减少，但依旧在新三板推荐挂牌主办券商中拔得头筹。安信揭阳惠来营业部作为惠来地区营业点，依托安信深圳总部投行力量，参与新三板挂牌业务和各项机构业务，为企业尤其是中小企业解决各种难题。安信证券揭阳惠来营业部参与已挂牌项目有金籁科技（870471）、利泰健康（835899）、利泰医药（839888）等项目。处于成长期企业在企业管理、生产规模等方面发展比较成熟，企业品牌效应显现、发展处于上升期，资本市场对具有高成长性企业估值水平会较高，这时企业通过新三板挂牌方式快速有效进入资本市场。十九大以来，金融市场服务实体经济指导方针不断推进，各金融监管部门密集发布多项新规。2017年12月，新三板市场新规最终落地，开启新三板全新改革征程。

【投资者教育】　2017年11月17日，中国人民银行会同银监会、证监会、保监会、外汇局等部门起草《关于规范金融机构资产管理业务的指导意见（征求意见稿）》（以下简称资管新规）中，提出金融机构必须打破刚性兑付，并且提出惩处措施。在政策监管趋严大背景下，为落实党十九大提出的“增强金融服务实体经济能力”“促进多层次资本市场健康发展”“守住不发生系统性金融风险的底线”要求，帮助投资者了解债券投资法规和知识，提高风险识别能力和自我保护能力，安信证券揭阳惠来营业部开展利用收市时间和周末时间开展投资者教育业务培训，强化专业知识，为投资者提供优质服务。惠来营业部严格对所在公司投资者适当性管理，客户服务人员方面，营业部设立投顾小组，对客户进行投顾服务。举办宣讲会，邀请满足条件投资者参加，利用最基础客户交易数据，研究客户交易习惯，发现客户风险偏好，建立起有针对性投资者适当性管理。在公司大厅放置关于投资者教育业务板块，详细解释投资者教育业务以及为投资者揭示投资风险，给客户进行风险性教育。

（胡梓哲）

7月6日，安信证券揭阳惠来营业部于惠城镇开展投资者教育工作　（安信证券揭阳惠来营业部　供稿）

经济综合管理

JING JI ZONG HE GUAN LI

◆ 发展和改革工作

【概况】 2016年，设立惠来县发展和改革局（加挂粮食局牌子），内设人事股、综合股、农财股、投资股，重点项目稽察办公室（正股级）、物价局、粮食调控股、粮食管理股（加挂军粮供应办公室牌子），直属行政机构能源局（正科级）、价格监督检查所（正股级，加挂价格举报中心牌子）。2017年，行政编制20名，行政执法专项编制8名。其中：局长1名（兼任能源局局长）、副局长4名、能源局副局长1名（副科级）、正股级领导职数9名（含价格监督检查所所长1名）、副股级领导职数6名（含价格监督检查所副所长2名）。后勤服务人员5名（含能源局后勤服务人员1名）。

【计划、规划工作】 县发展和改革部门发挥计划、规划引导作用，通过中长期规划、年度计划、产业政策等手段，组织协调有关方面落实县委、县政府决策部署。编制实施年度计划。编制完成《惠来县2016年国民经济和社会发展计划执行情况与2017年计划草案的报告》和撰写《惠来县2017年1—9月份国民经济和社会发展计划执行情况的报告》，分别提交县十五届人大二次会议和县人大常委会审议通过。参与相关领域专项规划工作；牵头县直有关部门做好全县约束性、预期性目标和各项指标分解下达。

【固定资产投资管理】 服务推进重点项目建设。围绕全力打造揭阳副中心和新的发展极，按照县委、县政府提出实施大项目带动战略，优化投资结构，狠抓项目进度，各责任单位协调配合，形成合力，协调解决工作矛盾和问题，服务推进重点项目建设提速提效。全县重点项目62宗，年度计划投资38.88亿元，完成投资21.31亿元。市重点项目21宗，年度计划投资17.29亿元，完成投资15.91亿元，占年度计划92％。立项审批。执行投资项目审批、核准、备案管理程序，提高行政审批效率，服务项目建设。受理审批项目29个、招标核准项目39个、备案项目12个。向上争取资金。掌握国家和省政策动态及投资方向，用足用活政策，加大项目申报力度，争取扶持资金。做好项目筛选、论证和储备工作。加强重点项目稽察工作。配合上级发展和改革部门做好重点项目稽察工作，监管11个政府投资项目建设进度，确保投资项目落实。

【体制改革】 县发展和改革部门牵头协调推进改革实施工作。会同有关部门围绕稳增长、转方式、调结构，做好供给侧结构性改革工作，在补短板等方面发挥职能，推进改革深入开展。按照市车改领导小组办公室相关要求，推进惠来县公务用车制度改革。

（县发改局）

◆ 国土资源管理

【概况】 2017年，惠来县国土资源局130人，内设机构6个：人事秘书股、土地规划与耕地保护股、土地利用管理股、不动产管理局（挂地籍管理股牌子）、测绘管理股、地质矿产管理股；直属机构1个：执法监察大队；属下事业单位5个：县国土资源测绘队、地产评估事务所、不动产登记中心、土地储备中心、土地整理中心；派出机构有鳌江、东港、东陇、华湖、惠城、靖海、葵潭、隆江、岐石、前詹、神泉、仙庵、周田13个国土所。

【土地规划】 开展项目用地预审，全年受理用地预审项目10个，其中报国土资源部审批项目1个，面积50.40公顷；报省国土资源厅审批通过项目2个，面积78.5205公顷；县级预审项目7个，面积24.128公顷。修改完善《揭阳市惠来县土地利用总体规划（2010—2020年）调整完善方案》，做好揭阳城市副中心与土地利用总体中期规划调整完善衔接。

【耕地保护】 到2017年年底，耕地保有量312995.70亩，基本农田面积237585亩，均超额完成《揭阳市土地利用总体规划（2006—2020年）》确定耕地保有量和基本农田保护面积责任目标。

【地籍管理】 组织作业队伍70人对全县13个镇、2个农林场19.30万宗地进行地籍调查，完成全县66个贫困村内外业调查工作并将成果上报省厅。

【不动产登记】 启用广东省不动产登记信息基础管理平台软件进行登记发证，实现登记数据与省厅对接。办理不动产登记发证7宗，面积168.133亩，办理不动产登记证明10宗，面积521.753亩，办理土地房产查询查封1571件。

【土地利用】 组织用地报批1个批次，面积20.346亩，完成土地征收；完成组卷工作4个批次，面积735.645亩。公开挂牌出让国有建设用地1宗，面积51.9973亩；划拨国有建设用地1宗，面积26.292亩。完成土地评估，办理供地有关手续、拟出让3宗，面积367.5881亩。

【“三旧”改造】 完成“三旧”改造项目2宗，面积24.151亩，实施“三旧”改造项目7宗，面积213.8341亩。

【矿产管理】 通过门户网站对惠来县辖区内矿业权人进行矿业权年度信息公示，接受群众监督；组织实地核查，防止越界开采和无证开采行为发生；组织技术人员对惠来县拟出让矿区进行地质测量、储量普查，编制储量普查报告和开发利用方案；通过公开摇珠确定价款评估机构，对拟出让矿区进行价款评估。

【地灾防治】 编制《2017年度惠来县地质灾害防治方案》，申请省、市地质灾害治理补助资金治理惠来县重大地质隐患点，争取省级资金80万元作为惠城镇林樟溪仔第二期治理资金。会同财政局、镇政府、国土所、工程、设计、监理单位有关工作人员对惠来县隆江镇头寮福坑新村危险斜坡项目进行工程治理初验。

【执法监察】 日常动态巡查，发现违法用地132宗。通过国土所上报及时制止违法违规行为50宗；应立案查处33宗，全部立案查处，收缴罚没款306384元；违法推填土49宗落实所在镇场复耕复绿，复耕复绿面积387.53亩。配合相关部门拆除南环二路周边12宗钢架结构简易工棚，拆除面积6500平方米。接收违法用地图斑533个，全部依法依规进行处理，建议县纪委监察局处分109人，移送公安机关3人，移送法院申请强制拆除4宗。贯彻落实《广东省信访条例》，做好信访维稳工作，全年受理群众来信来访反映涉土类矛盾纠纷28件，其中来信18件，来访10件，来信来访办结23件，办结率82%。

【党风建设】 印发《惠来县国土资源局2017年党风廉政建设和反腐败工作部署分工任务工作方案》《关于进一步加强全县国土资源系统党风廉政建设的工作措施》《惠来县国土资源局做好行风政风建设工作实施方案》《惠来县国土资源局整治“微腐败”强力推进正风反腐专项行动方案》《惠来县国土资源局谈话提醒工作制度（暂行）》等一系列方案，组织全体党员干部职工学习《习近平总书记系列讲话》《中国共产党章程》《中央八项规定》《中国共产党廉洁自律准则》《中国共产党纪律处分条例》、党的十九大精神、习近平新时代中国特色社会主义思想等，抓好机关廉政文化建设。

（县国土资源局）

◆ 市场监督管理局

【概况】 2017年，惠来县市场监管局及惠城所办公楼进行搬迁（局机关搬往惠城所办公楼办公，惠城所搬往原质监局办公楼办公）。县市场监督管理局在市场主体准入、市场秩序维护、信用监管、消费者权益保障等方面，主动作为，勇于担当，推进市场监管工作实现新突破。

【企业登记注册】 全面落实《广东省商事登记条例》，深化商事制度各项改革措施，激发全社会创业热情，促进市场主体增量提质。2017年，全县新登记市场主体5755家，累计29186户。其中新增企业586家，累计3080户；农民专业合作社23户，累计402户；个体工商户5146户，累计25704户；全县发出电子营业执照6份，个转企242户。

【市场监管】 秉承“宽进严管”监管理念，全面铺开市场监管工作，2017年，全系统出动执法人员5247人次，车辆941车次，检查各类经营主体6668户，查处违法案件49宗，立案49宗，结案处理52宗，罚没金额38.716万元。

年报公示工作 2017年，全县企业年报率86.5%，个体户年报率91.1%，农民专业合作社年报率88.2%。

无照经营工作 全面清理无照经营和长期停业未经营企业，对无照经营行为及被责令关停但仍继续经营企业予以查处。2017年，清理无照经营4302户；引导办照4175户，其中企业281户，个体3898户；立案查处13宗，罚没款1.73万元。

广告市场秩序 指导和督促广告经营单位统一在省工商局官方网站登录统计系统进行数据填报，全县广告经营单位35家，填报单位35家，填报率100%；严肃查处虚假违法广告，立案查处违法广告案件3宗，结案2案，罚没款金额28700元。

网络监管效能 采用网上巡查与实地检查相结合方式加强网络市场经营主体日常督查，办理网络消费投诉举报案件，2017年，办理消费投诉举报案件19宗，移交办案机构立案调查2宗，罚没金额人民币36069元。

商品市场管理 推进全县商品市场诚信体系建设，累计出动执法人员185人次，整治市场16个、经营户394户次，印发资料300份。查处制售假冒伪劣农资坑农、害农、毁农等违法违规行为。全系统累计出动执法34次，执法人员149人次，车辆33台次，检查市场20个、经营户194户。配合省局抽检辖区内3户农资经营户25个化肥品种，抽检结果全部合格。加大对粮食市场、文物流通市场巡查监管，配合县经信局等部门成品油质量专项整治，检查加油站26个、查处非法加油点4个，查获汽油170千克、柴油500千克。

合同监管 开展合同格式条款整治工作，做好涉农合同监管，检查合同份数32403份，合同金额31103.47万元，检查企业自行举办培训班29期，学习人员595人次；开展“守合同重信用”公示活动，全县申报守重企业38家，新申报企业3户，核准通过守重公示企业37家。

流通领域重点商品专项整治　加大对服装、装饰装修材料、交通工具及配件，家用电器、儿童用品、燃气具及电线电缆专项整治力度，加强流通主渠道监管，开展行政约谈。2017年，全县检查指导经营者1441户，行政约谈503户，引导经营者签订《商品质量安全承诺书》1369份，确定定点监管对象281户。

“无传销县”　建立惠来县无传销社区（行政村）联络员花名册。2017年，出动执法人员723人次，车辆111车次，检查各类场所1223个次，出版宣传栏3个，张贴宣传海报410份、标语110张，悬挂打传宣传条幅220条，发放宣传资料2000份，全县未发现传销违法行为。

【消费维权】　规范投诉举报处理工作。根据有关法律法规和上级部门规定，结合工作实际，制定《惠来县市场监督管理局信访投诉举报工作制度》；做好消费纠纷调解。贯彻落实《消费者权益保护法实施条例》，发挥“12315”申诉举报中心作用，2017年，受理群众投诉125宗，调解118宗，为消费者挽回经济损失45.80万元；其余7宗正依据《消费者权益保护法实施条例》《惠来县市场监督管理局信访投诉举报工作制度》程序规定有序、规范进行处理。开展“3·15”宣传活动。在县文化广场开展现场宣传咨询活动，向广大消费者宣传《中华人民共和国消费者权益保护法》，发放宣传资料4000份，提供咨询120人次，受理投诉3宗。惩治各类制假售假违法行为。2017年，全县查获制假售假案件150宗，其中大要案34宗，涉案金额4417.13万元，捣毁窝点16个，移送公安机关立案33宗，抓获涉假人员89名；落实打假联席会议日常工作制度，推进葵潭市场打假重点市场整改工作并“摘帽”成功。

【质量强县】　推进质量强县战略实施。调整惠来县质量强县工作领导小组及其办公室成员名单，制订《惠来县建设质量强县2017年工作实施方案》；开展质量强县考核工作，通过2016—2017年市对县级质量强县考核。加强安全生产监管。开展“安全生产月”“安全生产万里行”“质量月”等活动，出动执法人员257人次，车辆66辆次。实施商标战略。加强商标品牌培育，开展保护知识产权宣传周活动，加大商标普法宣传，加大支持打造农产品商标品牌，引导地理标志商标创建工作。2017年，申请商标注册件数1851件，注册商标件数924件，与2016年同比分别增长57.4％和16.4％，全县有效注册商标数累计5338件。处理商标侵权投诉2案，立案查处商标侵权案件7宗，结案4宗，罚没金额5500元。形成一批具有知名度农产品品牌：惠来周田杭美蒜头、惠来隆江芥蓝、惠来仙庵芥菜、惠来鳌江黑皮冬瓜、惠来隆江绿豆饼、惠来隆江猪脚、惠来靖海豆椹、神泉鱼丸。推进标准化工作。组织制定惠来县农业标准规范《惠来鱼丸加工技术规范》，于2017年12月上旬完成审查工作；制定《惠来县贯彻落实消费品标准和质量提升规划（2016—2020年）的实施方案和工作计划》，经县委县政府审议通过；推进全县农业标准化工作，组织申报沉香茶种植农业标准化示范项目1项。开展电线电缆专项整治行动。加强电线电缆产品质量安全监督，2017年，检查生产产家196户次、销售商家347户次，确定定点监管对象147户，引导签订商品质量安全承诺书259份。经详细排查，未发现销售陕西奥凯公司问题产品。加强特种设备安全监管。2017年，全县电梯经电子监察系统登记471台，全县有锅炉59只（包括停用与拆除），在用22只。2017年，出动安全监察人员496人次，检查特种设备使用单位124家次，特种设备立案4宗，查出排除一般隐患42处；发出《特种设备安全指令书》18份；办理特种设备使用登记证49张和特种设备安装告知2家次；气瓶送检6743个，合格6346个，报废397个。

【文明创建】　按照县委县政府文明创建工作部署，全面开展文明创建活动。2017年，投入资金32万元，出动执法人员2000人次，清理户外广告60块，清理“牛皮癣”2960张，取缔占路无照摊点337个，悬挂宣传牌22块。

【经济户口清理】 市委、市政府惠来县隆江镇作为试点开展经济户口清查工作，取得预期成效，形成经验并在全市推广。惠来市监局借鉴隆江经济户口清理试点工作经验，制订《"迎盛会·百日百项大行动"开展经济户口清理工作方案》，细化工作措施，明确工作职责；成立清查工作领导小组，召开全系统会议进行动员、推进，研究部署推进清理工作、协调解决重点问题，推进经济户口清理工作。2017年，清理市场主体29186户，其中无照经营市场主体3836户，引导办照4233户，唤醒企业19户，注销425户；实现亮照经营街（区）15个，亮照率100%。

【禽流感预防】 严密部署，加强市场监管巡查，对禽类经营户进行调查、登记造册，执行"1110"防控措施，2017年出动行动359次，出动人员1591人次，车辆357台次，检查市场541个次，检查禽类经营者1109户次，印发宣传资料1218份，投入经费8.84万元。

【队伍建设】 做好纪律作风建设。2017年8月，局长吴拓到任后，狠抓纪律作风建设，深入基层调研并抓好经济户口等重点工作开展；开展干部教育和业务培训，举办培训24期，参训人员1510人次，举办学习日活动16期，参训人员1120人次；开展经检执法、法律法规培训班等，组织行政执法人员集中学习《民法总则》《无证无照经营查处办法》等法律文件，参加学习培训人数累计482人次。

【禁毒"摘帽"】 局长吴拓带领局部分班子成员到禁毒驻村点——隆江镇邦庄村开展"面对面""点对点"调研指导工作。按照县委县政府解除"通报警示"禁毒攻坚冲刺工作要求，制订《惠来县市场监督管理局禁毒工作方案》，层层签订禁毒工作责任书，落实责任机制，提升打击效能。2017年，出动执法人员3192人次，车辆519车次，检查经营户3755户次。

【脱贫攻坚】 深入扶贫帮扶挂钩村隆江镇桥埔村开展春节前扶贫慰问活动，为贫困户送上大米、食用油和慰问金，鼓励他们坚定脱贫致富信心，2017年投入扶贫资金5.8万元；深入软弱涣散党组织整顿挂钩联系点—神泉镇石盘村党支部，调研指导软弱涣散党组织整顿工作，投入资金3万元，帮扶该村党建、创文创卫等工作。

（县市场监督管理局）

◆ 食品药品监督管理

【概况】 2017年，全县食品药品监管系统干部职工61人；局机关内设机构9个：人秘股、综合协调股、行政审批股、食品生产安全监管股、食品市场安全监管股、食品餐饮安全监管股、药品医疗器械监管股、保健食品化妆品监管股、稽查局；事业单位1个：惠来县食品药品管理所；派出机构3个：惠来县惠城镇食品药品监督管理所、惠来县隆江镇食品药品监督管理所、惠来县神泉镇食品药品监督管理所。县食品药品监管局以"保障民生、促进发展"为目标，围绕习总书记"四个最严"总要求，强化责任落实，加强"四有"建设，开展食品药品安全宣传教育、日常检查巡查和执法工作，规范食品药品生产经营秩序，实现全县食品药品安全零事故，保障人民群众"舌尖上"安全。

【食品监管】 加强食品生产安全监管工作，重点核查食品进销台账、投料记录、生产记录，检查企业使用原辅料及食品添加剂是否符合食品安全要求，落实生产企业主体责任，检查食品生产企业75家次，发出责令改正通知书41份。加强流通环节食品安全监管工作，加强对食品经营者经营主体责任落实情况检查，督促食品经营户开展自查自纠，加强对食品经营日常检查，检查食品流通企业1821家次，警告50家，查扣没收有问题食品多批次，维护惠来县食品市场生产经营秩序。

【餐饮业监管】 全面检查餐饮食品加工和现场制售场所卫生条件，餐具、饮具和器具清洗消毒、食品安全管理制度建立和落实、从业人员健康体检和培训等情况，检查学校食堂、餐饮服务单位1937

家次，发出监督意见书79份，责令整改4家。推进餐饮服务食品安全量化分级管理工作，累计评定餐饮服务单位659家，A级8家，B级101家，C级550家。开展“明厨亮灶”工作，全县实施“明厨亮灶”513家。推进平安餐饮创建工作，累计评定平安餐饮698家，其中市级5家，县级84家，镇级609家。

【保健品化妆品监管】 加强保健食品日常监督检查，推进保健食品经营企业分类监管工作，加强互联网保健食品信息监测及处置工作。加强化妆品日常检查，重点检查是否非法添加、非法标签标识，规范国产非特殊用途化妆品备案秩序。开展保健食品科普宣传进社区活动，进入惠城镇南美社区等28家社区开展宣传教育，覆盖面达全县社区85%，张贴宣传海报56张，发放宣传光碟72张，宣传资料500份。在县老干部局教室举办主题“提高认知，防范风险，保障安全”针对老年人保健食品安全科普知识讲座，加强保健食品宣传，提高老年人认知水平，树立正确健康保健理念。

【药品医疗器械监管】 加强日常监督检查，开展春节期间药品安全、易制毒药品、特殊药品、中药饮片、学校医务室药械监管、“超声刀”产品、角膜塑型用硬性透气接触镜、避孕套质量安全管理、彩色平光隐形眼镜、无菌和植入性医疗器械等专项整治工作。在监督检查过程中，移交稽查查处线索46条，发出当场行政处罚决定书72份，责令改正通知书56份。开展惩治利用互联网实施药品违法犯罪“清网行动”和互联网医疗器械经营监督检查及城乡接合部和农村地区药店诊所药品质量集中整治工作。推进网格化监管，落实网格监管平面图上墙，促进县镇两级监管人员加强沟通协作，形成监管合力，做好检查监管和隐患排查工作，履行工作职责。

【食品药品抽验】 组织并委托第三方检测机构对惠来县食品重点品种开展食品监督抽验600批次。生产环节食品24批次，流通环节食用农产品398批次，餐饮服务环节食品72批次，流通服务环节叶菜类和畜禽肉类106批次。开展快筛快检工作，开展蔬菜农药残留快筛快检560批次，药品51批次，化妆品5批次。抓好民生实事，开展4家农贸市场快速检测工作，开展蔬菜快速检测11611批次，其中合格11589批次，合格率99.8％，水产品669批次，合格率99.9%。

【惩治制售假劣食品药品】 开展食品药品无证经营整治行动，消除食品药品安全隐患。重点针对药品经营许可证过期药品经营企业开展专项清查行动，清查企业75家（其中停业39家，转行26家，续证5家，立案查处无证经营药品企业5家）。全面清理整治县城夜市餐饮摊档，消除安全隐患，清查52家次。2017年，立案查处取缔无证经营食品药品单位16家，引导食品企业申请办证51家。加强警药协作，开展食品药品安全违法行为“利剑”行动和打击“两超一非”百日专项整治，查处食品药品安全违法行为，促进食品药品企业依法合规经营，联合公安机关开展执法检查5场次。2017年，立案查处食品药品违法案件80宗，移送公安机关1宗。

（县食品药品监督管理局）

◆ 审计

【概况】 2017年，全年组织实施审计项目34个，审计查出主要问题金额50520万元，违规资金242万元，管理不规范资金50278万元，审计处理处罚688万元，应上缴财政28万元，审计报告和专项审计调查报告34篇，审计提出建议36条，被采纳审计建议33条。提交审计信息13篇，简报12篇，被批示、采用审计信息2篇。

【财政审计】 坚持以真实性、合法性审计为基础，加强对财政资金监督，注重规范财政收支行为，优化财政支出结构，提升财政资金使用绩效，分别审计县财政局、县教育局等15个部门2017年度预算执行及其他财政收支情况，揭示反映往来款项未及时清理、预算执行不严格、专项资金未及时使用、个别预算编制不科学不准确等问题，促进审计问题落实整改，财政管理水平得到提高、体制更加健全完善。

【经济责任审计】 以推进审计监督全覆盖为指引，抓住“权力运行”和“责任落实”两个关键，把握“政策执行、资金流向和党风廉洁”三条主线，关注领导干部履职尽责实事实效，分层分级对县级部门、事业单位、镇党政等16名主要负责同志实施经济责任审计，提出审计整改及合理化意见建议，整改问题19个，被采纳审计建议7条。

【民生工程审计】 聚焦公共卫生民生工程，抓住资金投入、拨付、管理、使用4个环节，建立以政策为重点、资金为主线、效益为目标绩效审计方式，实施2015—2016年基本公共卫生服务项目补助资金管理和使用情况审计，促进整改问题金额1960.52万元。加强使用财政资金审计力度，确保惠来县公共服务项目工作正常开展，服务好民生事业。

【国有企业审计】 加强对国有企业审计监督，有针对性实施对县自来水公司财政财务收支审计，重点关注国有资本真实、合法和效益情况，国有资本经营预算执行以及内部控制制度建立健全和运转执行情况，加强对大额资金使用、物资采纳、工程管理、资本运作等企业关键业务监督。

【其他工作】 根据上级审计机关工作部署及当地党委要求，2017年，县审计局组织审计力量参加省、市统一组织实施审计项目5个，抽调审计人员15人次，抽派人员协助县纪委查办案件12人次。

【审计管理】 审计计划管理 审计质量是审计工作生命线，是审计机关服务大局水平最直接体现。根据上级审计机关制订2017年审计工作任务，按照全面审计、突出重点方针，找准审计监督服务经济社会发展大局着力点，结合社会公众关注热点、难点问题，选准选好审计项目，全年拟定项目34个，严格按规定程序报省厅审批后实施。

审计质量管理 注重审计计划安排协调和衔接，加强计划执行过程中跟踪管理，确保计划有效执行；质量和效率齐抓，规范审计现场行为；深化审计审理工作，规范审理工作流程，提高审计质量控制水平。

审计整改监督 加强审计整改，务求实效。加强审计整改跟踪检查，制定和完善具体制度措施，逐步提高整改质量和效果。出台《惠来县审计整改监督管理办法（试行）》。推动提请县政府出台审计整改意见。

信息化建设 完善相关基础设施建设，推进审计信息化建设步伐，为提高审计管理数字化水平，推动计算机技术与审计业务深度融合打基础。

（县审计局）

◆ 统计

【概况】 2017年，局机关内设机构5个：综合秘书股、农业财贸股、工业交通股、基建劳资股、能源综合股。在职人员13人，事业单位1个：惠来县统计普查中心，在职人员5人。

【统计服务】 提升经济运行监测分析能力，把经济社会发展形势预警预判作为统计部门重要任务抓在手上、落到实处，坚持月、季度深入企业和项目单位开展实地调研，与相关部门联合召开座谈分析会议，及时研判经济运行走势，确保统计上报数据真实反映全县实际发展状况。2017年，撰写月、季度专业分析和综合分析20篇，发行《惠来简讯》《数据快报》等刊物，为县委、县政府把握经济走势提供参考依据；提高统计服务水平，开展年度资料整理和开发工作，发布《2016年县国民经济和社会发展统计公报》，编印、发布《统计公报》120份，为县委县政府、有关部门单位和社会各界查阅提供年度参考资料；开展《中华人民共和国统计法》（以下简称《统计法》）《统计法实施条例》等统计法律法规宣传，提高对各部门单位领导和统计人员统计业务知识和统计法律法规宣传培训力度。

【统计监测】 加强对上报数据审核监测，从严执行国家统计报表制度，从严监控统计报表单位，按照《统计法》和《统计法实施条例》开展统计调查，禁虚报防漏报；做好全面小康监测，为认真贯彻落实市委、市政府“关于开展揭阳市加快补齐短板服务广东全面建成小康社会走在前列”决策部署，2017年5月9日，县统计局联合会同有关部门到各镇场开展专题调研，编撰完成《惠来县关于加快补齐短板服务广东全面建成小康社会上走在前列的调研报告》，为加快补齐揭阳市全面建成小康社会指标短板，建设质量高、人民群众满意小康社会提供准确调研分析。

【统计改革】 贯彻落实中央关于深化统计管理体制改革，提高统计数据真实性重大部署，推进构建与国家治理体系和治理能力现代化相适应统计管理体制机制；推进新产业新业态新商业模式统计监测工作，加强“三新”“四众”统计调查，结合惠来县实际，梳理新产业指标、新业态指标、新商业模式相关指标，探索网上零售统计和旅游增加值调查统计，深化物流业统计工作，完善反映五大发展理念统计指标体系，健全适应新常态统计分类标准体系；勇于创新，推进重点领域改革，加快推进服务业统计、投资统计等重点改革，改进投资、人口统计调查方式方法，结合“五证合一”登记制度改革，开展单位名录库规范与净化活动，提高名录单位和一套表联网直报单位数据质量，提升名录库维护与管理水平。

【基层基础】 加强统计人员“全覆盖”培训力度，坚持把加强统计人员业务培训、提高统计水平作为夯实统计基层基础重要举措，局各专业围绕定期统计报表制度、专业业务知识等内容精心制作培训课件，汇编培训资料，从4月中旬开始，在富林大酒店分专业组织统计业务基础知识培训班3期，累计培训180人次，发放业务知识培训手册200份，完成年度培训计划，提升基层统计人员业务素质和工作能力；推进统计规范化建设，加强对报表、基层单位台账和原始资料规范化、标准化管理，夯实一套表单位联网直报基础。对统计流程不规范等问题及时指导纠正和提醒警告，确保整改落实到位。

【依法行政】 加强统计法律法规宣传培训工作，结合“两学一做”常态化学习教育，围绕《统计法》《统计法实施条例》等法律法规，加大学习和教育力度，按照第八届“中国统计开放日”要求，以“统计新动能、服务新常态”为主题，配合上级统计部门开展宣传活动；组织统计法律法规培训，加强对各镇场、重点部门和“四上”企业统计人员对《统计违纪违法责任人处分处理建议办法》等统计法律法规认识，为依法开展统计工作营造良好社会氛围；加强统计执法队伍建设，注重加强执法人员业务素质。按照省局要求，选派业务骨干参加全国统计执法证培训，取得统计执法资格；加大统计执法检查力度，组织人员对惠来县“四上”企业、镇场统计机构进行执法检查，根据惠来县2017年统计执法检查方案，随机检查企业30家，检查过程中重点检查企业财务报表、企业纳税申报表、台账记录和原始资料，根据资料核实各镇、企业所报统计报表。通过检查，发现未按照国家有关规定设置原始记录、统计台账企业4家，及时要求企业限期整改完善，杜绝数据弄虚作假。

【大型普查及专项调查】 第三次全国农业普查2017年普查工作如期完成。县统计局专题组织综合试点、清查摸底、普查小区图绘制、调查对象界定、PDA数据录入和处理等培训，多方位加强普查员业务能力提升，保证普查工作质量。按照国家和省、市农普数据质量审核要求，及时集中组织人员做好数据审核修改，抓好数据质量督查，通过省事后质量抽查，保质保量完成数据质量抽查、普查数据补录、核实修正及审核验收等相关工作。建立全过程普查质量承包责任制、定期通报制度、重大情况报告和值班制度，把数据质量审核责任落实到人，做到层层设防、环环把关，确保普查数据质量和各阶段工作任务圆满完成，经过全县各级普查机构努力，在规定普查时间内完成154577户农户、1099户规模户及550户农业经营单位入户登记；完成修改各类错误20万条；完成261张村表和15张乡镇表数据采集上报工作。开展2017年人口变动情况抽样调查。人口变动抽样调查目的是了解2017年惠来县人口在数量、素质、结构、分布以及居住等方面变化情况，按照省、市统计部门要求和时间节点，按照《全国人口普查条例》和省、市统一部署，按质按时完成村级资料收集、被抽中普查区（小区）划分及地图绘制、“两员”选培及培训、摸底、PDA入户登记及复查、编码等工作，全县4个镇被抽为重点调查镇，抽样点村7个，入户调查登记328户；调查登记人数2019人，上报村级调查表272张。开展市经济户口清理清查试点工作。惠来县隆江镇被定为揭阳市经济户口清查试点镇，县统计局抽派业务骨干分组入村、社区，协助隆江镇完成对辖区内登记工商企业和个体工商户、未依法办理工商登记所有类型经营户清查摸底，按时按质完成试点工作，为全市经济户口清理清查工作提供有价值经验做法。

【精准扶贫】 推进精准扶贫工作，根据县委县政府工作部署，县统计局对口帮扶前詹镇詹厝田村8户贫困户，2017年，驻村工作队按照2017年各贫困户帮扶规划，开展帮扶工作，组织局班子成员、户帮扶负责人入户慰问，为贫困户和在读贫困生送去慰问金和助学金。按照县“扶贫济困日”工作要求，动员局干部职工定向为贫困户捐款。

（县统计局）

◆ 国家统计局惠来调查队

【概况】 国家统计局惠来调查队，国家统计局派出正科级直属国家调查机构，既是政府统计调查机构，也是统计执法机构，依法独立行使统计调查、统计监督职权，设有综合法规股、农业与经济调查股、住户和价格调查股。2017年，惠来调查队以党的十八届五中和六中全会、党的十九大精神为指导，深入贯彻习近平总书记等中央领导同志关于统计工作重要讲话指示批示精神，落实广东调查总队、惠来县委县政府工作部署，以提高统计数据质量和服务质量为中心，实事求是，开展统计调查，配合做好挂钩东港镇禁毒、创文工作和靖海镇后池村扶贫工作。

【党建工作】 *基层组织建设* 2017年6月，惠来调查队党支部召开全体党员会议，进行党支部换届选举，选出党支部书记一名，提升支部作为基层党组织战斗力。

党的建设和党性教育 推进“两学一做”和党的十九大精神常态化学习，组织学习《统计法》《中华人民共和国统计法实施条例》和《统计违法违纪行为处分规定》等统计法律法规，召开党员“两学一做”学习心得交流会，开展“重温入党誓词”、参观“大南山革命纪念馆”和“十九大精神知识测试”等活动，联系实际、学以致用，提高全体党员干部党性修养。

“两个责任” 加强党风廉政建设责任制主体责任建设，贯彻落实“一岗双责”，把党风廉政建设和统计调查业务工作同研究、同部署、同检查、同考核。惠来调查队组织党员干部学习中共第十八届中央纪律检查委员会第七次全体会议精神、党的十八届六中全会精神、党的十九大精神、国务院第五次廉政工作会议精神、广东省第十二次党代会精神等，抓好重要节日廉洁提醒和预防腐败工作，通过发送廉洁短信和观看警示片等方式，提高全队党员干部政治思想觉悟，筑牢防腐拒变底线。

【常规调查】 惠来调查队2017年度完成常规调查工作：农业统计调查（包括主要畜禽监测调查、农产量和播种面积调查）、居民收支调查（包括城乡一体化住户调查、分市县住户调查、农民工监测调查、农户固定资产投资调查）、专项调查（劳动力调查）、生产投资价格调查（包括中间消耗调查、农产品价格调查）、规模以下工业调查和规模以下服务业抽样调查，调查网点覆盖惠来县各个镇（场）。

【住户调查样本轮换】 住户调查内容涵盖居民家庭日常收支方方面面，包括居民家庭基本情况、收入、消费等内容。为保证住户调查样本代表性和科学性，依照国家统计局规定，住户样本轮换每5年进行一次，轮换产生样本框将作为惠来县2018—2022年住户调查对象，2018年起，惠来调查队将按照新样本，汇总惠来县住户调查各个网点居民收支等主要指标数据。按照国家统计调查制度规定，样本轮换工作由惠来调查队负责组织实施，从2017年7月份起，惠来县新一轮住户调查样本轮换工作全面启动，轮换样本范围涉及惠来县15个村（社区）15个调查小区、150户住户，截至2017年12月，新一轮样本150户记账户正式进入记账阶段。

【法制建设】 2017年中旬，根据广东调查总队《关于开展集中统计执法监督检查的通知》文件精神和要求，惠来调查队制订统计执法监督检查计划，采取“双随机”执法检查和重点执法检查相结合方式，对惠来县16家单位及规模户进行执法检查，针对统计执法监督检查中发现问题，督促单位及规模户立行立改；组织召开统计法治宣传培训、发送宣传短信、发放宣传手册、播放宣传视频、学法考试等方式加大普法力度，取得普法宣传效果。

【制度建设】 2017年，惠来调查队各项制度基础上，研究制定《月度劳动力调查工作制度》《辅助调查员管理制度》《合同管理制度》等制度，从制度上规范调查业务和财务工作。强调工作纪律、公车管理使用规定，提高干部职工遵守相关规章制度自觉性，按照“如实统计、不出假数”工作制度要求开展统计调查业务工作，确保统计调查数据真实性、可靠性、全面性，为服务惠来县大局提供数据支撑。

【信息服务】 2017年，惠来调查队重视信息撰写工作，调查了解惠来经济社会发展状况和群众关心热点难点问题，为各级领导部门科学决策提供统计服务。2017年报送政务信息72篇，广东总队内网采用13篇；报送经济信息12篇、统计分析4篇，其中，统计分析《惠来海洋渔业生产现状分析及发展建议》和经济信息《惠来“网上订餐”发展迅速　存在问题仍需关注》《休渔期延长，渔民收入需关注》《秋粮生产面临四难》被广东总队内网采用，统计分析《H7N9禽流感严挫我县禽类市场》经广东总队综合上报国家统计局后被国办、中办采用。

（李　莎）

◆ 物价管理

【市场物价调控与监管】 价格监测　为上级物价部门更好调控价格，根据省、市有关文件精神，对城乡居民日用消费密切相关市场部分主要商品进行价格监测，及时掌握和上报商品价格动态。

市场价格监督检查　县物价局成立市场价格监管领导小组，在节假日期间，由检查所和各股室组成检查小组，巡查市场，检查肉、菜市场、大型超市、百货商场、购物中心等商贸企业月饼、粮油、肉、菜、蛋和食盐等与群众生活相关必需品价格情况，提醒告诫经营者要依法经营。检查情况显示，惠来县节假日期间群众生活必需品供应充足，价格较为平稳，没有发现价格欺诈、哄抬价格等违法行为。

道路客运票价管理　为加强惠来县道路客运票价管理，预防和制止哄抬票价，维护广大旅客利益，县物价局与县交通部门组成联合检查组，对辖区道路客运票价执行情况进行检查。检查组人员深入到县汽车总站、县交通运输公司、金洋运输有限公司、葵西客运站等客运站场，通过询问旅客、客运站场售票点等多种形式了解票价情况，对各客运企业及旅客进行票价政策宣传。各客运企业基本能按上级票价政策执行，特别是各企业对票价备案制度较为完善，但也发现个别车辆明码标价不够规范情况，检查人员及时进行指导并落实整改。

【价格改革】 惠来县价格改革工作，贯彻落实国家、省、市一系列价格改革方针、政策，在保持价格总水平相对稳定前提下，逐步调整价格结构。

转发省关于停止核发行政事业性收费许可证及综合年审有关问题通知。根据《广东省发展改革委　广东省财政厅关于停止核发行政事业性收费许可证及综合年审有关问题的通知》文件精神，自2016年12月30日起，全面停止核发行政事业性收费许可证，停止行政事业性收费许可证年度审验工作。转发《揭阳市发展改革局　揭阳市财政局转发关于不动产登记收费标准等有关问题的通知》。转发关于开展2017年涉企行政事业性收费清理工作通知。根据《揭阳市发展改革局　揭阳市财政局关于开展2017年涉企行政事业性收费清理工作的通知》文件精神，要求各涉企行政事业性收费单位按要求填报月报表并及时报送。转发2017年春季中小学教材零售价格。转发省关于公布家庭式产房等实行市场调节价医疗服务项目通知。转发上级关于重新核发国家知识产权局行政事业性收费标准等有关问题通知。转发上级关于重新明确人力资源社会保障部门部分全国性职业资格考试收费标准及有关问题通知。贯彻省财政厅、省发改委关于清理规范一批行政事业性收费有关政策的通知。根据《转发〈财政部　国家发展改革委关于清理规范一批行政事业性收费有关政策的通知〉的通知》文件精神，自2017年4月1日起，取消或停征41项中央设立行政事业性收费，将商标注册收费标准降低50%。转发关于降低电信网码号资源占用费等部分行政事业性收费标准通知。根据《国家发展改革委　财政部关于降低电信网码号资源占用费等部分行政事业性收费标准的通知》文件精神，自2017年7月1日起，降低电信网码号资源占用费、公民出入境证件费等部分行政事业性收费标准。转发市发改局《转发省发展改革委关于清理规范强制性培训收费的通知》，要求县直各有关强制性培训收费单位按文件要求进行清理并形成书面材料报送县物价局。调整惠来县公办幼儿园保教费标准。为促进学前教育健康持续发展，根据《广东省人民政府办公厅关于印发〈广东省定价目录（2015年版）〉的通知》和原省物价局、省教育厅、省财政厅《关于〈幼儿园收费管理暂行办法〉的实施细则》，以及《市发展改革局、市教育局、市财政局关于调整我市公办幼儿园保教费标准的通知》等有关规定，经县人民政府同意，县一级幼儿园和镇级中心幼儿园保教费标准调整为：从2017年秋季开学起县一级公办幼儿园保教费由原每生每学期550元调整为750元，镇级中心幼儿园保教费由原每生每学期450元调整为550元。幼儿园其它收费项目和标准仍按《关于我市幼儿园收费管理有关问题的通知》规定执行。转发《揭阳市发展改革局　揭阳市卫生计生局　揭阳市人力资源社会保障局转发关于修订部分医疗服务价格项目的通知》。根据《国家发展改革委办公厅关于全面实行收费目录清单制度的通知》及《广东省发展改革委关于公布行政事业性收费目录清单的公告》要求，公布行政事业性收费目录清单。转发市发展和改革局《转发广东省发展改革委关于完善低价药品价格管理有关问题的通知（试行）》。转发市发展改革局《转发广东省发展改革委关于取消临时接电费的通知》。从2017年12月1日起，临时用电电力用户不再缴纳临时接电费；向电力用户收取临时接电费，电网企业应按照合同约定及时组织清退。

【价格与收费监管】　*价格管理*　对群众切身利益公用事业、公益性服务价格，自然垄断商品价格等政府定价、政府指导价价格（收费）调整，依法举行价格听证会，提高价格决策透明度。根据《中华人民共和国价格法》和《政府制定价格听证办法》等有关规定，经县政府同意，于2017年12月召开制定东港镇自来水价格听证会，广泛征求听证参加人和社会各界人士意见和建议。经报县人民政府同意，制定东港镇自来水供水价格：居民生活用水每立方米2.80元；非居民生活用水每立方米3.00元；特种用水每立方米3.50元，从2018年1月1日起执行。有关供水价格类别划分，应严格按原省物价局、省住房和城乡建设厅、省水利厅《关于进一步完善自来水价格管理有关问题的通知》规定执行。其它管理事项按国家、省、市有关规定执行。

规范收费　根据市发展和改革局、市财政局《转发关于进一步加强行政事业性收费事中事后监管的通知》和《转发省关于规范经营服务性收费的通知》文件精神，要求各行政事业性收费单位和经营服务性收费单位应进一步建立健全收费台帐制度和收费公示制度，每年向县物价、财政部门报送年度收费情况报告表。

价格和收费监督检查　及时转发揭阳市发展和改革局关于进一步开展清理涉企收费工作通知。根据上级部门关于开展涉企收费专项检查工作部署，组织检查人员学习相关涉企收费政策依据，与各单位协调沟通，确保涉企收费专项检查工作有序开

展。2017年，涉企收费专项检查涉及行政审批中介服务收费、进出口环节、电子政务平台、建设等领域。从检查情况看，惠来县各涉企收费部门涉企收费政策执行情况总体较好，能按规定对收费项目和收费标准进行公示。根据揭阳市发展和改革局价格检查局《关于迅速开展景区停车收费检查工作的通知》要求，组织人员检查景区停车收费情况。检查组深入到惠来县海滨度假村景区检查。检查情况显示，该景区为国家AAA级旅游景区，景区管理处对游客停放车辆没有收费。根据《转发关于开展2017年清明节期间殡葬服务价格检查的通知》文件精神，县物价局从2017年3月30日起，组成检查组检查辖区内殡葬服务收费行为。检查工作按照文件要求，结合地区实际，检查范围包括殡仪馆、骨灰楼、公墓等殡葬服务单位。检查结果显示，惠来县殡葬服务单位能执行现行收费政策，但存在个别单位价格公示不够规范情况，检查组进行督促指导，要求有关单位按规定明码标价。根据《转发关于开展电力价格专项检查的通知》文件精神，县物价局从2017年7月中旬起，按照《关于明确电力价格专项检查被查基层单位有关问题的通知》要求，联合县供电局开展检查工作。专项检查基层单位包括靖海、葵潭、周田供电所，重点检查农业生产电价、居民电价、工商业电价执行情况。从检查情况看，供电部门由于接到上级文件通知时间不同步，从2017年4月1日起仍收取取消城市公用事业附加费。惠来县供电部门按上级要求落实整改，统一将4月1日起多收取城市公用事业附加费退还给用户，除此暂没发现其他价格违法行为。根据《关于迅速开展全市医院、学校停车场收费检查工作的通知》要求，县物价局领导高度重视，迅速组成检查组，从9月18日起，对辖区内医院、学校停车场停车收费进行全面检查。检查工作依据文件精神，按照检查内容开展检查工作，检查29个单位，其中公立医院10家，公立学校19家，出动检查人员30人次。从检查情况看，惠来县公立学校停车场尚没发现收取停车费。县人民医院停车场按有关规定于2017年4月份完成报批手续，并按县物价局《关于县人民医院停车收费问题的批复》收取停车费。其他公立医疗单位停车场尚没发现收取停车费，对被检查单位进行价格政策宣传，要求对有收取停车费单位按有关规定做好明码标价工作，杜绝乱收费情况。根据《关于开展全市商品房销售价格行为联合检查的通知》文件精神，于2017年11月13日起联合县房地产管理局组成检查小组，检查范围内商品房销售价格行为。专项检查根据上级文件中列举九类不正当行为有关内容结合当地实际按各自职能开展检查工作，重点检查是否按照规定内容明码标价、是否标明房源销售状态以及是否按规定进行“一套一价”等情况。从检查情况看，暂没发现捂盘惜售、炒卖房号以及通过虚假价格促销等价格违法行为，但个别房地产开发企业存在着明码标价不够规范情况，检查组及时落实整改，对明码标价工作进行督促指导，使房地产开发企业按规定进行明码标价。通过检查，规范价格收费行为。

价格举报工作　为增强工作责任感，加强服务意识，确保“12358”价格举报电话畅通，保证群众咨询投诉无障碍，节假日安排专人值班。在接到价格咨询投诉时，对咨询问题尽量做到当场解答，发现价格违法行为及时组织人员进行查处。解决价格矛盾纠纷，维护群众合法权益。2017年，受理价格举报及咨询22宗，全部落实调查处理和答复。

价格和收费调查研究　为上级物价部门更好调控价格，根据省、市有关文件精神，县物价局与有关部门组织调研组，深入基层、企业、社会团体，对各种涉农价格（收费）进行调研，倾听群众和企业的呼声，了解群众和企业反映热点问题，及时上报调研材料。

【价格惠民】　物价部门加强服务意识，转变工作作风，主动运用价格杠杆，为人民群众排忧解难，谋取福利，创造良好价格环境。依照法律、法规规定，做好涉案财物价格认定。在上级部门支持帮助下，价格认证中心履行职能，遵循依法、公正、科学和效率原则，按照规定标准、程序和方法，完成各项工作任务。服务行政、司法机关，为行政执法机关、纪检监察机关、司法机关办理案件提供价格依据。开展涉案财物价格认定，2017年度办理涉案财物价格认定案件523宗，认定结论金额906万元，工商行政执法案件1宗，认定金额1.89万元，涉纪案件2宗、28.10万元。服务基层农村社区，参与农村精准扶贫，以专业部门职能，为农村建设项目提供价格服务1宗，涉及金额263万元。服务社会，配合有关单位做好有关价格纠纷调解工作，办理民事价格纠纷调解案件1宗，涉及金额3.45万元。

（县物价局）

◆ 市场物业管理

【概况】 2017年，县物业局下设21个基层物业所和1个市场监察中队，管理市场19个，占地面积10万平方米。建筑面积5万平方米，其中建筑面积5000平方米以上市场有4个，即隆江新兴市场，惠城中心市场，葵东市场，葵谭新兴市场，在岗人员403名。

【作风建设】 改进队伍工作作风。结合党风廉政建设，提高机关工作效能，严格执行中央“八项规定”狠抓队伍纪律工作建设和廉政建设，全面提高廉政自律意识，建立一支作风好、能力强、效率高市场管理队伍。开展“两学一做”学习常态化教育活动和习近平总书记一系列重要讲话精神，结合单位工作实际，合理安排学习教育，做到学习内容、时间、人员“三落实”，提升队伍政治理论修养和思想觉悟。学习宣传贯彻党的十九大会议精神，明确工作方向，10月18日党召开十九大，组织全体党员干部收听收看十九大开幕式和习近平总书记工作报告，会后组织讨论会议精神实质，明确十九大重要意义，落实全局党员干部要以十九大精神为动力，抓好工作。

【市场管理】 整治市场“脏、乱、差”，打开创文创卫新局面。2017年，县市场物业管理局围绕县委、县政府工作部署，服务全县创文创卫工作，不拖全县创文创卫工作后腿，以整治市场“脏、乱、差”为突破口，以创文创卫工作标准，对各市场落实全面整改措施。清理整顿“乱摆、乱搭、乱占”现象，对市场遮阳物进行拆除，乱停乱放进行统一规划安排，市场路道和出入口实行定人员、定地段、定责任“三定”管理责任。对市场内480个规划不合理摊档进行重新规划，市场商品实行划行规类，摊档实行划线经营限界摆设。加强市场环境卫生整治力度，落实创卫措施，市场日常卫生落实专人负责管理做好日常卫生清扫、清洗，垃圾日产日清，鱼、肉、菜市场做到一日一清洗，一周一消毒，固定商户卫生实行门前“三包”管理，确保市场卫生整洁，不存在卫生死角。

【安全管理】 加大市场食品安全管理力度，严格执行食品准入制度。按照上级工作要求，配合食品药品监管局对进入市场经营食品进行安全检测，在县城三大市场即葵东市场、中心市场、洋美市场设点检测，加大检测力度，公布每日食品安全达标情况，严格执行食品安全标准。对不合要求食品、果蔬决不给予入市经营。杜绝食品安全问题事故。加强市场安全防火管理，落实安全防火制度，确保市场财产安全。市场安全防火管理是大事，只有确保市场财产安全，才能顺利开展其他各项工作，在安全防火上严格落实责任，做到各市场24小时巡逻值班，坚持每日进行安全防火督查。对市场内经营户配备1～2支灭火器，更换补充过期及老化器材。在市场一线管理人员上定期进行防火技能和应急处理能力培训、演练，做到熟练掌握各种消防器材使用和应急反应能力。

【市场改造】 2017年，改造县城中心市场、葵东市场、蓬莱市场、惠西市场及洋美市场，总投入资金598万元。县城中心市场档口升级改造、搭设规格化固定台位150个，鱼肉档售货台贴瓷砖，熟食档售货台全部为不锈钢结构。铺设水泥地埕3000平方米，改造地下排水沟1900米，配设钢铁沟井窗，完善供水、供电、消防及公厕等设施，投入资金230万元。葵东市场档口升级改造，售货台贴瓷砖60个，不锈钢结构57个，铺设水泥地埕1500平方米，改造地下排污沟330米，并配设钢铁沟井窗，完善供水、供电、消防及公厕设施，投入资金200万元。蓬莱市场改造排污沟250米，铺设水泥地埕810平方米，统一更换钢铁结构遮阳棚252平方米，投入资金38万元。惠西市场搭设钢结构屋项1440平方米，配套鱼肉菜摊位设施，投入资金48万元。洋美市场铺设水泥地埕2655平方米，铺设地下排水沟410米，建设市场围墙810平方米，统一搭建垃圾收集池及公厕等，投入资金82万元。

（县市场物业管理局）

◆ 安全生产

【概况】 2017年，惠来县安全生产监督管理局干部职工21人，其中干部15人；局机关内设机构5个：人事秘书股、综合监管股、执法监察股、应急救援指挥中心、职业健康股，在职人员18人；下设事业单位1个：惠来县安全生产宣传教育中心，在职人员3人。

【综合监管】 传达贯彻落实上级关于安全生产政策文件，组织召开全县安全生产会议6场次。组织责任制考核工作。做好市对惠来县考核各项工作和县对15个镇（场）和县直48个单位安全生产责任制履职情况考核工作，县党政领导班子在市安全生产责任制考核中连续6年被评为优秀等次。推动落实安全生产责任。制定提请县委县政府印发《中共惠来县委　惠来县人民政府关于推进安全生产领域改革发展的实施意见》，健全落实安全生产“党政同责、一岗双责、齐抓共管、失职追责”，加强安全生产工作。层层签订安全生产责任书，提请县委、县政府与各镇（场）、县直各有关单位签订2017年安全生产责任书。加强安全生产检查督查。落实《惠来县安全生产监督检查工作制度》，组织综合检查督查2场次，专项检查督查2场次。加强事故隐患督办。对幼儿园安全问题和惠来海滨度假村非法载客船排分别予以督办并全部落实整改整治。依法依规开展事故调查处理和追责问责。落实对“1·20”葵潭高铁站前广场建设工程施工死亡事故调查并形成事故调查报告，对相关责任人和责任单位追责问责。

【日常监管】 开展危险化学品安全综合治理，排查风险点危险源39项、加强危险化学品企业隐患排查治理，排查事故隐患267项并全部落实整改；联合县经信局、市场监管局、消防大队、各有关镇政府，开展联合执法行动8次，惩治取缔非法储存成品油点16个，查获柴油2300千克，汽油、煤油1070千克，对2家非法储存经营汽油（危险化学品）生产经营单位立案查处、处罚20万元。打击取缔非法销售氧气、乙炔、氩气销售点1家；加强重大危险源监控管理，对广东粤电靖海发电有限公司脱硝氨站、中海油粤东液化天然气有限责任公司液化天然气储罐2处重大危险源登记建档、备案，开展重大危险源安全管理检查，指出存在问题17项并全部落实整改；督促有关部门加强对LNG运输车辆安全监管，联合县交通局、交警大队，对LNG运输车辆运营情况开展检查督查，并协调县交警大队对LNG车辆定点设卡检查。惩治非法生产经营储存烟花爆竹。联合县公安局、市场监管局发布《关于严禁在本县行政区域内非法生产储存经营运输燃放烟花爆竹通告，并自1月15日至2月18日、9月1日至10月6日在电视台播放。组织联合执法10场次，查获没收烟花爆竹产品823件，行政处罚2万元，印发《致全县人民群众的一封信》4400份。开展非煤矿山安全生产专项整治，发挥专家“会诊”作用，对企业进行全面隐患排查和风险分级，排查存在隐患21项并全部落实整改；加强执法检查，检查非煤矿山37家次，排查一般隐患85项并全部落实整改；加强非煤矿山作业场所职业病危害治理，推动4家露天碎石采石场安装风送式远程喷雾机9台并投入使用，5家非煤矿山企业进行粉尘、噪声职业病危害检测；加强非煤矿山防汛度汛工作，开展防汛度汛专项检查，通过微信平台向非煤矿山企业发布台风、暴雨等预警信息17次，阅读238人次。开展工贸行业企业事故隐患排查整治专项行动，检查工贸企业76家，排查一般隐患820项并落实整改820项；市县镇联合执法检查工贸企业4家。推进职业卫生监管。在全面排查摸清惠来县119家石板材加工企业基本情况基础上，以石板材加工行业为重点，加强职业卫生执法检查，推进7家石板材加工企业进行职业病危害因素检测并对54名接触职业病危害因素从业人员进行职业健康检查。加强应急救援。制定提请县政府印发《惠来县生产安全事故应急预案》，制订

《2017年惠来县安全生产应急管理工作方案》，规范生产安全事故应急响应程序，加强应急预案管理，加强应急队伍建设；组织开展应急预案演练活动，推进应急演练进基层、进企业、进现场。6月15日，联合县港口局在中海油粤东液化天然气有限责任公司举办“2017年惠来县港口危险货物事故应急演练”，参加演练200人。非煤矿山、危险化学品、道路运输、消防、渔业船舶、学校、渡口渡船、教育等重点行业领域组织应急演练活动，全县举办应急演练37场，参加演练2533人次。

【安全生产大检查大整治】 贯彻落实国家、省、市、县关于开展安全生产大检查大整治工作部署，把做好特别防护期维稳和安全生产工作作为工作核心，推动全面开展安全生产大检查大整治。全县出动检查人员8423人次，检查监管对象4244个，发现隐患1262项并落实整改，立案18宗，行政拘留9人，刑拘6人，罚款65.07万元。召开会议，制定方案。相继组织召开6月29日全县安全生产暨第四季度防范重特大生产安全事故工作会议、7月20日全县安全生产会议、9月23日全县安全生产暨第四季度防范重特大生产安全事故工作会议，对安全生产大检查大整治工作做出部署。贯彻落实7月17日县委常委（扩大）会议精神，制定提请县委县政府印发《中共惠来县委办公室　惠来县人民政府办公室关于立即开展全县安全生产大检查大整治行动的通知》等文件，督促各地、各有关单位召开会议研究部署安全生产大排查大整治工作，制订方案，成立领导机构，层层落实，将大检查大整治工作部署传达贯彻到基层和企业。推动重点行业领域攻坚整治。督促各有关单位制定道路交通、消防安全、施工项目、水上交通和渔业船舶、特种设备、学校安全、重点地区重点行业领域攻坚整治等专项治理方案并组织实施，开展安全生产大检查大整治，确保十九大期间平安稳定。开展非煤矿山、工贸行业、危险化学品安全生产大排查大整治。制定专项行动工作方案，对辖区内矿山、工贸、危化企业开展大检查大整治，排查生产经营单位86家，排查隐患413项并全部落实整改。加强联合执法检查。联合县交通局开展客运企业安全检查、联合县建设局、公安消防大队开展建筑工地执法检查，配合县教育、交通、交警等部门开展打击非法接送学生车辆联合执法。印发《安全生产大检查宣传工作方案》，加大对安全生产大检查大整治全过程和典型经验、有效做法宣传报道力度。

【宣传教育】 组织“安全生产月”活动，活动期间，全县举办宣传栏793栏，张挂宣传横幅796条，播放公益广告82则，新闻报道12条，举办安全生产宣传服务咨询28场次、群众参加人数22695人，举行应急演练37场、参加人数2500人，发放宣传资料178550份册，发送“安全生产月”主题手机短信266989条。6月20—29日，县安委办、县总工会在县广播电视台联合举办惠来县《安全生产法》知识竞赛活动。来自重点行业单位（19个）、重点企业（16家）、各镇专职安全员（21人）组成42支参赛队（126人）参赛。经过3个月筹备和各参赛队角逐，竞赛活动取得成功。通过培训筑牢安全防线。以惠来县安全生产宣传教育中心为平台，加强教育培训，2017年举办非煤矿山、危险化学品、工贸企业培训班各1班，参加培训358人。

【自身建设】 开展“两学一做”学习教育活动和纪律教育月活动，加强学习，加强队伍作风建设，提高安监队伍党性修养。加强培训学习。每月举办1期学习讲座，学习党的十九大精神、安全生产法律法规和上级相关工作部署等，提高法律水平和业务水平。2017年，组织学习讲座11期、学习法律法规12部、参加220人次。组织收看收听安全生产视频会议讲座、培训24场次，参会244人次。加强基层党建工作，组织党员开展考学活动、满分率100%，做好党费收缴工作，发展入党积极分子、预备党员、正式党员各1名。规范信访受理工作。明确信访直接受理、登记后告知是否受理、不予受理和劝返范围和流程，落实值班同志接访责任，推进信访受理工作规范化、制度化。开展创文创卫工作，每月1日组织全体干部职工到挂钩地点开展“创文为我　我为创文”主题日活动并开展每月文明交通志愿服务活动，2017年开展创文主题日活动6场次、交通志愿服务活动4场次，教育干部职工遵守交通法律法规、加强机关办公区环境卫生日常清洁、参与创文创卫。

【安全生产领域改革】 推进安全生产领域改革发展。根据中共中央、国务院、省委、省政府关于推进安全生产领域改革发展和市委、市政府关于完善安全生产责任体系部署，结合惠来县实际，制定提请县委县政府印发《中共惠来县委 惠来县人民政府关于推进安全生产领域改革发展的实施意见》，健全落实安全生产“党政同责、一岗双责、齐抓共管、失职追责”，加强安全生产工作。

（县安全生产监督管理局）

◆ 出入境检验检疫

【概况】 2017年，揭阳出入境检验检疫局惠来办事处检验检疫进出口商品751批，货值33569.90万美元，其中，检验检疫出口商品560批，货值3111.50万美元；检验检疫进口商品191批，货值30458.40万美元。检出出口不合格产品4批，货值18.40万美元，要求企业重新整理，检验合格后方允许出口；检出进口不合格产品7批，涉及金额18079.38万美元，出具相关检验证书供企业对外索赔。对13艘入境国际航行船舶实施卫生检疫，未发现传染性疫情疫病。签发原产地证45份，FOB值32.868万美元，为出口企业节省大量关税成本。

【口岸开放验收工作】 位于揭阳港神泉港区中海油粤东LNG项目码头于2017年迎来国家一类口岸开放验收工作并将在验收通过后正式投入运营。2月7日，质检总局及其他国家口岸管理部门组成联合验收组到揭阳港神泉港区进行一类口岸开放验收工作，揭阳检验检疫局长黄潮辉带队陪同参加，验收工作取得成功，揭阳市第一个海港一类口岸通过验收正式开放，实现揭阳市海港一类口岸零突破。

【进口LNG船舶检验检疫】 为做好首条进口LNG船舶检验检疫工作，根据揭阳局统一部署，惠来办提前精心组织筹备，安排人员熟悉相关法律规章，检验方式以及技术手段，分批到其他有进口LNG业务兄弟局业务学习并掌握相关技术，指导企业正确进行报检，为即将开展新业务打下基础。4月25日，来自卡塔尔装载93346.90万吨LNG进口船舶停靠在中海油粤东LNG项目码头，这是港区正式开放后首条进口LNG船舶。惠来办检验检疫人员按照规程对该船舶进行卫生检疫工作和首尾两次船舶LNG计量工作，全程监督LNG采样工作，在卸载LNG及采样过程中派人通过视频监控监督采样，确保所采集样品符合规定要求。该船舶于5月2日完成所有流程并顺利离港，首船进口LNG检验检疫工作取得成功。2017年，检验检疫进口液化天然气8批，重量55.50万吨，金额26092.64万美元，检出6船次液化天然气短重超过合同规定，短重8.27万吨，经惠来办出具检验检疫证书支持企业对外索赔，为企业挽回经济损失780万美元，针对这6船次不合格检出案例，国家质检总局两次发文通报表扬。

【进口煤炭检验检疫】 根据2015年1月1日实施《商品煤质量管理暂行办法》以及《国家质检总局关于〈贯彻商品煤质量管理暂行办法〉有关问题的通知》要求，进口煤炭属于严格监管高风险商品，未有实施第三方采信制度。为确保在新形势下进口煤炭检验监管工作质量，采取以下监管措施：继承和优化进口煤炭检验监管工作流程。主动完善与进口煤炭企业广东惠来靖海电厂预约管理制度，提前掌握进口煤炭到货信息，实行“5+2”工作制，确保船舶一靠岸即可立即开展检验检疫工作。在船舶停靠码头卸煤期间安排专人24小时全天候驻守电厂，以监督进口煤炭采样制样工作，随时准备解决突发问题。加强进口煤炭现场检验监管。加强人员培训，调派业务骨干充实一线口岸，按照国家相关规程标准和新颁布商品煤质量管理暂行办法施检、抽样送检，做好进口煤炭卫生检疫、重量鉴定和采样制样监督工作。加强动植物检疫工作。针对国外露天煤矿开采煤炭可能存在动植物疫情及夹带土壤等禁止进境物对国内环境安全和生物安全构成威胁，检验检疫人员加强对进口煤炭现场动植物检疫工作，排查煤炭中可能夹杂土壤、木块、动物尸体以及植物杂草等杂物。加强煤炭质量及环保指标以及放射性安全检测，做到批批检、严格检。加强灰分和硫含量检测，开展放射性检测，特别是针对汞、砷、铅、镉、磷等有害元素监测，完善设备，落实人员培训，及时送实验室检验。对于可能出现短重及经实验室检测煤炭质量不合格批次，及时出具索赔证书，为企业和国家挽回经济损失。2017年，检验鉴定5批进口煤炭，重量35.12万吨，货值2715.96万美元。所有批次进口煤炭按照暂行办法限值判定品质均合格。

【口岸疫情防控】 2015年10月至2017年，寨卡病毒病疫情持续蔓延，全球数十个国家和地区均受到波及且其传播呈现上升态势，疫情跨境传播风险加大，毗邻中国东南亚、南亚以及韩国均成为寨卡病毒病疫区，根据国际寨卡病毒病疫情发展和季节变化等形势，惠来办根据总局、广东局和揭阳局本部部署，做好寨卡病毒病口岸防控工作，保障人民群众健康安全。加强口岸入境船舶查验，加强健康申报、体温监测、医学巡查等方式，排查可疑病例严格甄别口岸有症状者，做到尽早发现疑似病例。严防蚊虫传入，控制口岸蚊虫密度。对来自疫情发生国家和地区入境船舶检疫查验。对来自有寨卡病毒病本地感染病例国家和地区要求提供灭蚊处理证明，对不能提供灭蚊处理证明，监督口岸卫生处理单位实施灭蚊处理。加强宣传教育，通过向入出境人员宣教寨卡病毒病相关知识，增强出入境人员主动、如实申报旅行健康情况意识。2017年，辖区未出现输入性传染病例。

（揭阳出入境检验检疫局惠来办事处）

◆ 农机管理

【概况】 惠来县农机局位于惠城镇南门西路195号，正科级事业单位，核编23人，财政全额核拨包干。2017年，在职干部职工28人，退休23人，内设机构有：人秘股、财务股、农机管理股、农机安监股；局属下事业单位有：农机学校、农机研究所。农机局占地面积1274平方米，其中办公楼占地486平方米，建设面积1457平方米。

【农机安全生产监理】 2017年，县农机局联合县交警部门在全县范围内进行拖拉机路查路检活动，出动农机监理人员80人次，查处拖拉机无牌无证行驶，酒后驾驶、违章载人、超载滥载现象，县电视台对活动进行新闻报道。

【拖拉机换发牌证和年审】 按照《道路交通安全法》《广东省农业机械管理条例》和农业部关于拖拉机、联合收割机登记申领及安全管理规定，做好拖拉机换发牌证和年审工作。2017年，办理拖拉机入户30台，累计2275台，完成入户拖拉机年审1903台。

【农机购置补贴】 按照《广东省中央资金农业机械购置补贴实施方案》和《广东省农业机械补贴农机产品目录》要求及程序操作，为种粮大户、种养专业户、农机服务组织购机申请登记和审核上报。2017年，惠来县办理购机补贴指标确认书105份，受益农户33户，购置农机具777台（套），使用农业机械购置补贴资金48.82万元。

【拖拉机驾驶员培训】 农机学校举办中拖驾驶员培训班一期，学员6名，6名学员考试合格并发放驾驶证。

（县农机局）

◆ 教育

【学前教育】 2017年，惠来县独立幼儿园增至204所（其中公办园43所），在园幼儿42184人，幼儿入园率93%。学前教育第二期三年行动计划落实情况通过省、市专项督查和验收。根据《关于印发〈惠来县普惠性民办幼儿园认定、扶持和管理暂行办法〉的通知》要求，认定46所民办幼儿园为普惠性民办幼儿园。动员全县124位公办和民办幼儿园专任教师参加由县电视大学、县教师进修学校承办幼儿教师大专学历进修，提高幼儿专任教师学历达标率。与广东省教育书店联合在惠来县广播电视大学举办《幼儿课程建设培训会》，拓展幼儿教师视野，提高幼儿园教学质量，纠正幼儿园“小学化”倾向。

【义务教育】 全县小学243所，教学点8个，在校生93775人（含九年一贯制学校小学部），适龄儿童入学率100%，小学五年保留率100%，小学毕业生升学率100%。初中学校29所（其中九年一贯制学校13所），在校生40932人（含完全中学初中部），初中三年保留率97.5%，初中毕业生升学率95.6%。全县“普九”各率达到或基本达到国家要求。县域内义务教育阶段学校均衡协调发展。2017年9月，根据省改薄办工作要求，惠来县对2014—2017年原规划中不具备实施条件项目调整，重新编制2014—2017年改薄规划和2018年中期项目规划。调整后，2014—2018年，惠来县列入义务教育薄弱学校改造学校205所。2014—2017年172所学校改薄任务均全部完成，投入资金29722万元（其中中央改薄专款18487万元，省级配套资金8311万元，县级及其他配套资金2924万元）。按照标准化特殊教育学校建设标准、投资3900万元创办惠来县特殊教育学校于2017年9月正式开学，招收残疾儿童少年62人，设启聪班1个、启智班5个，为残疾儿童少年入学创造优越环境，促进义务教育均衡发展。

【高中教育】 全县普通高中8所，中职学校2所。

5月16日，惠来县召开创建广东省推进教育现代化先进县动员会　　（县教育局　供稿）

2017年招收高一新生5600人，完成招生计划100%；高中阶段在校生20865人，每万人口普通高中在校生172人。高中阶段毛入学率87.5%。提升普通高中办学质量，推进职校产教融合、工学结合教学模式，加快人才优先发展。2017年，惠来县高考成绩再创历史新高，参加普通高考5190人，上本科线2573人，比2016年增加201人，本科上线率49.58%，本科上线率居全市各县（市、区）第一位。其中，上一本线467人，比2016年增加39人，一本上线率9%，一本上线率列全市各县（市、区）第二名。

【成人教育】　各镇（场）加大对成人文技学校建设力度。至2017年12月，全县有成人文技学校14所，其中省级示范性成人文技学校1所（隆江镇），设教学点101个，接受培训人35183人，通过成人文技学校为农村提供就业机会。贯彻落实《惠来县人民政府办公室关于印发惠来县全面科学素质行动计划纲要实施方案（2016—2020）的通知》文件精神，配合有关部门，共同推动惠来滨海新区发展战略，推动大众创业、万众创新。印发《惠来县关于加强老年人教育工作丰富老年人精神生活的实施方案》，为确保老年人教育工作取得实效，督促惠来电大开展“三个一”老年人教育工程，多渠道、多形式推进各项工作。

【民办教育】　鼓励和引导民间资金进入教育领域，新审批设立民办幼儿园14所。全县具备办学资质民办幼儿园增至161所，民办义务教育学校28所。贯彻新《中华人民共和国民办教育促进法》，通过各种方式向社会公众进行重点解读，规范民办教育办学行为，促进民办教育健康有序发展。根据《校车管理条例》《广东省实施〈校车管理条例〉办法》《关于规范办理校车驾驶资格许可、校车使用许可及校车标牌的通知》等政策法规和文件有关要求，加大对校车安全检查力度，为符合条件校车办理使用许可等手续。

【教育投入】　巩固教育创强工作成果，惠来县加大教育投入，创建广东省推进教育现代化先进县，推进薄弱学校改造提升工作。2017年，投入2.1亿元用于硬件建设（含基建项目1.66亿元，设备设施0.44亿元）。新（改、扩）建和维修校舍297所，建筑面积13.7万平方米。惠来慈云实验中学学生宿舍楼及食堂建设项目投资2175万元，建设规模2幢，框架7层，总建筑面积8753平方米；惠来县第一中学学生宿舍楼建设项目投资738万元，总建筑面积3000平方米；神泉镇中教学楼改扩建工程投资540万元，建设教学楼1幢，框架5层，总建筑面积3000平方米。以上工程均竣工并投入使用。

【队伍建设】 充实队伍。惠来县有关部门把好教师准入关，通过县内招考和到师范院校现场招聘等方式，2017年招录教师288名，新招录体育、美术、音乐等紧缺学科教师33名。新招录教师全部安排到缺员高中学校、边远地区中小学、幼儿园和特殊教育学校任教，缓解惠来县师资紧缺和配套不均衡问题。加强培训。组织学校领导和骨干教师到发达地区学习先进管理模式和教学经验。2017年，分6批次派出181名学校领导赴深圳等地培训和跟岗学习；组织32名中学校长赴华东师范大学跟岗挂职研修培训；派出6位校长赴广州等地挂职跟岗学习；邀请教育专家及名师分期分批为惠来县教师开展教学技能培训；举办全县中小学班主任和音乐、美术教师专业技能培训班；举办多媒体课件制作培训班，提高信息化应用水平。促进交流。开展义务教育学校校长、教师交流轮岗工作，建立健全教师交流轮岗激励机制，推进义务教育均衡发展。提高待遇。落实山区、边远地区补助政策。惠来县山区和农村边远地区学校教师补贴平均每人每月增至903元。提升学历。鼓励教师参加各种学历进修，专门出台《惠来县中小学幼儿园教师学历提升实施方案》，对高（职）中教师参加研究生学历或硕士学位以上进修每人补助5万元，对初中和小学教师参加本科学历进修每人补助6000元，对幼儿园教师参加大专学历进修每人补助4000元。

8月29日，县委县政府举行惠来县特殊教育学校揭彩仪式

（县教育局　供稿）

【师德建设】 开展师德师风建设主题月活动。组织全县教职员工深入学习贯彻十九大精神和习近平总书记系列重要讲话精神，围绕“立德树人，做好学生引路人”主题，开展师德师风建设系列活动，以“学为人师，行为规范”为准则，加强师德教育，增强教师职业荣誉感、历史使命感和社会责任感，引导广大教师树立育人为本、德育为先教育理念，自觉投身于办人民满意教育实践中。建立师德师风建设长效机制。印发《转发关于开展机关事业单位防治“吃空饷”长效机制建立情况专项督查工作的通知》《关于印发〈严禁中小学校和在职中小学教师有偿补课专项治理工作方案〉的通知》等系列文件，并督促各级各类学校建立健全师德师风建设长效机制，加强对教师日常管理。加强师德师风宣传。各级各类学校举办通过演讲比赛、师德征文、师德巡回报告等形式，宣传优秀教师先进事迹，弘扬高尚师德，展现教师良好精神风貌，营造崇尚师德教育环境氛围。严格师德师风考核。县教育局把师德师风建设作为学校发展性评价工作考核重要指标，各级各类学校把师德师风考核作为教师绩效考核核心内容。师德师风考核坚持公平、公正、公开原则，加大社会参与力度，采取教师自述、自评，家长、学生参与测评，考核工作小组综合评定等方式，将师德师风考核制度与教师年度考核、教师资格定期注册等制度相结合，实行师德师风一票否决制。突出师德师风激励。县教育局完善师德师风激励机制和表彰机制，培育和表彰师德标兵、模范教师、优秀教师等先进个人和先进集体，调动广大教师工作积

极性。

【德育工作】 开展宣传教育活动，使社会主义核心价值观深入人心。各级各类学校成立校园欺凌专项治理领导小组，制定工作制度，落实工作职责，建立工作台帐，对学生开展以校园欺凌治理为主题专题教育活动，建立学校安全风险预防、管控与处置制度和工作机制。各学校尤其是沿海城镇学校加强海洋环境保护和资源保护教育，增强学生保护海洋意识。在揭阳市黄银泉名班主任工作室（设在惠来县慈云实验中学）基础上，建立揭阳市方娟英名班主任工作室（设在惠来一中）和惠来县小学名班主任工作室（设在惠来县实验小学）。借助工作室开展一系列培训研讨，引领全县各校班主任研究班级管理科学方法和育人途径，引领青少年学生成长、成才、成功。关工工作落实到位。围绕立德树人根本任务，加强组织建设，加强家长学校建设，开展助学助困活动。前詹中心小学学生方思涵被推荐到市参加“揭阳市孝道青少年”评选；惠来县华侨中学退休教师方文瀚被推荐为全市关心下一代“最美五老”。依法治校进程加快。推进责任督学、一校一章程以及一校一法律顾问工作；在原有两所示范校基础，创建惠来一中和惠来二中两所广东省依法治校示范校。其他学校相继开展依法治校达标学校和示范校创建工作。全县各级各类学校（含民办学校）逐步成立家长委员会，加强依法治校建设。在惠来一中进行“揭阳市青少年学生法治教育周”启动仪式，全县各中小学校开展“法治宣传月”“法治进校园”活动。文明县城创建工作深入开展，培育健康向上文明风尚。采取宣传教育，营造文明氛围，清理校内外卫生环境，整顿校外围墙“牛皮癣”，开展文明校园创建工作。开展“创文为我，我为创文”志愿者服务活动、综合治理“众剑行动”、志愿者上岗服务活动和揭阳市玉德人物申报和参与投票活动等。掀起毒品预防宣传教育高潮。各中小学校都按毒品预防教育“八个一”和禁毒宣传活动“十个一”要求，采取措施开展毒品预防教育工作，确保“学生不涉毒、校园无毒品”，维护教育系统稳定安全。各中小学校开展毒品预防宣传教育活动，例如：开学第一天禁毒主题班会、禁毒教育宣讲团巡回宣讲、“国旗下讲话——禁毒宣传倡议活动”、禁毒征文比赛、手抄报比赛、游行宣传、签名宣誓、禁毒教育“小手拉大手”等。教育系统禁毒宣传工作硕果累累：在县青少年宫规划建设惠来县禁毒宣传教育基地，于2017年5月竣工验收，并于7月21日举办启动仪式。览表学校、隆江中学、东陇镇中心小学、葵潭镇长春二小、首师大附属惠来学校、前詹中学、京陇学校、粤东中学、华湖中学9所学校被确定为2017年度广东省创建毒品预防教育示范学校。县教育局督导室和县青少年宫编印完成教育系统开展毒品预防教育工作宣传图册1200册，发至全县有关部门及各级各类学校。“平安校园”创建工作取得新进展。县教育局和县综治办联合印发《关于印发〈惠来县教育系统全面创建“平安校园”工作实施意见〉的通知》，并派人到全县各中小学指导平安校园创建工作，并于2017年11月21—23日组成县级平安校园评估组到各校通过现场查看、问卷调查、座谈访问、查阅资料等方式开展平安创建检查认定工作。各相关学校开展平安校园创建工作符合认定标准。全县创建平安校园207所，其中省级平安校园4所，市级平安校园37所，县级平安校园166所。

【教研活动】 发挥全县中小学教研学科中心组示范、引领、指导作用。围绕构建高效课堂目标，以提升教育质量为核心，重视教学教研工作，加强教学调研，深入了解校情、教情和学情，举办优质课展示，组织同课异构活动，举行学科竞赛等，发挥全县中小学教研学科中心组引领作用，促进全县中小学各学科教研活动开展。发挥名师工作室作用。县教育系统成立“惠来县小学语文、小学数学、小学英语”三个名师工作室。以名师工作室为依托，开展各项研讨活动，发挥名师工作室引领、示范和辐射作用。各工作室每学期至少举行两次大型教研活动，把名师工作室建设成教师展示和成长舞台，给青年教师成长创造条件、开拓空间。抓好重点课题研究。县教育系统成功申报12个市级课题，135个课题纳入县级课题，县教研室以申报立项市县课题为重点，抓好课题过程性研究、结题验收、推广应用等工作，各校加强组织管理，督查、指导课题组开展课题研讨活动，使课题研究真正出实效。县实验中学市级名班主任工作室完成期满考核和课题结题，惠城墩南小学、神泉芦园小学市级语文课题顺利结题。开展针对新课改各类跟进培训活动和教师研修活动。组织教研员和部分骨干教师到外地参加省、市教研室及其它教育、行政等部门组织新教材、新课标跟进培训及推进高效课堂实施学习培训。通过外出学习培训，使广大教师深入领会新课程标准，准确把握新教材，在教学过程中做到贯穿新理念、落实新课标、运用新方法，改变陈旧教学模式。倡导并重点抓好校本培训及教师研修活动，各学校制定校本培训制度及研修方案，明确分工、落实责任，并做到边培训、边总结、边提高，把实施新课程中培训工作落到实处。加强对初高中毕业班迎考复习工作指导。县教育局加大九年级及高三迎考复习指导工作力度。指导各初、高中学习、贯彻好各学科2017年考试说明有关内容规定、能力要求和命题意见，帮助毕业班教师准确把握其考试命题指导思想和基本原则、考试目标和能力要求。各科教研员自觉搜集本学科中、高考信息，加强对中考高考命题趋势、命题特点研究，组织好各学科迎考复习研讨会、经验交流会。指导各初、高中制订复习计划，做到精心组织、周密安排、系统复习、夯实基础，形成知识网络，提炼知识板块，解决重点、攻破难点、澄清疑点。组织教研员、一线骨干教师到教学质量先进市区教研室、学校考察学习，汇集信息、采集题源，提供给各初、高中毕业班教师。开展“一师一优课、一课一名师”活动，激发广大教师工作热情。组织师生参加国家、省市县各级竞赛活动，鼓励教师撰写教研论文。2017年，组织师生参加竞赛13场次，教师获得国家级奖项16人、省级22人、市级51人；学生获得国家级奖项13人、省级36人、市级55人。县实验中学和华湖镇中心小学学生参加全省学生机器人比赛，均获得1个一等奖和1个二等奖好成绩；华湖镇中心小学2名学生再次摘获全国青少年北斗科技实践活动一等奖。

【教育督导】　发挥教育督导部门作用，加强对全县各级各类学校规范办学监督、检查、指导和评估工作。开展对教育热点问题和春季、秋季组织入学专项督查，提出有针对性、建设性建议和意见，对规范办学行为，促进全县教育事业科学发展发挥督导职能作用。在实现教育强县基础上，规划和实施创建广东省推进教育现代化先进县工作，做好“教育强镇”复评规划。完成全国义务教育阶段学生语文、艺术学生质量监测任务，做好后续工作，确保采集数据有代表性、有效性和真实性。开展义务教育阶段校园欺凌专项督查工作，促进基础教育发展步上健康规范轨道。

5月24日，揭阳市教育局语言文字管理科科长李少玲带队到粤东中学开展语言文字规范化示范学校考查评估　（县教育局　供稿）

【体卫艺工作】　贯彻执行体育、卫生两个工作条例和艺术教育规程，发展体育教育，2017年创建全国青少年足球特色学校1所、省级足球推广学校7所，至2017年12月，全县有国家级足球特色学校和省级足球推广学校20所。组织中小学生参加揭阳市第七届运动会暨第四届学生运动会，获得金牌7块、银牌7块，铜牌8块，获得团体总分第三名。组织教师代表队参加“惠来县迎国庆·助创文”男子篮球邀请赛，获得第三名；组织教师代表队参加“珍爱生命，远离毒品，全民健康”惠来县“体彩大乐透杯”羽毛球邀请赛，获得男子团体第三名，女子单打第二名、第三名。配合市、县食品药品监督管理局，加强对学校食堂食品卫生监管，排查食品安全隐患。会同疾病预防控制中心等部门开展学校学生传染病预防与控制工作。全县教育系统开展艺术展演和比赛活动，组织参加潮汕星河杯现场书画大赛，获得潮汕二等奖1人，获得揭阳市一等奖3人、二等奖7人、三等奖6人。惠来县实验小学被认定为省级艺术特色学校。

（林喜松）

◆ 科技

【概况】 2017年，全县申报认定高新技术企业1家，申报培育入库企业1家，认定省级工程技术研究中心1个，科技孵化功能实现零突破，推荐“科技型企业上市培育工程”2家，申报上级各类科技计划项目3项，获省科技部门立项2项，专利申请量452件（其中发明专利8件），专利授权量322件（其中发明专利2件）。

【科技计划】 落实“十三五”科技发展规划，找准科技工作方向。深入调研，引导、服务企业发展，加大科研攻关力度，围绕产业结构调整和升级，加强科研创新，提升市场竞争力。以培育申报高新技术企业认定为突破口，通过引导、动员、培育，提高企业自主创新能力，推动企业发展壮大。2017年，全县申报上级科技计划项目3项，获省科技部门立项2项。引导企业加大研发和创新力度，发展高新技术、循环经济和绿色经济，促进可持续发展。

【产学研合作】 开展产学研合作。2017年，县科技局组织惠来县战臣电器有限公司和安大农牧公司企业代表参加“省科学院科技服务地方行对接活动”，县战臣电器有限公司与省科学院在聚异丁烯热熔胶、诱虫释剂、捕虫粘带技术改进达成初步合作意向。安大农牧公司与省农科院动物卫生研究所合作，实施“粤东地区水禽健康养殖技术创新服务中心建设”项目。

【科技孵化】 县科技局找准工作切入点，推进孵化育成体系建设。2017年，惠来U7创客中心——科技企业孵化器（众创空间）初步建成，科技孵化功能实现零突破。

【研发机构】 2017年，组建省级研发平台1个，即广东帝浓酒业有限公司组建“揭阳市岭南特色水果深加工工程技术研究中心”，符合认定条件，获得省科技厅认定。

【知识产权】 加强专利协作工作，发挥跨部门执法协作机制作用。动员各方力量支持并参与惩治侵权假冒工作。加大知识产权宣传力度。利用县电视台、县信息公开目录系统、移动企信通平台等渠道宣传；开展科技下乡咨询、服务指导等活动，普及知识产权知识。开展专利申请工作。到企业、镇等基层指导和帮助企业挖掘专利并组织申报。以企业为对象，举办知识产权培训班，引导企业走自主创新发展道路，专利申请量取得新成效。2017年，全县专利申请量452件（其中发明专利8件），专利授权量322件（其中发明专利2件）。超额完成市下达任务。促进专利申请增量提质，发挥科技创新推动社会经济发展。

【地震工作】 防震减灾。县科技局主要工作：开展防震减灾科普知识宣传活动；在中小学开展防震应急疏散演练和举办防震减灾知识讲座；实行“预防为主，防御与救助相结合”方针，做好建设场地地震安全性评价；组织专题调研，提高防震减灾意识；加强地震行政执法，确保重大建设工程符合抗震设防要求。

【扶持政策】 县科技局起草《惠来县加快创新驱动发展扶持措施》，经县政府审议通过推出。按照文件精神，县财政将从2017—2020年，统筹安排1200万元，每年300万元，支持培育认定高新技术企业、新型研发机构建设、企业建设研发机构、科技企业孵化器建设、企业自主核心技术攻关、县级科技计划项目专项资金、优化企业知识产权管理体系七个方面，为创新驱动发展营造良好政策环境。

【科技宣传】 组织开展科技宣传活动："4·26"知识产权宣传周活动、"防灾减灾日"宣传周和"科技进步活动月"。活动期间，围绕"创新创造改变生活，知识产权竞争未来""减轻社区灾害风险，提升基层减灾能力"和"实施创新驱动发展战略，建设国家科技产业创新中心"主题，在县电视台、县信息公开目录系统和中国移动企信通平台，播放宣传标语16条、发送宣传短信4000条、发放宣传资料5000份（册）；组织科技下乡2场，举办培训班、宣讲、咨询、讲座等活动。11月15日，在惠来宾馆二楼会议厅举办"惠来县科技创新扶持政策宣讲培训班"，全县各镇科技工作负责人、规模上企业负责人及业务代表59人参加培训，邀请汕头市南粤专利事务所专家杨旭生和吴达授课，讲解"国家、省、市、县科技创新相关扶持政策，高新技术企业培育、认定、孵化育成申报和有关扶持政策，企业研发机构建设及扶持政策，指导自主知识产权的申报等"。现场互动交流。培训后，使企业懂得如何通过创新来获得政府扶持、如何通过创新来加快企业发展，激发企业创新活力。

【党务政务】 贯彻落实党的十八大、十九大精神，推进"两学一做"学习教育制度化常态化，加强政治理论学习，增强党性观念。加强领导干部和骨干技术人员培训，组织领导干部和业务骨干参加省、市科技部门举办科技创新业务知识培训。

【对口帮扶】 科技局按照《中共广东省委、省政府关于新时期精准扶贫精准脱贫三年攻坚的实施意见》精神，落实新时期精准脱贫工作部署，做好精准扶贫。县科技局挂钩帮扶鳌江镇吴畔村18户建档立卡贫困户有14户实现脱贫。2017年，科技局帮扶挂钩鳌江镇吴畔村贫困户金额3万元。

（李渊文）

◆ 县科学技术协会

【概况】 2017年，县科学技术协会，干部职工2人。县科协动员和团结广大科技工作者，按照"三服务一加强"工作定位，谋划"十三五"科协工作新发展。

【科技下乡】 贯彻《中华人民共和国科普法》和《全民科学素质行动计划纲要》，宣传《中共广东省委 广东省人民政府关于加强新时期科协工作意见》，组织科技工作者开展科普宣传活动。

6月29日至7月上旬，县科协联合县食品药品监管局、县食安办在县文化馆举办"2017年惠来县食品药品安全科普展"。以"亲历和参与，让身边的食品药品更安全"为主题，按照"监管""科普""社会共治"三条主线，向社会普及饮食用药安全知识，促进媒体、社会和公众对食品药品安全问题科学认知和关注。

12月6日，县科协联合县委组织部举办广东省青年科学家揭阳行惠来团对接活动，加强科技人才交流，给当地企业带来技术支持。帝浓酒业、东能环科、荔枝协会、佳泽基地4家企事业参加此次活动，与专家达成合作意向。

与县卫计局等单位合作开展卫生科普宣传，编印科普读本3万份，开展宣传活动12场次，参加活动群众5万人。县中医学会、护理学会等基层单位各自在自己岗位上开展活动。

6月29日，食品药品安全科普展活动现场

（县科协 供稿）

12月6日，广东青年科学家揭阳行惠来座谈会现场
（县科协 供稿）

组织科技工作者、科普志愿者深入惠来县主要镇、村及中小学开展科普宣传，制作科普展板40套，制作出版科普宣传栏25版，印制科普宣传小册子6万份。与县文联舞蹈协会联合，会同农艺专家，县灯谜协会到靖海、前詹等镇送科技文艺下乡，表演大型科普文艺节目，为村民提供农技知识咨询，赠送农技科普书籍。

县科协抓住"科技活动月""科普宣传周""全国科普日"契机，弘扬科学精神、传播科学思想、倡导科学方法、普及科学知识、提升农民群众科学文化素质，坚持科普宣传和科技研发并举工作方式，支持农业等学科种养技术研发推广。

【科技培训】 2017年，县科协申报省科技厅支持惠来县开展科技政策普及活动，通过到基层开办培训班，到企业宣传培训，帮助基层和企业深入了解科技扶持政策，加强基层转型升级和万众创业、大众创新信心。全县各级科协组织、各科学素质领导小组成员单位结合行业、部门实际工作，取得成效。针对荔枝病虫害知识进行现场指导，举办荔枝高产栽培技术讲座2期，培训果农1000人次，开展生猪养殖技术培训5期，培训1100人次，开展水产养殖技术培训5期，培训700人次，开展知识产权知识培训3次，参加400人。

【全民科学素质纲要】 2017年，宣传贯彻国务院《全民科学素质行动计划纲要》，坚持科学发展观，发挥政府主导作用，做好各组成单位联络协调工作，调动全社会力量共同参与，加强公民科学素质建设，促进经济社会和人全面发展。

【社区科普】 在社区科普方面，县科协坚持以服务促管理、以服务维稳定、以服务创和谐、以服务谋发展服务理念，组织开展科普活动。10月，联合南美社区开展有关食品安全、节能环保、垃圾分类、健康生活方式、科学献血等方面知识科普宣传活动，向社区赠送一批农村实用技术和科普宣书料。

（县科学技术协会）

◆ 文化事业

【概况】 2017年，惠来县文化系统干部职工221人，其中干部24人；局机关内设机构4个：人秘股（与广电股合署办公）、市场股、文艺股（与出版股合署办公）、文化市场综合执法队，在职人员31人；事业单位8个：惠来县博物馆、惠来县图书馆、惠来县文化馆、惠来县葵阳影剧院、惠来县潮剧演艺中心、惠来县电影院、惠来县电影放映中心、惠来县神泉影剧院，在职人员190人。2017年，各级财政文化总投入992万元。其中：公共文化建设投入463万元，文物保护投入260万元，文化惠民活动投入269万元。

【公共文化建设】 建立以县图书馆、文化馆为总馆，镇（场）综合文化站为分馆，村（社区）综合文化服务中心（图书室、文化室、农家书屋、学校）为服务点总分馆体系，打通行政层级和区域划分，畅通资源流动利用渠道，推进基层公共文化服务设施集约管理，实现区域内场地、人力、文献、服务等资源统筹利用，形成全面覆盖、实用高效公共文化服务体系。至2017年年底，通过财政拨款、乡贤捐资等形式，投入2500万元建成神泉镇文体广场、华湖镇华谢村文体广场，建成隆江镇凤光村、东港镇大旗村、神泉镇溪东村、神泉镇文昌村、仙庵镇浮埔村等第一批和隆江镇陈陇村、惠城镇河田村、东港镇高美村、神泉镇芦园村等第二批16个基层综合性文化服务中心。其中第一批村

（社区）综合性文化服务中心投入75万元，每个15万元；第二批村（社区）综合性文化服务中心投入110万元，每个10万元。

【文化遗产保护】 加强惠来县文物保护单位修缮保护工作，修缮靖海古城墙等文物保护单位，靖海古城墙修缮保护工作完成招投标，中标资金633.33万元，开展修缮保护工作，澳角炮台完成立项，办理招标手续。海角甘泉、溪东炮台、澎湃故居投入75万元，推进抢修工作，各级文物保护单位得到保护，在传承和发扬传统文化方面起到作用。开展文物保护单位晋级申报工作，将市级文保单位文昌阁和县级文保单位城隍庙、海角甘泉、华英古寨申报为第九批广东省文物保护单位，将惠来一中连登楼、华英古寨、隆江镇孔美村清溪祖祠（含辅臣公祠）3处不可移动文物列为县级文物保护单位，纳入文物保护规划，加强不可移动文物保护工作。组织调查惠来县66个省定贫困村文化遗产资源，落实62处文物保护单位和文物保护点“不可移动文物”挂牌工作。推荐潮州音乐（2人）、民间信俗“打火醮”（1人）、传统技艺靖海豆辑（1人）申请为第四批市级非物质文化遗产项目传承人，经市非遗专家评审组、市非遗专家评审委员会评审通过并予以公布，民间信俗“打火醮”“靖海豆辑”申报为省第七批省级非遗项目，评审通过并予以公开。鼓励和支持各级非物质文化遗产项目代表性传承人开展传习活动，推进惠来县非物质文化遗产保护工作深入开展。

【公共文化服务】 加强图书馆、文化馆、博物馆基础建设。图书馆工作投入230万元，总馆投入130万元用于增加图书藏量，增加各类图书及报刊杂志15000册，满足各层次读者阅读需求。投入100万元配套镇级图书分馆和基层服务点图书30000册、双面书架50个、阅览桌椅75套150位、期刊架100个，电脑10台，完善基层馆和服务点设施配套。派出120人次，分37次赴基层开展业务指导，推动基层馆、点业务开展。2017年，图书馆接待读者268700人次，进馆阅览289618册次，办理各种借、阅证件2000份，图书外借31190册次，读者查询和网上咨询6400件，移动图书馆借阅10266册次，电子阅览量32600人次，数字图书馆网站访问量230550人次，网站公布信息65次，微信公众平台发布信息20条。

【文化惠民活动】 2017年，举办各类文化活动20场次，县图书馆开展电教片放映、组织举办公益性讲座等活动；县文化馆组织出版宣传栏春节专刊、举办春节书画作品展、非遗免费开放、图片展览、广场文艺表演活动、印刷春节演出资料等；县博物馆举办馆藏文物展览、《惠来县第三次全国文物普查成果》展览、《林世铿先生事迹》展览、《中华文明之光》图片展览等活动。开展“5·18”国际博物馆日宣传活动，以“博物馆与有争议的历史：博物馆讲述难以言说的历史”为主题，开展宣传活动，通过网络宣传、电视宣传、现场宣传、校园宣传等，吸引6000名群众参与。举办各类美术和工艺作品展览4期、现场创作4场次，展览活动4场次，展出作品360幅；出版凸显社会主义核心价值观，创文创卫、讲文明、树新风和思想道德教育等内容宣传栏24期，组织书画美术和工艺作者创作作品200幅。开展“送戏下乡”公益活动，结合各时间节点和重点阶段，举办禁毒宣传、党的十九大精神、创文创卫等主题晚会活动，全年举办35场；开展公益电影放映工作，由县电影放映中心负责落实具体工作，组织电影放映队伍下乡免费放映电影，放映范围覆盖到全县所有村（社区），全年放映电影3714场；弘扬传统潮剧文化，潮剧团下乡演出240场次。发挥葵阳影剧院服务功能，顺应市场潮流，上映各类新影片。承办各类歌舞演出和政府会务活动，发挥葵阳影剧院多功能设计用途。承办各类政务会议活动及晚会20场次，播放影片4327场次，观影人数7万人次。

【文化市场管理】 与112家文化经营单位签订《守法经营责任书》《禁毒承诺书》《安全生产经营管理责任书》，把娱乐场所负责人列为文化市场管理主要参与者之一，要求其树立正确经营理念，规范场所经营行为，把维护文化市场健康发展作为企业经营准则之一，提供健康绿色优质文化服务行为。采取灵活机动、联合开展执法方式，以日常监管为基础，以重点场所为目标，以专项行动为抓手，联合各相关责任单位加大对网吧、音像、出版物、印刷企业、歌舞娱乐等场所执法力度，强势推进查堵反制有害出版物、扫除淫秽色情出版物及信息、查处侵权盗版出版物等。2017年，联合公安、市场监督管理等部门集中开展8次专项行动，出动执法人员4580人次，检查印刷120家次，图书门店112家次，音像制品门店40家次，娱乐场所377家次，网吧215家次。取缔游商地摊2家，累计注销网吧12家。开展禁毒专项整治行动。结合“6·26”国际禁毒日活动和“6·27”青少年毒品预防教育工程，开展主题宣传活动。在县图书馆开设“禁毒知识专柜”，集中宣传毒品危害和防毒知识。在县图书馆、文化馆、博物馆和葵阳影剧院等文化场馆电子公共显示屏滚动播放禁毒宣传标语，在镇（场）文化站、村文化室公告栏等张贴和悬挂禁毒宣传标语。印发《防毒你我他　幸福一大家》主题禁毒宣传手册4000册。推进挂钩岐石镇林美村禁毒工作，指派精干力量，开展禁毒宣传、排查和清理工作，鼓励广大村民参与禁毒。2017年，拨给挂钩村10万元资金用于禁毒宣传等项目，开展5次大规模宣传排查清理行动，排查摸底300户村民，走进学校、走进课堂，向学生们发放禁毒宣传手册，了解基本情况并深入宣传毒品危害和禁毒知识。

（县文广新局）

◆ 惠来县文学艺术界联合会

【文学创作】　征集创文方面作品，出版《惠来文艺》创文特刊2000份，分别赠送给县内外领导和单位及读者。出版《惠来诗词》二期，每期1500本。分别协助出版《惠来妈祖文化》2期2000本和《淇园》2期1500本。鼓励支持广大文学作者积极写稿并向省内外各种报刊杂志投稿80篇。组织县谜协会员创作谜语6000条，内容有创文、人居环境、毒品知识、电力、地震常识等。

【参展参赛】　2017年，文联通过组织和协助有关协会创作艺术作品，参与展览和参赛活动。组织20幅书画作品分别参加揭阳市国庆迎盛会书画作品展和潮汕书画精品展，出版《惠来书法》期刊4期1000册。组织美术作品200件参加春节、国庆、九九重阳节作品展。组织摄影作品60幅在广州和惠来巡回展览活动，举行惠来县开鱼节摄影活动。组织工艺美术作品12件参加文博会，其中陈德丰作品《秋色》获金奖。在县城举办工艺美术主题活动展览会，作品60幅。

【文艺下乡】　组织县灯谜协会在县城及各乡镇开展灯谜会猜活动20场次，每次创作谜语300条。组织县书协前往东陇镇、周田镇径口村开展送祝福写春联活动，为人民群众送去春联2000幅。组织县音乐舞蹈协会到神泉惠来妈祖文艺交流协会开展庆展演出活动。组织县摄影协会到周田镇径口村等地为村民免费拍摄相片和全家福活动。组织惠来诗社到河田、靖海、大南山、神泉等地开设诗词讲座和赠书活动。

【人才队伍建设】　出作品，出人才是县文联一项重要工作。2017年9月20日，惠来县美术协会会长张子仪被揭阳市委、市政府授予第九批拔尖人才。1986年以来，其代表作品《牡丹颂》等多次获奖，出版个人速写集、工笔画集、画集等。

（县文联）

◆ 广播电视台

【新闻宣传】　2017年，广播电台、电视台播出新闻、专题及专访3195条（其中广播电台1272条），口号及宣传标语日均播出15条次，公益广告在综合频道、公共频道日均播出98条次，播出县委、县政府及有关部门公告、警告、通知、有关法律法规知识等字幕1086篇，送市台新闻稿件984条，被采用播出436条（包括电视、广播电台中播出条数）。

党的十九大会议前后新闻宣传　结合揭阳市提出“百日百项大行动”工作要求，宣扬正能量及宣传惠来县上下一心，做好“百日百项大行动”，营

造不忘初心，牢记使命社会舆论氛围，为惠来县经济社会发展及党的十九大胜利召开加油、鼓劲。党的十九大召开后，以十九大精神指引宣传工作，做好全县上下全面掀起学习贯彻落实十九大精神宣传报道工作。

全县重要会议及“两会”新闻报道 做好县委县政府重要会议宣传报道工作。按照县委、县人大、县政协统一部署，抽调精干队伍，做好县党代会及“两会”新闻宣传报道工作。

惠来县创建文明县城、卫生城市活动及人居环境整治工作宣传 2017年，宣传惠来县环境卫生整治工作情况及人居环境整治工作。在县电视台综合频道、公共频道及广播电台全天候宣传“全党动员 全民参与 创建广东省文明县城、践行新理念 推进新跨越 凝心聚力建设美丽富庶滨海新城”等口号；宣传“告全县人民一封信、创文倡仪书”等；报道市县领导检查指导创文创卫工作、县级会议、市县督查组开展督查工作、各地各部门开展创文创卫工作及人居环境整治工作情况等新闻7052条次（包括重播及广播电台播出）；开设今日环卫、创卫在行动、创文进行时、“文明惠来 你我共建”等创文创卫专栏；刊播“社会主义核心价值观、中华传统美德、汇聚力量 传播文明”等公益广告；创文创卫宣传短片“文明出行宣传片、学雷锋童谣篇 发现雷锋篇、十问学宪法”。

涉毒整治工作宣传 2017年，根据县委、县政府工作部署和要求及“众剑行动”工作要求，动员、部署禁毒宣传工作。侧重于全县禁毒专项整治工作及1101清理清查专项行动宣传报道。至2017年12月，县广播电视台在广播电视频道播出禁毒新闻稿件165条，每天播出科教类禁毒专题2条。日均播出禁毒公益性广告28条次；日均播出禁毒口号12条次，做到全天候滚动播出。

为大项目加快推进做好新闻宣传 惠来县重点项目建设和推进关系到惠来县经济实现跨越发展，省、市、县领导多次到项目现场检查、指导工作，县广播电视台派出记者跟踪采访，报道各项重点工程建设进展情况，让广大人民群众了解重点项目建设进展情况，为工程推进留下不同时期宝贵影像资料。

“两学一做”教育学习活动及主题宣传报道与常规报道 2017年，县广播电视台做好各地开展村级换届选举相关宣传工作，做好省党代会会前、会中、会后宣传工作。在配合惠来县各个时期主要工作任务宣传中，做好精准扶贫、纪律教育及反腐倡廉工作、食品药品检查、安全生产工作等，完成全年新闻宣传各项工作任务。

与省、市新闻通联工作 为更好向外宣传惠来县经济发展和社会进步，重视通联工作，落实专人负责，做到第一时间向上级台传送新闻素材，新闻稿件被上级台采用率高。

【创文创卫及精准扶贫】 2017年，县广播电视台整治改善广电环境卫生状况，提高广大干部职工社会卫生意识，创造优美整洁工作环境。贯彻上级有关文件精神，在总结往年活动经验基础上，配合有关部门制定活动计划，制作宣传栏3个、宣传横幅及标语彩旗，动员全台干部职工参与到活动当中。落实门前三包，修补附近100米人行道，清除杂草、杂物，落实专人定期清扫；在东面围墙附近150米人行道，对没有铺设步行砖地方，平整铺设水泥路面；清理办公大楼前后花圃杂草杂物，巩固整治后卫生环境。开展控烟活动，加强公共场所控烟工作，在公共场所和会议室张贴禁止吸烟标志，创建无烟工作和生活环境。

精准扶贫工作，组织一对一挂钩扶贫户干部到东港镇东港村贫困户家中走访慰问，了解其生活状况，帮助其解决生活困难。帮助贫困户制订脱贫计划，根据政府扶贫资金安排落实项目，督促危房改造推进工作，跟踪贫困户学生就读情况。组织台党员干部到东港村开展“创文为我，我为创文”主题日活动，并出资帮助该村开展主题日活动；在村两委办公址围墙制作十九大宣传栏、创文创卫宣传栏、精准扶贫宣传栏、禁毒宣传栏等，增强该村精准扶贫及创文创卫等工作氛围。2017年，县广播电视台在精准扶贫工作中投入资金7万元。

【事业建设】 **广播电视播出发射机房选址重建** 2013年省广电局、县委有关领导就县广播电视台发射机房出现险情问题，专程进行察看并指导抢修工作。针对发射播出机房危楼现状危及到安全生产、安全播出这个问题。县委、县政府把“惠来县广播电视台发射、播出机房建设项目”作为2014年惠来县重点项目之一《中共惠来县委办公室 惠来县人民政府办公室关于印发惠来县2014年重点项目建设计划的通知》，并把项目上报市2015年重点建设项目。在县主要领导重视下，2014年9月30日县委县政府县城北区召开现场办公会，拟定在北区新划拨土地建设县公共基础配套设施—广播电视台发射播出机房等业务用房，工程建设用地7.18公顷（含交通道路及山头发射铁塔安装等）。该项目完成设计方案、数字铁塔安装。待解决资金问题后，即可进入工程招投标工作，启动播出、发射机房工程建设。

大楼安全隐患除险加固 为确保安全播出及人员安全，县广播电视台对危楼问题高度重视，2017年加大维护加固力度，对电视中心制作室、广告制作室、办公用房及闲置楼层门窗、楼梯、墙体、通道加固维护，确保不渗漏，在惠来县连续降雨10天，且时不时伴有暴雨过程，大楼内部尤其是播出、发射机房没有发现漏水渗水现象。2010—2017年，县广播电视台陆陆续续进行20次除险加固工作。

维护更换老化广播电视设备 落实台总工牵头播出、发射中心等部门，系统性排查现有卫星接收器、解调器、调制器、播出情况监看显示器等设备，发现问题进行维护或更换，确保安全播出。更换添置素材上载机2部、新闻制作机（非线性）10部、硬盘播出机2部、播出数据库1部、PBI解码器4部、电视发射机（GT-5900-300、XG300UT-300）2部、九州解码器（DVS-2108）4部、编码复用器（EMR）1套、UHF天线2套、调频发射机（1KW）1部、解码器（10K321）4部、UPS科士达1部、美的空调1部、检测系统1套、配音电脑1台、42寸监看器3台、卫星地面接收天线3套、调音台2部、高保真话筒2支及其他配件；维修柜式空调4部。

注重安全保障，落实责任追究 安全保障工作做好才能确保安全播出安全生产无事故。县广播电视台重新安装3副铁门，在发射播出机房2个楼梯口门加装自动铁门，进入机房须经过2道铁门，在门口显眼位置标识“机房重地、闲人勿进”。为迎接党的十九大胜利召开，确保安全生产安全播出无事故，严查播出、发射机房值班人员上岗情况，出台处罚决定，7月5日，经台长扩大会议研究决定，发现播出、发射机房值班人员无故离岗情况，将从严从重处罚，采取一票辞退，并追究相关领导人责任，按程序报县人社部门备案。对原有监控系统扩容升级，确保对整栋大楼尤其是机房监控无死角。

【安全播出管理】 县广播电视台把十九大重要保障期间安全播出当做一项严肃政治任务来抓，贯彻落实总局、省局及市、县文广新局安全播出工作要求，成立中共十九大安全保障工作领导小组，做好安全播出工作部署，与相关部门及相关责任人签订安全保障责任书，执行领导岗位“一岗双责”，履行各个安全播出和安全保障岗位责任制。确保播出、发射、传输绝对安全。开展中共十九大安全播出和安全保障人员教育培训活动，做好应急预案演练，提高应急处理能力，增强播出值班人员政治意识、大局意识、责任意识和安全防范意识。加强24小时值班管理，落实专人做好每天安全播出信息零报告制度，专人做好供电系统应急预案工作，网络中心落实专人对线路进行巡查、维护、防止外来非法信号插播。十九大重要保障期间，按上级要求，及早部署，贯彻落实执行有关指示及工作要求，采取得力措施、防范到位，使之能够完整、安全、优质转播好重要节目。保证安全播出，无责任事故发生，完成上级交给十九大重要保障期间安全播出政治任务。

（洪震宇）

◆ 地方志

【概况】 惠来县人民政府地方志办公室为惠来县政府正科级事业单位，办公地址位于县政府大院，担负全县编制修志、编纂年鉴、自然村落历史人文普查、地方志信息化、年报工作、地方志资源开发等主要任务。2015年1月22日，惠来县地方志编

2017年市优秀专家和拔尖人才培训班暨第九批颁证仪式
（县地志办　供稿）

纂委员会办公室更名为惠来县人民政府地方志办公室，内设综合股和年鉴股，各设置股长1名，编制7名，聘用政府雇员1名。

【年鉴工作】　《惠来年鉴（2017）》，于2月发出书面通知，要求全县各有关单位于3月底前报送2016年度年鉴资料，并落实专人负责催交。4月底，收齐全部年鉴资料；6月底，完成初稿；7月，完成定稿；8月底，交付出版社正式出版发行。全书收集整理文章592篇（其中大事记400篇），61万字，篇目有：特载、大事记、概况、政治、政法、军事、经济产业、基础设施、财税金融、经济综合管理、教科文体、社会保障、人物、镇场简况、统计概况、附录等16篇。拍摄收集图片1260张，年鉴采用图片160张。

负责《揭阳年鉴（2017）》惠来县部分编写工作，于6月完成送交揭阳市人民政府地方志办公室。分稿设概况、经济发展、社会事业、重点项目建设、党政领导班子成员名单、国民经济主要指标6个条目，7000字。

负责《广东年鉴（2017）》惠来县部分编写工作，于4月完成送交广东省人民政府地方志办公室。分稿设县情基本情况、四套班子和纪委主要负责人、大项目建设3个条目，1600字。

【自然村落历史人文普查】　自然村落历史人文普查工作是2017年工作一大重点和亮点，县地志办制定实施方案，成立县普查领导小组，同时，要求各镇场相应成立领导机构和工作机构，落实专人负责，制订方案，全面铺开普查工作。在完成相关准备工作后，于2017年以镇为单位全面铺开自然村落历史人文调研工作专题培训。县地志办主任和副主任主持培训会议。各镇集中培训天数1天。集中培训15场，参会人数1000人，主要培训对象是各镇专责普查工作人员、各村书记以及负责文稿普查工作人员，培训镇场有：惠城镇、靖海镇、隆江镇、葵潭镇、神泉镇、仙庵镇、周田镇、前詹镇、华湖镇、东陇镇、岐石镇、鳌江镇、东港镇、葵潭农场、青坑林场。组织人员下乡培训236次，走访村数400个，另外还组织小组集中培训35场次和个人辅导120场次，接待来访辅导220人次，解决普查工作开展疑惑问题120项。对参加普查工作同志进行培训，布置普查任务，填写表格。在进行自然村落历史人文调研工作培训会议同时，派专人加紧整理各村上交原始材料、数据和图片，查漏补缺，核实情况，然后将其编纂成为文稿，并寄送揭阳市史志办审核。2017年，全县429个村落普查表填报完成。图片是自然村落历史人文普查必要要素。县地志办与摄影家协会和辰星媒体公司合作，出动4架航拍机和14台专业照相机，专人负责拍摄自然村落全景图和自然村落特色图片。组织专门航拍15次，拍摄自然村落特色图片3000张，其中村貌概览图片300张。至2017年11月底，完成全县429个自然村普查基础资料429份，总字数80万字。

【地情网站建设】　惠来县地区网站于2009年设立。栏目设置有：方志动态、走进惠来、惠来县志、惠来年鉴、惠来地图、自然村调研、信息公开、理论研讨、出版动态等栏目。全年录入各种地情资料文章39篇（信息公开3篇，惠来年鉴1篇，走进惠来8篇，方志动态24篇，理论研讨3篇），更新图片106幅，更新有关资料内容8万字，新增浏览人次6万人次。

【资料年报工作】　继续开展地方志资料年报工

作，为第三轮修志积累资料。县地志办组织人员到县直各单位开展地方志资料年报检查与辅导，提高年报资料水平。全年检查18个单位，收到上报资料32份，审查合格14份。

【队伍建设】 派员参加广东省人民政府地方志办公室组织的“年鉴编辑学习班”“自然村落历史人文普查培训班”“地情网站建设学习班”，参加揭阳市人民政府地方志办公室组织的“年鉴评议会议”“年鉴编纂培训会”。

（林洁漫）

◆ 档案

【概况】 2017年，惠来县档案局学习贯彻实施《中华人民共和国档案法》（以下简称《档案法》）、《中华人民共和国档案法实施办法》、国家档案局《关于进一步加强档案安全工作的意见》和李明华在全国档案安全工作会议上讲话精神，要求全县管档人员要提高档案管理力度，自我提升档案安全保障能力，加强应急处置管理，开展依法治档管理，推动全县档案事业发展规范化、科学化、法制化、安全化，同时，加强档案内部管理，做好档案归档进馆、信息化、安全保管保护等工作，改善馆藏档案环境。

【监督指导】 开展档案执法检查，履职做好监督指导。以《档案法》《广东省档案条例》等法律法规为依据，加大对档案基础业务执法检查力度和民生档案调研力度，于2017年5月发文《关于开展全县档案安全执法检查工作的通知》，要求各单位自查填报档案管理情况，并按《关于印发〈惠来县档案馆收集档案范围实施细则〉的通知》规定时间进馆，加强对档案工作组织领导，使全县档案管理工作规范化，馆藏档案资源日益丰富。馆藏档案增加。通过开展档案执法检查、督促，丰富馆藏档案资源，2017年，政府办等单位进馆1001卷。档案保管保护有新提升。9月，县人民检察院在县档案局指导下对档案库房重新规划，安装档案手摇密集架，规范整理室存档案及更新档案制度上墙，检察院档案保管保护改观。档案目标管理升级单位进一步突破。按照《关于加强和改进新形势下档案工作的意见》要求和县地方税务局档案目标管理申请，组织人员指导县地税局惠城、隆江、鳌江、葵潭、靖海分局业务，并于2017年3月全部通过档案专家组评审，晋升“省特级”单位。

【安全工作】 建立健全档案安全工作机制。加强组织领导，落实责任制。8月，县档案局成立档案安全工作领导小组，由局长任组长，副局长任副组长，其他人员为成员，层层落实档案安全责任，每人落实分工，确保指挥到位、职责明确。局领导每周检查档案库房，发现问题整改，制订库房值班表，要求局工作人员每天对档案库房进行温湿度调控、登记，对档案进行防霉变、虫蛀尘污处理，严防霉变、水灾、火灾和被盗，确保档案安全。加强档案安全制度管理。重新梳理档案安全制度，制订《惠来县档案局（馆）工作职责及工作人员岗位责任制》《惠来县档案馆档案借阅利用制度》《惠来县档案馆档案保管制度》《惠来县档案馆档案保密制度》《惠来县档案馆档案鉴定及销毁制度》和《惠来县档案馆事故及灾害应急预案》等制度，同时成立有关制度领导小组，使干部职工各司其职，牢记档案安全是首要任务。加强档案安全学习宣传教育。召开档案安全工作会议，要求全县管档人员和县档案局干部职工学习国家档案局《关于进一步加强档案安全工作的意见》和李明华在全国档案安全工作会议上讲话精神，自我提高档案安全保管保护意识，做到：明确责任；风险治理；预防控制；完善保障。通过档案安全会议，使全局干部职工明确“谁主管、谁负责，谁实施、谁担责”原则，承担档案安全职责，确保档案管理绝对安全。加强档案安全保护，提升档案保管条件。按省档案局督查要求，购买安装11个库房防盗门、6台除湿机、6个温湿度计、2台空调，确保每个档案库房恒温除湿，提升档案安全保护；投入大量杀虫药以防霉变杀虫；经常清洁整个库房箱柜，使箱柜内外部不积尘；对部分老化馆藏档案，更换档案皮、档案盒、卷内目录。

【信息化建设】 增加馆藏档案资料录入及全文扫描。组织人员对档案目录录入及全文扫描，实现馆藏档案资料数字化，2017年录入档案目录2000条，扫描档案全文1.50万页。

【宣传教育】 在开展“国际档案日”期间，发出《转发省档案局关于开展2017年“国际档案日”宣传活动的通知》和《惠来县档案局6月9日“国际档案日”活动方案》，于6月9日在县文化广场等地方挂上《惠来县档案局“6·9”国际档案日宣传活动》横联，制作宣传栏，印发档案宣传资料，翻印《中华人民共和国档案法　中华人民共和国档案法实施办法　档案管理违法违纪行为处分规定》《国家档案局1—10令》《惠来县档案工作学习资料（选编）》，汇编档案信息动态到政府网站，让档案走进群众、服务社会。

【开发利用】 为适应开发档案信息资源需要，收集档案查阅利用者需要档案信息资料，加强工作人员教育管理和业务培训，建设联系群众、服务群众桥梁纽带和服务载体，创新优质服务水平，制定《惠来县档案馆接待利用工作守则》。2017年，接待查阅档案资料268人次，查阅、借阅档案资料204卷（册）。

【档案馆建设】 开展档案新馆库建设筹备工作，根据中共揭阳市委办公室、揭阳市人民政府办公室《关于加强县（市、区）综合档案馆建设的通知》和广东省档案局《关于全省市县级国家综合档案馆建设情况的通报》要求以及2017年揭阳市档案工作会议精神和4月省人大到惠来县开展档案馆库建设调研要求，制订建新档案馆用地请示及有关建馆工作，在副县长方瑛牵头有关单位帮助指导下，经过调研和征求意见及踏勘，制订《关于要求解决惠来县档案局建新档案馆用地的请示》，于9月14日下午由蔡振顺在县政府三楼会议室就《关于要求解决惠来县档案局建新档案馆用地的请示》向第十五届县政府第十一次常务会议汇报，在县长贝继勤主持下讨论通过；9月15日，下午由蔡振顺在县委四楼会议室就《关于要求解决惠来县档案局建新档案馆用地的请示》向惠来县委常委会议汇报，在县委领导主持下研究通过；11月10日，完成建设项目选址意见书；12月8日，县人民政府发文《惠来县人民政府办公室关于惠来县档案馆建设领导小组的通知》，成立由县政府分管领导任组长，县政府办公室协调线条工作副主任、县档案局局长任副组长，县发展改革局、县科技局、县财政局、县国土资源局、县环境保护局、县建设局、县水务局、县城建局、县人防办、县公安消防大队主要负责人及惠城镇镇长为成员的惠来县档案馆建设领导小组，加强对县档案馆建设领导和协调，确保档案馆建设任务按时完成；12月22日，制订《惠来县档案馆建设工作方案》，土地确权、立项手续、可行性研究报告及图纸设计等工作加紧进行中。

（县档案局）

◆ 体育

【概况】 惠来县体育局位于惠来县人民广场南侧2号，1956年6月，设置惠来县体育运动委员会，由县长兼任主任。1966年“文化大革命”开始后，县体委工作随之停止运转。1976年10月，县体委恢复履行职能，下设办公室。1984年4月，办公室撤销。1997年3月，体委改为体育局，为正科级参公事业单位，设置人秘股和业务股。主要负责全县体育运动组织管理工作。

【获奖情况】 县体育局以增强人民体质为根本，适应经济社会发展新常态，心系群众、服务群众。2017年，惠来县荣获“2013—2016年度全国群众体育先进单位”称号，陈泽华荣获“2013—2016年度全国群众体育先进个人”和“2017年全国体育事业突出贡献奖先进个人”称号。

【群众体育】 丰富群众体育文化生活，倡导文明健身、创建和谐社会、弘扬文明新风。县体育局组织开展群众性体育活动，做到“平时有活动、节日有竞赛”，在节假日期间举办体育活动，为创建文明县城加油助力。

举办“舞出夕阳晚霞红，舞出健康快乐美，舞出文明好城市”惠来县广场舞比赛。1月7—8日，由县体育局、县总工会、县妇女联合会和县老年人体育协会联合举办“舞出夕阳晚霞红，舞出健康快乐美，舞出文明好城市”惠来县广场舞比赛，在县惠来一中体育馆举行，18支队伍、345人报名参加比赛。

举办惠来县迎新春“松德龄杯”象棋赛、大南海区象棋友谊赛。1月30日至2月1日县体育局联合县象棋协会在县曙明小学举办惠来县迎新春“松德龄杯”象棋赛，40名棋手参加比赛，比赛分成年组、少年甲组和少年乙组，唐春永、方锦国和许润镛分别获得各组别第一名。10月1—2日，联合大南海区社事局在县体育局三楼举办“惠来大南海象棋友谊赛”以及擂台赛。惠来县和大南海石化工业区首次举办象棋友谊赛，促进两地象棋爱好者交流棋文化，推动棋艺切磋。

大师许银川应邀到惠来县讲棋。为推广象棋运动，提高象棋爱好者棋艺，2月1日上午，象棋特级大师许银川应县体育局和象棋协会邀请专门从南宁到惠来为棋手们讲棋，分别为棋迷们讲解“单马胜单士”残局以及几个开局模式。

举办2017年惠来县迎新春“体彩大乐透杯”羽毛球赛。2月1日上午，县体育局在县葵梅中学风雨球馆举办2017年惠来县迎新春“体彩大乐透杯”羽毛球赛，比赛设男子单打（专业、业余）少年组、青年组、中老年组和女子单打6个组别，全县100名羽毛球爱好者参加比赛。

联合县卫计局等单位举办“重品行、树形象、做榜样——普及健康知识，增强体质锻炼，助力创卫创文”活动。6月23日，开展“榜样力量”主题月活动，县体育局联合县卫生和计划生育局、葵潭镇人民政府在葵潭镇吉成社区举办“重品行、树形象、做榜样——普及健康知识，增强体质锻炼，助力创卫创文”活动，为惠来县筹备举办“全民健身日”暨广东省第十八届“体育节”拉开序幕。活动旨在通过义医义诊、体质监测和全民健身指导和表演等形式，开展健康知识宣传，推行和倡导科学健身方法、健康生活方式及生活理念，提高社区群众健康水平和生活质量。活动中，县体育局为社区群众带去体质测定、全民健身指导和全民健身展演等活动。为县老体协、县红十字会、县太极拳协会、葵潭镇人民政府、县老体协葵潭分会、葵潭镇吉成社区6个单位赠送便携式手提音箱。

举办“迎国庆，助创文”2017年惠来县男子篮球邀请赛。为庆祝建国68周年，全面贯彻习近平总书记“以人民为中心”发展思想，落实全民健身国家战略、倡导文明健康生活方式、促进全民健身与全民健康深度融合，喜迎党的十九大胜利召开。县体育局联合县篮球协会于9月25—29日在县全民健身广场举办“迎国庆，助创文”2017年惠来县男子篮球邀请赛。来自惠城镇、县公安局、县教育局、中国石油广东石化公司、广东粤电靖海发电有限公司以及惠来美团6支代表队参加比赛。

参加广东省第二届百县（区）足球赛“体彩大乐透杯”揭阳市级比赛。5月22—26日，县体育局组织足球队代表惠来县参加广东省第二届百县（区）足球赛“体彩大乐透杯”揭阳市级比赛。在比赛中，队员们取得两胜一平一负成绩，在全市所有参赛队伍中排名第二。

县乒乓球协会举办“大禹杯”和“邮政储蓄银行杯”乒乓球邀请赛。6月28日至7月1日，县乒乓球协会联合县水务局举办“大禹杯”乒乓球邀请赛；9月24日至26日，承办“邮政储蓄银行杯”乒乓球邀请赛，为惠来县广大乒乓球爱好者提供同台竞技和展示平台。

10月22日，副县长许松青（右一）在县体育局局长陈泽华（左一）陪同下到国家重点高水平体育后备人才基地检查　（县体育局　供稿）

举办"珍爱生命、远离毒品、全民健身"2017年惠来县"体彩大乐透杯"羽毛球邀请赛。为贯彻落实党的十九大报告中提出"广泛开展全民健身活动，加快推进体育强国建设"精神，结合当前惠来县禁毒宣传教育，倡导群众健康向上生活方式，全民抵制毒品，让"珍爱生命、远离毒品"理念深入人心，助推惠来县"全民禁毒工程"向纵深开展，县体育局定于12月12—14日在县羽毛球训练馆举行"珍爱生命、远离毒品、全民健身"2017年惠来县"体彩大乐透杯"羽毛球邀请赛，中海油、中石油、靖海电厂以及县检察院等11支代表队应邀参加比赛。

县老年人体育协会组织开展各项活动。为丰富老年人体育文化生活，加强老年人之间交流，尽展老年人风采，形成老有所乐和谐氛围，县老年人体育协会在重阳节举办2017年"重阳杯"象棋赛。

【健身组织网络】 县老年人体育协会健全老年人体育组织。8月，县老年人体育协会在靖海镇成立靖海分会，在隆江镇分会举行衔牌揭彩活动。为加强社会体育指导员队伍建设，提高乡镇群众体育活动组织能力和技能传授水平，全面促进惠来县全民健身活动开展。10月，县体育局分别在神泉镇、隆江镇和县老干部局举办3期"三级社会体育指导员培训班"，主要培训广场舞等健身技能，培训三级社会体育指导员282人，社会体育指导员再培训人112人。全县有各级社会体育指导员3249人。

【国民体质监测】 为全面推进惠来县国民体质监测工作，2017年结合工作实际，把监测队伍、监测器材拉进县直单位、社区、学校、广场，如县华侨中学、粤东中学、县青少年宫、县曙明小学、县检察院等，为机关单位干部职工、教师进行体质测试。为加大群众对体质测试认识，指导站结合县体育局在葵潭镇吉成社区开展重品行、树形象、做榜样——"普及健康知识，增强体质锻炼，助力创卫创文"活动、在全民健身广场开展"拒绝毒品、远离艾滋，共创平安家庭"防艾宣传暨义医义诊活动，现场免费为社区群众开展体质测试，为群众提供科学健身指导，出具运动处方300份，发放科学健身手册1000份。惠来县累计测试样本量1100人。

【竞技体育】 业余训练坚持以"选好苗子，着眼未来，打好基础，系统训练，积极提高"方针，以羽毛球、击剑项目为重点，在场地设施及教练员欠缺等情况下，培养优秀体育后备人才。

3月，惠来县羽毛球业余体校被国家体育总局升格命名为"国家重点高水平体育后备人才基地"，是全国20所单项重点"基地"之一，是全省唯一一所单项重点"基地"。

2017年，揭阳市举办第七届运动会暨第四届学生运动会，县体育局依托各训练网点和体育协会，挑选优秀苗子，参加竞技体育组羽毛球、乒乓球、象棋、武术、田径5个项目比赛。在羽毛球项目比赛中惠来县运动员囊括项目18块金牌，取得团体总分第一。市政府副市长姚丽璇、市体育局局长陈少锋为惠来羽毛球代表队颁奖。乒乓球项目勇夺五金二银二铜，取得团体总分第二名。在运动会上惠来县代表团在全市11个代表团中获得30枚金牌、23枚银牌、17枚铜牌，总分1605分，夺得金牌第三和团体总分第三成绩。11月29日，在县青少年宫举行惠来县代表团参加揭阳市第七届市运会暨第四届学生运动会表彰总结大会，对在揭阳市第七届运动会暨第四届学生运动会中作出突出贡献单位和个人进行表彰，授予惠来县华侨中学等12个单位"竞技体育突出贡献奖"荣誉称号，惠来县第一中学等7个单位"优秀组织奖"荣誉称号，王俊伟等25人"优秀教练员"荣誉称号。表彰会上体育局长陈泽华总结惠来县代表团参加市运会成绩；县政府副县长许松青出席会议作重要讲话。

组队代表揭阳市参加省各项常年赛。羽毛球队代表市参加8月8—15日在肇庆市肇庆学院体育馆举行2017年广东省"威健·澳加林杯"青少年羽毛球锦标赛，获得第二名1人，第三名2人，第五名3人，总分全省排名第八成绩。运动员方泳琪获得"体育道德风尚奖运动员"称号。散打队代表市参加7月28—30日在江门市体育馆举行2017年广东省"搏牛杯"青少年武术散打锦标赛，获得男子丙组50公斤级第二名和男子甲组60公斤级第三名成绩，运动员吴创彬获得体育道德风尚奖运动员称号。惠来县击剑新秀吴泽涛代表市参加2017年广东省青少年击剑锦标赛获得个人赛第三名；代表市参加2017年广东省青少年击剑冠军赛荣获花剑丙组个人赛第三名，团体第二名。

运动员输送取得突破。由惠来县羽毛球业余体校输送到省队2名运动员方泳琪和黄溢铭正式被省队吸收转正。2月中旬，方泳淇被抽调到国家青少年运动队参加集训。惠来县击剑队运动员吴冠廷被输送到省体校。惠来县羽毛球运动员方泳琪、黄溢铭，散打运动员吴创彬被授予“二级运动员”称号。

【体育民生工作】 加强羽毛球阵地建设。为改善训练环境，县体育局采用面向社会进行羽毛球训练馆租赁服务采购方式，按照政府采购招投标程序，完成羽毛球馆租赁工作。惠来县体育局羽毛球训练馆占地面积3000平方米，建筑面积1900平方米，内设8片场，国庆节投入使用。

做好民生实事工程。2017，县体育局通过自筹资金在葵潭农场湖美村、华湖镇白塔村、神泉镇鳌头村、隆江镇凤红村、隆江镇月潭村、隆江镇象湖村、葵潭镇吉成村、葵潭镇新联村、前詹镇铭东村、前詹镇铭西村、靖海镇大潭村等12个村建设体育场地设施示范点12个，为示范点配套体育健身路径等器材，投入资金60万元。

不定期修缮和维护县全民健身广场健身设施。广场上体育设施受风吹日晒以及人为破坏，受损严重。为保证全民健身广场体育设施正常使用，定期对体育设施维护、修缮、更换，确保群众开展体育健身安全。2017年，县体育局在广场北边新建1条健身路径，更换一批受损严重室外乒乓球台和健身路径。9月，县体育局在篮球场上新建可容纳1000人简易看台，修缮篮球场场地，投入资金50万元，改善全民健身广场健身环境，为市民提供安全、舒适健身、娱乐活动场所。

【体育彩票】 2017年，县体育局以提升体育彩票销量为核心，开拓市场，新增体彩网点4个，体育彩票网点总数19个。

（县体育局）

◆ 卫生计生

【基本公共卫生服务】 推进艾滋病、梅毒和乙肝母婴传播项目等重大公共卫生项目。全县助产技术服务机构为20473名孕产妇提供咨询，为19978名孕产妇提供乙肝检测服务，检出乙肝阳性产妇2169人，对2096名新生儿免费注射乙肝免疫球蛋白，预防、阻断艾滋病、梅毒和乙肝病毒在母婴间传播。

【疾病预防控制】 落实传染病报告与突发公共卫生事件处理项目，法定报告传染病发病率控制在国标以内，无甲类传染病报告和重大传染病暴发流行。2017年，全县报告法定传染病3909例，无甲类传染病发生。一类疫苗和一类疫苗加强免疫接种率均达到省要求标准；监测全县公共场所144家，合格率98.4%；全县19家医疗机构消毒监测合格率95.1%；全县53个生活饮用水监测点合格率87.9%。

【慢性病防治】 采取综合防治措施，做好麻风病、结核病、精神病等慢性病宣传防治工作。结合“世界防治麻风病日”和“世界防治结核病日”宣传活动，编印《如何诊断和治疗麻风病》《加速行动　消除麻风危害》《结核病防治知识》等宣传单、折页读本发放给群众，在县城区重点路段悬挂横幅等，通过宣传防治活动，消除对麻风、结核病人歧视和偏见，弘扬尊重和关爱麻风、结核病人社会风尚，为病人主动就医、回归社会创造良好氛围。

【妇幼保健】 按照《国家基本公共卫生服务规范》抓服务工作落实，惠来县全年产妇数20126人，建卡人数18345人，建卡率91%；孕产妇系统管理率91%；产后访视率91%；全县孕产妇死亡1人。全县活产数20182人，7岁以下儿童保健管理率95%，3岁以下儿童系统管理率95%；新生儿访视率91%；5岁以下儿童死亡率2.87‰；婴儿死亡率2.08‰；新生儿死亡率1.5‰；母乳喂养率

95%；新生儿破伤风0人。推进农村妇女重点妇科免费健康检查（包括“两癌”筛查），省级精准扶贫“两癌”筛查完成2000例；全县累计完成农村妇女免费“两癌”筛查1万例，为患有子宫肌瘤、乳腺增生等妇女提供初步诊断、治疗、咨询、转诊和后续随访服务。

【卫生监督执法】 加大惩治非法行医专项行动力度。2017年，出动卫生监督执法人员230人次，车辆46车次，检查各类医疗机构70家次、药店40家次，取缔“黑诊所”4家，查处违法案件7宗，实施行政处罚款2.10万元。拆除非法广告牌，没收非法药品一批。开展公共场所卫生日常监督工作。全年出动卫生监督执法人员285人次，车辆62车次，检查美容美发店72家、宾馆9家次、生活饮用水厂20家次、桑拿沐足室13家次、住宿场所10家次、歌舞厅5家次、学校卫生26家次。检查学校及学校周边环境卫生，发出预防登革热宣传资料2000份及“创文创卫”宣传资料5000份。责令5家理发室限期整改，发出卫生监督意见书38份，换发卫生许可证97份。

【献血工作】 全年总献血量51万毫升。县卫计局组织该系统150名干部职工和医务人员参加集中献血活动，献血总量6800毫升。对2016年度献血工作突出前十名单位和累计献血量1400毫升以上个人94名，进行通报表彰，并举办表彰先进座谈会。

【基础设施建设】 抓好隆江镇中心卫生院、周田镇卫生院分别升级为第二人民医院、第三人民医院、新（改）建13家镇卫生院（分院）和县卫生应急指挥中心、48家村卫生站等基层基础设施建设，改善医疗卫生条件，截至2017年，投入6000万元。

【医疗业务管理】 2017年，全县医疗机构诊疗量52万人次，出院7万人次，业务收入4亿元，同比分别增长27.5%、6.4%和21.8%。

【队伍建设】 2017年，县卫计局通过高校现场招聘、社会公开招聘形式，招聘医务人员209人，其中县级医疗卫生单位32人，镇级卫生院161人（其中聘用定向培养生6人）、病残吸毒人员收治中心16人。投入培训经费20万元，组织开展全县卫生技术人员全员培训班。培训班安排8个专题，12个班次，邀请市医学会专家授课。参加培训对象为各医疗卫生机构卫技人员，包括妇幼保健员、村医、个体医和新招聘的卫技人员，参加培训人员1400人次。

【医改工作】 惠来县制订《惠来县域医疗联合体建设实施方案（试行）》，确定医疗联合体组织模式及工作任务和医联体单位职责分工，分步骤、分阶段推进实施。以县级公立医院（县人民医院、县慈云中医院、县妇幼保健院）为牵头单位，联合基层卫生院及所属村卫生站组成医疗联合体，进行实施试行阶段，通过开展医师多点执业、业务指导、提供技术帮扶、搭建远程会诊平台、实行医务人员免费进修、开展重点专科协同建设、区域信息联网、双向转诊绿色通道等举措，实现医联体内分级诊疗、资源共享。县人民医院与39互联网医院、揭阳市人民医院建立远程会诊服务，与南方医科大学珠江医院、汕头市中心医院签订医疗联盟合作协议。县慈云中医院与佛山市中医院、广东省三九脑科医院签订医疗合作协议。

【计生工作】 开展免费孕前优生健康检查，加强怀孕夫妇风险意识，减少新生儿出生缺陷发生。加强流动人口服务管理工作。针对惠来县流出人口较多实际，加强同流入地卫计部门信息交流，促进信息资源共享，方便开展服务和管理。建设卫生计生宣传阵地。对15个镇场和272个村（社区）卫生和计生宣传栏按“五个统一”标准进行整合新建。建设投入资金200万元。改善待遇稳定基层计生队伍。县卫计局从2017年10月起，每月给予基层计生办电脑员200元作为交通补助，提高基层计生人员待遇，稳定基层计生队伍。

【行风建设】 推进“两学一做”常态化。组织开展“树立前列意识，建设健康惠来”为主题学习教育活动，创建“共产党员先锋岗”，落实189名党员参加“两学一做”和“学报告、学党章”考学活动，参学率和满分率100%。加强理论学习。深入学习党的十八届七中全会、党的十九大精神、县委第十二次党代会精神，提高干部职工政治理论水平。抓好理论学习中心组专题理论学习，提高领导班子理论水平和行政能力。抓行风建设。在全系统开展服务窗口“微笑服务”活动。抓职业道德教育。对新上岗卫技人员进行职业道德规范培训，倡导和弘扬奉献精神，恪守职业行为规范，促进医护人员自觉地为患者提供优质服务。配合省卫生计生信访系统和市县“12345”市民服务热线，及时处理省、市、县转来信访、咨询件25件。

（县卫生和计划生育局）

惠来县人民医院

【概况】 医院在岗人员803人，其中在编人员445人，聘用人员358人。全院卫生技术人员597人（注册医师176人、护士310人、其他医技人员111人），行政后勤人员206人；正高职称1人，副高职称27人，中级职称105人，初级职称464人；原始学历为本科70人，研究生学历2人。

【医疗业务】 2017年1—12月，全院业务总收入20439.73万元，其中药品收入7117.17万元（药占比34.8%），同比分别增长16.7%和11.4%（药占比下降1.7%）；总诊疗人次数14.76万人次、出院病人数2.70万人次，同比分别增长2.6%和5.7%。设置门诊专家诊室，提升门诊诊疗能力。在门诊6楼设置专家诊室，由普外科、骨科、神经外科、泌尿外科专家轮流坐诊；重新改造装修原发热门诊，设置美沙酮门诊和发热门诊。引入医疗服务团队，提升外科诊疗技术。3月15日，与南方医学院附属珠江医院成立微创技术中心，由珠江医院派出专家到县人民医院驻点，对普外科（胃肠、肝胆）、泌尿外科进行手术带教。普外科开展微创手术主要有腹腔镜下胆囊切除术、肝叶切除术、消化道穿孔修补术、直（结）肠癌根治术等；泌尿外科开展微创手术主要有经尿道行输尿管镜前列腺电切术、钬激光碎石术、膀胱肿瘤电切术等。开展“‘精准扶贫送真情·专家义诊暖人心’免费医疗救助活动”，即对行微创手术部分患者（特困户、五保户、低保户）减免医疗费用。自微创中心成立至11月30日，开展微创手术268例，由珠江医院教授带教26例，自行开展手术242例；优惠患者13例，优惠金额3.90万元。引进特设岗位人才，推进专科专业化建设。引进骨科、新生儿科、妇科3个学科专家到医院实施为期一年临床带教。2017年1—12月，骨科会诊病例155例、带教手术62例（如椎体成形术、全髋关节置换术）、授课5场次；新生儿科会诊病例220例、指导新生儿复苏细节及灌输诊疗新理念。2月27日、3月7日，新生儿科收治2例早产儿肺透明膜病，揭阳市人民医院新生儿科专家全程指导县人民医院新生儿科医务人员对2例新生儿救治，2例婴儿全部治愈出院。省组织部智力扶贫，下派揭阳市人民医院神经外科专家黄正华到医院驻点带教，其间，会诊疑难病例98例、开展手术带教16例。开展诊疗新技术，提高临床诊治效果。县人民医院新生儿科于2017年10月开展脐静脉置管术，成功穿刺留置管3例，成功护理3例；血液净化中心添置血液透析滤过机，为“顽固性高血压、水潴留、低血压、高血溶量性、心力衰竭”透析患者大大减少并发症，提高生活质量，延长生存率，降低死亡率。坚持日常业务查房，落实临床诊疗规范。医护部门坚持日常业务查房，到各临床科室检查诊疗规范、医疗核心制度落实情况等。2017年1—12月，医护部门查房102场次、查阅病历963份，甲级病历95%。为加强临床各科室诊疗规范，购置《临床诊疗指南》《临床操作技术规范》书籍2套、36册，分别发放到各临床专科，指导日常诊疗规范。发扬团队协作精神，做好应急救治工作。对急诊接收急危重症病例，多科协作、同步实施抢救，在危险时刻彰显党员先锋模范作用。如2017年10月21日，产科住院部收治一名来自惠来县华湖镇丁田村产妇，其患有临床上罕见、极其棘手凶险型前置胎盘、胎盘植入，一旦手术将发生致命性大出血，加上患者既往有二次剖腹产史，盆腔解剖不清，更增加手术难度。县人民医院妇产科、外科、手术室医护人员现场联合抢救8个小时，最后抢救成功，产妇化险为夷。出院后患者家属给产科送来“医术高明，医德高尚”字样锦旗；《揭阳日报》也对事件进行专题报道。此外，在应急抢救诊疗中，为弱势群体、无名氏病人垫付医药费用18.38万元。

【人才队伍建设】 采取“送出去、走进来”方式，多途径提升专业技术人才队伍素质。2017年1—12月，院内举办学术讲座28场次，培训人数1950人次；派送参加上级部门短期培训182人次；选送到广东省人民医院、广州军区陆军总医院、珠江医院、揭阳市人民医院进修33人，涉及彩超（心脏）、骨科、麻醉科、消化内镜、血液透析、手术室、供应室、新生儿科等专业；广州医科大学附属第二医院作为县人民医院技术指导医院，3月，派11名医生到县人民医院下乡驻院带教，涉及专业有放射、急诊、心电图、神经内科、心血管内科、血管外科、泌尿外科等；对新招聘护理人员进行岗前培训和考核，操作技术培训办班12场、629人次，逐人考核，合格率100%；对医院规章制度、管理规定等法律法规培训20场次，参加人数929人次；组织“三基”考核2场，合格率96％。鼓励在职人员参加提升学历函授学习，2017年大专毕业34人，本科毕业2人，通过校园招聘和市县统一招考两种方式招聘专业人才，校园招聘本科生7人，其中临床医疗专业6人、药学1人；市县统一招考本科生4人，其中中文专业2人、会计专业1人、计算机1人，中专护理2人；自行招聘护理应届毕业生39人，其中大专4人、中专35人。

【医联体建设】 为推动远程医疗服务持续健康发展，优化医疗资源配置，实现优质医疗资源下沉，提高医疗服务能力和水平，分别于2017年3月9日与揭阳市人民医院签订《揭阳市远程医学影像诊断合作协议书》、2017年7月22日与南方医科大学珠江医院普外科（肝胆外科、胃肠外科）、泌尿外科合作，签订“珠江专科医疗联盟”、2017年10月26日与汕头市中心医院建立心血管专科联盟合作协议书、2017年3月28日，与隆江镇中心卫生院、葵潭镇中心卫生院签订《揭阳市远程医学影像诊断合作协议书》。2017年9月30日，根据惠来县卫计局关于推行惠来县卫生系统医联体建设要求，县人民医院负责县域西片区7所卫生院。先以隆江镇中心卫生院、葵潭镇中心卫生院为试点，建立帮扶合作关系。主要任务：对转来患者实行优先安排住院就医绿色通道；免费为其培养业务骨干；实行科室间战略联盟，如与隆江镇中心卫生院妇产科、儿科，与葵潭镇中心卫生院外科形成科室联盟，定期派驻业务骨干到联盟科室进行带教、查房、授课等业务指导。

【医护带教】 做好基层进修人员及各院校实习生带教工作，如制订带教计划、人员分布安排、专人带教等。2017年，做好各卫校52名实习生毕业实习鉴定和考核工作，并接受揭阳、潮州、黄埔卫校实习生68人进行临床实习，接受卫生院进修学习5人。

【行风建设】 落实药品零加成和降低检查价格。2017年1—12月，县人民医院取消药品差价让利患者1054.52万元；通过调整降低大型设备检查费和检验费让利222.41万元。落实基药使用制度和实施平价门诊。2017年1—12月，全院基本药物使用平均率44.5%；在门诊4个科室推行平价诊室，实施平价药包，累计8016人次受益，占门诊总量6%，人均费用100元，比普通门诊人均费用减少104元，1—12月，减免患者各类医药费用833664元。推进优质护理服务，提升护理服务质量。全院在13个病区中开展优质护理服务，并在10个优质病区中实行医护联合查房，同组管理病人，促进医护及护患关系改变。2017年9月，引进“广州安贝玺医院后勤服务管理有限公司”，开展护工服务（先在产科、骨科、心血管内科三个优质病区先试行），“归还”及支持临床护理工作，真正把时间还给护士、把护士还给患者，更好提升护理服务。每月进行满意度调查2次，调查对象为临床出院和入院病人，病人平均满意度97%；医护人员拒收红包2次。

【基础设施建设】 购置医疗设备。县人民医院

2017年投入资金4533万元购置医疗检查设备和临床基本配套设备，分别有核磁共振成像系统1套（属县人民医院首次购置大型医疗设备，填补惠来县此项设备空白）、消毒供应设备（服务能力、功能级别居全县首位）、腹腔镜系统设备各1套、钬激光治疗仪1台、监护仪66台、输液泵30台、注射泵25台、脉氧仪15台、空气消毒机9台、除颤仪5台、呼吸机4台、麻醉机2台、快速血气分析仪、彩超机、可视妇产科手术仪各1台等。改造业务用房。改造装修核磁共振操作用房和消毒供应中心，两个项目预算造价48万元。核磁共振（MR）检查于2017年12月1日开诊。消毒供应中心于2017年11月30日完成搬迁并投入使用，实现集中管理模式和全程质量管理，质量可追溯；能满足日均2000位病人和200台手术医疗护理工作任务。建设污水处理系统。为规范医疗废物处置，建设污水处理站，项目预算造价225.98万元，完成招标程序，工程进入施工阶段。

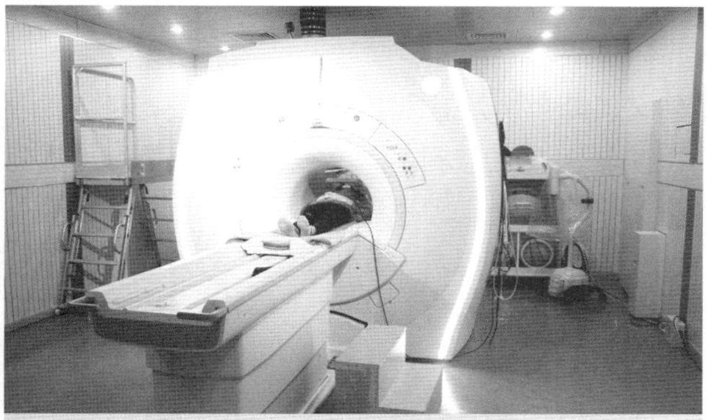

12月1日，惠来县人民医院医疗设备核磁共振正式开诊　（方映飞　摄）

11月30日，惠来县人民医院消毒供应中心搬迁启用　（方映飞　摄）

【信息化建设】　升级医院门诊挂号收费系统，规范门诊收费工作。启用HIS系统电子医嘱功能、更新药房、药库、发药、领药、价格等功能对接，完成电子病历系统调试后于6月开始正式投入使用运行。改善网络基本建设、线路检修、优化、对网络资源进行整合重新分配，做到专线专用，按需、合理分配。对全院所有电脑设备进行MAC及IP登记，对接入互联网设备实行MAC认证+用户名密码分配制度，提高网络信息安全，避免因黑客入侵及外来因素造成涉密损失。建立本院软件系统测试平台，对新上线软件进行应用前安全测评及功能调试，保证新软件能顺利投入使用。安装车场收费管理系统，规范院内车辆收费管理工作。

【综合治理】　结合县人民医院实际，对停车区域进行实地勘察、精心策划，有效规划院内停车场车位，并投入23万元配置相应车辆管理设施设备，设置车辆标示牌，加大巡视和管理力度，促使车辆出入、停放有序，循环良好。落实和完善治安防范措施，降低刑事案发率。2017年，保卫股协助警察处理交通事故11起；协助院内科室处理医闹纠纷4起；协调各类突发事件15起、患者纠纷46宗；抓获小偷1人。

（黄俊英）

县慈云中医院

【概况】　2017年，县慈云中医院发挥广大员工参与创建广东省文明县城、广东省卫生县城积极性，把医院建成“双创”标兵单位。通过深化医院改革，提高干部职工整体素质，提高技术水平和服务质量，打造服务品牌，增强核心竞争能力和发展能力；通过采取为民、便民、利民措施，为患者提供优质、高效、安全便捷和经济医疗服务，满足广大患者医疗卫生需求，完成年初制订业务指标。

【业务指标】　2017年，业务收入7576.59万元，比增4.6%；门急诊服务量78697人次，比增18.9%；出院人数7523人次，比增1.6%；开展各类手术658例，比增2.3%。

【突出特色】 为加快推进中医药事业全面协调发展，为广大患者群众提供优质、满意中医药服务，医院创新服务方式，重点打造“精品中药房”建设，对中药房、煎药室改造升级，开辟煎药室，配套集中药煎药与包装于一体全自动煎药设备，为患者提供有偿代煎服务，减少就诊患者回家煎药麻烦，集中处置药渣，助力惠来县创文工作。县慈云中医院中药房有：中药饮片、小包装饮片、中药配方颗粒三种剂型，方便患者服用与选择。盛夏时期，为使就诊患者消解内热，医院由高年资中医师配方，挑选上等中药煎制凉茶，每天在门诊大厅免费供患者、群众饮用，给前来就诊患者送上一份清凉，深受就诊群众好评，供应量保证每天200人次饮用，体现县慈云中医院“大医精诚”“全心全意为人民服务”核心理念和中医药特色优势。

【内涵建设】 规范医务人员医疗行为，做好依法执业。组织医务人员学习卫生法律法规和医院规章制度，结合“公立医院综合改革绩效评价”活动具体要求和实际，针对工作中存在问题开展自查自纠，制订整改措施，促进医院管理工作制度化、规范化、科学化。落实首诊负责、三级医师查房、疑难病例讨论、危重患者抢救、术前讨论、死亡病例讨论、交接班等核心制度工作。执行《病历书写基本规范》，提高病历质量。加强“三基三严”训练，组织医护人员业务学习，传输新知识，训练业务技能。开展理论知识学习与考试、业务技术训练与比武工作，在全院营造重学习、重安全、重质量、重技术、重服务、重实效氛围。召开医疗质量和医疗事故分析会议，分析医疗事故原因，完善制度，改进管理，提高技术水平。组织全院学习经验性总结，以保障医疗质量和医疗安全。2017年，医疗（护理）部门组织业务学习、技能培训26场次。落实处方点评制度，对处方实施动态监测及超常预警，对不合理用药及时予以干预。院部出台文件，规范和限制抗生素使用，加大对超药占比处罚力度，落实抗菌药物分级管理制度，明确各级医师使用抗菌药物处方权限，处理不合理使用抗菌药物医务人员，促使临床用药安全、有效、合理。通过制度建立和实施，10月全院药占比28.9%，创历史新低。

【便民利民】 2017年7月12日，县慈云中医院在康复理疗科举行“冬病夏治——三伏贴”义诊活动，为群众赠送药品，受到广大群众好评。活动为678名患者诊病，为559名群众赠送药品，赠送药品、耗材、治疗费23000元，发放三伏贴健康知识宣传手册1800份。与广州中医药大学第一附属医院、省知名医疗专家教授、县中医药学会等单位联合举行义医义诊活动。联合义诊活动方便惠来县患者得到上级专家诊疗。医院凭借自身优势，外引内联，争取医疗资源解决人民群众反映突出问题，以实际行动服务广大群众。2017年，在县慈云中医院开展义诊活动2场次；深入葵谭镇吉成村、惠城镇林樟村开展义医义诊活动各1次。义诊活动接收群众就诊咨询2674人次，为1728名患者诊病，免费为742名群众做心电图、B超、X光、检验等检查。免去诊金（挂号费）46744元，药品检查费34948元，免费发放健康知识宣传手册4260份。

【创文创卫】 为迎接惠来县创文创卫测评迎评迎检工作，从宣传氛围、志愿服务、防烟控烟、安全保障、医疗环境、便民服务等方面入手，从每一个关乎医院形象和服务质量细节出发，为前来就诊患者营造良好就医环境，让患者从医院环境到医疗服务质量上，感受到医院文化，也让以院为家职工们感受医院人文管理，把迎接创文创卫工作转化为增加医院文化氛围，提升服务质量契机。2017年11月22日，县慈云中医院被揭阳市委、市政府评为“揭阳市创建文明工作先进集体”。

（林秋文）

◆ 惠来县医药总公司

【概况】 2017年，医药总公司着力加强医药行业管理和医药资源调查，规范医药市场流通秩序，抓好药品规划开发、储备、调度、生产和经营服务工作。在指导属下公司经营上，推行目标管理责任制，发挥国有企业主渠道作用，注重医药信息采集和调查研究，及时指导经营企业调整经营策略，更好地服务于属下经营企业，为企业创造良好经营环境，推动企业提高经济效益和社会效益。

【药品经营】 2017年总公司商品流通各项经济指标：购进总额1061.19万元，占年度计划106.11%，比去年同期增长27%；销售总额976.88万元，占年度计划85%，比去年同期增长15%；上缴税金12.94万元；费用支出84.44万元，比去年同期减少2%。县药材供销公司各项经济指标：总购进713.03万元，总销售648.25万元，上缴税金9万元，费用支出52.40万元；县新药特药公司各项经济指标：总购进348.15万元，总销售328.24万元，上缴税金3.94万元，费用支出32.03万元。

【创文创卫和"五城同创"】 总公司高度重视创文创卫和"五城同创"工作，履行工作职责，成立创文创卫活动领导小组和"五城同创"领导小组，明确分工，落实责任，加强对总公司及属下各公司、门市周围环境卫生整治、"门前三包"责任落实等方面管理、指导和监督，开展创文创卫宣传、创文主题日活动和创文创卫志愿服务等；组织投入人力、物力、财力，到结对帮扶挂钩点东陇镇开展"五城同创"相关工作，持续推动创文创卫和"五城同创"各项工作深入开展。

【禁毒工作】 按照县委县政府有关禁毒工作要求，总公司组织开展禁毒宣传教育，选派专人参加东陇镇驻镇禁毒工作组，协助当地党政开展禁毒相关工作。2017年11月2—9日，总公司抽调10人配合县有关部门到挂钩镇开展禁毒排查清理行动，推动当地禁毒工作持续深入开展。

【精准扶贫】 总公司贯彻执行县委县政府有关精准扶贫工作部署，组织开展结对帮扶工作，选派专人进驻帮扶挂钩点东港镇渡头村，协助当地党政开展相关工作。在对该村帮扶对象深入调查摸底基础上，健全完善帮扶对象个人信息台帐、信息卡等资料；投入资金8万元，为该村建设精准扶贫宣传栏1个，改建精准贫困户危房1处，配套完善广场护栏等公共设施。总公司领导班子组织对该村精准贫困户进行慰问，协助该村精准贫困户早日脱贫。

（县医药总公司）

◆ 劳动就业和社会保障

【就业创业】 搭建就业创业平台，举办惠来县2017年"南粤春暖"暨"精准扶贫"用工招聘会和高校毕业生就业招聘会20场次，进场招聘有县内外企业580家次，提供待聘岗位5100个，达成就业意向3800人，其中贫困家庭劳动力260人。接受就业政策、维权指导、务工常识等咨询1.30万人次，发放《公共就业服务指南》《企业简介》和《就业创业政策宣传》等资料5.80万份。做好就业困难人员登记确认，掌握就业需求，分类提供有针对性就业服务，鼓励城镇失业人员、高校毕业生自谋职业、创业办业，提供政策帮扶。2017年，全县支出就业专项资金1195.70万元，其中：技能晋升培训补贴776.70万元，就业创业资金补贴419万元。按照《揭阳市失业保险支持企业稳定岗位工作实施意见》，促进企业稳岗就业工作，为县自来水公司等8家企业提供失业稳岗补贴62.90万元。

【城乡劳动力技能晋升培训】 开展电子商务人才培训，实施技能鉴定培训与大讲堂培训相结合，全县培训电子商务人才4350人。开展职业技能晋升培训，县就业培训中心联合县公安局在县戒毒所举办戒毒人员职业技能晋升（美发师）培训班3期，培训人数315人，驾航驾校等社会培训机构举办汽车驾驶员、汽车修理工培训，培训汽车驾驶员、汽车修理工1809人。

【贫困家庭劳动力技能培训】 以举办电子商务人才培训为主，把精准扶贫对象参加电商培训任务指标分解下达到各镇场，由镇村二级组织发动生源，县人社部门会同扶贫办落实职业技能培训机构送教下乡，组织有劳动能力贫困人员就地就近参加技能培训，2017年，培训建档立卡劳动力贫困人口3325人，扩大培训覆盖面。

【公益性岗位安置】 开发公益性岗位，2017年，提供公益性岗位安置精准扶贫对象24人，主要从事保洁员、市场协管员、交通协管员、保安以及公共设施养护等，公益性岗位工作取得实质性进展。

【贫困家庭技校学生生活补贴】 与扶贫办进行信息比对，并经审核确认，全县111人符合申报生活费补贴资金条件，发放地方配套资金补贴26.64万元。

【企业职工基本养老保险】 把企业养老保险扩面征缴工作作为人社工作主抓手，根据市局工作部署，牵头县财政、地税、市场监管、总工会拟订《惠来县推进企业养老保险扩面征缴工作方案》，加强工作责任，把灵活就业人员以及民办学校、民办医院、社区诊所、汽车运输、海洋捕捞等从业人员和机关事业单位政府购买服务人员列为扩面征缴范围。在抓好正常生产经营企业按月缴费同时，抓住灵活就业人员可办理一次性补缴政策契机，全力发动，增加保费收入，提高参保率。开展企业养老保险扩面征缴专项检查，做好企业参保登记，促进企业养老保险工作规范化。按照上级政策规定，调整提高企业退休人员养老待遇，2017年，惠来县企业退休人员人均月增116.90元，调整后企业退休人员人均月养老待遇水平1733元。全县企业养老保险参保人数33245人，征收企业养老保险费15196万元。工伤、失业保险累计参保人数25105人和3.60万人。

【城乡居民社会养老保险】 抓城乡居民社会养老保险续保缴费、信息录入、到龄转领待遇、资格验证等工作，做好城乡居民养老保险领取待遇人员生物特征信息采集，促进城乡居民养老保险工作管理规范化。根据省厅统一部署，调整提高城乡居民养老保险待遇水平，城乡居民基础养老金标准提高到每人每月120元。2017年，城乡居民养老保险累计参保人数403256人，缴费人数18.40万人。

【城乡居民基本医疗保险】 做好城乡居民医疗保险费征缴工作，把征缴任务分解下达到各镇场，要求各镇场抓早行动，组织征缴，加强督查，有序推进。2017年，城乡居民医疗保险参保人数931943人，生育保险累计参保人数40120人。

【社会保险精准扶贫】 经数据比对，全县有贫困人员494人达到法定退休年龄因欠费未能领取城乡居民养老待遇，县人社部门争取由政府出资18.60万元代缴参保费，确保符合条件贫困人员100％按时足额领到养老待遇。主动协调民政、财政等部门，由政府出资515.56万元为全县贫困人口34304人缴纳基本医疗保险费。做好贫困人员参保缴费服务，开通贫困人员中途参加医疗保险缴费绿色通道，从参保缴费次月起享受基本医疗保险待遇，2017年，为贫困人员中途参加医疗保险缴费1912人，确保贫困人口100％参加城乡居民医疗保险。

【劳动关系】 开展劳动用工检查，做好劳动合同查漏补缺，促进全县用工单位劳动合同签订工作规范化。2017年，全县各用人单位累计签订劳动合同9331份，签订率95%，集体合同签订33家，签订率82.5%。

【劳动监察执法】 建立健全工作制度，把信访工作当作监察执法关键，做到重心前移，接受群众举报、投诉案件，调处劳资纠纷、尤其是拖欠农民工工资纠纷，化解社会矛盾。2017年，检查各类用人单位329户次，涉及劳动者1347人。受理上访投诉以及“12345”转入等各类纠纷投诉案件117宗，调结率100%，清欠工资507万元，涉及劳动者528人。

【宣传和信息】 开展人力资源社会保障政策宣传活动，通过委托广州天梯文化传媒有限公司制作社会保险宣传动漫片在县电视台、各镇有线电视播放，租用LED广告位、利用电子显示屏、启动网站媒体、借助今日惠来微信平台、悬挂宣传横幅、发放宣传资料、深入镇场、走进戒毒所开展现场咨询服务等宣传活动，使广大群众了解人社政策，了解养老保险和医疗保险缴费标准、政府补贴和待遇情况，提高参保积极性。2017年，开展人社政策宣传活动5场次，发放各种资料18项、28万册，现场解答群众咨询4100人次。编印《人社信息》，反映人社工作动态；在人社门户网站发布人社各类信息。编印《人社信息》5期，在人社门户网站发布各类信息63条。

（柯洪昌）

◆ 民政

【概况】 惠来县民政局是县政府组阁局，主要职能有：优抚安置、救灾救济、城乡低保、特困人员供养、孤儿和事实无人抚养儿童保障、残疾人两项补贴、社会救助管理、婚姻登记、收养登记、基层政权、社区建设、区划地名管理、殡葬管理、社会组织登记管理、养老服务、民间组织登记管理和老龄工作等。县民政局内设人事秘书股、优抚安置股、救灾救济股、最低生活保障股、基层政权和社区建设股、区划地名股、社会福利和社会事务股、民间组织管理股和惠来县老龄工作办公室，下属事业单位有：县殡仪馆、殡葬监察队、救助管理站、烈士陵园管理处、福利院（包括儿童福利院、光荣院）、救助申请家庭经济状况核对服务中心、婚姻登记处、军队离休退休干部休养所、社会捐助接收工作站、福利彩票发行中心和民政服务公司。

【最低生活保障】 惠来县城乡低保工作，贯彻执行《广东省城乡居（村）民最低生活保障制度实施办法》，严格审批程序，规范管理，确保公开、公平、公正，应保尽保。至2017年12月，全县有城乡低保对象18525户、49764人，其中城镇3667户、7076人，农村14858户、42688人（其中精准扶贫对象低保家庭5390户、20188人）。2017年1月，惠来县城镇低保对象人月补差标准460元，农村低保对象人月补差标准226元，全年发放低保金15836万元，保障他们基本生活。投入资金1197.65万元为全县79851名低保、特困供养人员、孤儿、重度残疾人、建档立卡扶贫户等特殊群体办理城乡基本医疗保险。按照《惠来县城乡困难居民医疗救助制度实施意见》《关于印发〈惠来县城乡困难居民医疗救助制度实施意见〉补充通知》和《社会救助暂行办法》，实施医疗救助“一站式”结算服务、开展重特大疾病救助和临时救助工作，解决五保、低保、孤儿、城镇“三无人员”等城乡困难群体医疗和生活困难问题。全县15个镇、场社会救助服务窗口发挥作用，建立受理机制。2017年，救助城乡困难群众11384人次、3024.65万元，按规定给予“一站式”结算服务对象2978人次、789.04万元，重特大疾病837人次、324.5万元；临时救助151人次、83.8万元。

【优抚安置】 优抚安置政策全面落实。至2017年12月，全县享受抚恤补助对象7419人，全年下拨抚恤补助资金6109.2万元。三属（烈属、牺牲军人家属、病故军人家属）人员362人，在乡复员军人310人，带病回乡退伍军人2732人，伤残军人640人，参战涉核人员1672人，“五老”（老游击队员、老堡垒户、老党员、老交通员、老干部）人员404人。60周岁以上在乡或没有工作单位烈士（含错杀平反）子女69人。60周岁以上农村籍退役士兵896人，参加铀矿开采人员334人。全县52名历年安置退役军人遗留问题得到全面解决，保障退伍军人权益。全年下拨优抚对象医疗补助金346.70万元。现役义务兵军属优待金725人、450万元。2017年，接受退役士兵340人。2016年，退役士兵按照政策规定发放农村退役士兵一次性生产生活补助金和城镇居民一次性安置补助金359人、985.50万元，安置重点对象15人。成功举办“烈士纪念日”公祭活动。

【救灾救济】 树立“防大灾、抗大灾、抢大险、救大灾”思想，研究制订《2017年惠来县民政局救灾工作应急预案》，落实防灾抗灾救灾工作责任制。规划建设惠来一中新校区应急避难场所，加强对县烈士陵园、福利院、救助站应急避难场所管护等，为做好灾民转移安置工作提供后盾。2017年，投入资金165万元，为全县户籍人口和外地籍在惠来县工作人员办理“政府综合责任保险”。全县投保人数110万人，2017年，办理因灾致人员死亡保险2宗，赔偿20万元。

【特困人员供养】 至2017年12月，全县有特困供养对象2798人，农村特困供养对象2608人（集中供养46人），城镇特困供养对象190人。农村特困人员每人月供养标准692元，城镇特困人员每人月供养标准954元。2017年，下拨特困对象供养金1808.60万元，保障他们基本生活。

【孤儿生活保障】 落实孤儿和事实无人抚养儿童保障政策，按时足额发放孤儿和事实无人抚养儿童基本生活费。2017年，全县孤儿693人，分散供养538人、集中供养155人；事实无人抚养儿童1675人。从2017年1月起，分散供养孤儿基本生活费每人月880元，集中供养孤儿基本生活费每人月1450元；事实无人抚养儿童每人月津贴标准500元。2017年发放孤儿生活费851.9万元、事实无人抚养儿童基本生活费932.2万元，保障孤儿和事实无人抚养儿童基本生活。

开展贫困家庭18岁周岁以下儿童先天性心脏病“救心”活动，争取广东省慈善总会、广州军区陆军总医院为患者减免部分费用，2017年，惠来县组织22名18周岁以下心脏病患者到广州军区总医院施行手术治疗。

【残疾人补贴】 至2017年12月，全县符合两项补贴残疾人17188人，其中重度残疾人11465人、困难残疾人5723人。从2017年1月起，重度残疾人每人月护理补贴200元，困难残疾人每人月生活补贴150元。2017年，发放残疾人两项补贴3602.87万元。

【老龄工作】 至2017年12月，全县100岁以上高龄老人100人，80岁以上低保、五保和重点优抚对象1614人，80～99周岁老人25957人。从2017年1月起，全县100岁以上高龄老人每人月高龄津贴500元；给予80岁以上低保、五保和重点优抚对象每人月发放老龄津贴80元；给予80～99周岁老人每人月发放生活津贴15元。2017年，发放高龄津贴657.70万元。实施“银龄安康行动”，投入275.92万元（包括自费保和社会捐赠保），为全县105873位65岁以上老人（其中政府出资投保90040人、自付费投保13723人、社会捐赠投入2110人）投保意外伤害险，2017年，办理意外伤害险590宗，赔偿97.98万元。

【基层政权和社区建设】 根据“一法两办法”等法律法规，贯彻《中共广东省委办公厅、广东省人民政府办公厅关于做好2017年全省村（社区）“两委”换届选举工作的通知》等文件和省市有关会议精神，以坚持党的领导、发扬民主与严格依法办事相结合为基本原则，至2017年6月20日前，全县239个村委会和33个社区居委会全面完成换届选举工作，选出成员1464名，主任272名（主任中女性13名），副主任226名（女性3名），委员966名（其中妇女委员有291名）。村书记、主任“一肩挑”比例71.1%，“两委”交叉任职比例80.2%；居委会书记、主任“一肩挑”比例81.8%，“两委”交叉任职比例80.4%；村委参选率93.3%，居委参选率94.5%。全县239个村委会和33个社区居委会采用村（居）民代表选举方式，选出成员837名，主任272名，委员565名。在全面完成村（居）委会换届选举工作，根据有关规定，县民政局指导各地做好新老班子移交接工作和做好建章立制、立卷归档等工作。采取措施推进村（社区）村务公开民主管理工作，提高基层自治水平。

【殡葬管理】 全县各级贯彻执行国务院《殡葬管理条例》，加大推进殡葬改革工作力度，加强责任落实，加大巡查执法和监管力度，从源头上制止偷尸土葬行为，规范殡葬管理工作，推进殡葬健康发展。2017年，全县火化遗体3528具，火化率63.1%。全县减免城乡居民殡葬基本服务费用436.94万元。

【社会组织管理】 贯彻执行《社会团体登记管理条例》《民办非企业单位登记管理暂行条例》，依法办事，加强对社会组织管理指导，确保社会组织依法依规开展活动。完善审批制度，简化手续，方便登记。至2017年12月，依法成立登记社会组织291个，其中社会团体76个、民办非企业单位215个（2017年新增18个）。

【区划地名】 2017年，开展地名补查工作，收集和导入数据库地名信息7936条，建立图库连接，并通过验收。完成揭汕线惠来陆丰段界线联检工作。落实县创建“平安惠来”工作有关部署，以维护边界地区长期稳定和谐为宗旨，定期或不定期深入界线历史遗留纠纷隐患地开展排查活动，化解纠纷，维护边界平安。

【救助管理和收养登记】 贯彻执行《城市生活无着落的流浪乞讨人员救助管理办法实施细则》，加强对流浪乞讨人员救助管理工作，尤其是流浪乞讨未成年人救助保护工作，定期不定期组织人员深入县城主要街道和各地镇政府驻地开展救助专项行动，为流浪乞讨人员发放棉被、面包、矿泉水和盒饭等。2017年，救助社会流浪乞讨人员1005人次，其中站内救助767人次、街头救助238人次。办理收养登记2件。

【婚姻登记】 2017年，全县办理婚姻登记12372对，其中结婚11069对、离婚1271对，涉外结婚29对、离婚3对，合格率100%。

【社会捐赠】 2017年，全县接受社会捐款336.63万元，其中“6·30”广东扶贫济困日活动期间，收到捐款80.40万元。所有捐赠款，及时发放到受助对象和灾区群众手中。

（方冠濠）

◆ 残疾人联合会

【康复工作】 开展精准康复服务行动。一是开展“爱心扶残助你行”活动，做好残疾人辅具适配服务，加强用品用具规范化建设，投入资金15万元，配套用品用具辅助站居家无障碍展厅及辅具展厅，提高辅具适配服务能力,投入资金48.1万元；免费为残疾人发放轮椅、腋拐、血压计、收音机、放大镜等辅助器具366件。二是开展“爱心复明”视力康复白内障手术活动，免费为贫困白内障患者施行白内障手术1743例，其中争取香港狮子会出资100例。三是实施儿童康复救助项目，收训聋儿18名，培训家长18人，投入语训资金23.6万元；开展智障儿康复训练，救助在训康复儿童26名，社区、家庭康复训练105人,投入资金40.8万元。四是组织视力残疾人进行定向行走训练120人次，投入资金1.2万元。五是服务精神残疾人的药物康复，免费发放药品给精神残疾人150人，投入资金7.5万元。六是改善贫困重度残疾人的居住状况，对31户贫困重度残疾人家庭进行无障碍改造，投入资金15.5万元。

【教育就业工作】 开展残疾人教育就业工作，实施扶残助学培训活动。一是实施“南粤扶残助学工程”，协助7名残疾高考生做好报考就读工作，申报专项资金一次性为7名贫困新生发放助学金7.5万元。二是举办残疾人职业技能培训班，举办农村实用养殖技术、缝纫技术和成衣制作培训班，免费培训残疾人和残疾人专职委员80人，全县15个镇（场）残疾人专职委员全部聘用上岗，投入培训资金14.6万元，选送2名视力残疾人参加盲人按摩技能培训，并推荐就业工作。三是主动联系县人社局借助其招聘平台，发布就业招聘短信，联合在前詹镇、周田镇、惠城镇、鳌江镇、岐石镇举办5场次“南粤春暖”招聘会，走访登记失业残疾人家庭11户，推荐2名残疾人就业。四是办理残疾人证书，共受理办结残疾人证1578份，其中重度一、二级1419份，深入农村基层为25名残疾人现场评残定级办理残疾人证。2016年度入库残疾人就业保障金134.77万元。

【改善残疾人生活】 加大残疾人社会保障工作力度。一是为全县重度一、二级残疾人免费购买7134份医疗保险和7085份残疾人养老保险。二是争取“两项补贴”地方配套资金列入年度预算，确保按时发放，全年发放1557.216万元。三是开展“爱心助残送温暖”活动，利用春节前夕和助残日，深入贫困残疾人家庭，启动“迎春送温暖活动”和“助残日走访慰问活动”，共走访慰问贫、特残疾人930户，送出大米930袋，食用油930瓶及慰问金，投入资金52万元。四是建设“社区康园中心”4个，为精神、智障、重度肢体残疾人提供日间照料、工疗服务，投入资金45万元。

（庄锦彬）

人物 REN WU

◆ 2017年县委、县人大、县政府、县政协、县纪委领导班子成员及工作部门负责人名单

中共惠来县委员会

书　记：邱辉盛

副书记：贝继勤（9月止）　邱　鹏（9月起）

　　　　王一干

常　委：王一干　陈文新（正处级，9月止）

　　　　蔡桂君（女）　林士涛　陈江森

　　　　侯耿胜　吴少华　蔡俊锋（挂职）

　　　　方若辉　郑永彬　许茂伟（9月起）

办公室主任：郑永彬

办公室副主任：李镇城　陈　锋　郑锦城　林金烈

组织部部长：侯耿胜

副部长：高智辉　吴振旭（副处级，兼）

　　　　林奋彬　李冠华

县“两新”组织党工委书记：林奋彬（兼）

老干部局局长：杨少雄

宣传部部长：蔡桂君（女）

副部长：刘耿彬　黄裕兴　邱增奎

统一战线工作部部长：陈江森

副部长：黄光朝　方少辉　黄华忠

县人民武装部部长：林士涛

县人民武装部政委：赵　华

政法委员会书记：吴少华

政法委第一副书记：方义镇（兼，12月止）

　　　　　　　　　罗少鸿（兼，12月起）

副书记：方汉群　林禅庞　林坚鹏　方国强

县社会工作委员会主任：王一干

副主任：吴少华（兼）

　　　　方义镇（兼，12月止）　方定腾（专职）

直属机关工作委员会书记：林　娟（女）

机构编制委员会办公室主任：佘建辉

县委党校校长：侯耿胜

县委党校常务副校长：唐桂彪

接待办公室主任：林春晓

招商办主任：李统生

党史研究室主任：黄烈生
信访局局长：林汉宏
对台办主任：郑先鹏
县委政策研究室主任：陈合辉
县委新闻秘书：林楚明
总工会主席：林晓生
社会治安综合治理办公室主任：蔡焕城
县委维稳领导小组办公室主任：林禅庞
禁毒办公室主任：林英松
打击走私办公室主任：郑木全
工商联主席：方秀明
工商联常务副主席：方少辉
广播电视台台长：蔡荣娟（女）
外事侨务局局长：陈锦松
团县委书记：施坚贵
妇联主席：陈雪慧（女）
文联主席：黄艾睿
侨联主席：李荣忠
残联理事长：林柏龄

（县委组织部）

惠来县人民代表大会常务委员会

县十五届人大常委会组成人员名单（2016年10月22日选举产生）

主　任：黄镇城
副主任：郑明辉　黄少波　林炎春　詹炳东　李东升　方武德
委　员：蔡乐东　张光伟　林　辉　方立义　吴振鹏　何智松　张晓军　林立彬　蔡坚城　王木葵
黄绪鹏　林文坤　郑韶敏　陈焕程　高智辉　林　娟　陈雪慧　林晓生　施坚贵　戴文标
吴少文　陈美凤　林纯儿　方逸凡　张子仪　林美周　翁汉平　陈汉金　王文宏
代表资格审查委员会主任委员：詹炳东
法制工作委员会主任委员：黄绪鹏
财政经济工作委员会主任委员：何智松
农村农业工作委员会主任委员：蔡乐东
教科文卫侨务工作委员会主任委员：张晓军
选举联络人事任免工作委员会主任委员：林　辉
城乡建设环境与资源保护工作委员会主任委员：林文坤
办公室主任：李东升
法制工作室主任：吴振鹏
选举联络任免室主任：方立义
综合科科长：陈焕程

依法治县办公室主任：林立彬

（县人大办）

惠来县人民政府

县政府党组书记：邱　鹏（9月起）
县　长：贝继勤（10月止）
代县长：邱　鹏（10月起）
常务副县长：方若辉
副县长：方义镇（10月止）　吴俊平　许松青　方　瑛　蔡河水　邱　鹏（10月起）
罗少鸿（10月起，县政府党组成员9月起）
办公室主任：林朝阳
办公室副主任：吴少龙　连能进　林锦虹　胡文彬
发展和改革局局长：林水木
经济和信息化局局长：卢祖传（8月止）　陈填希（8月起）
教育局局长：方创辉
公安局党组书记：罗少鸿（9月起）
公安局局长：方义镇（10月止）　罗少鸿（10月起）
公安局督察长：方义镇（兼，9月止）　罗少鸿（兼，12月起）
公安局政委：方明和
监察局局长：方培坚
民政局局长：陈卓豪
司法局局长：林创生
财政局局长：陈永明
人力资源和社会保障局局长：吴振旭（副处级）
建设局局长：方少明
交通运输局局长：黄瑞雄
水务局局长：蔡汉春（8月止）　卢祖传（8月起）
环境保护局局长：吴少武
农业局局长：吴　拓（副处级，8月止）　林国强（8月起）
科学技术局局长：李文杰（3月止）　方思聪（3月起）
文化广电新闻出版局局长：林轶伦
卫生和计划生育局局长：黄烈纯（3月止）　陈创彬（3月起）
审计局局长：柯勤忠
统计局局长：黄汉松
海洋与渔业局局长：戎志彬
安全生产监督管理局局长：张玉顺
食品药品监督管理局局长：方思聪（3月止）　李文杰（3月起）
市场监督管理局局长：陈填希（8月止）　吴　拓（副处级，8月起）
综合政务服务管理办公室主任：林汉群

法制局局长：林学铭
档案局局长：蔡振顺
地志办主任：唐宝胜
市场物业管理局局长：杨文犓
城建局局长：张　宗
国土资源局局长：吴　纯
房管局局长：陈伟挺
公路局局长：林耿城（8月止）　唐　鹏（9月起）
民族宗教事务局局长：林少斌
能源局局长：林水木（兼）
统计局国家调查队队长：李冠槐
林业局局长：林国强（8月止）　林耿城（8月起）
体育局局长：陈泽华（女）
旅游局局长：谢振汉
县金融工作办公室：林锦虹（兼，3月起）
公有资产管理办公室主任：朱　晓
港口管理局局长：林炳城
科学技术协会主席：叶　瀚
进修学校校长：方武福
县人民医院院长：方国宏
县慈云中医院院长：方伟忠
汽车运输总公司总经理：方木金
县政府机关事务管理局局长：陈贵明
社保基金管理局局长：吴汉锋
环境卫生管理局局长：林俊新（1月止）　黄洪钊（1月起）
公安森林分局局长：林烁武（9月止）　吴雪文（12月起）
物价局局长：周汉洲
粮食局局长：柯永华
疾控中心主任：吴俊秋
惠来一中校长：陈汉生
广播电视大学校长：林泽弟
人民防空办公室主任：陈泽生
应急办公室主任：黄汉羽
扶贫办主任：方森松
食品药品监督管理局稽查局局长：黄武平（12月起）
县妇幼保健计划生育服务中心主任：翁汉平
畜牧兽医局局长：方文壮
卫生监督所所长：朱俊亮
动物防疫监督所所长：林开盛
广东渔政总队惠来大队大队长：陈文忠

交通运输总公司负责人：黄和强
水上运输公司：陈金正（副经理，主持全面工作）
粤东航道局惠来航道站站长：方巧玉
三防办公室主任：蔡惠生
自来水公司经理：方文和
石榴潭水库管理处主任：王和林
船桥水库管理处主任：陈俊彬
惠陆鳌江水闸管理处主任：王著群
乡镇企业管理办公室主任：陈炳贵
拍卖行经理：吴天明
国家税务局局长：周建伟
地方税务局局长：马俊凯
气象局局长：翁汉民
供电局党组书记：方少宏
供电局局长：杨文彪
烟草专卖局局长：张华伟
盐务局局长：黄锦清
邮政局局长：方奕群
电信惠来分公司总经理：黄辉波
移动惠来分公司总经理：林炳春
联通惠来分公司总经理：刘少中
人民银行惠来县支行行长：林振群
惠来县农村信用合作联社理事长：李泽瑜
工商银行惠来县支行行长：林界芜
农业银行惠来县支行行长：林朝文
农业发展银行惠来县支行行长：刘建兵
建设银行惠来支行行长：戎光强
交通银行惠来县支行行长：方东升
惠来县外汇管理局局长：李崇武
揭阳银监惠来办事处主任：高海涛
邮政银行惠来县支行行长：钟慧珊
人民财产股份有限公司惠来支公司经理：马永清
人寿保险股份有限公司惠来县支公司总经理：陈迎阳
食品集团公司总经理：吴少文
医药总公司总经理：许继志
手工业联社主任：方东升
农机局局长：林坤涛
供销联社主任：方义生
工业总公司经理：方俊成
供销综合贸易总公司总经理：吴俊君

商业集团公司总经理：方锦源
中旅社总经理：许怀顺
物资总公司总经理：方卓明
进出口贸易公司总经理：柯金弟
食品进出口公司经理：林钦鹏
对外贸易公司经理：崔东广
抽纱公司经理：林玉利

（县委组织部）

中国人民政治协商会议惠来县委员会

主　席：周惠琴
副主席：黄华亮　陈　局　黄烈纯　蔡汉春　吴少玲（女）　郑龙彬
常务委员：于文忠　王永华　元穗滨　方木金　方少辉　方汉廷　方江坤　方坚生　方明进　方泽濠　方镇生　朱哲凯　朱锦溪　庄兴潮　庄金项　李天龙　李统生　杨俊城　吴洪兴　何宝元　张　斌　张汉飞　陈少霞（女）　陈明利　林八弟　林少群　林伟洲　林奋彬　林凯璇（女）　林钢键　林雪娟（女）　林淑琼（女）　罗海平　周锡河　郑祖奕　胡振木　胡晓辉　柳俊奎　翁振潮　唐玉利　唐松林　唐俊德　黄加创　黄光朝　黄秀长　龚杰盛　傅德武　释传正　谢惠华（女）　蔡琼瑛（女）

（惠政协［2016］5号）

教科文卫体委员会主任：黄华亮
提案委员会主任：陈　局
社会法制与宗教委员会主任：黄烈纯
港澳台侨委员会主任：蔡汉春
文史学习委员会主任：吴少玲（女）
经济委员会主任：郑龙彬

（惠政协［2016］7号）

办公室主任：朱锦溪
组织联络科科长：黄克胜
文史资料科科长：詹太鹏
综合科科长：朱文忠

（县政协办）

中共惠来县纪律检查委员会

书　记：陈文新（正处级，9月止）　许茂伟（9月起）
副书记：方培坚　许文耿
常　委：方少康　黄秀华（女）　林卓然　方荣顺
办公室主任：方荣顺
干部室主任：孙少宏

宣教室主任：黄锦喜

党廉室主任：方楚坤

信访室主任：吴丰瑞

案件监督管理室主任：林惠如

第一纪检监察室主任：方宝民

第二纪检监察室主任：林玉辉

第三纪检监察室主任：方泽波

审理室主任：黄云梦

派驻第一纪检组组长：杨炳深

派驻第二纪检组组长：方俊洪

派驻第三纪检组组长：黄少葵

派驻第四纪检组组长：方汉林

派驻东片纪检组组长：蔡文聘

派驻中片纪检组组长：方伟烈

派驻西片纪检组组长：史向东

（县纪委办）

根据惠委发〔2017〕2号文，惠来县成立县委巡察领导小组，组长由县纪委书记担任，副组长一般由县委组织部部长担任，成员由联系巡察工作的县纪委副书记、县委组织部副部长、县委巡察办主任组成。

根据惠组干〔2017〕7号文：

县委巡察办公室主任：方荣顺（兼，7月起）

县委第一巡察组组长：吴勇秋（7月起）

县委第二巡察组组长：朱炳周（7月起）

县委第三巡察组组长：陈奋腾（7月起）

县委第四巡察组组长：黄宏强（7月起）

县人民法院

院长：刘福森

副院长：许文龙　黄大鹏　陈振明

县人民检察院

检察长：陈哲鑫

副检察长：陈志平　王加辉　林洲明

反贪局

局长：林洲明

汕头海关驻惠来办事处

主任：李　涵

揭阳检验检疫局惠来办事处

主任：魏道生

惠来海事处

处长：佘世平

粤电靖海发电有限公司
总经理：李方吉

（县委组织部）

◆ 全国、省、市人大代表名录

【全国代表】 黄丽蓉（女）
【省代表】 林旭群 黄少贤 黄世命（女） 廖 伍（女） 魏 强
【市代表】 王和林 王宝顺 王冠敏（女） 王银芳（女） 元明佳 贝继勤 仇山珊 方少辉 方永清 方创辉 方江坤 方国宏 方俊强 卢秀庆 史典和 李方吉 李秋松 杨秀娥（女） 杨俊奇 杨俊斌 吴汉鹏 吴杰展 吴俊秋 吴舜娃（女） 吴群燕（女） 邱辉盛 沈航燕（女） 张华伟 陈天才 陈巧霞（女） 陈兰芳（女） 陈汉生 陈秋贤 陈俊昌 陈晓红（女） 陈雪慧（女） 陈铭鸿 陈楚衡 林旭群 林卓荣 林美珍（女） 林美玲（女） 林 镇 林燕芬（女） 欧阳丽玉（女） 罗楚燕（女） 周宏文 周荣顺 周檀煜 郑汉钟 郑华丹（女） 胡振木 洪炳合 唐俊德 黄木金 黄世传 黄宏鹏 黄细妹（女） 黄荣亮 黄晓琳（女） 黄维光 黄镇城 惟 见 曾炜芬（女） 谢庆育 蓝美如（女） 赖源凯 詹琼芬（女） 蔡伟鑫

（县人大常委会任免室）

◆ 省、市政协委员名录

【省政协委员】 方泽强

【市政协委员】 周惠琴 陈江森 方 瑛 林锦清 方鹏祥 林宏雄 林文松 谢承英 林美琴 陈 侯 詹鹏飞 方汉贞 吴秋生 方明耀 詹锦泉 陈小雅 方坚源

（县政协办）

◆ 市管拔尖人才

胡水勋 林贞武 张子仪 方秋盛 章栩生

◆ 县管优秀专家和专业技术拔尖人才

方国宏 方韶龙 方儒松 陈德丰 吴绵明 张木兴 林美玲（女）
林燕芬（女） 胡创铿 徐英廷 黄金松 曾文烈

（惠组通〔2017〕45号）

镇场简况

ZHEN CHANG JIAN KUANG

◆ 惠城镇

【概况】 惠城镇位于惠来县中部，镇人民政府驻西三社区。惠城镇是惠来县人民政府所在地，系全县的政治、经济、文化中心。东连华湖镇，西邻青坑林场与石榴潭水库，南接东陇镇和隆江镇，北与普宁市和汕头市潮南区以分水岭为界。全境地势由西北向东南倾斜，西部、北部为山区、丘陵，中南部为小冲积平原。地处亚热带，高温多雨，气候温和，土质肥沃，宜植农果，四季常青。2017年，全镇总面积178平方千米，镇区面积（建成区）14.79平方千米。耕地面积1.22万亩，山地面积20.2万亩，林地面积1.46万亩。辖14个社区（居委会）、19个村委会（51个自然村）。年末，户籍总人口185291人，其中农业人口83539人，非农业人口101752人。旅外华侨3万多人。

2017年，全镇工农业总产值176.71亿元，比增7.4%；其中工业产值172.32亿元，农业产值4.39亿元，分别比增7.2%和18%。农村经济总收入24.58亿元，比减20.5%，农民人均年纯收入8969元，比增0.6%。固定资产投资30.85亿元，比增12%。社会消费品零售总额19.4亿元，比增9.79%。

【创文创卫】 秉持“创文为民”理念，坚持创建、整改、管理并重，建立健全长效机制，巩固创建成果。集中力量清理整治盐岭河两岸、站北路等重难点区域，打造盐岭河堤段景观工程等创文亮点，整治农村人居环境。铺开小公园、小绿地、微景观等建设。开展“创文为我，我为创文”主题日活动，营造“全民创文”浓厚氛围。组建惠城镇综合协管大队，开展市政综合整治，实施日常巡查监管，开展环境卫生“红黑榜”评比活动，促进城乡焕发新气象。2017年，全镇投入创文资金1000万元，拆除违规建筑265间、养猪场20间，清理溪河50.03千米，开展主题活动6场次，参与5200人次。

【人代工作】 3月29日、11月9日，在镇政府分别召开惠城镇第十六届人民代表大会第二、三次会议，依法审议镇政府、镇人大、镇财政等3个工作报告。

【工农业生产】 2017年，惠城镇规模上工业产值164.13亿元，比增7.2%。规模上工业企业54家，规模上商业企业48家。主要工业产业有电器制造、服装加工、毛织、塑料制品等。

全镇农业总产值4.39亿元，比增18%。粮食种植面积20307亩，比增6.7%，总产量16246吨；其中水稻11920亩，产量4185吨，比增0.2%。水果种植面积100816亩，产量28998吨，比增5.9%。蔬菜种植面积21800亩，产量58674吨，比增11%。

【新农村建设】 2017年，全镇投入资金3000万元，启动基础设施建设项目51宗。道路建设方面，投入资金1500万元，建设祚通站北路、石古村道和巷道等道路及路灯等配套工程32宗；集体建设方面，投入资金400万元，建设上林村老人活动中心、石古村卫生站、牛角兰村老人活动中心等公共文化卫生设施项目9宗；农田水利方面，投入资金700万元，整修蜈蚣岭水库和鸡心屿水库排洪渠、石古排涝溪、泗竹埔排涝沟等水利设施项目10宗；环境卫生方面，投入资金300万元，建设祚通小公园，东郊、洋美、元春、西一等社区的小公园正在建设中，建设梅一、梅三、河田等社区村垃圾收集点10个，完成林樟村地质灾害整治工程。加快推进县城重点项目建设，县粮食储备仓库、国道238线、向东路、县城垃圾填埋场等项目建设全面铺开。

【市政管理】 以创建文明县城为契机，推进市政环境综合整治工作，镇协管大队全面加强对县城区主要街道，实施日常巡查监管，加强市政秩序整治和“门前三包”管理，规范车辆停放，营造整洁有序的市政环境。加大对各社区巷道破损路面整修改造，减少沙尘污染。铺设梅三、洋美等社区巷道水泥路面共长1730米。开展对国道238线南环一路至南环二路沿线绿化带非设计开口整治，整治封口12个、114.8米，确保道路畅通和安全。配合县城建局对县城主干道路口和交通复杂路段设置隔离护栏，规范交通秩序。

【社保民政】 2017年，全镇参加城乡居民医疗保险122756人，参加城乡居民养老保险22042人，上缴企业基本养老保险金1070万元。2017年，全镇发放低保补助284万元、五保补助9.91万元、优抚补助1437万元、文化消费品物资123万元、医疗救助597万元，发放种粮补贴资金99.27万元，农村合作医疗累计报销463人次、80万元，落实危房改造34户、补助资金102万元，落实一事一议项目4个、总投资440万元。全镇低保3749户、8233人，五保192户192人，享受复退军人“双定”补贴495人。

推行遗体火化制度，严禁遗体违规土葬行为，对干部实行责任考核，落实奖罚措施，使殡葬管理工作规范发展。建设公益性骨灰公墓和骨灰楼。

【商业贸易】 全镇商业总产值19.35亿元，社会消费品零售总额19.4亿元。全镇拥有农贸市场14个。个体工商户9501户，个体独资企业113户，内资企业1133户，专业经济合作社51户。

【农村集体“三资”管理】 2017年，惠城镇农村集体资产资源交易中心交易成功44宗，成交金额2185.7万元。加强农村集体资产资源交易中心和农村财务服务中心建设，规范完善农村集体“三资”管理，从源头预防基层干部腐败行为，促进农村社会和谐稳定。

【财税】 2017年，全镇财政总收入12725.49万元，完成税收入库8418.54万元，比任务增收520.54万元，比增6.59%；其中国税完成2418.54万元，比任务增收152.54万元，比增6.73%；地税完成6000万元，比任务增收368万元，比增6.53%。财政总支出12540.37万元（包括教育、卫生系统），基本保持收支平衡。

【精准扶贫】 2017年，惠城镇有新乡仔、石古、小溪、上林、五福田5个村列入惠来县第三轮扶贫村。至2017年年底，全镇完成脱贫319户1015人，脱贫率77.9%。2017年，全镇投入扶贫资金1448.53万元，建设五福田村文化广场、上林村村道及排水沟、石古村排涝工程等一批扶贫项目，农村面貌焕然一新；大力发展收益型产业扶贫项目，实施五福田异地光伏、新乡仔村黑山羊养殖、石古村含尾坑卫生垃圾处理、广东东能环保科技有限公司的垃圾无害化处理、惠来县绿化苗木5个产业扶贫项目。

【综治维稳】 2017年，全镇排查调解矛盾纠纷48宗，办结信访件22宗、群众来访42宗；全镇刑事案件226宗，破案64宗，破案率28%；治安案件333宗，处理140宗，处理率42%。

抓获吸毒人员144名，破获涉毒案件16宗（其中容留他人吸毒7宗、贩毒3宗、非法持有毒品6宗），缴获毒品1292.5克，执行社区戒毒社区康复人员75名（任务83名），执行率90.36%。

全镇配备33个村（社区）法律顾问，为人民群众提供法律咨询，组织法制讲座33场次，解答村民法律咨询800件，协助解决民事纠纷35件。

【教育】 惠城镇有初级中学2所，完全小学15所（含民办小学3所）、非完全小学4所。全镇在校中小学生17058人，初中生3876人，小学生13182人；中小学教职工1140人，其中初中教职工297人，小学教职工843人；中小学专任教师1120人，其中初中专任教师287人，小学专任教师833人；全镇幼儿园32所（含民办幼儿园25所），在园幼儿7420人，教职工816人。

【文化】 惠城镇有县级文物保护单位10处（文昌阁、惠来城隍庙、榕石庵、潮普惠南行委旧址、潮普惠暴动会议旧址、惠来县苏维埃政府遗址、惠来县革命烈士纪念碑、中共潮普惠县委旧址、许玉磬故居、五福田彭湃活动旧址），省级文物保护单位1处（大南山石刻革命标语），列入省级非物质文化遗产名录1项（九鳄舞）。

【卫生计生】 惠城镇有镇级卫生院1所，正式工作人员79人，内设科室13个，床位50张。有村级卫生站23个。

2017年，全镇出生人口2814人，人口出生率15.49‰，自然增长率为8.72‰，计划生育率97.33%。免费孕前检查640例。

【地方名产】 惠城镇石古村姜薯，块根植物，薯形似姜，皮薄肉白，粉泥沾连，风味独特，刨片煮甜汤，清香爽口；河田村茶油，采用传统做法，色泽透明清澈，浓香诱人，非常符合当代人对食用油绿色、原生态、健康要求，深受普通民众喜爱。

【2017年惠城镇领导班子成员】

镇委书记：郑永斌（3月止） 陈明泉（3月起）
副书记：谢庆育 洪楚雄（3月止） 杨松泉
杨英彬（3月起，9月止）
詹木朝（12月起）
镇委委员：方文生 严水森 詹木朝 翁秋生
戴晓华 翁明桓 林庆林 黄洪钊
方惠川
镇　长：谢庆育
副镇长：方文生 严水森 吴松标 林天松
人大主席：陈锦河
副主席：卓泽彬（12月起）

（方剑雄）

◆ 靖海镇

【概况】 靖海镇位于惠来县东南沿海，镇人民政府驻驿后村，距离县城30千米。北接仙庵镇，西

4月27日，靖海镇学习贯彻习近平总书记重要批示精神专题研讨班
（镇党政办　供稿）

制作靖海豆粿　　（方义生　摄）

邻周田镇，南连前詹镇，东临大海。海岸线22千米。2017年，全镇总面积48.88平方千米，镇区面积6.95平方千米。耕地面积1.1万亩，林地面积4.3万亩。辖2个社区（居委会）、21个村委会（25个自然村）。年末，户籍总人口78291人，其中农业人口66938人，非农业人口11353人。

2017年，全镇工农业总产值41.84亿元，比增4.57%；其中工业产值34亿元，农业产值7.84亿元，分别比增0.32%和1.28%。农村经济总收入13.98亿元，农民人均年纯收入9228.8元，分别比增4.8%和5.8%。固定资产投资9.53亿元，比增5.9%。社会消费品零售总额10.5亿元，比增10.76%。

【重大项目建设】　靖海镇古城墙修缮工程计划投资700万元，建设内容包括拆除城墙上临时建筑，修缮城墙体、城楼、瓮城、马道、垛口等，安装保护范围内消防、防雷、安防等设施，修建可移动设施，对西门、西瓮城、北门至西门之间城墙残存墙体进行加固。工程于11月27日动工，年度完成投资100万元。

【创文创卫】　在主干道、路口、市场等人流量较多的位置安装广告牌及创文公益广告牌82块，安装大型宣传牌16块。在镇、村共制作设置创文宣传栏24个，发放宣传单、创文挂历等宣传资料8000份，发出整改通知2000份。开展创文志愿活动28次，总人数1429人次；开展群众性文化活动25次，参与1484人次。开展各类创文主题活动27次，参与1557人次，出动机械175台次。开展环境卫生综合整治行动，清除垃圾80吨，拆除违规建筑48宗，245平方米；拆除违规广告牌647块，清除牛皮癣853张。

【人代工作】　3月31日，在镇政府五楼会议厅召开靖海镇第十六届人民代表大会第二次会议；10月31日，在镇政府五楼会议厅召开靖海镇第十六届人民代表大会第三次会议，依法审议镇政府、镇人大、镇财政3个工作报告。

10月31日，靖海镇第十六届人民代表大会第三次会议
（镇党政办　供稿）

【工农业生产】　2017年，靖海镇规模上工业企业12家，从业人员84人。规模上工业产值32.91亿元，比增10.33%。主要工业产品有塑料、五金制品、渔网等。

全镇粮食种植面积1.71万亩；其中水稻3971亩，产量1398吨。水果种植面积296亩，产量233吨。蔬菜种植面积6600亩。水产品总产量20116吨，产值27620万元。其中海洋捕捞产量14670

吨，总产值13460万元。

【新农村建设】 2017年，完成新一届村级“两委”换届选举工作，23个村（社区）全部选齐配强干部。

全镇投入1553.01万元，启动农村基础设施建设19宗。完成厚山村、南外村、沫港村以及后湖村等村道7条；完成南外村、前吴村、后湖村路灯及监控安装，厚山村址办公楼加层工程及坂美村村址办公楼装修工程，前吴村文化公园配套建设工程及后湖村道池塘北畔护堤修建工程。推进村级规划编制，完成10个村、28.67平方千米编制面积。

【社保民政】 2017年，全镇参加城乡居民医疗保险60872人，参加城乡居民养老保险14049人，上缴企业养老保险503.1万元。2017年，全镇发放低保补助118.82万元、五保补助8.77万元、优抚补助24.7万元、医疗救助186.74万元，落实危房改造17户、补助资金46.5万元。全镇低保1492户、4322人，五保户123户、123人，享受复退军人“双定”补贴349人。

推行遗体火化制度，严禁遗体违规土葬行为，对干部实行责任考核，落实奖罚措施，使殡葬管理工作规范发展。建设公益性骨灰公墓和骨灰楼。

【商业贸易】 社会消费品零售总额10.5亿元。个体工商户1535户，个体独资企业52户，内资企业122户，专业经济合作社15户。

【农村集体“三资”管理】 2017年，靖海镇农村集体资产资源交易中心交易成功24宗，成交金额1007万元。加强农村集体资产资源交易中心和农村财务服务中心建设，规范完善农村集体“三资”管理，从源头预防基层干部腐败行为，促进农村社会和谐稳定。

【财税】 2017年，全镇财政总收入3753.97万元，比增20.54%。完成税收入库1045.6万元，比增17.29%；其中国税491.9万元，地税553.7万元，分别比增27.77%和9.32%。财政总支出共3484.15万元，保持收支平衡。

【精准扶贫】 2017年度，靖海镇有资深、前吴、西锋、后湖、旧厝、南山、厚山、驿后、葛山、沫港10个村列入惠来县第三轮扶贫村。至2017年年底，全镇完成脱贫317户、1351人，投入扶贫资金3047.48万元，实施4个扶贫项目，其中资深村光伏发电项目投产运营，生态养殖扶贫项目落地实施；前吴村专项扶贫资金投资东莞市水务投资集团有限公司扶贫项目和靖海镇投资惠来葵阳城乡投资有限公司扶贫项目完成合作协议的签订。

【综治维稳】 2017年，全镇排查调解矛盾纠纷31宗，办结信访件14宗、群众来访17宗；全镇刑事案件27宗，破案12宗，破案率44.45%；治安案件74宗，处理57宗，处理率77.03%。

破获制毒案件0宗，破贩毒案件0宗，破容留他人吸毒案件0宗，抓获涉毒人员3人，缴获冰毒6.08千克。

全镇配备23个村（社区）法律顾问，为人民群众提供法律咨询，组织法制讲座92场次，解答村民法律咨询276件，协助解决民事纠纷11件。

靖海古炮台 （方义生 摄）

【教育】 靖海镇有完全中学1所、初级中学1所，完全小学10所、非完全小学6所。全镇在校中小学生13139人，其中高中生4609人，初中生4440人，小学生4090人；中小学教职工746人，其中高中教职工225人，初中教职工243人，小学教职工278人；中小学专任教师698人，其中高中专任教师215人，初中专任教师231人，小学专任教师252人；全镇幼儿园11所，在园幼儿1528人，教职工14人。

【文化】 靖海古迹有亚洲第一灯塔、“客鸟尾”石笋区、普慧岩、古城墙、古炮台等；其中，古城墙遗址被列为省级重点文物保护单位，古炮台遗址被列为县级重点文物保护单位。

【卫生计生】 靖海镇有镇级卫生院1所，正式工作人员78人，内设科室9个，床位50张。有村级卫生站21个。

2017年，全镇出生人口1365人，人口出生率16.48‰，自然增长率为10.55‰，计划生育率97.29%。免费孕前检查488例。

【地方名产】 靖海镇水产品有龙虾、鲍鱼、紫菜、石斑、海胆、鳗鱼、鱿鱼等。地方传统小食有靖海豆粕、南糖等。

【2017年靖海镇领导班子成员】

镇委书记：严文水（12月止）

副书记：蔡伟鑫　林俊波　严伟群

镇委委员：林建伟　林思奋（11月止）

林李颖　林坚铃　胡玉婵　胡松辉

镇　长：蔡伟鑫

副镇长：林建伟　林思奋（11月止）

吴国璋　吴升昌

人大主席：陈创强

副主席：许妍华（11月起）

（林苗杰　程素霞）

◆ 隆江镇

【概况】 隆江镇位于惠来县中部偏南，镇人民政府驻隆江村，距离县城14千米。东连东陇镇、西邻溪西镇、南接大南海石化园区、北接惠城镇。全镇地势北高南低，属滨海丘陵地形，亚热带海洋性季风气候，年平均气温21.5℃，历年平均降雨量1750毫米。隆江镇处惠来地理重要节点，居东西部交通要冲。惠来的“母亲河”——龙江，穿过全境。2017年，全镇总面积125.68平方千米，镇区面积3.6平方千米。耕地面积125.68万亩，山地面积20万亩，林地面积14.59万亩。辖3个社区（居委会）、32个村委会（58个自然村）。年末户籍总人口175869人。

全镇完成工农业总产值84.42亿元，比增5.86%；其中工业产值79.8亿元，农业产值4.62亿元，分别比增6%和1.7%。农村经济总收入15.788亿元，农民人均年纯收入10439元，分别比增2.99%和4.99%。固定资产投资19.7亿元，比增4.6%。社会消费品零售总额11.01亿元，比增9.8%。

【重大项目建设】 金贤隆江新城开发项目是县重点项目，计划投资20亿元，建设建设五星级商务酒店、首都师范大学附属惠来学校、商住小区等。年度完成投资1.72亿元，累计投资总额11.2991亿元。完成建设项目包括一期别墅区、二期高层住宅楼、宝石花苑部分住宅楼、商务酒店主体楼、首都师范大学附属惠来学校和金贤综合市场等各项目建设。在建项目宝石花苑6、8、11栋、首都师范大学附属惠来学校幼儿园项目以及省道337线新城路段和龙江大桥建设工程。

惠来县隆江镇污水处理厂项目是县重点项目，计划投入8580万元，建设占地面积达43333平方米、处理规模2万吨/日的污水处理厂，配套管网10千米。选址见龙村“洋仔港”，由县进行生活污水处理设施全县整体打包PPP项目可行性研究报告，进行实施方案（初稿）征求意见。

【创文创卫】 全镇投入农村人居环境集中整治资

金1950多万，出动整治人次15000人次，出动机械台次1800次，拆除乱搭乱建2323宗、面积25180平方米，户外广告牌8000块；清理垃圾、杂草物1864吨，清理农村沟渠、池塘、溪河37千米，拆除农村乱建乱堆放、乱电线1733宗，修缮、改造、拆除危旧房、残垣断壁、废弃猪牛栏和露天厕所237宗。58个自然村全部建立专职保洁队伍并落实“门前三包”，实行畜禽集中圈养、人畜分离，1个自然村落实雨污分流。加强对国道228线隆江段和镇区主要街道两旁商户管理，严禁占道经营，乱摆乱放；维护农贸市场经营秩序，确保市场卫生清洁；重点清理各村（社区）的生活垃圾和卫生死角。

【人代工作】 3月30日，在镇政府大会议厅召开隆江镇第十六届人民代表大会第二次会议，依法审议镇政府、镇人大、镇财政3个工作报告。

10月22日，在镇政府大会议厅召开隆江镇第十六届人民代表大会第三次会议，依法审议镇政府、镇人大、镇财政3个工作报告。依法选举产生镇政府镇长1名。

【党代工作】 11月25日，在镇政府大会议室召开中国共产党隆江镇第十五届代表大会第二次会议。听取镇党委工作报告。

隆江镇政府大楼 （镇党政办 供稿）

【工农业生产】 2017年，隆江镇规模上工业产值60.22亿元，比增5.7%。

全镇农村经济总收入15.788亿元，农民人均年纯收入10439元，分别比增2.99%和4.99%。粮食种植面积6万亩，总产量5.84万吨；其中水稻3.39万亩，产量1.304万吨。水果种植面积3.58万亩，产量2.33万吨。蔬菜种植面积2.66亩，水产品总产量1919吨。

【新农村建设】 隆江镇加快改善城乡发展硬环境，推进“中心镇”扩容提质。全镇投入资金6800万元，抓好道路和环境卫生等36宗项目建设。完成国道228线隆江镇区路段、隆江中学面前道等市政项目建设，完成岗前、凤红、见龙、凤光等一批村道硬底化及路灯配套建设，推进头寮、竹湖、见龙等村自来水整修改造和黄洋、北洋、凤光、潭头等风景池清污整修项目，切实解决群众期盼和关心的热点、重点民生项目建设问题，提升城镇化品位。

隆江镇尾寮村容 （镇党政办 供稿）

【市政管理】 推进道路畅通和道路硬底化、美化、亮化、绿化“四化”建设。选取镇区作为“一拆一建”的突破口，以点带面，全方位推进“一畅四化”工作，完成国道228线镇区段2.44千米乱搭乱建违章建（构）筑物、隆江中学面前路、国道228线连登桥至山家段的拆除和主干道的拓宽等各项工作。动员乡贤捐资，筹集资金1840万元，做

国道228线隆江路段 （镇党政办 供稿）

好国道228线镇区段公路两侧的硬底化、绿化、美化、亮化建设。国道228线镇区段排污管道铺设、道路拓宽、水泥路面硬底化、路灯安装完成；争取上级资金扶持，投入444万元，做好隆江中学面前路改建、雨污分流和道路亮化工作，于1月29日铺设全长870米隆江中学面前路全段水泥路。打造镇区段样板示范路，全长970米中油快速进园路金贤新城路段，铺设人行道355米，面积4260平方米。

【社保民政】 2017年，全镇参加城乡居民医疗保险121095人，参加城乡居民养老保险24809人。发放低保补助1397.32万元、五保补助183.16万元、医疗救助87.15万元；发放种粮补贴资金29.12万元，落实危房改造7户、政府补助资金16.8万元。全镇低保517户、1881人，五保户162户、166人。

推行遗体火化制度，严禁遗体违规土葬行为，对干部实行责任考核，落实奖罚措施，使殡葬管理工作规范发展。建设公益性骨灰公墓和骨灰楼。2017年，火化遗体360具，占年火化任务数51.36%。

【商业贸易】 全镇商业总产值11.0085亿元，实现社会消费品零售总额11.0085亿元。围绕“以清查促规范、以规范促发展”目标，贯彻落实“迎盛会·百日百项大行动”，推进全镇经济户口清查试点工作，实现“清理一批、规范一批、升级一批”目标。探索挖掘“特色饮食+协会”“互联网+农业”“区域商贸+经济圈”特色产业发展新模式，做强做大隆江“商贸大镇”，受市、县领导高度肯定，在全市进行推广。

隆江镇经济户数2105户，其中，有证户数1571户，个体1893户，企业165户，合作社47户。坚持清查、整顿、培育、扶持相结合，引导“无照规范有照”“个转企”“小升规”“规转股”“股上市”，共引导新（补）办工商登记537户，引导个体升企业23家，引导企业升规模7家，扶持工商登记冠市名、省名2家。

【农村集体“三资”管理】 2017年，隆江镇农村集体资产资源交易中心交易成功23宗，成交金额1066.09万元。加强农村集体资产资源交易中心和农村财务服务中心建设，规范完善农村集体“三资”管理，从源头预防基层干部腐败行为，促进农村社会和谐稳定。

【财税】 2017年，隆江镇财政总收入4765.24万元，比增32.01%。完成税收入库1094.27万元，比增9.96%；其中国税566.39万元，比增23.67%，地税527.88万元，比减1.73%。财政总支出4644.63万元，全镇预算执行情况正常，财政运行总体平稳。

【精准扶贫】 2017年，隆江镇有竹湖村、象湖村、北洋村、凤红村、凤光村、井美村、西塘村、海埕村、见龙村、孔美村、邦庄村11个村列入惠来县第三轮扶贫村。至2017年年底，全镇完成脱贫401户、1816人，各帮扶单位投入帮扶资金996.66万元，分别用于贫困村道路建设、基础设施建设、人居环境整治、帮扶项目建设及扶贫慰问。

产业扶贫方面，投资4651万元发展5个扶贫项目，分别是海埕村84千瓦光伏项目（70万元）、隆江镇投资惠来县金贤教育投资有限公司综合经营项目（1000万元）、投资惠来县金洋运输公司运输产业项目（1840万元）、投资凤光投资机械工程设备租赁项目（400万元）、投资惠来县葵阳城市投资有限公司（1251万）。

【综治维稳】 2017年，全镇排查调解矛盾纠纷29宗，办结信访件24宗、群众来访4宗，引导进入司法程序信访案件3宗；全镇刑事案件76宗，破案42宗，破案率55.3%；治安案件126宗，处理117宗，处理率92.8%。

破贩毒案件7宗，破容留他人吸毒案件2宗，抓获涉毒人员59人，缴获冰毒3.0012千克。

全镇配备35个村（社区）法律顾问，为人民群众提供法律咨询，组织法治讲座140场次，解答村民法律咨询2741件，协助解决民事纠纷263件。

【教育】 隆江镇完全中学1所、初级中学3所，完全小学31所、非完全小学12所，成人文化技术学校1所。全镇在校中小学生18532人，其中高中生

343人，初中生5475人，小学生12714人；中小学教职工902人，其中高、初中教职工351人，小学教职工551人；中小学专任教师861人，其中高中专任教师29人，初中专任教师261人，小学专任教师551人。

【文化】 隆江镇有镇江寺、关帝庙、隆江清溪祖祠（含辅臣公祠）、养中公祠、北洋古井、真君古庙、狮山古寺、狮山石刻、桥埔惠镇古寺、月潭郑氏宗祠、端毅林公祠、连登桥、邦山水闸、林通玄墓、朱古庙15处不可移动文物古迹，其中镇江寺、关帝庙、隆江清溪祖祠（含辅臣公祠）被列为县级重点文物保护单位。

【卫生计生】 隆江镇有镇级卫生院1所，正式工作人员191人，内设科室23个，床位100张。村级卫生站8个。

2017年，全镇出生人口3212人，人口出生率18.13‰，自然增长率为12.61‰，计划生育率97.64%。完成计生“四术”56例，免费孕前检查568例。

【地方名产】 隆江“猪脚” 主料猪脚经加入多种佐料卤制，连续熬炖而成，肉如膏脂，肥而不腻、入口顺滑，色香味俱全，是隆江有名美食，享誉县内外。

绿豆饼 又名神仙眷侣饼，至今已有上百年历史。其用料精细，制作讲究，以其酥皮清晰多层、入口即融、馅心冰甜而闻名。隆江绿豆饼选用上等绿豆、精面粉和优质蔗糖、食油为主要原料，经精工制作而成。成品呈浅黄色，无壳、无粒、无杂质，松软可口，饼皮由多重薄皮叠成，色、香、味俱佳。食时起酥、绵软、润滑，甜而不腻，凉爽适口。饼内含大量蛋白质、脂肪等营养成份，深受人们喜爱，尤其适合老年人及儿童食用。产品畅销于国内各大中城市，在中国香港、澳门等地区及东南亚国家也普遍受到欢迎。

隆江芥蓝 因种植环境不同，隆江产的芥蓝与别处产的芥蓝从外观、口味、营养价值各不相同，是闻名的特产蔬菜。叶茎鲜嫩，味道清香，较其它地方的芥蓝有种独特甜脆滋味，黄洋、竹湖一带种植芥兰口感更佳。隆江芥蓝含有多种维生素和丰富的矿物质，尤其是维生素A、B2、C和钙含量高，具有很高营养价值，口感特别鲜甜，是一种具有较高经济价值保健蔬菜。

反季节西瓜 见龙村生产的反季节西瓜，形圆、个小、间有翠绿花纹，产于冬春之至，肉分红

隆江猪脚 （镇党政办 供稿）

隆江绿豆饼 （镇党政办 供稿）

清炒芥蓝 （镇党政办 供稿）

黄两种，味道香甜爽口，胜于夏季西瓜。

萝卜干　隆江镇土壤肥沃，生产萝卜鲜甜清脆，人工制作后萝卜干更受潮汕乡亲青睐，“金鸣”牌萝卜干享誉海内外。

【2017年隆江镇领导班子成员】

镇委书记：唐小炼（9月止）　郑永斌（9月起）

副书记：张少东（9月止）　蔡和立（9月起）　朱胜利　詹鸿飞

镇委委员：蔡河通　方福青　严武全　刘泽儒　林清南　吴兆川　黄莲萍　林祥军　林秋松

镇　长：张少东（9月止）　蔡和立（11月起）

人大主席：郑石溪

副镇长：蔡河通　方福青　陈金松　朱泰木

（隆江镇党政办）

◆ 葵潭镇

【概况】　葵潭镇位于惠来县西南部，镇人民政府驻长春社区，距离县城38千米。东邻溪西镇，南连东港镇，西接陆丰市，北靠普宁市，地处广汕公路要冲，是惠来、普宁、陆丰三县（市）交界处，也是港、澳和珠三角进入潮汕地区门户，素有“西来潮汕第一站”美称。镇区三面环溪，形成环境幽雅水城美景，流经葵潭境内龙溪河，发源于普宁市后溪南山凹，经陆丰市桂坑流入葵潭镇，并在溪口村附近与源自普惠大南山系高埔水和南阳山系的崩坎水三流合一成龙溪干流，自西北向东南贯穿本县中部地区经神泉港注入南海。2017年，全镇总面积156平方千米，镇区面积（指建成区）6平方千米。耕地面积2.71万亩，山地面积14.58万亩，林地面积14.58万亩。辖3个社区（居委会）、23个村委会（34个自然村）。年末户籍总人口12.5万人，其中农业人口85665人，非农业人口39354人。

全镇完成工农业总产值140.78亿元，比增0.35%；其中工业产值133.7亿元，农业产值7.08亿元，分别比增0.08%和5.93%。农村经济总收入7.5亿元，农民人均年纯收入9028元，分别比增5.6%和5.8%。固定资产投资14.6亿元，比增12.3%。社会消费品零售总额12.9亿元，比增23.1%。

【重大项目建设】　葵潭镇高铁站前广场配套建设完成，投入建设资金3000万元，配套管理间、卫生间、停车场、绿化、亮化工程，铺设人行道等。葵潭镇爱心公园项目，占地439.62亩，由揭阳市葵潭慈善基金会筹款建设，计划总投资8000万元，建设占地面积10000平方米的四层主体综合大楼，公园内设有老年人活动场所、体育设施、图书馆、休闲广场等，种植花木，环境宜人，打造成理想休闲活动场所。2017年，进行道路修建、土地平整、规划设计等前期工作，年度投入1500万元。

【创文创卫】　2017年，葵潭镇以农村人居环境整治为主，强化各项工作措施，推进创文创卫工作。4月、9月，在全市检查考核评比中，两次被市评为镇场创文工作第一名。4月，受到市的表扬、奖励；11月，被市评为“创文为我，我为创文”主题活动“先进集体”。

【人代工作】　10月26日，在镇政府召开葵潭镇第

葵潭镇“创文为我，我为创文”环境卫生整治志愿者服务活动

（方义生　摄）

十六届人民代表大会第三次会议，依法审议镇政府、镇人大、镇财政3个工作报告。

【工农业生产】 2017年，葵潭镇规模上工业产值130.3亿元，比增1%。全镇工业企业168家，从业人员1700人；规模上工业企业50家。主要工业产品有电子、服装、食品等。

全镇粮食种植面积45277亩，总产量16990吨，分别比增5.6%和7.8%；其中水稻24806亩，产量9178吨，分别比增9.5%和9.3%。水果种植面积94550亩，产量44601吨，分别比增8.9%和8.6%。蔬菜种植面积15840亩。水产品总产量530吨，产值3600万元。

【新农村建设】 2017年，全镇投入2600万元，启动农村基础设施建设30宗。推进村级规划编制，完成10个村、43.3平方千米编制面积。

【社保民政】 2017年，全镇参加城乡居民医疗保险4769人，参加城乡居民养老保险37625人（其中缴费20006人），上缴企业基本养老保险金592万元。全镇发放低保补助1297万元、五保补助158万元、优抚补助284万元、文化消费品物资200万元、医疗救助42万元，发放种粮补贴资金199.5万元，农村合作医疗累计报销7983人次4453.3万元，落实危房改造23户、补助资金89.6万元，落实一事一议项目0个、总投资0万元。全镇低保1470户、3586人，五保户191户、191人，享受复退军人“双定”补贴190人。

推行遗体火化制度，严禁遗体违规土葬行为，对干部实行责任考核，落实奖罚措施，使殡葬管理工作规范发展。建设公益性骨灰公墓和骨灰楼。

【商业贸易】 全镇实现社会消费品零售总额12.9亿元。全镇拥有综合农贸市场3个，水果综合市场1个。个体工商户2632户，个体独资企业82户，内资企业28户，专业经济合作社450户。

【农村集体“三资”管理】 2017年，葵潭镇农村集体资产资源交易中心交易成功18宗，成交金额941.4万元。加强农村集体资产资源交易中心和农村财务服务中心建设，规范完善农村集体“三资”管理，从源头预防基层干部腐败行为，促进农村社会和谐稳定。

【财税】 2017年，全镇财政总收入3015万元，比增0.6%。完成税收入库791.5万元，比增7.4%；其中国税440.5万元，比增164.3%，地税351万元。财政总支出共2954万元（包括教育、卫生系统），基本保持收支平衡。

【精准扶贫】 2017年度，葵潭镇有长埔村、三池埔村、石陂村、土墙墩村、土角寮村、吉镇村、门口葛村、溪口村、石田村、顶寨村、葵亭村、青陂村、千秋镇村、南照埔村、头屯村、新联村、陂美村、兵营村、新光村、北山埔村、螃蟹村、青坑村、圆墩村23个村列入惠来县第三轮扶贫村。至2017年年底，全镇完成脱贫291户、1059人，投入扶贫资金2237.2万元。

【综治维稳】 2017年，全镇排查调解矛盾纠纷7宗，办结信访件28宗、群众来访12宗，引导进入司法程序信访案件1宗；全镇刑事案件68宗，破案38宗，破案率55.9%；治安案件85宗，处理52宗，处理率61.2%。

破获制毒案件0宗，破贩毒案件5宗，破容留他人吸毒案件6宗，抓获涉毒人员61人，缴获冰毒60.1克，毒资0元。

全镇配备26个村（社区）法律顾问，为人民群众提供法律咨询，组织法治讲座8场次，解答村民法律咨询86件，协助解决民事纠纷5件。

【教育】 葵潭镇有完全中学2所、初级中学1所，完全小学19所、非完全小学5所，成人文化技术学校1所，民办学校4所。全镇在校中小学生12787人，其中高中生593人，初中生3556人，小学生8638人；中小学教职工1027人，其中高中教职工66人，初中教职工319人，小学教职工642人；中小学专任教师977人，其中高中专任教师56人，初中专任教师304人，小学专任教师617人；全镇幼儿园16所，在园幼儿3180人，教职工333人。

【文化】　葵潭镇有将军第文物古迹，被列为县级重点文物保护单位。玄武社区鹤舞为非物质文化遗产保护名录，曾到多地演出。

【卫生计生】　葵潭镇有卫生院3所（其中私立1所），正式工作人员215人，内设科室14个，床位220张。有村级卫生站26个。

2017年，全镇出生人口1495人，人口出生率17.67‰，自然增长率为10.14‰，计划生育率97.66%。免费孕前检查315例。

【地方名产】　葵潭镇名优特产有荔枝、菠萝、龙眼、杨桃、李子、冬瓜；地方传统小食有：葱捐、糖葱、瓮果、手工面、甜食等。

【旅游资源】　旅游景点有：世铿院，占地100亩，国家AAA级旅游景区，中国侨联爱国主义教育基地，香港慈云阁永远主席林世铿投资兴建。大庚园，中国美术家协会写生基地，占地面积16800平方米，采用苏州园林传统结构形式兴建，萃聚江南古典园林设计精华，是一处别具一格古典园林精品。

【2017年葵潭镇领导班子成员】

镇委书记：陈明坚

副书记：欧阳鹏（3月止）　杨英彬（3月止）
洪楚雄（3月起）　陈理荣（3月起）
黄长江（12月止）　黄　浩（12月起）

委　员：苏鹏程　许文亮　方玉丽　周泽强
黄少坚　林仲华　史羽龙
黄　浩（12月止）　邓启豪

镇　长：欧阳鹏（3月止）　洪楚雄（3月起）

副镇长：邓启豪　黄伟忠　林汉展　胡泽旭

人大主席：林海涛

副主席：黄汉裕（12月起）

（许欢琪）

◆ 神泉镇

【概况】　神泉镇位于惠来县东南部，镇人民政府驻北门社区。距离县城7.5千米。东邻前詹镇，西接东陇镇、南海经济开发区，南临南海，北交华湖镇和惠城镇。全境地势由东北向西南微倾，倚山面海，大部分属沿海低丘陵。海岸线14.8千米。2017年，全镇总面积51平方千米，镇区面积（指建成区）2.8平方千米。耕地面积1.29万亩，林地面积1.98万亩。辖2个社区（居委会）、17个村委会（26个自然村）。年末，户籍总人口10.7万人，其中农业人口7.47万人，非农业人口3.23万人。

2017年，全镇工农业总产值81.24亿元，比增12.6%；其中工业产值73.9亿元，农业产值7.34亿元，分别比增13.4%和5%。农村经济总收入13.14亿元，农民人均年纯收入8585元，分别比增5%和4%。固定资产投资13.7亿元，比增14.2%。社会消费品零售总额8.9亿元，比增10.1%。

【重大项目建设】　粤东水产品产业园——惠来南海（国际）渔仓项目是全市重点项目，计划投资5亿元，建设海产品交易区，并配套冻库、水产品加工综合服务市场。年度完成投资5210万元，项目进入五通一平。

【创文创卫】　开展文明卫生创建活动，举行6个“创文为我，我为创文”主题日活动，组织全体干部职工对环境卫生和交通秩序进行全面清理整顿；组织2次全镇环境卫生群众评议活动，张贴“红黑榜”公示评议结果，形成“你追我赶”新局面。

【人代工作】　3月31日，在镇政府召开神泉镇第十六届人民代表大会第二次会议，依法审议镇政府、镇人大、镇财政等三个工作报告。10月30日，在镇政府召开神泉镇第十六届人民代表大会第三次会议，依法审议镇政府、镇人大、镇财政3个工作报告。

【工农业生产】　2017年，神泉镇规模上工业产值

惠来县神泉港 （方义生 摄）

63.2亿元，比增14.6%。规模上工业企业26家。主要工业产品有灭蚊、石板材加工、制冰、水产品加工、塑料制品等。

全镇粮食种植面积27408亩，总产量40127吨，分别比增—0.07%和0.2%；其中水稻7055亩，产量2665吨，分别比增0.28%和0.45%。水果种植面积10103亩，产量2592吨。蔬菜种植面积11940亩，产量31244吨。水产品总产量4.1万吨，产值3.2亿元。其中海洋捕捞产量3.33万吨，总产值2.8亿元。

经济作物以"一镇一品"工程为切入口，打造胡萝卜基地，面积1500亩，2017年种植胡萝卜500亩，从传统型转为集约化生产，当地农民种植经验丰富，技术水平高，形成"佳泰业"胡萝卜品牌。

【新农村建设】 2017年，全镇投入2259.04万元，启动农村基础设施建设34宗，重点实施村道硬底化、排涝设施、文体场地、卫生站等建设工程。推进完成前湖村、华埔村、鳌头村3个村级规划编制。

【市政管理】 推进农村人居环境综合整治，开展乱搭乱建拆除行动，拆除镇区主干道和广场违章建筑，累计拆除乱搭乱建177处、2080平方米，清理历史积存垃圾18500吨，美化镇容镇貌。

【社保民政】 2017年，全镇参加城乡居民医疗保险75546人，参加城乡居民养老保险16883人，上缴企业基本养老保险金570万元。2017年，全镇发放低保补助1134.27万元、五保补助118.58万元，发放地力补贴资金94.99万元，农村合作医疗报销508人次75.68万元，落实危房改造39户、补助资金97.2万元，落实一事一议项目4个、总投资450.48万元。全镇低保1541户、3984人，五保户168户、168人，享受复退军人"双定"补贴180人。

推行遗体火化制度，严禁遗体违规土葬行为，对干部实行责任考核，落实奖罚措施，殡葬管理工作规范发展。建设公益性骨灰公墓和骨灰楼。

【商业贸易】 全镇实现社会消费品零售总额8.9亿元。拥有东风市场、老市场、澳角市场等农贸市场3个。个体工商户2454户，个体独资企业266户，

神泉中学张嘉鸿教学大楼　　（县教育局　供稿）

其中内资企业48户，农民专业经济合作社50户。

【农村集体“三资”管理】　2017年，神泉镇农村集体资产资源交易中心交易成功38宗，成交金额2099.9万元。加强农村集体资产资源交易中心和农村财务服务中心建设，规范完善农村集体“三资”管理，从源头预防基层干部腐败行为，促进农村社会和谐稳定。

【财税】　2017年，全镇财政总收入3162.14万元，征缴税收入库697.3万元，比增11.4%，完成县下达任务数；其中国税430.5万元，地税266.8万元，分别比增109%和－36.5%。财政总支出3097.02万元（包括教育、卫生系统），基本保持收支平衡。

【精准扶贫】　2017年，神泉镇有前湖村、鳌头村、华埔村3个村列入惠来县第二轮扶贫村。至2017年年底，全镇完成脱贫606户、1915人，投入扶贫资金2073万元，由县统筹投入惠来县葵阳城乡投资有限公司发展园林绿化经营项目，每年获取8%固定收益。

【综治维稳】　2017年，全镇排查调解矛盾纠纷11宗，办结信访件8宗、群众来访9宗，引导进入司法程序信访案件1宗；全镇刑事案件41宗，破案11宗，破案率26.8%；治安案件84宗，处理76宗，处理率90.5%。破获涉毒案件6宗，抓获涉毒人员6人，收戒48人，缴获冰毒23.8千克。

全镇配备19个村（社区）法律顾问，为人民群众提供法律咨询，解答村民法律咨询228件。

【教育】　神泉镇有完全中学1所、初级中学1所，完全小学13所、非完全小学5所，成人文化技术学校1所，民办学校2所。全镇在校中小学生9325人，其中高中生65人，初中生2251人，小学生7009人；中小学教职工331人，其中高中教职工13人，初中教职工220人，小学教职工98人；中小学专任教师731人，其中高中专任教师13人，初中专任教师221人，小学专任教师366人；全镇幼儿园29所，在园幼儿3721人，教职工198人。芦园小学新建占地面积2723平方米足球场，投入资金40万元。

【文化】　神泉镇有玉华宝塔、通天古井、海角甘泉、澳角炮台、神童苏福墓、神泉妈祖宫等文物古迹，其中澳角炮台被列为省级重点文物保护单位，海角甘泉被列为县级重点文物保护单位。潮汕文化“神泉英歌”被列为省级非物质文化遗产，表演梁山泊英雄好汉精神风貌和性格特征，语言艺术独特。

【卫生计生】　神泉镇有镇级卫生院1所，正式工作人员64人，内设科室15个，床位50张。有村级卫生站17个。

2017年，全镇出生人口1808人，人口出生率17.88‰，自然增长率为11.39‰，计划生育率97.28%。完成计生“四术”65例，其中结扎9例，放环14例；免费孕前检查329例。

【地方名产】　海洋物产丰富，海产品主要有鱿鱼、墨鱼、带鱼、龙虾、马鲛鱼、白鱼、石斑鱼、鲍鱼、金龙鱼等。

【2017年神泉镇领导班子成员】

镇委书记：林焕松
副书记：陈汉伟　黄永贵　周秋立
镇委委员：陈锡龙　黄贞宏　林永川　林伟坚
方燕霞　林盛益　许振文　夏泽宇
吴海明
镇　长：陈汉伟
副镇长：陈锡龙　黄贞宏　张　健　谢振明
人大主席：郑钦镇
副主席：沈慧玲（11月起）

（夏泽宇）

◆ 仙庵镇

【概况】　仙庵镇位于惠来县东部，镇人民政府驻京陇村，距县城18千米。东濒临南海，西与周田镇交界，南与靖海镇为邻，北与汕头市潮南区陇田镇接壤。背山面海，丘陵地形。2017年，全镇总面积84.9平方千米，镇区面积3.7平方千米，海岸线8.7千米。辖1个社区居民委员会、20个村民委员会、32个自然村。全镇年末户籍总户数17265户、总人口103544人，其中非农业户610户、人口2442人，农业户16655户、人口101102人。

2017年，全镇工农业总产值12.86亿元，比减14.38%，其中工业产值10.56亿元，农业产值2.30亿元，分别比增10.5%和0.6%。农村经济总收入1.60亿元，农民人均年纯收入7581.3元，分别比增5.88%和11.71%。固定资产投资12.5亿元，2.46%。社会消费品零售总额7.48亿元，比增26.99%。

【重大项目建设】　仙庵镇西庄村对虾养殖项目：计划投资1.35亿元，建设面积为100亩的对虾养殖基地，养虾池（增氧池）168个。2017年，投入56万元，完成立项等前期工作。

【创文创卫】　仙庵镇创文工作组织人力6000人次、机械1800台次，清理疏通沟渠20千米，拆除乱搭乱建乱占构筑物1000间（处），清运历史积存垃圾6000吨，投入资金371万元。镇成立五城同创工作领导小组，推进“五城同创”工作。要求各村及各单位一把手为第一责任人，带领基层党员干部群众树立“主人翁”意识。

【人代工作】　3月31日和10月16日，分别召开镇十六届人大第二次、第三次会议，会议审议通过政府工作报告、人大工作报告和财政工作报告。第三次会议选举林烁武为仙庵镇镇长。

2017年，村（社区）“两委”换届选举工作依法进行。全镇选举产生新一届村“两委”干部128人，比上一届减少11名；村党支部书记和主任实现“一肩挑”的村有16个，占12.5%；“两委”成员交叉任职的有82名，交叉率88.17%，12个村达到“两个100%”；全镇每个村至少配备一名女干部。

【工农业生产】　全镇规模上工业产值9.25亿元，比增9.6%。规模上工业企业9家。

较大规模工商企业有：华润电力风能（惠来）有限公司、惠来县锦鸿印染有限公司、惠来县雄泰毛织服装有限公司、惠来县丰茂塑料有限公司、惠来县嘉祥服装厂、惠来县仙庵镇松盛毛织厂、惠来县金海湾高尔夫球俱乐部有限公司、惠来县食品集团公司仙庵食品公司、京陇乐天果蔬贸易有限公司和惠来高盛轻质砖有限公司。另有金佳业新业有限公司，是一家专业生产出口拖鞋民营企业，注册资金1000万元，投资2000万购入先进设备50台并建成10条生产流水线，员工200人，年产值1.8亿元，产品主要出口东南亚和欧美地区。

广东增益电力设备有限公司，注册资金8100万元，投入建设资金1亿元，员工180人。公司集研发、生产、销售为一体，是南方电网主要供应商之一，主要生产高压环网开关柜、高低压成套设备、配电箱、电力计量箱等系列电力电气产品。

全镇农作物春收总面积21400亩。其中玉米100亩，产量20吨；番薯8600亩，产量16443吨；蔬菜12700亩，产量36656吨。农作物春种总面积

22895亩，其中谷物类10160亩，豆类1030亩，薯类4500亩，经济作物类5850，其他作物类1355亩。

仙庵镇是农业大镇，与省农科院对接，由仙庵天音果蔬有限公司落实，在京陇村建设芥菜基地，搞好“一镇一品”工程，全年芥菜成交额290万元。

【新农村建设】 仙庵镇按照“边拆、边清、边建、边管”多措并举工作思路，开展农村人居环境大整治和农村基础设施大建设。全镇投入资金1020万元，完成农村基础设施建设24宗。修建桥观村水泥村道、仙庵村和望前村环村绿化带、口埔村水泥村道和水泥巷道等农村道路设施，修建点埔村池塘挡土墙、望前村排水沟等水利工程，修建华清村公共市场、浮埔村村前公园等村公共设施，改善农村环境与交通状况，提高全镇居民的居住环境质量，推进仙庵镇美丽乡村建设。

开展农村电子商务建设，开设“阿里巴巴”村级服务站3个，分别位于点埔村，合伙人为黄伟鹏；位于京陇村，合伙人为胡文仪；位于锡溪村，合伙人为洪鸿兴。其中点埔村“阿里巴巴”村级服务站12月营业额9.98万元；锡溪村“阿里巴巴”村级服务站12月营业额5.2万元；京陇村“阿里巴巴”村级服务站12月营业额9.16万元。

农村土地确权工作。仙庵镇20个村、34个经联社，应确权土地面积3.36万亩。完成实测面积3.36万亩，实测率占100%。完成二轮公示村数34个，全部颁发土地经营权证书，颁证率100%。

【农村集体“三资”管理】 2017年，仙庵镇农村集体资产资源交易中心交易成功38宗，成交金额1753.2万元。其中京陇村址办公楼地坪及道路硬化工程，交易金额52.5万；新田村文化广场一期工程，交易金额33.2万；浮埔地埕及排水沟工程，交易金额56万；翁厝面前路改建工程，交易金额62万；翁厝晒谷埕工程，交易金额39万；华园村管区路及排水沟工程，交易金额71.2万；华清村新楼大道平整拓宽工程，交易金额15.2万；华清村道至夏威夷路灯工程，交易金额20.1万。

【社保民政】 仙庵镇城乡居民养老保险缴费人数14657人，完成任务数96.64%；城乡居民基本医疗保险完成数69949人，完成任务数90.96%。

农村危房改造，实行“一户一档”，批准一户，建档一户。全镇实施危房改造34户，其中完成29户。

敬老院1所，占地面积3500平方米，建筑面积1122平方米，主要服务孤寡老人。

【商业贸易】 全镇实现社会消费品零售总额7.48亿元，比增26.99%。

【财税】 财政收入2331.67万元，比增4.23%。税收收入1195.85万元，比增262.48%，其中国税收入468.55万元，地税收入727.3万元，分别比增281.58%和251.49%。

【精准扶贫】 仙庵镇按照“六个精准”要求，有序推进各项工作顺利开展。全面完成精准建档立户工作。据统计，全镇建档立卡相对贫困户总户数1125户，贫困总人口4247人，其中，一般贫困户364户、1768人，低保贫困户583户、2295人，五保户178户、184人。浮埔、口埔、华清、田墘、四石、京陇、华园、桥观8个村被列入相对贫困村，成为重点帮扶对象。全镇投入扶贫资金5457.28万元，累计实施贫困户帮扶项目7318个。实施基础设施扶贫计划，完成扶贫项目有：浮埔村建设面积600平方米的老人活动中心场所；建设两个扶贫工作宣传栏；铺设长1.5千米、宽5米水泥路面。华清村完成村路基及村道挡土墙工程；完成建设两个扶贫工作宣传栏。口埔村完成建设两个扶贫工作宣传栏。桥观村完成一间小学音乐教室建设，并配套教学设施。四石村完成建设两个扶贫工作宣传栏。田墘村完成村主干道硬底化；建设两个扶贫工作宣传栏。镇举办扶贫业务培训班4期，培训扶贫干部260人次，加强扶贫队伍建设。推进教育医疗扶贫，推动社保兜底。投入资金900万元，启动脱贫示范村建设。

【综治维稳】 仙庵镇建立镇村两级治安联防队。

镇建立21人的联防队，配备制服5套，摩托车2辆；村（社区）建立联防队20支，联防队员157人，配备制服60套，摩托车50辆，村基层治安信息员20名。

2017年，仙庵镇派出所立案62起，其中刑事案件33宗，行政案件29起。

仙庵镇全年接上级转来信访件41件，其中32件处理完毕并回复，未办结9件；其中12月接到信访件4件，均未办理。

仙庵镇开展无毒工作、无毒村（社区）创建活动，加大禁毒宣传和巡查力度，政府、公安、村等相关单位开展多次“众剑行动”，推进禁毒工作开展。

【教育】 仙庵镇初级中学3所（其中九年一贯制2所）、小学25所（其中完全小学18所、非完全小学6所、民办小学1所）、公办幼儿园4所（其中一所中心幼儿园），成人文化技术学校1所。

围绕创建“教育强镇”中心任务，推进教育创强工作。立足仙庵镇实际情况，打造“教育强镇”总体目标，调动社会各方面力量，推进教育创强工作。

【卫生计生】 仙庵镇有镇级卫生院1所（仙庵卫生院）、村级卫生站36所。仙庵镇卫生院占地面积5000平方米，建筑面积3240平方米，医务人员60人，其中高级职称1人、副高职称2人、中级职称3人、初级卫技人员50人。

2017年，全镇人口自然增长率为11.25‰、政策生育率为96.70%。

执行殡葬管理法规，宣传文明办丧事，推行遗体火化制度，严禁遗体违规土葬。全年火化遗体321具，火化率100%。

【地方名产】 仙庵镇地方名优地方特产有大蒜、梨瓜、黄旦茶、药材“金蜈蚣”、米酒、海产品（肚脐螺和浅海鱼等）。

【旅游资源】 东方夏威夷国际旅游度假项目：计划投资100亿元，项目已投入资金15.5亿元。至2017年6月底，项目完成一期三通一平和临时施工道路建设；完成仙庵大道市政建设及绿化；完成5000平方米宿舍及办公楼重新装修；完成10000平方米施工板房搭建；完成项目区域指引牌；完成酒店桩基工程。正进行体验中心装修及周边景观绿化打造；进行酒店地下室工程；主题沙滩正在打造中；酒店式公寓准备打桩。

金海湾植物园别墅群一期工程：计划投入1200万元，建成9栋别墅。别墅主体建设全部完成，处于装修阶段，投入资金1100万元。

【2017年仙庵镇领导班子成员】

党委书记：蔡河水（3月止）　周宏文（3月起）
副书记：蔡和立（9月止）　林烁武（9月起）
陈理荣（3月止）　林宏辉（3月起）
林玉标
党委委员：史锦宣　朱长成　林惠强　黄俊和
吴柔英　郑赛杰　林宝如
镇　长：蔡和立（9月止）　林烁武（9月起）
副镇长：史锦宣　朱长成　洪春明　林俊松
人大主席：黄南雄

（仙庵镇民政办）

◆周田镇

【概况】 周田镇位于惠来县东部，镇人民政府驻前湖村，距县城18千米。东接靖海镇、仙庵镇，南邻前詹镇、神泉镇，西接华湖镇，北接汕头市潮南区雷岭镇。地势自西北向东南倾斜，多数是海拔400米以下丘陵。2017年，全镇总面积74.3平方千米，镇区面积3.4平方千米，耕地面积2.65万亩（水田1.6万亩，旱园1.05万亩），山地面积4.36万亩，林地面积4.36万亩，森林覆盖率48.5%。下辖1个社区居委会、17个村委会（31个自然村）。总户数15708户，总人口89667人（乡村人口67899人，城镇人口21768人），人均耕地占有量0.30亩。

2017年，全镇实现工农业总产值26.03亿元，比减9.52%，其中工业产值20.28亿元、农业产值5.75亿元，分别比减9.99%和7.85%。农村经济总收入7.78亿元，农民人均年纯收入8997元，分别比增1.03%和0.51%。固定资产投资9.97亿元，社会消费品零售总额6.2亿元，分别比增12.4%和14.6%。财政收入2225.12万元，比增15.09%。

【重大项目建设】 推进卫生创强工作，提高镇卫生院基本医疗和公共卫生服务能力。周田镇卫生院升级为惠来县第三人民医院，建设新院址占地面积20.34亩，计划投资金额1.17亿，项目于2017年9月正式奠基。

【人代工作】 2017年3月27日，在镇政府三楼会议厅召开周田镇第十六届人民代表大会第二次会议，听取和审议政府、人大、财政预算和执行情况报告。

10月16日，在镇政府三楼会议厅召开周田镇第十六届人民代表大会第三次会议，大会选举杨英彬为周田镇人民政府镇长。

【工农业生产】 2017年，全镇规模上工业产值18.7亿元。拥有独立厂房、办公楼、工人超过80人工业企业5家，工业主要以传统毛织、皮革、珠绣、农副产品加工为主。其他多为家庭作坊式，大部分集中在镇区（前湖、考山、径口、华厝村）和狮石村一带，主要是代加工生产，以人力手工制作模式为主，有4家企业引进全自动毛织生产设备。

全镇农村经济总收入7.78亿元，农民人均年纯收入8997元，分别比增1.03%和0.51%。以发展现代农业为目标，发挥周田农产品质量好、基础扎实的优势，注重培育特色产业，扩大生产规模，提高农业经济效益。按照全镇农业“一镇一品”建设方案的要求，主要有杭美大蒜，黄岗、武宁、仙家等蕃茨，狮石、青洲的对虾养殖等产业链，商品薯、大蒜、水产养殖等产品质量好，扩大以径口、黄岗、新乡、武宁、仙家等村为主的商品薯种植基地规模，面积达8500亩，年销售总量5100吨，产值2550万元；以杭美村为主的大蒜种植基地规模，面积2500亩，年销售总量1875吨，产值3500万元；以狮石、青洲等村为主的水产养殖基地规模，面积1200亩，产值720万元，

【新农村建设】 按照“生产发展、生活富裕、乡风文明、村容整洁、管理民主”目标，加快社会主义新农村建设步伐。投入2800万元，完成狮石、杭美、前湖、径口、武宁、仙家、青洲等村村道硬底化建设和配套照明工程；拆除国道228线周田区域段、县道X105关桥线及其他主要干道两侧违规乱搭乱建筑物；分步推进县道X105关桥线及周靖公路两侧的美化、绿化、亮化建设，投入资金1400万元，共拆除违章建筑物223宗，面积1480平方米；清理乱堆乱放103宗，面积3100平方米；清理违规占道广告牌、灯箱320条，铺设长310米人行道，面积1302平方米，并实施绿化工程。9月动工建设周田镇卫生院新院址，占地面积37.45亩，计划投资1.17亿，推进卫生创强工作。

【社保民政】 完成镇企业基本养老保险任务数432万元；城乡居民养老保险应缴费人数13431人，参保人数12387；城乡居民基本医疗保险应缴费任务数69268人，参保人数63141。

推行遗体火化制度，严禁遗体违规土葬行为，对干部实行责任考核，落实奖罚措施，规范殡葬管理工作发展。

【商业贸易】 2017年，全镇社会消费品零售总额6.2亿元；个体工商户270家，规模上工商企业5家，大型集贸市场1个，面积2800平方米。

晟润新能源投资（深圳）有限公司在周田镇“红卫山”山顶投资建设分布式风电项目，项目计划建设4～5台分布式风机，计划投资4千万元，完成风力勘察。项目建设，逐步提升周田镇招商引资层次和水平。

【财税】 2017年，周田镇财政收入（包括教育、卫生系统）2225.12万元，税收收入663.7万元，其中国税（547.7万元、地税116万元）。财政支出2195.64万元（包括教育、卫生系统），基本保持收支平衡。

【综治维稳】 按照“打防结合，预防为主”方

针，建立健全维稳综治长效机制。2017年，全镇受理刑事案件20宗，破案9宗，破案率45%，其中贩卖毒品1宗、容留他人吸毒1宗、故意伤害1宗、抢夺2宗、抢劫1宗、抢劫摩托车1宗、入室盗窃1宗、诈骗2宗，抓获嫌疑人4人（刑拘4人）；受理治安案件22起，查处11起，查处率50%，其中强制戒毒11起（共11人）、殴打他人8起；综治信访维稳中心调处办结信访案件13宗。

以头径、杭美、青洲、新乡村为先行点，开展"三无"（无新增吸毒人员、无制毒、无贩毒）创建活动。全镇投入禁毒经费270万元，组织开展禁毒普法宣讲活动42场次，出动人员8300人次、警力1200人次、车辆1850辆次，组织开展清理清查行动860场次，强制收戒吸毒人员80名，侦破涉毒案件5宗，其中贩毒案4宗、容留他人吸毒1宗，抓获嫌疑人15人（刑拘15人）。

【教育】 周田镇初级中学2所、小学17所。在校中小学生7226人，其中小学生5521人，中学生1705人；在园幼儿2152人。中学教职工144人，小学教职工372人。

【文化】 周田镇文化广场，占地面积7200平方米，项目计划投资600万元，建设风景池一个，风景绿化带一条，以及配套相关体育健身娱乐设施。完成场地整修和风景池四周砌石加深等前期建设，累计投入资金320万元，广场主体设施基本完成，尚欠配套建设方面。

全镇建成配套6个村级文化室，修缮配套"农家书屋"，完善农民汲取思想文化主阵地建设。

【卫生计生】 周田卫生院致力提升医疗卫生服务水平，做好生育登记和服务管理工作。宣传无偿献血，组织干群参加无偿献血，全镇无偿献血活动13场次、136人次。周田镇召开多次紧急会议，专门成立疫情防控领导机构，及时应对突发疫情。

【旅游资源】 境内主要景点百花尖、清水岩和甘泉禅寺。百花尖又称百花山、百花峰，位于施家自然村，是古"惠来八景"之首，雅称"百花领袖"。百花峰峻峭挺拔，山貌奇特，风光宜人，四季繁花似锦，峰北有一断崖，似刀直削，一落千仞；峰南两侧，蜿蜒起伏，如龙遨游，遍山巨石，嶙峋斑驳，各具形态；峰前有百花园及古"百花岩"遗址。

清水岩位于崎岭村，岩有清水，清冽甘甜。

甘泉禅寺位于考山村，于2006年6月开工扩建，建成大雄宝殿，在建有藏经楼、钟楼、天王殿等建筑物，建筑风格采用明清佛殿建筑风格，规划总占地面积50亩。

【2017年周田镇领导班子成员】

镇委书记：严文水（12月起）　方志强（12月止）
副书记：杨英彬（9月起）　韩晓彬　胡焕杰
　　　　袁汉龙（9月止）
镇委委员：方汉清　黄烈坚　高振昌　胡　雄
　　　　　林燕花　方逸群　方光先
镇　长：杨英彬
副镇长：方汉清　黄烈坚　方汉昌　杨泽楚
人大主席：林燕青
副主席：詹增明

（林英丰）

◆ 前詹镇

【概况】 前詹镇位于惠来县东南部，镇人民政府驻前詹村，距离县城20千米。东接周田镇与靖海镇，西邻神泉镇，北连华湖镇，南濒南海，海岸线14.5千米。全镇地势北高南低，北部为关门山向南绵延的山区丘陵，中部为平原，南部为沿海沙滩。2017年，全镇总面积63平方千米，镇区面积2.4平方千米，耕地面积15782亩，沿海滩涂5000亩。辖1个社区、20个行政村（31个自然村）。全镇年末户籍总人口64267万人，其中非农业人口1795人、农业人口62472人。

2017年，全镇工业总产值15.42亿元，比增7.76%。其中，规模上工业产值13.39亿元，比增7.8%。全镇农村经济总收入3.93亿元，比增6.8%；农民人均纯收入6318.16元，比增5.8%；社会固定资产投资总额11.5亿元，比增15%。社会消费品零售总额5.36亿元，比增13.6%。

【重大项目建设】 中海油LNG项目累计投入资金49.05亿元，项目投产运营。中电投揭阳港前詹作业区通用码头项目累计完成投资3.98亿元。揭惠高速公路在沟疏村与新陂村交界处设置出入口；临港工业产业集聚区建设步伐加快，完成临港中心工业园C-06-13地块控制性详细规划，1000亩工业用地征地前期工作开展顺利，全力为引进大型工业企业理顺前期各项工作。

【创文创卫】 投入资金3800万元开展“创文”及人居环境整治工作，被县评选为创文工作先进单位。全面启动镇垃圾压缩转运站，成立镇卫生保洁队伍131人，疏通河道沟渠1700米，打捞水上漂浮物28.7吨，拆除禁养区内养殖场2家，同步推进“五城同创”，拆除违章建筑196宗，拆除面积5917平方米。

【人代工作】 3月28日，在镇政府召开前詹镇第十六届人民代表大会第四次会议，依法审议镇政府、镇人大、镇财政3个工作报告。依法选举产生镇人大副主席1名。

【工农业生产】 全年前詹镇规模上工业产值13.39亿元，比增7.8%。全镇工业企业5家，从业人员490人；规模上工业企业8家。

【新农村建设】 全年全镇投入873.5万元，启动农村基础设施建设22宗，竣工13宗，在建9宗。推进村级规划编制，完成前詹村和赤澳村2个村。

【市政管理】 打造人行道铺设示范路1条，投资40万元铺设人行道430米，铺设面积1075平方米；露土硬底化和绿化建设1.2万平方米；镇政府大院景观灯饰设置，扮靓镇区环境。

【社保民政】 全镇城乡居民医疗保险参保人数51453人，参保金额771.8万元；完成城乡居民养老保险征缴9930人；企业基本养老保险完成征收388万元，向低保户、五保户、伤残军人等弱势群众发放各类资金710万元。农村合作医疗累计报销335人次52.11万元，落实危房改造22户、落实一事一议项目1个，总投资72.4万元。全镇低保1400户、2425人，五保130户、134人。

推行遗体火化制度，严禁遗体违规土葬行为，对干部实行责任考核，落实奖罚措施，殡葬管理工作规范发展，火化遗体206具。完成公益性骨灰楼建设，尚未投入使用；骨灰公墓建设规划呈报县有关部门，尚未批复。

【商业贸易】 全镇商业总产值2.03亿元，实现社会消费品零售总额5.36亿。全镇拥有前詹市场1个。个体工商户742户，个体独资企业130户。

【农村集体“三资”管理】 2017年，前詹镇农村集体资产资源交易中心交易成功20宗，交易金额为1109.17万元。加强农村集体资产资源交易中心和农村财务服务中心建设，规范完善农村集体“三资”管理，预防基层干部腐败行为，农村社会和谐稳定。

【财税】 全镇财政总收入2643.7万元，比增22.38%。完成税收629.3万元，比增190%；其中国税完成315.9万元，占任务数235万的134.4%；地税完成313.4万元，占任务数274万元的114.3%。财政一般公共预算支出2292.94万元（不包括教育、卫生系统），基本保持收支平衡。

【精准扶贫】 2017年，前詹镇有21个村列入惠来县第三轮扶贫村，全镇完成脱贫231户、801人，投入扶贫资金1350万元，实施3个扶贫项目，其中前詹村综合商贸市场项目获县政府批复；赤澳村鲍鱼场项目正在建设；加油站完成工商名称预核准及县经信局关于油站地点的规划同意批复。

【综治维稳】 全镇全年办结信访件10宗、群众来访12宗；受理行政案件53宗，查处38宗；全镇刑事案件39宗，破案21宗，破案率60%；治安案件52宗，处理52宗，处理率100%。破贩毒案件1

宗，破容留他人吸毒案件1宗，抓获涉毒人员25人，缴获毒品1.7千克。

全镇配备20个村（社区）法律顾问，为人民群众提供法律咨询。

【教育】 前詹镇初级中学2所，小学16所。全镇在校中小学生5303人，其中初中生1669人，小学生3634人；中小学教职工411人，其中初中教职工135人，小学教职工276人；全镇幼儿园1所，在园幼儿290人。2017年，初级中学共投入128万元建设塑胶跑道2个，投资80多万建设多媒体教室17间、监控室2间，投资38万完善排水、厕所等基础设施。

【文化】 前詹镇铭西村的铭湖岩，被列为县级重点文物保护单位。创建于南宋咸淳元年（1265），历代有修建，1987年复建，获登记开放，是惠来古八景之一，1989年1月19日，惠来县人民政府公布为重点文物保护单位之一，以岩洞奇特而古今闻名。

【卫生计生】 前詹镇有镇级卫生院1所，正式工作人员55人，内设科室7个，床位20张。有村级卫生站20个。

2017年，全镇出生人口1182人，人口出生率18.45‰，自然增长率12.81‰。

【地方名产】 有鲍鱼、虾、蟹及浅海鱼等。

【2017年前詹镇领导班子成员】

镇委书记：林少明

副书记：蓝美如　陈奋腾（7月止）　蔡伯鸿
　　　　胡伟亮（9月起）

镇委委员：陈伟东　柯泽涛　胡科泽　蔡增城
　　　　　林坚彬　方洽锋　林锡河

镇　长：蓝美如

副镇长：陈伟东　柯泽涛　方培元　詹镇元

人大主席：吴丰成

副主席：柯木森（11月起）

（吴以畅　林　纯）

◆华湖镇

【概况】 华湖镇位于惠来县中部，镇人民政府驻新地村，距离县城3.4千米。全境西接惠城镇，北倚雷岭山脉，与汕头市潮南区接界，东邻周田镇，南与神泉镇接壤，潮南区接界。镇内西南的农田“华陇洋”，为惠来县主要粮产区之一。主要水系有雷岭河，发源于潮南区，上游至惠政桥，有白塔水、店坑水汇入；下游有龙潭水、百花尖水汇入。2017年，全镇总面积61平方千米。耕地面积15844万亩，山地面积47340万亩，林地面积47335.5亩，生态公益林12306亩。辖1个社区（居委会）、17个村委会（41个自然村）。年末，户籍总人口77348人，其中农业人口22002人，非农业人口55346人。旅外华侨416人。

2017年，全镇工农业总产值61.1亿元，比增10.07%；其中工业产值56.62亿元，农业产值4.48亿元，分别比增11.00%和—0.44%。农村经济总收入6.8亿元，农民人均年纯收入6937元，分别比增—4.63%和5.83%。固定资产投资21亿元，比增75%。社会消费品零售总额6.28亿元，比增10.56%。

【重大项目建设】 惠来碧桂园项目是全市重点项目，2017年1月开始进行建设。项目总投资62088万元，总用地面积25万平方米，总建筑面积50万平方米，建设住宅、商业街、幼儿园等。商品房计划建设41栋洋房，面积431106.43平方米，在建41栋，竣工6栋；别墅计划建设34栋，面积23984.51平方米，在建34栋，竣工12栋。其他配套设施86978.56平方米（含地下车库63100.31平方米）。截至2017年12月31日，累计投入7.7亿元，其中土地成本4亿，建筑安装2.6亿元，其他成本合计1.1亿元。

【创文创卫】 集中力量清理整治葵和路华湖段，对镇区内省道337线等主干道两侧和华湖综合市场乱摆、乱搭、乱建等占路为市行为，进行专项清理、拆除，拆除126宗，4170平方米；多方筹资投入1350万元建设道路配套工程，完成镇区段人行道硬底化建设并配套消防栓，设置隔离带，安装路灯及两侧绿化带，部分路段安装防护栏。组织专门队伍对堡内路口进行常态化管理，落实“门前三包”制度。征得县委县政府支持和交警部门配合，在堡内十字路口安装红绿灯，做好交通标识，确保交通井然有序。开展“创文为我，我为创文”主题日活动，营造“全民创文”浓厚氛围。开展环境卫生“红黑榜”评比活动，促进城乡环境整洁，焕发新气象。2017年，全镇投入整治资金2893万元，清理卫生死角610宗，开展主题日活动7场次，参与4200人次。加大资金投入实行“一事一议”制度，增配垃圾收集运载车以及其他相关卫生工具，实现垃圾日产日清。狠抓农村人居环境整治。启动“雨污分流”工作总体规划，完成5个自然村建设，铺设管网31400米，建成6个污水处理设施，“雨污分流”工作初见成效。

【人代工作】 3月30日及10月31日，分别在镇政府召开华湖镇十六届人民代表大会第二次及第三次会议，依法审议镇政府、镇人大、镇财政等三个工作报告。

【工农业生产】 华湖镇规模上工业产值54.37亿元，比增11.16%。规模上工业企业16家。主要工业产品以运动服、渔网、砖瓦生产、农副产品加工为主。年工业产品销售总额超过2000万元的工业企业16家，主要有：惠来县源瀚制衣有限公司、惠来县宏鹰制衣有限公司、惠来县美林制衣有限公司等。

全镇粮食种植面积29512亩，总产量11963吨，分别比增0.99%和0.80%；其中水稻16001亩，产量5927吨，分别比增0.95%和1.01%。水果种植面积20542亩，比增0.89%。蔬菜种植面积11954亩。种植优质白壳薏米3262亩。淡水养殖面积657亩。

【新农村建设】 全镇投入2700万元，启动农村基础设施建设项目29宗。其中道路建设9宗，集体建设6宗，农田水利建设6宗，环境卫生建设8宗。道路建设方面：揭惠高速华湖段完工并投入使用；省道337线华湖段（惠政桥至祖师桥）进行市政配套建设，该路段全长2.5千米，规划建设配套水泥硬底化人行道、绿化带、排水系统等，投入资金1350万元；美园村投入126.49万元建设美塘路路基及砼路面工程；池畔村投入126.88万元开展华湖中学路段道路加高工程并敷设中学路段两旁排水沟（全长600米）。集体建设方面：坪田村投入资金73.1万元建设便民服务中心办公楼及其附属工程；溪洋村投入资金71.7万元修缮村委会办公楼及围墙。农田水利建设方面：溪洋村全面整修和疏通机耕路及农田排灌渠，建设村道排污管道敷设及土方建筑工程。环境卫生建设方面：犁集村涂楼村民小组将22个旧式厕所全部拆除改造扩建，投入资金95万元。

【生态环境建设】 强化生态资源管护，严厉打击各类破坏生态环境违法违规行为，取缔非法采砂4家、非法采石3家，非法挖土1家，发现并取缔4宗非法印花、水溶等环境违法行为，责停禁养区内养猪场2家。

加强水资源综合治理，全面推行“河长制”。完善河湖名录，建立镇级、村级河长组织体系，组织清理雷岭河流域水浮莲、水上漂浮物，龙潭河道垃圾、淤泥等，落实各村清理沟渠、池塘，打造绿水蓝天宜居环境。

加大惩治违法用地、违规建设力度，查处“两违”案件33宗226.61亩，落实拆除及复耕复绿2宗，建筑面积6254平方米。

【社保民政】 2017年，全镇参加城乡居民医疗保险57536人，参加城乡居民养老保险12188人。全镇发放低保补助35.69万元、五保补助9.00万元、优抚补助170.48万元，发放种粮补贴资金1099076元，农村合作医疗累计报销407人次608833万元，落实危房改造39户、补助资金113.7万元，落实一事一议省奖补资金项目2个。全镇低保386户、1579人，五保户130户，享受复退军人“双定”补贴180人。

严格执行殡葬管理有关规定，推行遗体火化制度，严禁遗体违规土葬行为。对干部实行责任考核，落实奖罚措施，使殡葬管理工作规范发展。建设公益性骨灰公墓和骨灰楼。

【农村集体“三资”管理】 全年华湖镇农村集体资产资源交易中心交易成功26宗，成交金额1191.34万元。加强农村集体资产资源交易中心和农村财务服务中心建设，规范完善农村集体“三资”管理，提高农村项目实施的透明度，拓宽村务监督渠道，从源头预防基层干部腐败行为，促进农村社会和谐稳定。

【财税】 2017年，全镇财政总收入6346.73万元。完成税收入库3795.2万元，比增25.4%；其中国税2572.9万元，地税1222.3万元，分别比增13%和62.97%。财政总支出共6297万元，基本保持收支平衡。

【精准扶贫】 2017年，华湖镇有溪洋、坪田、池畔、白塔4个村列入新时期精准扶贫省定贫困村。至2017年年底，全镇完成脱贫649户、2313人，投入扶贫资金3164.73万元，各村投资产业扶贫项目资金2530万元（其中：金洋房地产750万元，城投公司1780万元），扶贫资金使用率80％。实施7个扶贫项目，其中，坪田村投入资金73.1万元和25万元，建设便民服务中心和农田排灌渠；溪洋村投入资金69万元，完成新村村道排污管道敷设及土方填筑，投入资金71.7万元修缮村委会办公楼及围墙，投入资金30万元新建村机耕桥及涵闸2座，投入18万元建造赤后防洪值守室；池畔村投入资金124.8万元，敷设中学路段两边600米长排水沟，并对该路段进行加高升级改造。

【综治维稳】 全镇全年排查调解矛盾纠纷16宗，办结信访件18宗、群众来访32宗，全镇刑事案件57宗，破案19宗，破案率33.33%；治安案件48宗，处理33宗，处理率68.75%。

全镇配备18个村（社区）法律顾问，为人民群众提供法律咨询，组织法治讲座72场次，解答村民法律咨询153件，协助解决民事纠纷8件。

【教育】 华湖镇现有初级中学1所，完全小学9所、非完全小学7所，教学点1个，民办学校4所。全镇在校中小学生7861人，其中初中生1097人，小学生6764人；中小学教职工730人，其中初中教职工137人，小学教职工593人；中小学专任教师691人，其中初中专任教师136人，小学专任教师555人；全镇幼儿园14所，在园幼儿3649人，教职工252人。2017年，华湖中学新建孔子像及背景墙30万元（其中孔子像为86届校友赞助）；先春小学续建教学楼420平方米，投入资金52万元；美园小学新修建外操场及围墙，投入48万元。

【卫生计生】 华湖镇有镇级卫生院1所，正式工作人员50人，内设科室3个，床位3张。有村级卫生站17个。

2017年，全镇出生人口1325人，人口出生率19.15‰，自然增长率13.29‰，完成免费孕前检查280例。

【2017年华湖镇领导班子成员】

镇委书记：胡武坚

副书记：陈朝泽　许昭宏　林　色

镇委委员：方冠群　林贞明　方喜龙　严珠成
　　　　　温妙芬　吴镇钦　黄俊彬

镇　长：陈朝泽

副镇长：方冠群　林贞明　黄祖亮　黄鸿凯

人大主席：黄俊展

副主席：许贤鹏（12月起）

（华湖镇党政办）

◆ 东陇镇

【概况】 东陇镇位于惠来县中部，镇人民政府驻东陇村，距县城3千米。东接惠城、华湖镇，西连隆江镇，南邻神泉镇，北靠惠城镇。2017年，全镇总面积54平方千米，镇区面积平方3.2千米。耕地面积2.53万亩，山地面积2.08万亩。辖1个社区（居委会）、12个村委会（31个自然村）。全镇户籍总人口111262人，其中农业人口108626人，非农人口2636人。

东陇镇钓石村桥　　（张光伟　摄）

全镇工农业总产值41.47亿元，比增10.56%，其中工业产值35.49亿元，农业产值59805亿元，分别比增12%和2.8%；农民人均年纯收入8727元，比增5.7%；社会固定资产投资11.47亿元，比增23.1%。社会消费品零售总额1.85亿元。

【创文创卫】　开展创文创卫、人居环境整治和“五城同创”工作，解决农村“脏、乱、差”等问题。建立村垃圾清运管理长效机制，发动乡贤捐资，购置垃圾转运车辆，改善生活环境。加大农村和镇主干路违建治理力度，推进南环二路、国道228线东陇镇路段、庆平路、镇区和农村主干路段违建的拆除整治。规范沿街沿路商铺经营，落实门前“三包”责任制，营造整洁卫生环境。加强农村路边、田边、屋边杂草杂物清理整治，清理沟渠、池塘和农村旧屋等卫生死角积存垃圾，优化农村人居环境。全镇投入资金1000万元，拆除违建460宗、4500平方米，清运积存垃圾杂物300吨，村容村貌得到大改观。

【工农业生产】　全镇规模上工业产值32.73亿元，分别比增12％和1.68%。辖区内有惠来华强建设集团有限公司、广东帝浓酒业有限公司等规模上企业。惠来华强建设集团有限公司是县内一家大型企业。广东帝浓酒业有限公司是国家级高新技术企业、省农业龙头企业、省林业龙头企业。

东陇镇是惠来县粮食主产区之一，以种植水稻、发展水产养殖为主。全年粮食种植面积5.4万亩，单产405公斤。水果、蔬菜、水产、禽畜等“四大特色农业生产基地”稳步发展，其中石洲莲藕生产基地形成“一乡一品”特色农业。全镇水果总产量1029吨，水产品总产量1132吨，生猪年出栏量1.38万头。辖区内有安大养殖公司综合开发生产基地和裕农养猪场等上规模企业。安大养殖公司综合开发生产基地饲料、鸡鸭种苗销售遍布整个粤东，年哺养鸡鸭种苗500万只。裕农养猪场，建有猪舍面积8000平方米，饲养量3500头，其中公母猪400头，2017年出栏量6000头。

【新农村建设】　寄陇文化公园，是市创文和人居环境整治现场会示范参观点，原省委书记胡春华到东陇镇寄陇村考察调研时，给予肯定。寄陇村被省评为文明村。规划建设东陇村文化广场，占地面积80亩，计划总投资3000万元，于2017年9月动工建设，完成投资2500万元。规划建设华强新城，提升城镇品位，首期计划投资6亿元，占地建设面积5万平方米，建筑面积25万平方米，建住宅楼14栋（共604套房），商业中心1栋、商务综合楼1栋及配套建设。搞好水利设施建设，推进中排渠整治工程、高标准农田建设工程及农业综合开发项目建设。

【社会保障】 2017年，全镇参加城乡居民医疗保险86871人，参加城乡居民养老保险32189人，上缴企业基本养老保险金500万元，全部完成县下达任务。全镇发放种粮补贴资金200.69万元，农村合作医疗累计报销265.29万元，落实危房改造25户。

【商业贸易】 全镇完成社会消费品零售总额1.85亿元。开展经济户口清理工作，注销停业、失联经济实体322家，新培注册登记个体户147家，扶持、引导个转企28家，增强发展新动力。全镇拥有东陇、寄陇、四凤、钓石、赤洲5个农贸市场。个体工商户279户，个体独资企业7户，内资企业33户，专业经济合作社15户。计划投资800万元，建设东陇镇东陇农贸电商扶贫综合市场，一栋三层，建筑面积4794平方米，占地面积2069平方米。

【税收】 全年完成国地税1621.3万元，其中国税752.9万元，地税868.4万元。

【精准扶贫】 大打脱贫攻坚战，综合采取产业扶贫、兜底扶贫等措施，全镇落实产业帮扶项目4宗，实现脱贫274户、1146人。

【综治维稳】 开展社会治安综合治理“众剑行动”，加强涉毒、涉假、涉赌等社会治安突出问题整治；加强治安联防队伍和群防群治网络建设，提高治安防控水平。全镇发生刑事案件41宗，破获34宗，抓获犯罪嫌疑人30人，其中涉毒案件13宗，抓获15人；抓获吸毒人员61人，其中强制戒毒48人；执行社区戒毒（康复）67人，执行率100%。

全镇配备12个村（社区）法律顾问，为人民群众提供法律咨询。

【教育】 全镇现有初级中学1所，九年制学校1所，完全小学11所，教学点1个，幼儿园21所，其中镇规范中心幼儿园1所。小学附设幼儿班7个，成人文化技术学校1所。在校初中生2735人，小学生6360人，在园幼儿3533人。全面落实农村义务教育阶段免费和贫特困生生活补助政策。实施奖教奖学，东陇中学筹备成立奖教奖学教育基金会，2017年奖励教师38名、学生59名，其中林锦涛同学获得2017年县中考文化成绩第一、总分第二。教育创强得到巩固发展，是全县复评验收先行点。

【文化】 寄陇村“高跷虎狮”舞是富有地方特色文艺活动，有300年历史。2009年，“高跷虎狮”被列入省级非物质文化遗产项目。建设配套东陇镇文化站，配套村级农家书屋12个。全镇数字电视实现网络全覆盖。

【卫生计生】 有镇级卫生院1所即东陇卫生院，占地面积2500平方米，医务人员53人，病床40张，内设内科、口腔科、妇产科、防疫科、眼科、检验科、中西药房、门诊部和住院部，有X光机、B超机等设备。卫生院内建有眼科中心大楼，是一所眼科专科医院。计划建设卫生院住院综合大楼，计划总投资1500万元，占地面积900平方米，一栋7层、建筑面积4900平方米。乡村医疗站28个，医务人员28人。儿童计划免疫率98%以上。

2017年年底，全镇已婚育龄妇女16740人，外出人数23712人，人口出生率18.17‰，计划生育率97.05%。

【地方名产】 东陇鲻鱼（俗称乌鱼），鳞色鲜艳，肉质嫩酥，土腥味较淡，以东陇村月宫大池出产的最为闻名。石洲莲藕，间节肥大，外表赤白色，肉纯白色，味极清香。

【旅游资源】 苗海村徐向前元帅命名并题词的中国工农红军第四师攻城指挥部旧址，蚶蚌寨有明末举人林学贤及罗英抗清遗址，两处均属县重点文物保护单位。位于镇北部仙井古岩，始建于明初，寺中有一石窟，窟内泉水甘洌，汲而不竭，寺以此得名。华房村华古寺，创建于北宋靖康二年（1126年），寺前一古榕树，是“埔姜寄生古榕”，其树叶心呈红色，名曰红心古榕，有400年树龄，传说叶片晒干后制作饮用，味甘，可解暑。

【2017年东陇镇领导班子成员】

镇委书记： 陈明泉（3月止）　欧阳鹏（3月起）

副书记： 郑国辉　朱少桂　方晓珩

镇委委员： 林金得　陈　冬　方宝盛　吴可彰　林佩琳　唐国权　吴常春

镇　长： 郑国辉

副镇长： 林金得　陈　冬　陈树贤　张　亮（7月止）　叶培源（11月起）

人大主席： 方定杰

（林海金　方锦贤）

◆ 岐石镇

【概况】 岐石镇位于惠来县西南部，濒临南海。镇人民政府驻岐石村。距离县城21.6千米。东至大南海石化工业区，西至鳌江镇及陆丰市甲子镇，南至陆丰市甲东镇奎湖村，北至东埔农场。全镇地势北高南低，年平均气温21.8℃，年日照2039小时，年降雨量1760.4毫米。地方名产主要有塭虾、冬瓜。2017年，全镇总面积63平方千米，镇区面积1.1平方千米。耕地面积2.07万亩，山地面积0.6万亩，林地面积2.02万亩。岐石镇辖1个（社区）居委会、7个村委会（14个自然村）。年末，户籍总人口88162人（总户数12331户）。其中农业人口85165人，非农业人口2997人。

全镇工农业总产值31.7亿元，比增6.8%。其中工业产值17.7亿元，比增6.6%，农业产值14亿元，比增5.7%。完成固定资产投资11.5亿元，比增6.8%，占年任务数103.7%，全县排第3名；社会消费品零售总额5.4亿元，比增5.8%。

【重大项目建设】 惠来县岐石镇锡辉养殖场，占地面积500亩，采用高密度精养方式养殖白虾，为产供销一体化生产经营模式，投入资金1000万元，已投产实现赢利。进行农业综合开发，治理农田水利面积1.3万亩，计划投入资金1950万元，完成投入资金1100万元，完成五七支渠1800米，累计完成15567米，占渠道总长55%。

【创文创卫】 深入开展“创文为我　我为创文”主题日活动，推动全镇各级干部职工下基层参与文明创建工作，推动文明创建迈上新台阶。2017年，开展“创文为我　我为创文”主题日活动6次，投入资金1000万元，清理牛皮癣、小广告578起，清除公共场所、道路、房前屋后、沟渠池塘垃圾2.3吨，清理乱搭乱建、乱堆乱放、乱贴乱画、乱停乱摆211宗。实现岐石镇“颜值”与“气质”双提升。

【工农业生产】 2017年，岐石镇规模上工业产值14.5亿元，比增7.2%。全镇工业企业67家，从业人员845人。主要工业产品有纸制品及陶瓷。

全镇农业总产值14亿元，比增5.7%。粮食种植面积5625亩，总产量4325吨，分别比增6.1%和5.8%；其中水稻5534亩，产量4013吨，分别比增5.4%和6.5%。蔬菜种植面积61亩。水产品总产量2013吨，产值13625万元；其中海洋捕捞1008吨，总产值7586万元。

按照“以清查促规范，以规范促发展”方针，全镇清查经济主体1009户、查出无牌照经营体215户，个体经营户906户，企业67家，其中农业专业合作社14户，养殖公司15户（主要为水产养殖、养猪），林业公司2户。对未办理相关证照经营主体，依法引导办理登记办照186户；升级一批，按照“无照规范有照”“个转企”“小升规”“规转股”“股上市”原则，清查引导“个转企”3家。实现新增税收2.5万元。

【新农村建设】 全镇铺开基础设施项目20宗，投入资金369.3万元，加大对道路、水利设施、环境卫生、公益设施项目的投入。修建岐石、坑仔、林美、览表村道，新增村道硬底化长5450米，投入资金170.5万元；架设村道路灯145盏，亮化农村道路，投入资金85万元；修建农村沟渠，长4900

米，投入资金57.8万元；华清小学、览表文化广场进行配套设施建设，投入资金56万元。

【市政管理】 落实“绿水青山就是金山银山”发展理念，解决垃圾、污水和溪河污染等社会关注、群众关注热点难点问题。2017年，投入资金200万元，清理农村历史积存垃圾、杂草杂物213吨，7个自然村实行雨污分流，建成14个垃圾收集点，成立镇、村两级保洁队伍11支、42人，落实垃圾清运拖拉机7辆、清运车40辆，投入资金300万元用于镇级垃圾转运站的运营，美化改善村容村貌。

【社保民政】 按照“富民惠民，改善民生”要求，以发展民生为重点，坚持“以人为本，为民解困，为民服务”理念，保障困难群众基本生活权益。全镇五保户109人，每人每月救助资金692元；低保户656户、1790人，每人每月救助资金432元；残疾人420人，每人每月提供护理补贴200元；全镇7890名60岁以上老人每月提供资金120元；社会养老方面，征缴城乡居民养老保险12868人，征缴企业养老扩面征收163人，征缴城乡居民基本医疗保险65781人。

【商业贸易】 完成社会消费品零售总额5.4亿元，比增5.8%。全镇有农贸市场4个，个体工商户95家，私营企业253家。2017年新增规模上商贸企业1家，累计达7家。

【农村集体“三资”管理】 壮大农村集体经济，深化政务、村务公开，落实广大农村群众的知情权、监督权和收益分配权，完善农村集体“三资”网络化监管体系，确保农村集体“三资”保值增值，促进农村经济社会的和谐稳定。全镇农村集体资产资源交易中心交易成功5宗，成交金额216.5万元。

【财税】 岐石镇财政总收入1133.14万元（不包括教育、卫生系统），财政总支出1107.69万元（不包括教育、卫生系统），其中国税收入62.25万元，地税收入123.54万元，分别比增29.92%和18.23%。

【精准扶贫】 岐石镇下辖7个行政村，全镇11522户85758人，相对贫困户716户，贫困总人口1598人。全年完成脱贫贫困户597户，占贫困户总户数的83.5%；脱贫人口1276人，占贫困总人口的80%，贫困发生率由1.86%降到0.9%。

2017年，镇筹集资金1149.86万元，投入资金396.454万元。其中投入资金280万元用于5个公益设施项目、投入资金11.84万元用于教育扶贫、投入资金10.74万元用于医疗扶贫、投入资金8万元用于危房改造扶贫。为241名义务教育学生每人每年提供3000元生活补助费；为13名高中在校生每人每年提供3000元生活补助费和2500元学杂费；为8名中职在校生每人每年提供3000元生活补助费和3500元学杂费；为全镇扶贫人口1598人提供城乡基本医疗补助年每人150元。览表村投入资金260万通过入股公司方式，每年可为有劳动能力贫困户68户214人人均年增收1218.5元；乌石村投入资金4.87万元入股“丰源种植专业合作社”，可为村贫困户人年均增收4874元；前汛村投入资金37.7万元入股惠来县丽雅涵制衣有限公司，为扶贫户9户31人人均年增收1218.5元；坑仔村投入资金15.84万元入股永盛水泥制品有限公司，为扶贫户4户13人人均年增收1218.5元；华清村投入资金150万元入股揭阳市美成纺织品有限公司，为扶贫户68户160人人均年增收1218.5元；岐石村投入资金232.3万元入股惠来县葵阳投资有限公司，为扶贫户人均年增收1218.5元；林美村投入资金35.3万元入股惠来县泰裕投资担保有限公司，为扶贫户9户29人人均年增收1584元。

【综治维稳】 全年收到信访案件54起，办结52件。解决和化解信访突出问题，维护社会稳定。

将全镇划分为1个大网格、7个中网格和37个小网格，采取“专管一格”和“兼管多格”相结合的方式，将包括镇委书记、镇长在内13名党政班子成员、7名工作组组长、46名挂村工作组人员、14名派出所人员、167名村干部挂钩包干到每一个区域、每一条巷、每一住户、每一个角落，并层层签订禁毒工作目标管理责任书，形成“村中有网、网中有格、格中有人、人负其责”禁毒网格化管理格局。通过强化组织领导、强化清查惩治、强化责任追究、强化责任落实、强化宣传发动、强化资金投入等方法，推进1601工程、“4·14”工程、“6·26”工程、“8·31”工程、“五见六进”工程、“八个一”工程、“全民禁毒”等工程落实。推进“众剑行动”31次，坚持“二三”清查惩治模式，对全镇辖区内山林、山塘水库、家庭作坊、旧屋、住宅户进行地毯式、滚动式清理清查，对4个涉毒重点整治村（览表、华清、林美、岐石）开展清理清查150次，面上村开展清理清查120次，全镇全面排查清查48次。破获涉毒案件4起（2014年21起，2015年15起，2016年5起），抓获历年涉毒犯罪在逃人员3人（2014至2015年10人、2016年9人），抓获吸毒人员45人（2014年98人，2015年106人、2016年92人），缴获可疑毒品和制毒原料累计0.103千克（2014年710.3千克、2015年146.7千克、2016年2.224千克），拆除贩毒犯罪嫌疑人建筑窝点3处360平方米。

全镇配备7个村（社区）法律顾问，为人民群众提供法律咨询。

【教育】 全镇初级中学1所（岐石中学），九年一贯制学校1所（览表学校），完全小学5所，非完全小学1所，教学点1所。全镇初中教职员工169人，学生2610人；小学教职员工411人，学生7156人；幼儿园教职员工116人，在园幼儿1557人。稳步推进教育创强工作，新（改、扩）建岐石中心幼儿园、岐石中学、华清小学、乌石小学等义务教育阶段规范化教学楼四幢，建筑面积8090平方米。

【文化】 全镇有文化站1个，广播站1个，有线电视转播站7个，村级广播站7个，文化活动中心7个。

【卫生计生】 岐石镇卫生院1所（岐石镇卫生院），医务人员40人；私立医院一所（惠来县坑仔绩顺骨伤科医院），卫生医疗人员60人，病床70张。个体医生31人，散布在全镇各村执业。

2017年全镇出生人口1095人，人口出生率13.28‰，自然增长率7.71‰。完成计生“四术”1106例。

【2017年岐石镇领导班子成员】

镇委书记：袁汉龙（9月起）　唐　鹏（9月止）

副书记：陈德雄（3月起）　方武馨

　　黄庆标（3月起）　周宏文（3月止）

镇　长：陈德雄（3月起）

镇委委员：胡伟君　吴俊雄　吴喜顺　邓锦添

　　洪坚雄　黄睿智　黄庆标（3月止）

副镇长：蔡健宇　朱金德　胡伟君

人大主席：方东升

副主席：方　健（12月起）

（邓锦添）

◆ 鳌江镇

【概况】 鳌江镇位于惠来县西南部，镇人民政府驻中澳村，距县城直线距离27千米。地处鳌江河下游，东接岐石镇和东埔农场，西邻东港镇，北与大南山华侨管理区相接，南与陆丰市以鳌江河为界。2017年，全镇总面积61平方千米，镇区面积2.2平方千米，镇内鳌江河段8.5千米，北部虎堀水、三清水等小河流发源于北部丘陵，汇入鳌江河，全镇堤围线长9.14千米。辖1个社区（居委会）、16个村委会（24个自然村）。年末户籍总人口68090人，其中农业人口66600人，非农业人口1490人。

2017年，全镇工农业总产值21.95亿元，比增28.81%；其中工业产值18.77亿元，农业产值3.18亿元，分别比增24.71%和6.35%。农村经济总收入3.15亿元，农民人均年纯收入8744元，分别比增5.7%和4.96%。固定资产投资8.31亿元，比增7.09%。社会消费品零售总额3.07亿元，比增17.18%。

【重大项目建设】 华润三清山风电项目是县重点项目，计划总投资5亿元，建设内容包括总装机容量10万千瓦机组。年度完成投资3.2亿元，完成建设项目包括18架风力发电机。

【创文创卫】 鳌江镇建成1个镇区垃圾转运站和24个自然村生活垃圾收集点，配有垃圾处理压缩车1辆，三轮车22辆，拖拉机5辆，两轮人力车32部，铲车1辆，环卫保洁人员143人。2017年，累计清理户外广告89块、牛皮癣755张，开展整治活动393次，清理卫生死角183处。

【人代工作】 10月31日，在镇政府召开鳌江镇第十六届人民代表大会第三次会议，依法审议镇政府、镇人大、镇财政3个工作报告。

【工农业生产】 2017年，鳌江镇规模上工业产值17.10亿元，比增37.35%。全镇工业企业20家（含手工作坊），从业人员743人；规模上工业企业7家。工业生产主要以酱油、酿酒、石板材、毛织等加工业为主。主要工业产品有服装、石板材、白酒、毛织品等。

全镇稻谷种植面积16951亩，总产量5948吨；水果种植面积20096亩，产量7168吨，其中荔枝面积17996亩，产量5709吨；蔬菜种植面积12500亩，产量33070吨，冬瓜种植面积9850亩，产量4.9万吨，产值790万元；水产品总产量2586吨。发展荔枝种植、淡水养殖等效益农业，推进农业“一镇一品”工程建设，促进冬瓜特色产业发展。冬瓜生产在全镇成为支柱产业和特色产业，并成为农民增收重要途径。

【新农村建设】 2017年，启动农村基础设施建设项目16宗。完成6宗基础设施建设，分别为2015年度高标准农田建设、高陵村老人活动中心、虎堀村公共基础项目（道路路灯）、18所学校延伸工程、三清、高陵、水磨村饮水工程和鳌江中学综合楼。推进村级规划编制，完成3个村、16.39平方千米编制面积。

【市政管理】 2017年，主干道（县道X102）鳌江镇过境路段人行道铺设工作处于计划阶段，预计2018年1月完成铺设工作。开展“一拆一建”行动，对县道X102鳌江镇过境路段两侧的乱搭乱建（构）建筑物依法依规进行统一拆除，2017年，拆除62宗乱搭乱建，合计900平方米。

【社保民政】 2017年，全镇参加城乡居民医疗保险38287人，参加城乡居民养老保险9641人。发放低保补助325万元、五保补助95万元，农村合作医疗累计报销555.75万元（除即时报销），落实危房改造3户、补助资金9万元，落实一事一议项目1个、总投资66万元。全镇低保400户、1328人，五保户130户、130人，享受复退军人“双定”补贴104人，资金63万元。

推行遗体火化制度，严禁遗体违规土葬行为，对干部实行责任考核，落实奖罚措施，规范殡葬工作管理，建设公益性公墓。

【商业贸易】 实现社会消费品零售总额3.07亿元。全镇有商业街、澳上、澳上新市场、华澳4个集贸市场，东岱、龙舟、新林、新李4个农贸市场，市场建筑面积4300平方米。个体工商户664户，企业68户（其中非公司企业法人1户、个人独资企业43户、内资非法人企业1户、内资分公司4户、内资企业法人4户、营业单位6户、有限责任公司9户），专业经济合作社23户。

【农村集体“三资”管理】 2017年，鳌江镇农村集体资产资源交易中心交易成功17宗，成交金额877万元。加强农村集体资产资源交易中心和农村财务服务中心建设，规范完善农村集体“三资”管理，从源头预防基层干部腐败行为，促进农村社会和谐稳定。

【财税】 2017年，全镇财政总收入2414.79万元，比增33.6%。完成税收入库122.08万元，比减15.3%；其中国税96.75万元，比增87.3%，地税25.33万元，比减72.6%。财政总支出2315.75万元（包括教育、卫生系统），基本保持收支平衡。

【精准扶贫】 2017年度，鳌江镇有8个村列入惠来县第3轮扶贫村，分别是高陵村、乌坑村、中澳村、溪头村、楼内村、吴畔村、龙舟村和三清村。至2017年年底，全镇完成脱贫177户、747人，投入扶贫资金1580.66万元，实施3个扶贫项目，分别为:澳上村购置商铺350万元，其中300万元为省扶贫专项资金，年出租收益15万元；山栗村光伏发电项目，总投入98.56万元，年收益12万元；县统筹投资惠来葵阳城乡投资有限公司园林绿化项目，按资金年利率8%计算收益，不参与公司经营，年收益94.57万元。

【综治维稳】 2017年，鳌江镇中心接受群众来信21件，来访21批57人次，立案交办12宗，办结信访案件10宗，到期办结率75%；排查整顿突出社会问题3个。全镇受理社会矛盾纠纷案件9宗，调处办结7宗，调处率78%。

2017年，抓获吸毒人员25人，其中强制戒毒12人。破获涉毒案件8宗，抓获涉毒犯罪嫌疑人18人，查获冰毒1001.96克，捣毁制毒窝点1个。

全镇配备17个村（社区）法律顾问，为人民群众提供法律咨询。组织法治讲座5场次，解答村民法律咨询32件，协助解决民事纠纷3件。

【教育】 有完全中学1所，完全小学16所（其中民办1所），非完全小学5所，标准化中心幼儿园1所，小学附设学前班8所，民办幼儿园4所，成人文化技术学校1所。全镇在校中小学生5633人，其中初中生1696人，小学生3937人；中小学教职工319人，其中初中教职工84人，小学教职工235人；全镇幼儿园5所。

【文化】 千佛寺为鳌江镇名胜古迹，位于三清八千公山，占地面积2万平方米，建筑面积1680平方米，是一座历史悠久的古建筑。创建于明朝宣德八年（1433），1980年重建。

【卫生计生】 鳌江镇有镇级卫生院1所，正式工作人员56人，内设科室7个，床位40张。村级卫生站18个。

2017年，全镇出生人口1261人，人口出生率19.83‰，自然增长率13.9‰。免费孕前检查230例。

【地方名产】 地方名产有荔枝、龙眼、冬瓜、黑皮冬瓜、淡水鱼等。

【2017年鳌江镇领导班子成员】

镇委书记：黄娘俊

副书记：严俊生 吴鸿明 陈逸生

镇委委员：黄壮粤 郑金汆 方浩华 胡杰群 黄英妹 陈锦财 陈炳辉

镇 长：严俊生

副镇长：郑金汆 黄壮粤 许颖先 谢 波

人大主席：谢琼如

副主席：曾海涛

（李飞腾 李佳敏）

◆ 东港镇

【概况】 东港镇位于惠来县西南部，镇人民政府驻东港村，距县城33千米。东接鳌江镇，南以鳌江河为界连接陆丰市，西与汕尾市华侨管理区接壤，北以“三清山”为界连接葵潭镇。2017年，全镇总面积52.84平方千米，镇区面积1.3平方千米。耕地面积1.8万亩，林地面积3.9万亩。辖1个社区（居委会）、15个村委会（24个自然村）。年末户籍总人口41275人，其中农业人口33255人，非农业人口8020人。

2017年，全镇工农业总产值19.83亿元，比增5%；其中工业产值16.23亿元，农业产值3.6亿元，分别比增8.3%和1.6%。农村经济总收入3.03亿元，农民人均年纯收入7825元，分别比增5.8%

东港镇人民政府办公大楼 （镇党政办 供稿）

和6%。固定资产投资7.51亿元，比增10.1%。社会消费品零售总额3.14亿元，比增14.6%。

【重大项目建设】 惠来县村村通自来水工程葵潭片区（东港镇）供水项目，于2015年10月21日经惠来县发展和改革局、惠来县水务局、惠来县财政局等三局审批（核准、备案），批准项目总投资1038.02万元，建设内容及建设规模为铺设输水支管长23022米，村内管网长84713米，解决15个行政村（共24个自然村）及1个居委会饮用水问题。项目于2016年1月11日完成招投标，2月1日动工建设，2017年年底，实现全镇通水。

【创文创卫】 2017年，东港镇开展广东省文明镇、文明村创建和人居环境综合整治工作，全面开展环境卫生和交通秩序“两大”整治行动，开展“创文为我·我为创文”主题日活动。东港镇被县创文工作领导小组评为“创文为我·我为创文”主体活动先进集体。大旗村、东港村被县创文工作领导小组评为先进村，百岭村、高美村被评为惠来县基层示范治理“样板村”。

【人代工作】 3月30日、10月31日，在镇政府召开东港镇第十六届人民代表大会第二、三次会议，依法审议镇政府、镇人大、镇财政3个工作报告。

【工农业生产】 2017年，东港镇规模上工业产值15.3亿元，比增8.5%。全镇工业企业7家，从业人员500多人；规模上工业企业6家。工业产品主要有石板材。

全镇粮食种植面积23540亩，总产量23962吨，比增1.9%；其中水稻13590亩，产量4776吨，比增1.7%。水果种植面积16726亩，产量11996吨，比增2.1%。蔬菜种植面积7720亩，产量21005吨。

【新农村建设】 2017年，全镇推进村级规划编制，完成2个村、5.91平方千米编制面积。

【市政管理】 东港镇作为全县先行点的镇村道路绿化工作全面完成，全镇40.2千米道路全面覆盖（按照道路两侧各种植一排，株距4米的标准）。其中县道12.9千米，村道27.3千米，植树10035棵，投入资金160.6万元。“一拆一建”工作全面推进，拆除违章建筑86宗，面积1032平方米。

【社保民政】 2017年，全镇参加城乡居民医疗保险30845人，参加城乡居民养老保险7234人，上缴企业基本养老保险金120万元。2017年，全镇发放低保补助304万元、五保补助58万元、优抚补助98.7万元、发放种粮补贴资金139万元，农村合作医疗累计报销342人次60万元，落实危房改造24户、补助资金55.8万元，落实一事一议项目2个、总投资62万元。全镇低保374户、1090人，五保户70户、70人，享受复退军人“双定”补贴81人。

推行遗体火化制度，严禁遗体违规土葬行为，对干部实行责任考核，落实奖罚措施，使殡葬管理工作规范发展。

【商业贸易】 全镇商业总产值3.14亿元，实现社会消费品零售总额3.14亿元。个体工商户381户，个体独资企业6户，内资企业3户，专业经济合作社14户。

【农村集体“三资”管理】 2017年，东港镇农村集体资产资源交易中心交易成功12宗，成交金额281万元。加强农村集体资产资源交易中心和农村财务服务中心建设，规范完善农村集体“三资”管理，从源头预防基层干部腐败行为，促进农村社会和谐稳定。

【财税】 2017年，全镇财政总收入2269.73万元。完成税收入库187.7万元；其中国税120.8万元，地税66.9万元。财政总支出2269.73万元（包括教育、卫生系统），基本保持收支平衡。

【精准扶贫】 2017年，东港镇有百岭村、长围村2个相对贫困村、13个分散村列入惠来县第三轮扶贫村。至2017年年底，全镇完成脱贫96户、423

人，投入扶贫资金1007万元，实施扶贫项目5个。

【综治维稳】 2017年，全镇办结信访件14宗、群众来访8宗，引导进入司法程序信访案件1宗；全镇刑事案件12宗，破案9宗，破案率75%；治安案件25宗，处理21宗，处理率84%。破获涉毒案件4宗，刑拘9人，抓获吸毒人员11人，缴获冰毒约1千克。

全镇配备16个村（社区）法律顾问，为人民群众提供法律咨询，组织法治讲座64场次，解答村民法律咨询192件，协助解决民事纠纷36件。

【教育】 东港镇有初级中学2所，完全小学12所、非完全小学2所。全镇在校中小学生3550人，其中初中生1191人，小学生2359人；中小学教职工228人，其中初中教职工104人，小学教职工124人；中小学专任教师201人，其中初中专任教师67人，小学专任教师134人；全镇幼儿园2所，在园幼儿200人，教职工11人。

【文化】 **东港文化公园** 位于东港镇区南部，由东港村乡贤林恭镇出资建设，占地面积80亩，计划总投资2.5亿元，是集纪念、游览、娱乐于一体人文景观公园。园区主体建筑为“林侨悟纪念塔”及林家历史纪念馆，侨悟纪念塔高38.8米，塔身由梁山泊108将雕石垒砌而成，有“粤东第一塔”之称；林家历史纪念馆主要为纪念东港历史人物清朝兵部侍郎林侨悟，馆前有“九曲廊桥”，曲桥如长龙卧波；公园“牌楼”庄严大气，气势磅礴。另有“书院”“大礼堂”“城楼”等其他配套设施正在建设中。东港文化公园为东港镇标志性建筑，为东港城镇化建设塑造新亮点，为东港成为休闲旅游胜地增添新景观。

百岭村天主教堂 1894年，法国传教士到该村传教并创办教堂。1986年，村教会对老教堂进行改建，建筑面积857.5平方米，高31.5米。百岭天主教堂规模、教徒集中程度在惠来县乃至广东省都有一定知名度。是一座历史悠久宗教文化建筑，也是该村一座标志性建筑，具有十分独特宗教文化价值和建筑文化价值。

【卫生计生】 东港镇有镇级卫生院1所，正式工作人员50人，内设科室9个，床位40张。村级卫生站10个。

东港公园 （方义生　摄）

2017年，全镇出生人口444人，人口出生率15.53‰，自然增长率7.87‰，计划生育率1.42%。免费孕前检查102例。

【地方名产】 地方名产有荔枝、龙眼、冬瓜、辣椒、黑皮冬瓜。其中荔枝因其皮薄、肉厚、汁多、核小、味甜、口感佳而享誉海内外。

【2017年东港镇领导班子成员】

镇委书记：方汉文

副书记：方佳群　方俊翔　吴仁元

镇委委员：林伟东　曾汉武　谢浮洋　朱志雁
　　许祥彬

镇　长：方佳群

副镇长：许祥彬　袁焕欢

人大主席：邓荣光

副主席：严喜南（12月起）

（郑镇清）

◆ 葵潭农场

【概况】 葵潭农场位于惠来县西南部、鳌江镇境内，坐落于惠来县西南部三清山系南部的低丘陵地区。场部驻鳌江镇区，距惠来县城29千米。场区范围东至揭阳农垦东埔农场，南抵鳌江镇区，西至葵潭镇，北至大南山华侨管理区。农场分布在鳌江北岸，隶属揭阳市农垦局。2017年，全场总面积21平方千米，实行一级核算、两级管理，有4个国有专业管区，2个集体所有制村委会，1个社区居委会，1个专业公司。全场总人口5860人，在职职工672人，离退休660人。

葵潭农场是国有民营农业企业，主要产业种植水果和剑麻。全场土地面积30816亩。2017年，农场社会总产值20128万元，比增6.03%；地方生产总值9145万元，比增6.53%；主营业务收入207万元，比增2.47%；经营利润35万元，比减36.36%。

【工农业生产】 工业基础薄弱，发展缓慢，全场仅有工业企业1家（百益豆腐厂，落户在葵峰管区）。农业生产以种植剑麻、水果、水稻为主，2017年，农场剑麻面积4250亩，收割叶4313.99吨；水果面积10000亩，产量7500吨；水稻面积950亩，总产量1500吨。农场组织技术人员为职工群众推荐优良品种，提供管理技术支持，协助职工群众做好病虫害防治等工作。农业产值9145万元，居民人均年纯收入15182元，分别比增42.22%和5.89%。

【新农村建设】 农场按照城乡一体化协调发展要求，坚持做好规划，分步实施。建设湖美村农田水利工程，总投资81.5万元；完成“一事一议”财政奖补项目7个，总投资175.8万元，分别是：场部社区巷道硬底化工程、场部社区职工活动室建设工程、惠民管区排水排污工程、惠民管区职工文化广场配套工程、南湖村供水主管道工程、湖美村绿化配套工程、湖美村桥梁工程。

【社保民政】 2017年，全场参加合作医疗人数4389人，参保率95.8%，参保额65.9万元，报销医保费150人次、58万元。

【综治维稳】 2017年，农场调整充实综治领导小组，专门成立社会矛盾纠纷排查领导小组。开展排查调处，化解不稳定因素，成功调处社会矛盾纠纷10宗，防止矛盾激化案件6宗。派出所与各基层负责人保持良好互动，提高预防控制犯罪能力。成立管区（村、社区）治安联防大队5支、70人。3—5月，开展综治宣传月专项活动，利用场有线电视、广播站等各种宣传阵地，开展长期性综治宣传。为学生上法治课18场次，受教育人数590人次。组织全场各中小学开展“反对邪教、拒绝毒品”等游行活动12场次。

【教育文化体育】 2017年，全场有6所小学，在校学生960人，教职员工73人。幼儿园3所，在校幼儿126人，教职工9人。有农家书屋2个，广播站4个，文化活动中心2个。

【卫生计生】 2017年，卫生院1所，医务人员2人。管区（村、社区）个体医疗站5个，医务人员

7人。儿童计划免疫率98%。

全场新生儿52人，人口出生率11.95‰，自然增长率7.28‰，计划生育率96.00%。

【2017年葵潭农场领导班子成员】

党委书记：林庆忠

党委副书记：郑振雄

党委委员：黄辉鹏　林俊光　利忠其

场　长：林庆忠

副场长：林俊光　利忠其　邓水金

　　　　郑金平（6月起）

（曾春生）

◆ 青坑林场

【概况】　青坑林场位于惠来县西北部，大南山南麓，距县城42千米。东连惠城镇，南接葵潭镇、隆江镇，西、北与普宁市邻界，北部有全县最高山峰犁头崇，海拔822.7米。2017年，全场面积35平方千米，户数312户，人口1332人，其中林场干部、职工及家属70户、248人。林场下辖一个村委会。2017年全场生产总值3265.66万元（农业产值3072.21万元，林业产值169.65万元，牧业产值23.5万元）。

【创文创卫】　深入开展文明创建活动，举行6个“创文为我　我为创文”主题日活动，组织干部职工对环境卫生进行全面清理整顿，为林场创造良好生活环境。

【农业生产】　农业种植水果、水稻为主，林场山地面积3.7万亩，耕地365亩，其中水田265亩，旱园100亩，水稻种植460亩，产量121吨；菠萝种植4850亩，产量5105吨。

【社保民政】　2017年，参加新型农村合作医疗保险人数1152人，上缴13.824万元，住院14人次，住院报销32792元，参加新型农村养老保险人数269人。

【综治维稳】　2017年，林场创建“无制毒、无贩毒、无吸毒”禁毒三无工作环境；林场成立驻村禁毒专项整治工作组，禁毒巡查队和禁毒工作领导小组，实现林场无毒化。

【文教卫生】　林场有不完全小学一所，教职员工5人，学生70人，卫生室1间，医生1人。

【2017年青坑林场领导班子成员】

场党总支书记、场长：曾繁荣

副场长：高元玉　韩天斌

（韩天斌）

统计概况
GAI KUANG

◆ 惠来县2017年国民经济和社会发展统计概况

2017年，在以习近平同志为核心的党中央坚强领导下，我县深入贯彻落实党的十八大、十八届中央历次全会精神，认真学习贯彻党的十九大精神，以习近平新时代中国特色社会主义思想为指导,深刻把握经济发展进入新时代的新特征，坚持稳中求进工作总基调，以推进供给侧结构性改革为主线，深入实施振兴发展和创新驱动发展“两大战略”，统筹做好稳增长、促改革、调结构、惠民生、防风险各项工作，全年全县经济社会发展总体平稳。

一、综合国民经济

初步核算，2017年全县生产总值（GDP）完成2597547万元，比上年（下同）增长4.6%。其中，第一产业增加值461579万元，增长2.9%；第二产业增加值1460997万元，增长3.4%；第三产业增加值674971万元，增长8.5%。产业结构继续优化，三次产业的结构比例由2016年的22.2：54.6：23.2转变为17.8：56.2：26.0；全县人均GDP23114元，增长4.2%。

二、农业

2017年，全县完成农林牧渔业总产值730883.95万元，增长1.4%；

全县谷物播种面积22.82万亩，总产量8.5万吨，其中稻谷总产量8.36万吨，增长1.2%；蔬菜播种面积18.10万亩，总产量47.11万吨，增长0.87%；水果种植面积34.68万亩，总产量16.71万吨，增长6.00%。其中荔枝总产量3.64万吨，增长5.35%。

全年肉类总产量3.27万吨，下降4.8%；年末生猪存栏量24.81万头，出栏肉猪24.65万头；牛存栏量1.39万头，出售和自宰的肉用牛0.4万头；出售和自宰家禽778.2万只，禽蛋产量1.22万吨。

水产品总产量8.39万吨，增长0.22%。其中：海水产品产量6.99万吨，下降0.11%；淡水产品产量1.39万吨，增长1.92%。

农村经济全面发展。

三、工业和建筑业

全年完成工业总产值6743894万元，增长2.7%。其中：规模以上工业产值6267605万元，增长2.7%；规模以下工业总产值476289万元，增长2.4%。在规模以上工业生产中，国有企业增长3.5%，集体企业增长9.7%，股份制企业增长9.3%，“三资”企业下降12.5%，其他经济类型企业增长6.6%。全县规模以上工业企业实现增加值1083669万元，增长2.7%；产品销售率达100%，实现利润总额193096万元，下降6.80%；单位工业增加值能耗1.8698吨标准煤/万元，增长17.34%。

全县资质等级建筑企业21家，全年实现建筑业增加值167977万元，增长9.9%。全年完成房地产房屋施工面积99.71万平方米，商品房销售面积42.61万平方米。

四、固定资产投资

全年完成固定资产投资总额2291288万元，增长10.2%，其中民间投资1335765万元，基础设施投资1020740万元。从投资主体看，全年国有经济投资880274万元，集体经济投资702337万元；外商及港澳台投资54111万元；其他经济投资654566万元。分三次产业看，第一产业投资41070万元；第二产业投资384873元；第三产业投资1865345万元，全年房地产开发投资96418万元。

五、国内贸易

全年社会消费品零售总额1265394万元，增长10.1%。全年批发业商品销售额2078307万元，增长11.6%；零售业商品销售额844419万元，增长4.5%；住宿业营业额43437万元，增长17.0%；餐饮业营业额67728万元，下降0.8%。

六、对外经济

全年外贸出口总额135200万元，增长10.18%；进口总额35500万元，增长3.8%。

从贸易方式看，一般贸易出口36800万元，增长32%；进料加工出口51600万元，增长2%，来料加工出口11300万美元，下降16%。从企业类型看，“三资”企业出口51600万元，增长2%，集体企业出口11300万元，下降16%，私营（个体）企业出口36800万元，增长32%。从贸易伙伴看，对香港出口贸易额82200万元，增长7%，对美国出口7200万元，下降5.0%；对欧盟出口10300万元，增长4%。

合同利用外资金额136万美元，下降57%；实际利用外资95万美元，下降65%。

七、交通、旅游和安全生产

全年交通运输、仓储和邮政业增加值46138万元，增长6.0%。

全年完成陆运客运周转量55577.14万人公里，增长8.83%。水运货物周转量22343.91万吨公里，增长0.75%；港口吞吐量12.860万吨，增长4.98%；实现旅游总收入131000万元，比增19%。

全年生产安全事故死亡人数5人，亿元GDP生产安全事故死亡人数0.0178人，全县没有发生重大安全生产事故。

八、财政、金融

全年财政总收入505333万元，比增8.44%。其中地方公共财政预算收入51290万元；税收县库收入29865万元；全年财政总支出464458万元。其中地方公共财政预算支出424844万元，增长8.78%。

年末金融机构各项存款余额2013382万元，增长5.87%，其中储蓄存款余额1318090万元，增长5.77%；各项贷款余额846487万元，增长2.76%。

九、教育和科学技术

全县拥有普通中学37所，在校人数61797人；小学243所，在校学生人数93840人；专任教师数10079人，其中普通中学专任教师数4373人，小学专任教师数5706人。巩固提高教育创强成果，全力推动创建广东省推进教育现代化先进县，投入硬件建设资金2.1亿元，新（改、扩）建和维修校舍297所，购置设施设备一大批。

全年科学技术经费支出1521万元，占县财政一般预算比例0.31%。全县申报省、市科技计划项目3项，其中省级2项、市级1项；全县专利申请量452件，其中发明专利8件；获得国家授权专利322件，其中发明专利2件。

十、文化、体育、卫生和社会保障

全县剧场、影剧院6个，公共图书馆纸质图书总藏量20万册。扎实推进图书馆总分馆建设，以县图书馆为总馆，10个镇为图书分馆、48个村（社区）为服务点的图书馆总分馆体系已全面建成并顺利通过省文化厅验收；积极推进基层综合性文体服务中心建设，建成2个文体广场和16个基层综合性文化服务中心；在市第七届运动会暨第四届学生运动会上获得30金23银17铜、金牌第三和团体总分第三的优异成绩；积极组织开展形式多样的全民健身活动和广场舞比赛、象棋赛、羽毛球赛等文体活动，丰富群众的节日文化生活。

年末全县各类医疗机构449个，其中公立卫生机构67所，民营医院6家，社区（村）卫生站（室）341个，个体诊所101家；全县医疗机构卫生技术人员数3330人（含乡村医生）。其中公立医疗机构卫生技术人员2647人，民营医院卫生技术人员290人，社区（村）卫生机构技术人员300人，个体诊所技术人员89 人。全县医疗机构执业（助理）医师1272人，执业护士1081人，卫生机构病床位数1844张。

全县新增就业人数4764人，城镇登记失业率控制在2.36%以内；全年企业基本养老保险参保人数112085人，城乡居民社会养老保险参保人数403256人；城乡基本医疗保险参保人数983943人。

十一、人口、人民生活

年末全县总户数256600户，总人口1446895人，比上年末增加7732人，其中城镇人口566007人，乡村人口880888人；全县当年出生人数16608人，人口出生率11.51‰；死亡人数12560人，死亡率8.7‰；自然增长人数4048人，自然增长率2.79‰。年末常住人口112.35万人，城镇化率42.80%。

2017年全体居民人均可支配收入16043.7元，增长6.1%，其中城镇居民人均可支配收入22134.3元，增长3.8%；农村居民人均可支配收入11521.7元，增长9.0%。

注： 1. 本文中2017年数据为初步统计数据；
2. 文中生产总值（GDP）、各产业增加值、农林牧渔业产值和工业产值绝对数按现价计算，增长速度按可比价计算；
3. 本文中部份数据为公安、农业、财政、卫计等有关部门提供。

2016—2017年全县生产总值表

表6

单位：万元

项　　目	按当年价格计算				按可比价格计算		
	绝对数（万元）		构成（%）		绝对数（万元）		2017年为2016年（%）
	2017年	2016年	2017年	2016年	2017年	2016年	
全县生产总值	2597547	2596884	100	100	2521500	2539002	4.6
第一产业	461579	576053	17.8	22.2	400731	522125	2.9
第二产业	1460997	1419165	56.2	54.6	1471318	1417621	3.4
工　业	1293020	1266846	88.5	89.3	1314287	1264519	3.4
建筑业	167977	152845	11.5	10.8	157031	153459	2.3
第三产业	674971	601666	26.0	23.2	649451	599256	8.5
交通运输、仓储和邮政业	45486	42184	6.7	7.0	43966	39721	10.7
批发和零售业	253265	218172	37.5	36.3	237564	219816	8.1
住宿和餐饮业	57669	55503	8.5	9.2	56429	55166	2.3
金融业	25035	20035	3.7	3.3	23477	23035	1.9
房地产业	63083	58445	9.3	9.7	62683	59171	5.9
其他服务业	230436	197688	34.3	32.9	225332	193085	16.7
补充资料：人均生产总值（元）	23114	23189	–	2016	22347	22672	4.2

2016—2017年农业生产情况对照表

表7

单位：亩、公斤、吨

数值 项目	2017年			2016年			2017年比2016年总产±%	数值 项目	2017年		2016年		2017年比2016年总产±%
	面积	亩产	总产	面积	亩产	总产			面积	总产	面积	总产	
一、谷物合计	236617	374	88467	235804	371	87480	1.13	五、水果	181460	102956	183296	96318	6.89
春收	2423	217	526					其中：菠萝	21305	38937	21305	36623	6.32
夏收	106871	408	43598					荔枝	93139	24521	93868	22678	8.13
秋收	127323	348	44343					柑桔	1087	949	1087	904	4.98
1、稻谷	230668	378	87106	229564	375	86057	1.22	香蕉	5780	6257	5780	5895	6.14
夏收	105044	411	43159					六、茶叶（吨）	1113		1108		0.45
秋收	125624	350	43947					七、生猪存栏（头）	196501		206774		-4.97
2、小麦								生猪出栏（头）	207376		219093		-5.35
3、玉米	5949	229	1361	6240	228	1423	-4.36	八、牛存栏门数（头）	14450		14402		0.33
4、蕃薯	188163	1746	328535	190539	1809	344710	-4.69	九、人工造林（亩）	13283		16500		-19.50
春收	63987	1703	108971					十、水产总量（吨）	78463		79020		-0.7
夏收	55702	1720	95816					其中：海水	68062		67440		0.9
秋收	68474	1807	123748					十一、农村居民人均纯收入（元）					
5、大豆	15134	104	1575	15464	119	1847	-14.73						
二、花生	41253	216	8910	41115	216	8880	0.34	十二、农林牧渔业总产值	618159.43		600172.96		2.99
三、甘蔗	3207	4850	15555	3201	4850	15524	0.2	1、现行价（万元）					
四、蔬菜	115216	2778	320075	116411	2700	314357	1.82	2、可比价（万元）	619052.91				

2016年数据不包括大南海。

注：2015年农业部门统计数据中，全县农村经济总收入为万元，增长%；农民人均所得元，增长%。

2016年数据因三农普数据修订有所调整。

2017年人口统计表

表8　　　　单位：户、人

项目 单位	总户数	总人口	其中	
			城镇人口	乡村人口
合　计	256600	1446895	566007	880888
惠　城	38598	185396	142934	42462
华　湖	14655	77348	55346	22002
仙　庵	17293	102962	23042	79920
靖　海	13857	78291	31846	46445
周　田	15708	89667	21768	67899
前　詹	13486	64471	16650	47821
神　泉	18481	107030	31849	75181
东　陇	20305	111262	40376	70886
岐　石	13470	96490	18750	77740
隆　江	27037	182688	74448	108240
溪　西	14091	93612	12677	80935
鳌　江	7468	67903	20425	47478
东　港	6396	41275	8020	33255
葵　潭	32250	127652	61873	65779
葵潭场	1121	5820	3855	1965
东埔场	2384	15028	2148	12880

注：2017年度全县常住人口为112.35万人；城镇化率42.8%，比2016年提高0.1个百分点。

2017年全县农作物总播种面积统计表

表9　　　　单位：亩

项目 单位	全　年	春　收	夏　收	秋　收
惠来县	612982	143325	231434	238223
惠　城	32270			
华　湖	36511			
仙　庵	56207			
靖　海	19056			
周　田	60486			
前　詹	41312			
神　泉	37803			
东　陇	72660			
岐　石	45642			
隆　江	77590			
鳌　江	46126			
东　港	29085			
葵　潭	52289			
葵潭场	5160			
青　坑	785			

2017年全县谷物统计表

表10

单位：亩、公斤、吨

项目 单位	全年			春收			夏收			秋收		
	面积	亩产	总产量	面积	亩产	总产量	面积	亩产	总产量	面积	亩产	总产量
惠来县	236617	374	88467	2423	217	526	106871	408	43598	127323	348	44343
惠　城	13121	344	4513									
华　湖	15008	400	6010									
仙　庵	22664	398	9015									
靖　海	4189	348	1456									
周　田	22583	348	7848									
前　詹	11417	362	4137									
神　泉	7368	397	2928									
东　陇	32348	416	13460									
岐　石	10682	401	4281									
隆　江	36789	369	13565									
鳌　江	18100	344	6235									
东　港	14532	353	5135									
葵　潭	25515	356	9088									
葵潭场	1700	394	670									
青　坑	601	210	126									

2017年全县稻谷统计表

表11

单位：亩、公斤、吨

项　目 单　位	稻谷								
	全年			夏收			秋收		
	面　积	亩　产	总产量	面　积	亩　产	总产量	面　积	亩　产	总产量
合　计	230668	378	87106	104928	411	43115	125740	350	43991
惠　城	12449	350	4361	5344	367	1960	7105	338	2401
华　湖	14324	409	5860	6078	470	2855	8246	364	3005
仙　庵	22402	400	8956	9818	427	4189	12584	379	4767
靖　海	4189	348	1456	2284	349	797	1905	346	659
周　田	22112	350	7736	11195	342	3826	10917	358	3910
前　詹	11256	364	4093	5493	363	1995	5763	364	2098
神　泉	6722	413	2777	2988	473	1414	3734	365	1363
东　陇	32147	417	13411	14846	440	6527	17301	398	6884
岐　石	9992	413	4128	4160	546	2271	5832	318	1857
隆　江	36247	371	13444	15411	388	5984	20836	358	7460
鳌　江	17925	346	6197	8612	410	3531	9313	286	2666
东　港	13851	359	4976	5993	427	2561	7858	307	2415
葵　潭	24751	360	8915	11630	417	4853	13121	310	4062
葵潭场	1700	394	670	738	408	301	962	384	369
青　坑	601	210	126	338	151	51	263	285	75

2017年全县玉米统计表

表12　　单位：亩、公斤、吨

项目 单位	全年			春收			夏收			秋收		
	面积	亩产	总产量	面积	亩产	总产量	面积	亩产	总产量	面积	亩产	总产量
惠来县	5949	229	1361	2423	217	526	1827	240	439	1699	233	396
惠　城	672	226	152									
华　湖	684	219	150									
仙　庵	262	225	59									
靖　海	0	0	0									
周　田	471	238	112									
前　詹	161	273	44									
神　泉	646	234	151									
东　陇	201	244	49									
岐　石	690	222	153									
隆　江	542	223	121									
鳌　江	175	217	38									
东　港	681	233	159									
葵　潭	764	226	173									
葵潭场												
青　坑												

2017年全县番薯统计表

表13　　单位：亩、公斤、吨

项目 单位	全　年			春　收			夏　收			秋　收		
	面　积	亩　产	总产量	面　积	亩　产	总产量	面　积	亩　产	总产量	面　积	亩　产	总产量
合　计	188163	1746	328535	63987	1703	108971	55702	1720	95816	68474	1807	123748
惠　城	4915	1733	8520									
华　湖	10432	1816	18947									
仙　庵	15708	1807	28380									
靖　海	7061	1758	12410									
周　田	19435	1775	34495									
前　詹	19910	1720	34248									
神　泉	14521	1810	26290									
东　陇	15139	1817	27513									
岐　石	23768	1652	39271									
隆　江	18761	1699	31881									
鳌　江	16004	1688	27020									
东　港	6670	1800	12005									
葵　潭	14486	1754	25415									
葵潭场	1229	1614	1983									
青　坑	124	1266	157									

2017年全县大豆统计表

表14　　　　单位：亩、公斤、吨

项目 单位	全年			夏收			秋收		
	面积	亩产	总产量	面积	亩产	总产量	面积	亩产	总产量
合计	15134	104	1575	9286	105	979	5848	102	596
惠城	1275	99	126						
华湖	0	0	0						
仙庵	983	96	94						
靖海	927	0	83						
周田	1121	103	116						
前詹	1096	103	113						
神泉	887	101	90						
东陇	2092	126	263						
岐石	1494	93	139						
隆江	1963	113	221						
鳌江	971	100	97						
东港	209	91	19						
葵潭	1767	95	168						
葵潭场	349	132	46						
青坑	0	0	0						

2017年全县经济作物统计表（一）

表15　　　　单位：亩、公斤、吨

项目 单位	播种面积			1. 甘蔗		
				②果蔗		
	全年	夏收	秋收	面积	亩产	总产量
惠来县	53615	37984	15631	3207	4850	15555
惠城	1796			325	4455	1448
华湖	3958			6	4500	27
仙庵	7357			656	4716	3094
靖海	2185			0	0	0
周田	5523			10	4300	43
前詹	5712			5	4200	21
神泉	5546			18	4389	79
东陇	3140			86	4453	383
岐石	3869			52	4308	224
隆江	4772			783	5609	4392
鳌江	3119			149	4577	682
东港	2718			666	4583	3052
葵潭	3575			450	4680	2106
葵潭场	313			0	0	0
青坑	32			1	4000	4

2017年全县经济作物统计表（二）

表16　　单位：亩、公斤、吨

项目 单位	2. 花生								
	全　年			夏　收			秋　收		
	面　积	亩　产	总产量	面　积	亩　产	总产量	面　积	亩　产	总产量
惠来县	41253	216	8910	35671	218	7761	5582	206	1149
惠　城	1101	198	218						
华　湖	2291	246	564						
仙　庵	5946	251	1490						
靖　海	1751	235	412						
周　田	4836	234	1134						
前　詹	5058	160	811						
神　泉	4749	189	897						
东　陇	2696	250	675						
岐　石	3205	169	543						
隆　江	2835	210	596						
鳌　江	2559	248	635						
东　港	1695	241	408						
葵　潭	2203	207	455						
葵潭场	297	226	67						
青　坑	31	161	5						

2017年全县其他作物统计表

表17　　单位：亩、公斤、吨

项　目 单　位	全年面积	春收面积	夏收面积	秋收面积	蔬　菜		
					面　积	亩　产	总产量
惠来县	119453	76915	21591	20947	115216	2778	320075
惠　城	11163				10763	3081	33163
华　湖	7113				7113	3121	22203
仙　庵	9495				9098	2978	27098
靖　海	4694				4694	1454	6826
周　田	11824				11709	2660	31148
前　詹	3177				3177	2689	8544
神　泉	9481				9481	2982	28282
东　陇	19941				19937	2927	58349
岐　石	5829				5032	2498	12569
隆　江	15305				15152	2792	42310
鳌　江	7932				6927	2387	16534
东　港	4956				4140	2697	11164
葵　潭	6946				6396	2916	18648
葵潭场	1569				1569	2040	3201
青　坑	28				28	1286	36

2017年全县水果、土特产统计表（一）

表18　　单位：亩、吨

项目 / 单位	一、水果合计		其中：1. 柑、桔、橙		2. 香(大)蕉	
	年末实有面积	总产量	年末实有面积	总产量	年末实有面积	总产量
惠来县	181460	102956	1119	971	5780	6257
惠　城	35950	11928	64	82	136	110
华　湖	9514	3709	13	18	534	837
仙　庵	3336	848	1	1	314	113
靖　海	70	39	0	0	18	26
周　田	2064	767	271	115	28	34
前　詹	5024	1420	83	60	18	22
神　泉	6854	241037	124	176	484	316
东　陇	3798	974.3	14	22	79	107
岐　石	6498	2281	18	21	0	0
隆　江	15592	10775	143	170	265	280
鳌　江	17931	5236	152	148	389	102
东　港	14877	10620	58	35	2322	2604
葵　潭	49458	47537	178	123	1184	1703
葵潭场	8688	2864	0	0	0	0
青　坑	1806	1547.5	0	0	9	3

2017年全县水果、土特产统计表（二）

表19　　单位：亩、吨

项目 / 单位	3. 菠萝		4. 荔枝		5. 龙眼	
	年末实有面积	总产量	年末实有面积	总产量	年末实有面积	总产量
惠来县	21305	38937	93139	24521	12328	6487
惠　城	172	233	13734	3886	1973	1108
华　湖	0	0	6938	1859	1310	710
仙　庵	0	0	2707	636	92	43
靖　海	0	0	0	0	0	0
周　田	0	0	1026	268	193	95
前　詹	0	0	4538	1089	40	18
神　泉	0	0	4813	1208	595	312
东　陇	0	0	3474	809	2	1
岐　石	370	601	5394	1415	392	166
隆　江	3094	5903	5595	1427	1872	998
鳌　江	0	0	16332	4463	624	311
东　港	0	0	7826	2070	1262	615
葵　潭	16426	30798	14380	3883	1690	864
葵潭场	0	0	6310	1492	2283	1246
青　坑	1243	1402	72	16	0	0

2017年全县水果、土特产统计表（三）

表20 单位：亩、吨

项目 单位	6. 梨		7. 柿子		8. 杂果		二、茶叶	
	年末实有面积	总产量	年末实有面积	总产量	年末实有面积	总产量	年末实有面积	总产量
惠来县	19	7	40	27	36516	5173	1970	1113
惠　城	13	5	39	26.5	16545	1057	1461	855
华　湖					719	285	7	1
仙　庵					222	55	142	55
靖　海					52	13	0	0
周　田					546	255	0	0
前　詹					274	63	0	0
神　泉	3	1			640	192	0	0
东　陇	1	0.3			212	13	0	0
岐　石					295	64	0	0
隆　江					4135	1446	299	163
鳌　江					263	75	0	0
东　港					0	0	33	19
葵　潭	2	0.7			12137	1532	28	20
葵潭场					0	0	0	0
青　坑			1	0.5	476	123	0	0

2017年全县畜牧统计表

表21 单位：头、只

项目 单位	一、牛	二、羊	三、生猪			四、家禽	
	年末存栏头数	年末存栏只数	年末存栏头数	其中：能繁殖母畜	当年出栏肉猪头数	年末存栏只数	当年出售和自宰的只数
惠来县	14450	8073	196501	8282	207376	2300685	7641868
惠　城	513	705	8002	522	4485	58821	499404
华　湖	578	464	23749	915	33092	62972	506906
仙　庵	1160	469	13134	1004	28284	139809	635988
靖　海	584	422	6827	490	7439	57966	166152
周　田	1133	3136	13794	178	16613	189582	795102
前　詹	891	376	5905	173	10163	152161	412635
神　泉	357	338	9587	356	6918	735438	282981
东　陇	297	166	10714	920	9388	188216	825337
岐　石	1530	166	21273	355	13060	142471	627890
隆　江	822	270	11026	673	22642	239687	1363044
鳌　江	578	166	23481	207	12299	65935	555803
东　港	2787	1389	18359	298	17472	203567	523403
葵　潭	2739	6	13958	174	20489	47541	396691
葵潭场	219	0	15856	2017	4942	15460	48855
青　坑	262	0	836	0	90	1059	1677

2017年全县全部工业总产值

表22　　单位：千元

单位 \ 项目	工业总产值			工业增加值		
	2017年	2016年	比上年±(%)	2017年	2016年	比上年±(%)
总　计	67438948	70695493	2.7	11764027	13335639	2.7
规模以上	62676053	64699493	2.7	10836691	12129244	2.7
规模以下	4762895	5996000	2.4	927336	1206395	2.4

说明：1. 规模以上：全部年主营业务收入2000万元及以上的工业法人企业；规模以下：年销售收入2000万元以下工业企业；
2. 绝对值按现价计算，增长速度按可比价计算；工业增加值按收入法计算；
3. 以上数据不含大南海石化工业区

2017年全县规模以上工业销售产值与出口交货值

表23　　单位：千元

指标 \ 数值	企业户数（家）	工业销售产值（现行价格）	其中:出口交货值
总　计	223	62676053	4593901
一、国有企业	2	735016	—
二、集体企业	7	2266058	
三、股份合作企业	—	—	—
四、外商及港、澳、台投资企业	30	8487288	4593901
五、其他经济类型企业	184	25630128	—

2017年单位GDP、工业增加值能耗情况表

表24

指　标	单位GDP能耗		单位工业增加值能耗		单位GDP电耗	
	指标值（吨标准煤/万元）	上升或下降（%）	指标值（吨标准煤/万元）	上升或下降（%）	指标值（千瓦时/万元）	上升或下降（%）
惠来县	0.4607	2.65	1.8698	17.34	335.47	4.99

2017年全县固定资产投资情况表

表25 单位：万元

指　标	累计完成投资额	指　标	累计完成投资额
固定资产投资总额	2291288	第二产业	384873
一、按登记注册类型分	2291288	工业	384873
内资	2237177	第三产业	1865345
国有	850274	交通运输、仓储和邮政业	114361
集体	702337	水利、环境和公共设施管理业	739476
私营个体经济	409136	教育	47832
其他企业	275430	卫生和社会工作	46614
港、澳、台及外商投资企业	54111	公共管理、社会保障和社会组织	136941
二、按产业分	2291288	文化、体育和娱乐业	242206
第一产业	41070	其他服务业	537915

说明：1. 2016年房地产开发经营业法人单位商品房销售面积426050平方米，销售额249739万元，投资总额96418万元；
2. 固定资产投资数据不含大南海石化工业区

2017年单位从业人员和劳动报酬情况表

表26

项目 \ 数值	单位从业人员年末数(人)				单位从业人员劳动报酬(千元)				平均人数(人)				在岗职工平均工资(元)
		在岗职工	劳务派遣人员	其他从业人员		在岗职工工资总额	劳务派遣人员工资总额	其他从业人员劳动报酬		在岗职工	劳务派遣人员	其他从业人员	
总计	46030	45752	145	133	1980281	1967382	8080	4819	46027	45750	146	131	43003
Ⅰ 国有经济单位合计	24641	24530	103	8	1218577	1211964	6279	334	24630	24518	104	8	49432
一、按隶属关系分组													
1. 中央	1057	960	96	1	78878	73857	4958	63	1055	957	97	1	77176
2. 省属	764	764			45736	45736			750	750			60981
3. 市(地区)	1035	1035			44223	44223			1055	1055			41918
4. 县及县以下	21785	21775	7	7	1049740	1048148	1321	271	21770	21756	7	7	48177
二、按企业、事业、机关分组													
1. 企业	3518	3454	58	6	147233	142160	4802	271	3533	3468	59	6	40992
2. 事业	15340	15336	2	2	286827	786706	58	63	15339	15335	2	2	51301
3. 机关	5783	5740	43		284517	283098	1419		5758	5715	43		49536
三、按国民经济行业分组													
1. 农、林、牧、渔业	727	727			16522	16522			749	749			22059
2. 采掘业													
3. 制造业	310	309		1	7197	7191		6	308	307		1	23423
4. 电力、燃气及水的生产和供应业	463	447	16		31465	30175	1290		459	442	17		68269
5. 交通运输、仓储和邮政业	852	815	37		39108	36859	2249		854	817	37		45115
6. 信息传输、计算机服务和软件业	411	411			22741	22741			411	411			55331
7. 批发和零售业	870	866		4	35783	35581		202	870	866		4	41277
8. 住宿和餐饮业	200	163	37		12326	10077	2249		200	163	37		61822
9. 金融业	230	224	5	1	23824	22498	1263	63	230	224	5	1	100438
10. 房地产业	116	116			5468	5468			116	116			47138
11. 租赁和商务服务业	491	490		1	12009	11964		45	490	489		1	24466
12. 科学研究、技术服务和地质勘查业	151	150		1	7227	7209		18	151	150		1	48060
13. 水利、环境和公共设施管理业	870	870			30310	30310			870	870			34839
14. 居民服务和其他服务业	64	64			3423	3423			64	64			53484
15. 教育	10293	10293			582403	582403			10292	10292			56588
16. 卫生、社会保障和社会福利业	2641	2641			99799	99799			2643	2643			37760
17. 文化、体育和娱乐业	161	161			5006	5006			161	161			31093
18. 公共管理和社会组织	5977	5932	45		295855	294378	1477		5953	5908	45		49827
Ⅱ 城镇集体单位合计	2121	2103		18	90271	89761		510	2113	2096		17	42825
一、按国民经济行业分组													
1. 制造业	1170	1158		12	33342	32980		362	1167	1156		11	28529
2. 建筑业	250	250			13921	13921			245	245			56820
3. 批发和零售业	124	118		6	2607	2459		148	123	117		6	21017
4. 交通运输、仓储及邮政业	6	6			80	80			6	6			13333
5. 住宿和餐饮业	13	13			492	492			14	14			35143
6. 金融业	533	533			38320	38320			533	533			71895
7. 租赁和商务服务业	25	25			1509	1509			25	25			60360
Ⅲ 其他单位合计	19268	19119	42	107	671433	665657	1801	3975	19284	19136	42	106	34786

2017全县贸易业商品销售额、住宿和餐饮业营业收入表

表27 单位：万元

指标名称	全年累计数	比2015年±(%)
一、商品销售总额	2922726.7	9.4
其中：批发业销售额	2078307.1	11.6
零售业销售额	844419.6	4.5
按规模分组		
1．限额以上单位（企业及个体户）销售额	2031457.1	−0.54
其中：零售额	841311.9	0.07
2．限额以下单位（企业及个体户）销售额	628161.3	0.03
其中：零售额	234795.0	0.01
二、住宿、餐饮业营业总收入	111165.3	0.55
其中：商品零售额	32921.7	0.98

2017年全县社会消费品零售总额表

表28 单位：万元

指标名称	全年累计数	比2016年±(%)	指标名称	全年累计数	比2016年±(%)
社会消费品零售总额	1265394.8	10.1	限额以上企业	585651.6	0.25
一、按销售所在地分			限额以下单位（企业及个体户）	236562.4	15.1
1．城镇	897443.1	10.1	3．住宿业	43437	17.0
2．乡村	367951.7	10.1	限额以上单位（企业及个体户）	42212	16.6
二、按行业分			限额以上企业	42212	16.6
1．批发业	309809.9	10.3	限额以下单位（企业及个体户）	1225	17.1
限额以上单位（企业及个体户）	275235.6	0.93	4．餐饮业	67728.3	−0.8
限额以上企业	253203.6	0.14	限额以上单位（企业及个体户）	41256.5	0.33
限额以下单位（企业及个体户）	34574.3	19.0	限额以上企业	40044.5	15.1
2．零售业	844419.6	4.5	限额以下单位（企业及个体户）	26471.8	19.2
限额以上单位（企业及个体户）	607857.2	0.41	限额以上企业（单位）期末商品库存总额	17925	0.17

说明：以上数据包含大南海石化工业区